"十三五"国家重点出版物出版规划项目 | "一带一路"与文化发展研究系列丛书

"YIDAIYILU"
YANXIAN GUOJIA WENHUA FALÜ
YU WENHUA ZHENGCE BIJIAO YANJIU

"一带一路"沿线国家文化法律与文化政策比较研究

◎ 魏晓阳 著

知识产权出版社
全国百佳图书出版单位
—北京—

图书在版编目（CIP）数据

"一带一路"沿线国家文化法律与文化政策比较研究/魏晓阳著.—北京：知识产权出版社，2022.11

ISBN 978-7-5130-8524-3

Ⅰ.①一… Ⅱ.①魏… Ⅲ.①文化—法律—对比研究—世界②文化事业—方针政策—对比研究—世界 Ⅳ.①D912.104②G11

中国版本图书馆CIP数据核字（2022）第244681号

内容提要

本书以"一带一路"沿线国家法律、政策、产业、人才和市场等文化发展要素为研究对象，探讨欧美文化经济发达国家和亚洲、非洲等新兴文化经济体的文化发展战略，研究世界文化产业强国的发展之路，总结"一带一路"沿线国家的发展道路与模式，从中探求文化产业发展和文化事业的普遍规律与特殊现象，为我国文化产业和事业治理提供经验与借鉴。

本书适合国际法律、政策的研究者、从业者和爱好者，以及相关专业师生阅读。

责任编辑：李石华　　　　　　　　责任印制：孙婷婷

"一带一路"沿线国家文化法律与文化政策比较研究
"YIDAIYILU" YANXIAN GUOJIA WENHUA FALÜ YU WENHUA ZHENGCE BIJIAO YANJIU

魏晓阳　著

出版发行：知识产权出版社有限责任公司		网　址：http://www.ipph.cn	
		http://www.laichushu.com	
电　话：010-82004826			
社　址：北京市海淀区气象路50号院		邮　编：100081	
责编电话：010-82000860转8072		责编邮箱：lishihua@cnipr.com	
发行电话：010-82000860转8101		发行传真：010-82000893	
印　刷：北京中献拓方科技发展有限公司		经　销：新华书店、各大网上书店及相关专业书店	
开　本：720mm×1000mm　1/16		印　张：25	
版　次：2022年11月第1版		印　次：2022年11月第1次印刷	
字　数：400千字		定　价：108.00元	

ISBN 978-7-5130-8524-3

出版权专有　侵权必究

如有印装质量问题，本社负责调换。

前　言

　　文化实力是国家实力的重要组成部分，文化政策和文化法治建设已经成为全球化背景下维护国家文化安全的重要途径，而从人类科学发展进程看，文化、法律和政策是人文社会科学中最富有历史内涵、最具有哲学深度及最拥有理论高度的三个概念。它们相互交融和渗透共同构成了文化法律和文化政策的制度体系与框架。与此同时，文化法律与文化政策之间又形成了复杂的张力与弹性关系，并在不同国家中呈现复杂和多变的样态。本书以世界文化产业强国与公共文化服务典型国家为例，主要挑选欧美文化经济发达国家和亚洲、非洲新兴文化经济体，研究世界文化产业强国的发展之路，揭示法律、政策、产业、人才和市场等文化发展要素的互动规律，总结来自"一带一路"沿线国家的发展道路与模式，从中探求文化产业发展和文化事业的普遍规律与特殊现象，最终为我国文化产业和事业治理提供经验与借鉴。

　　本书首先从理论上追溯文化、法律和政策这三个概念的语源及内涵和界定，从文化政策的法治化与文化政策的自由裁量权出发，厘清文化法律与文化政策之间的边界与相互的交融。在第一章中，本书以国际公约规定的权威国际法标准对公民文化基本权利的基本内涵进行了界定，梳理和分析了各国宪法文本中对文化的规定，呈现了各国宪法框架下复杂多样的文化内涵，并在此基础上比较了各国政府对文化的宪法责任。第二章通过对各国税法与文化相关规定的比较，以及各国劳动法与社会保障法对文化的保障，探讨了文化的法定财税来源与文化从业者的劳动权利保障这一文化法律的核心问题。

　　从世界范围看，文化相关产业已经从经济边缘走向核心，不仅成为各国经济增长的引擎，而且成为各国政治和文化竞争的主导力量，其中文化创意产业（以下简称"文创产业"）法律体系在各国政治、经济与社会中发挥着不可替代的作用，因此，法律制定者如何应对已经成为"一带一路"沿线国家的挑战，本书专门设立第三章探讨了"一带一路"沿线国家文创产业立法。基于各国对文创产业界定的模糊和混乱，本章先从法律角度对文创产业的基本概念进行了界定，继而分析了这些国家文创产业立法的类型，对各国公共艺术领域与扶持艺术家法律、表演艺术与音乐法律、文化遗产法律、图书馆法律及电影法律等文创产业的焦点问题进行了梳理和比较。

文化政策作为当代应用经济学的一种治理手段，在文化治理和社会变革中发挥着积极的作用。鉴于文化政策的复杂性，本书采用"多级治理"理论，在第四章和第五章中，从宏观和微观两个层面分别探讨了"一带一路"沿线国家的文化政策。从宏观层面，本书首先剖析了文化政策的内涵、模式及历史变迁，然后从各国文化政策的实施目标与实施工具、文化财政投资与融资政策及文化行政机构职能等方面，对比分析了各国宏观文化政策的选择动因与实施。从微观方面，本书从文创产业、文化遗产、语言保护、公民和社会参与、文化艺术数字化政策等五大方面对"一带一路"沿线国家的文化政策进行了介绍和比较，旨在对各国微观领域的文化政策和效果进行梳理与研究。

本书认为，文化具有多元性和多样性，这使文化在不同国家、不同时空中的保存和可持续发展成为挑战。各国文化法律与政策普遍将文化的多元性和多样性作为考虑的基本要素，尤其是在第二次世界大战之后的半个多世纪变迁中，这种现象尤为明显。在此过程中，各国文化法律与政策经历了"一个不变"与"三个变化"："一个不变"指文化民主化作为第二次世界大战之后萌生的重要理念，始终贯穿第二次世界大战之后的很多国家，并成为联合国国际法与各国文化法律与政策的重要基石；"三个变化"是指文化政策工具主义的合法化、文化政策的全球化及文化法律与政策的数字化。这些"不变"与"变化"最终构成了各国文化法律与政策变迁的核心基调，并谱就了"一带一路"沿线国家丰富和多元的文化旋律。

本书由中国传媒大学中央高校基本科研业务费专项资金资助，中国传媒大学2021年托举项目"欧盟对华文化理解与传播研究"。全书在编写过程中，中国传媒大学2020级博士研究生俞彦超负责第三章第一节至第四节的资料收集和初稿撰写，中国传媒大学2020级硕士研究生王佳慧负责第三章第五节至第七节的资料收集和初稿撰写。

目　录

绪　论 …………………………………………………………………（1）

第一章　"一带一路"沿线国家宪法文本与文化权利 ………………（25）
　　第一节　作为权利的文化国际法…………………………………（28）
　　第二节　各国宪法文本中的文化相关规定………………………（31）
　　第三节　各国宪法文化相关规定的同质性和相通性……………（45）
　　第四节　各国宪法中文化相关规定的多择性和多元性…………（73）

第二章　宪法、税法与劳动法——各国对文化的直接与间接保障 …（87）
　　第一节　各国政府对文化的宪法责任比较………………………（90）
　　第二节　文化的法定财税来源——各国税法与文化相关规定比较
　　　　　　………………………………………………………………（112）
　　第三节　文化从业者劳动权利保障——各国劳动法与社会保障法对文化的保障比较………………………………………………（135）

第三章　"一带一路"沿线国家文创产业立法比较 ………………（149）
　　第一节　"千人千面"——不同国家对文创产业的不同界定……（151）

第二节　文创产业立法类型比较 …………………………………（156）
　　第三节　公共艺术领域与扶持艺术家的法律比较 ………………（170）
　　第四节　文化遗产法律比较 ………………………………………（178）
　　第五节　图书馆法律比较 …………………………………………（195）
　　第六节　电影法律比较 ……………………………………………（206）

第四章　"一带一路"沿线国家宏观文化政策比较 ……………（219）
　　第一节　文化政策的内涵、模式及其变迁 ………………………（222）
　　第二节　文化政策目标及实施工具 ………………………………（252）
　　第三节　各国文化行政机构职能对比 ……………………………（263）
　　第四节　各国文化财政政策对比 …………………………………（301）

第五章　"一带一路"沿线国家微观文化领域政策 ……………（347）
　　第一节　各国文创产业政策 ………………………………………（349）
　　第二节　各国文化遗产政策 ………………………………………（361）
　　第三节　各国文化艺术数字化政策 ………………………………（370）

结　语 …………………………………………………………………（385）

绪论

　　文化、法律和政策是人文社会科学中最富有历史内涵、最具有哲学深度和理论高度的三个概念，它们相互交集和融合构成了"三位一体"式的复杂混合体，并且在世界不同国家中呈现模糊和多变的特性，这使文化法律政策的相关研究成为最具挑战性的理论命题之一。本书将从上述三个概念的语源及界定入手，追溯它们的语言学缘起及界定，探析文化与法律和政策相互交融形成的"文化法律"及"文化政策"这两个复合概念的形成与内涵，剖析"文化法律"与"文化政策"之间形成的复杂张力关系及结构，并在此基础上为探析"一带一路"沿线国家的文化法律和文化政策所呈现的复杂和多变提供理论基础。

一、"文化""法律"与"政策"语源及界定

(一)"文化"的语源及界定

"文化"是中国语言系统中古已有之的词汇。"文"的本义是指各色交错的纹理。《易·系辞下》载:"物相杂,故曰文。"《礼记·乐记》称:"五色成文而不乱。"《说文解字》称:"文,错画也,象交叉"都指此义。在此基础上,"文"又有若干引申义:其一,包括语言文字内的各种象征符号,进而具体化为文物典籍、礼乐制度。《尚书·序》所载伏羲画八卦,造书契,"由是文籍生焉",《论语·子罕》所载孔子说"文王既没,文不在兹乎",是其实例。其二,由伦理之说导出彩画、装饰、人为修养之义,与"质""实"对称,所以《尚书·舜典》疏曰"经纬天地曰文",《论语·雍也》称"质胜文则野,文胜质则史,文质彬彬,然后君子"。其三,在前两层意义之上,更导出美、善、德行之义,这便是《礼记·乐记》所谓"礼减而进,以进为文",郑玄注"文犹美也,善也",《尚书·大禹谟》所谓"文命敷于四海,祗承于帝"。

"化"的本义为改易、生成、造化,如《庄子·逍遥游》:"化而为鸟,其名曰鹏"。《易·系辞下》:"男女构精,万物化生"。《黄帝内经·素问》:"化不可代,时不可违"。《礼记·中庸》:"可以赞天地之化育"等。归纳以上诸说,"化"指事物形态或性质的改变,同时又可以引申为教行迁善的含义。

"文"与"化"并联使用,较早见之于战国末年儒生编辑的《易·贲卦·象传》:"(刚柔交错),天文也。文明以止,人文也。观乎天文,以察时变;观乎人文,以化成天下"。该段话中的"文",就是从纹理之义演化而来。"日月往来交错文饰于天",即"天文",亦即天道自然规律。同样,"人文",指人伦社会规律,即社会生活中人与人之间纵横交织的关系,如君臣、父子、夫妇、兄弟、朋友相互之间组成复杂网络。该段话总体可总结为:治国者须观察天文,以明了时序之变化,又须观察人文,使天下之人均能遵从文明礼仪,行为止其所当止。在这里,"人文"与"化成天下"紧密联系,"以文教化"的思想已十分明确。

西汉以后,"文"与"化"才合成为一个整词,如"圣人之治天下也,先文德而后武力。凡武之兴,为不服也。文化不改,然后加诛"(《说苑·指

武》),"文化内辑,武功外悠"(《文选·补之诗》)。这里的"文化",或与天造地设的"自然"相并举,或与无教化的"质朴""野蛮"相对举。因此,在古汉语系统中,"文化"的本义就是"以文教化",它表示对人的性情的陶冶,品德的教养,属精神领域之范畴。

当代意义上使用的汉语中"文化"这个词最早可以追溯到20世纪初的日本大正年间,而在"文化"这个词语被使用之前,日本最初使用的是"开化"这个词语。❶ 1883年明治期间,日本取消领事裁判权之后,开始制定法律,同时为了让国民的风俗习惯与西方更接近,在东京设立了鹿鸣馆作为接待外国人的场所,从此开启了日本的"鹿鸣馆时代",此时的日本便开始使用"开化"这个接近于现代"文化"词义内涵的词语。❷ 20世纪初时,作家井伏鳟二和坪内逍遥、早稻田大学的片山伸教授都曾经使用"文化"来翻译德语的"kultur"。第一次世界大战前后,当时的哲学学者桑木严翼曾经曾经采用"文化"和"文化价值"等词语来翻译康德的概念论哲学。当时的德语"kultur"与文明"zivilisation"是分开来的,德国的哲学和社会学家认为"zivilisation"是基于契约型社会结合的"大都市生活"的"文明",而"kultur"是基于"村落生活"的文化,换言之,"文化"更接近于"精神层面",而"文明"更接近于"物质层面"。❸

另外,"文化"(Culture)作为西方社会科学的一个概念,最初的含义指的是改变物质世界自然状态的人类活动,如农业文化或葡萄栽培。❹ 18世纪末至19世纪初,从那时起,它就有了各种各样的含义。在20世纪50年代,克鲁伯和克拉克霍恩调查了社会科学文献和跨文化研究中的文化的定义,数量多达164种,"文化"由此成为具有现代内涵和外延的词语。❺ 在早期欧洲,使用种族差异来解释生活方式的差异,例如德国的日耳曼民族既有别于法国

---

❶ 五十岚昌行. 日本文化论入门[M]. 东京:文艺社,2003:17.

❷ 五十岚昌行. 日本文化论入门[M]. 东京:文艺社,2003:17.

❸ 五十岚昌行. 日本文化论入门[M]. 东京:文艺社,2003:17.

❹ LEVINSON B, POLLOCK M. A Companion to the Anthropology of Education [M]. New Jersey: Wiley-Blackwell Publication, 2011: 25.

❺ 五十岚昌行. 日本文化论入门[M]. 东京:文艺社,2003:17.

法兰西民族和爱尔兰凯尔特民族，也有别于英格兰的盎格鲁—撒克逊民族，其行为和信仰的不同是由生物遗传差异导致的。种族差异引发生活方式差异的这种欧洲式解读渐渐推广到了对世界各地"种族等级"的假设：按照生活方式的等级，欧洲高层人士的信仰居于等级较高的位置，撒哈拉以南非洲人进化程度则较低，美洲原住民和太平洋岛民在底部。❶ 然而，上述早期欧洲式解读遭到很多学者的反对，如弗朗茨·博阿斯（Franz Boas）将文化这一概念发展成为人类社会普遍的概念，其直接目标就是反对用上述种族来解释人类行为的变化❷，这些批判改变了欧洲以往通过基因遗传在几代人之间进行生物传递的文化解释。

"文化"概念经历的另一个变化是"社区或社会的生活方式及它们之间生活方式的多样性"。一个社会的"文化"不是单一的、而是亚文化的集合体❸，文化由此成为"一个民族之间对价值观、规范、期望和解释的共享"❹。第二次世界大战时，美国的文化人类学将"文化"这个概念与功能主义（或结构功能主义）理论结合，将其发展为关于人类行动的社会性和历史性的观念和行为模式，认为社会是一个完整的整体，各部分相辅相成。此外，"文化"概念还经历了另一种重要变化：即所有部分都参与特定的形状和维护，这一社会过程被认为是内在稳定的，趋向于内部稳定，每个社会都有自己的"文化"，即文化和社会被认为是一个紧密相连的实体❺，因此，文化既指人类活动的信仰和判断标准，同时又被认为是人们在具体情境中日常互动的组织❻，因此，文化是"一种综合因素，通过综合的行为、思想和交流模式把个

---

❶ LEVINSON B, POLLOCK M. A Companion to the Anthropology of Education [M]. New Jersey: Wiley-Blackwell Publication, 2011: 26.

❷ LEVINSON BPOLLOCK M. A Companion to the Anthropology of Education [M]. New Jersey: Wiley-Blackwell Publication, 2011: 27.

❸ 五十岚昌行. 日本文化论入门 [M]. 东京：文芸社，2003：17.

❹ WILLIAM J, MALLEY O. Culture and Industrialization.Achieving Industrialization in East Asia [M]. Cambridge : Cambridge University Press, 1989: 327-343.

❺ 五十岚昌行. 日本文化论入门 [M]. 东京：文芸社，2003：17.

❻ 吉姆·麦圭根. 重新思考文化政策 [M]. 何道宽，译. 北京：中国人民大学出版社，2010：47.

人联系在一起,因此,它的作用是把一些个人包括在有关的群体中,而把其他人排除在外"❶。

(二)"法律"的语源及界定

如果追溯"法律"一词的渊源,可以看出它与"正义"密不可分:古希腊早期的"法律"一词为"themis"和"dike",它们是希腊的正义女神"特密斯"与女儿"达古"的名字。❷古罗马时期,"法律"一词的拉丁文为"jus",其基本含义也是"正义",所以古罗马法学家为法律所下的定义是"善良公正之术"。直至如今,这一定义仍被许多法学家所沿用,其中最典型的是美国法学家庞德,他认为法律的终极目的是实现正义。❸西方"法律"一词的第二个含义是"规律"或"规则"。古希腊早期自然哲学家赫拉克利特认为:宇宙间事物的运动要服从统一的"逻各斯",即"法律";孟德斯鸠和黑格尔也把法律与规律视为同一;英语中的"law"针对自然事务多指"规律",针对社会事务则指"法律"。❹亚里士多德和斯多葛学派关于法律的思想构成了古代希腊法律思想的主体内容,并成为西方法律思想传统的渊源。❺

从法律思想来说,西方古代经历了古希腊、古罗马的法律,近代的法学流派极为丰富,从古典自然法学派、哲理法学派到历史法学派、功利主义法学和早期分析法学。到了现代,则发展出了现代分析法学、社会法学、现代自然法学及其他学派。综合来看,西方人对法律的理解有很多种类,归纳起来有以下三种法律观点:自然法观念、规则法观念和"活的法"观念。在自然法观念中,法从本质上说是人的规律,它源于"理性"这一人的永恒不变的本性。在规则法看来,法是一种纯粹的规则或规范体系,是对人的行为模式带有普遍意义的、由国家制定的规范性文件。"活的法"(Living Law)对

---

❶ 吉姆·麦圭根. 重新思考文化政策[M]. 何道宽,译. 北京:中国人民大学出版社,2010:47.

❷ 严存生. 西方法律思想史[M]. 北京:法律出版社,2010:6.

❸ 严存生. 西方法律思想史[M]. 北京:法律出版社,2010:6.

❹ 吉姆·麦圭根. 重新思考文化政策[M]. 何道宽,译. 北京:中国人民大学出版社,2010:47.

❺ 何勤华. 西方法律思想史[M]. 上海:复旦大学出版社,2009:3.

应的是"纸上的法"（Law in Paper），指那些根植于社会中的社会秩序，是社会立法中的秩序或人类联合的内在秩序。❶

（三）"政策"的语源及界定

汉语中的政策最早出现在1899年，梁启超在《戊戌政变记》中首次使用了该词："中国之大患在于教育不兴，人才不足，皇上政策若注重于学校教育，可谓得其本矣。"❷ 这里的政策指"治理国家的基本策略"。英语中的"policy"在经历不同年代的变迁之后，不同的经济学理论形成了对政策的不同解读：传统理性主义从"经济人"假设出发，以逻辑推理方式确立的规范性政策理论来解释现实生活中政策制定过程中的实际行动；制度理论认为，政策是国家机构和社会组织的产物❸；博弈论则认为，政策是竞争环境中进行的理性选择；系统论认为，政策是政治系统的输出；对于公共选择理论来说，政策就成为自利个人的集体选择。❹

经济学理论对政策的解读有两类明显的区别：一类经济学理论从纯技术角度对政策进行解释，主张政策既可能是逻辑推理方式得出的规范，也可能只是政治系统输出的结果，如美国学者叶海卡·德罗尔在《重新审视公共政策制定》一书中强调，政府是在指导社会行动的主要方案之间进行选择的结果。❺ 与此相对，另一些经济学理论则排除了对政策的技术角度解读，而是从更高的境界对政策进行解析，认为政策一种"艺术"，其典型代表是卡恩斯·洛德（Carnes Lord），他主张政策是管理国家的艺术，尽管这种"政策艺术"的效果不一定尽如人意。❻ 再如诺贝尔经济学奖获得者西蒙提出了"有限理性模型"，强调现实生活中，决策者是"行政人"而非"经济人"，

---

❶ 严存生. 西方法律思想史 [M]. 北京：法律出版社，2010：7-10.

❷ 吉姆·麦圭根. 重新思考文化政策 [M]. 何道宽，译. 北京：中国人民大学出版社，2010：47.

❸ 严存生. 西方法律思想史 [M]. 北京：法律出版社，2010：96-118.

❹ 何勤华. 西方法律思想史 [M]. 上海：复旦大学出版社，2009：3.

❺ DROR Y. Public Policymaking Reexamined [M]. Scranton: Chandller, 1968.

❻ LORD C. Aristotelis's Politics [M]. Chicago：University of Chicago Press，2013：299-390.

因而不可能也不奢望发现最优解；因此，"决策应追求满意解"，并满足于找到这个满意解。❶

此外，西方学界对于政策与政府的关系也存在两种对立的观点。一种观点认为政府做出的一系列决定才可能被视为"政策"，那些由民间或企业制定的意思决定不可能被上升到政策层面。例如，托马斯·戴伊指出："政策是涉及大量人力和资源或关系到很多人的政府决定；凡是政府决定做或是不做的事情就是公共政策。"❷ 它们有可能是"精英理论"所认为的精英们价值偏好的反映，而"政策的改变传统上被理解为基于政府的明确偏好、理性决策和连续、一致执行的政府战略的结果"❸。与此相对，另一种观点认为政策与政府不是一一对应的关系，所有参与者都可能成为政策的制定者，正如罗塞尔·普林斯（Russell Prince）所主张的："我们不应将政策制定理解为由跨国精英主导、然后在我们头顶上的某个全球平面上的专属空间里做出决策，与此相反，政策的发展是通过地面上各种参与者之间的联系得以产生的"❹。还有一些学者认为政策也有可能是宗旨、目标和手段组成的系统，并由社会组织通过权威机构制定的政策来执行。因此，在政党、教育机构、研究机构、企业、市镇或者政府中都可以看到文化政策❺，因而"每一个文化机构的实际行为——无论是好莱坞制片厂还是美术馆——都是一种文化政策形式，就像政府采取的一套文化原则一样重要"❻。

---

❶ 严存生. 西方法律思想史 [M]. 北京：法律出版社，2010：96-118.

❷ 托马斯·戴伊. 理解公共政策（第十二版）[M]. 谢明，译. 北京：中国人民大学出版社，2011：2.

❸ GORDON I, LEWIS J, YOUNG K. Perspectives on Policy Analysis [J]. Public Administration Bulletin, 1997（25）：26-30.

❹ PRINCE R. Globalizing the Creative Industries Concept: Travelling Policy and Transnational Policy Communities [J]. Journal of Arts Management, Law, and Society, 2010（40）：119-139.

❺ 邢来顺，岳伟. 联邦德国的文化政策与文化多样性研究 [M]. 北京：中国社会科学出版社，2017：84.

❻ MAXWE R, MILLER T. Greening Cultural Policy [J]. International Journal of Cultural Policy, 2017（23）：174-185.

二、文化与法律的"两位一体"

有关规范人类文化活动的法律规范早在遥远的古代文明社会就已产生，国外古代能找到很多规范人们经济活动的法律条文，但此时的成文法往往采取"诸法合体"的形式，尚未形成单行的经济法规，更未形成可以作为独立法律部门的文化法。英国法学家梅因在论述关于法律和立法的一般发展方向时提出了具有重要意义的"现象序列理论"❶。他认为人类法治进程经历过三个阶段：在最早时期，法律是根据家长式的统治者的个人的命令制定的，而居民则认为是在按神灵启示行事。后来，西方社会逐渐进入了习惯法和法典化阶段，最后是衡平与体系化阶段。在法治的生成之前，我们可以看到一种文化不断积淀的进程。从亚里士多德开始，格老秀斯、斯宾诺莎、洛克、孟德斯鸠、卢梭、斯宾塞、奥斯丁、边沁……一代代大师为西方法治与文化中传送着一脉相承的理念，在法治社会的生成中担当了不可或缺的角色。在资本主义社会，法治作为其文化的一部分，作为其伦理秩序的特殊体现，正是这种传承的自然生成。

如果追溯文化与法律关系的西方源头，同样可以上溯至古希腊罗马早期。法律思想最先孕育在哲学和文化中，后期才产生了职业法学家阶层。❷ 早在公元前2500年前，克里特岛上的诺萨斯文化和伯罗奔尼撒半岛上的迈锡尼文化就成为西方世界文化发展的摇篮，其丰富的法律思想也成为西方法律传统的滥觞。❸ 在古典时期的西方，法律与文化几乎是融合在一起的。美国法学家罗斯科·庞德曾指出原始时期是"社会控制无所不包的时期"，而法典中的法律"包含了伦理习惯、宗教利益、道德规范、政治上有组织的社会中调整人与人之间关系的习惯方式、城市国家制定的法律规范、一般习惯及整个社会控制"❹。对于原始时期的法律来说，文化是由其进行控制的所有对

---

❶ 梅因. 古代法 [M]. 沈景一，译. 北京：商务印书馆，1999：42-64.
❷ 严存生. 西方法律思想史 [M]. 北京：法律出版社，2010：5.
❸ 何勤华. 西方法律思想史 [M]. 北京：科学出版社，2019：4.
❹ 罗·庞德. 通过法律的社会控制：法律的任务 [M]. 沈宗灵，董世忠，译. 北京：商务印书馆，1984：92.

象中的一种，法律与文化形成"两位一体"的整体并构成了调整社会的一系列规则："法令的最初形式是一项规则"，这个规则"是对一个确定的具体事实状态赋予一种确定的具体后果的法令。……原始时期从不曾超过这一限度。各种原始时期法典就是由这样一些法令构成的"❶。

到了中世纪，法律在"亲属关系组织的社会中起着作用，法律的目的似乎是在这一社会中和谐一致地维护社会现状。"❷亚里士多德也指出："一般政体所建立的各种法制，其本旨就在于谋求一个城邦的长治久安"❸。孟德斯鸠在《论法的精神》里提出："法律是由立法者创立的特殊和严密的制度。而道德和礼仪则是一个民族的一般制度"❹。因此，在孟德斯鸠那里，文化所包含的民族精神、风俗习惯、妇女身份、货币、人口，甚至气候类型、土壤性质，无一不是法律所调控的主要对象。而在柏拉图眼里，法律对于文化来说是一种手段，是一种保持良好政治生活的规范措施。❺

14—15世纪，由于商品货币关系的发展，市民阶级的经济力量也在不断增强，社会上开始兴起法律与文艺复兴并含的"三R运动"（另有翻译为"宗教改革"），这些启蒙运动不仅使人本主义重现生机❻，而且成为中世纪后期世俗法律思想的历史背景。❼16世纪以后，法律与文化"两位一体"式的融合发生了分离，"一世纪的公认理想中所描绘的那个社会已经开始转变"❽，"一种自由竞争式的独立个人的社会理想，随着近代经济秩序的发展而慢慢成长起来，并在法学思想和法律传统中代替了起源于古代并在中世纪建立起

---

❶ 罗·庞德. 通过法律的社会控制：法律的任务 [M]. 沈宗灵，董世忠，译. 北京：商务印书馆，1984：24.

❷ 罗·庞德. 通过法律的社会控制：法律的任务 [M]. 沈宗灵，董世忠，译. 北京：商务印书馆，1984：24：7.

❸ 亚里士多德. 政治学 [M]. 吴寿彭，译. 北京：商务印书馆，1997：273.

❹ 孟德斯鸠. 论法的精神 [M]. 孙立坚，孙丕坚，樊瑞庆，译. 西安：陕西人民出版社，2001：555.

❺ 何勤华. 西方法律思想史 [M]. 北京：科学出版社，2019：7.

❻ 何勤华. 西方法律思想史 [M]. 北京：科学出版社，2019：34.

❼ 何勤华. 西方法律思想史 [M]. 北京：科学出版社，2019：64.

❽ 罗·庞德. 通过法律的社会控制：法律的任务 [M]. 沈宗灵，董世忠，译. 北京：商务印书馆，1984：7.

来的理想。那种理想慢慢地（虽然是顽强地）退出历史舞台了。"❶

第二次世界大战之后，各国对和平与人权的议题有了更迫切的认识与需求，尤其是"非殖民化运动"的文化自觉和民族自治的兴起，使国际法层面上的文化基本权利应运而生❷，文化与法律又通过权利这一纽带发生了新的联系。然而，无论时代如何变迁，也无论文化所涉及的面过于宽泛和模糊而导致一直难以找到所属的法律框架，自古代以来的文化与法律的关系似乎仍然存在割舍不去的紧密联系，孟德斯鸠所阐述的法律和它所裁定的事物秩序——包括文化——的关系仍然是令人深思的。孟德斯鸠将法律和风俗习惯放在一起，认为它们都不仅是使人们幸福和快乐的源泉，而且是人们希望能够持久保留的："人们总是不可思议地正视本国的法规和风俗习惯，而这些法律和风俗习惯得每个民族的人们幸福、愉快。……如果没有大动乱和大的流血事件发生，人们很少会改变自己的法律和风俗习惯。"❸孟德斯鸠同时认为风俗也足可以摧毁法律，如风俗的腐败会摧毁那些旨在为打击腐败风俗而建立的监察制度，当这种腐败变得极其普遍时，监察制度也就无能为力了。❹

另外需要说明的是，虽然文化与法律在历史的变迁中一直不可分割，但是直到今天，它们都没有像经济法那样发展成为法学中一门独立的部门法，而且世界上仅有少数国家出台过诸如"文化法"这样的以所有文化领域为客体的综合基本法律。与此相反，在文化的某些微观领域制定的单行法，如知识产权、文化产业、公共文化等领域的知识产权法、文化产业促进法和公共文化服务保障法这样的部门法或行政法规是很多国家常见的法律。

三、文化与政策的"水乳交融"

文化研究的专业学者很早就关注到了文化与政策的结合，一些学术和作

---

❶ 罗·庞德. 通过法律的社会控制：法律的任务 [M]. 沈宗灵，译. 北京：商务印书馆，1984：92.
❷ 陈军. 文化基本权利研究 [J]. 广西大学学报（哲学社会科学版），2014（36）：101.
❸ 孟德斯鸠. 论法的精神 [M]. 北京：商务印书馆，2012：579.
❹ 孟德斯鸠. 论法的精神 [M]. 北京：商务印书馆，2012：497.

家群体关注文化本质及文化如何对国家产生全面影响，如吉姆·米贵甘（Jim McGuigan）认为文化研究从一开始就关注解放政治，并将文化解构为政治资源，以便国家统治和管理公民。❶ 马克·舒斯特（Mark Schuster）研究政府参与艺术和文化事务的目的和机制，以便从理论和应用上得出当今世界文化政策管理方面的实证性和规范性的结论。❷ 然而，文化与政策的系统结合并发展成为独立和系统的公共政策领域是直到第二次世界大战之后的事情。文化政策领域的学者普遍认为它与一般的政策有很多不同之处，如在古典经济学家看来，政策——尤其是公共政策，往往是在资源缺乏的情况下才制定的，当物质资源足够充分的情况下，许多重要类型的政治冲突也会随之消失。与此相对，文化政策体现出不同的特点，即在资源缺乏问题并不突出的时候文化政策仍有存在的必要，因为解决富裕社会中存在的分配难题对于政府来说是一个严峻挑战，即便在物质方面拥有所需要的一切，但是各种争端同样可能在伦理领域中发生。❸ 再如，文化政策因为文化的内涵和属性的变化也为其带来与一般政策不同的巨大挑战，其界定与内涵也表现得与众不同，本书将在下面详细分析。

（一）文化的经济属性带给政策的挑战

"文化政策的多维性得其整个决策过程变得更加复杂"❹，文化政策决策复杂性的一个重要原因之一是文化本身的多维性，而文化的经济属性又是多维性当中最令文化政策具有挑战性的一个维度。

从国家层面来看，第二次世界大战后，许多国家特别是现代福利国家开始逐步重视公共文化政策，到20世纪80年代，文化政策开始从艺术本身向广泛的议程转移，并逐渐成为国家发展战略的基本组成部分，因为当时的文化领域规模之大使其逐渐发展成为国家经济的一部分，而艺术行业和活动也

---

❶ 戴维·索罗斯比. 文化政策经济学[M]. 易昕，译. 大连：东北财经大学出版社，2013：357.

❷ 戴维·索罗斯比. 文化政策经济学[M]. 易昕，译. 大连：东北财经大学出版社，2013：257.

❸ 谢明. 公共政策分析概论[M]. 北京：中国人民大学出版社，2011：18.

❹ 戴维·索罗斯比. 文化政策经济学[M]. 易昕，译. 大连：东北财经大学出版社，2013：33.

对地方的经济做出了巨大贡献。❶ 与此相对，传统的艺术政策开始不适合管理文化的经济属性所带来的文创产业❷，因此，国家已经不能在文创产业领域中采取与专业艺术同样的管理措施，而是必须选择与产业相适应的管理模式和措施。❸ 在此背景下，政府面临史无前例的文化政策所带来的挑战，而西方国家面临更严峻的文化政策选择难题，因为这些国家允许公民有机会决定自己的文化需要与欲求，如果国家不能管理艺术品，政府在文化方面可能采取两种立场：第一种立场是将市场作为确认和分配公共文化偏好的系统，只有市场可以决定谁拥有什么及应该如何交换，从而否定国家作为警察巡视财产的权力，第二种立场是确认某些文物先验性地具有价值，但公众没有能力鉴赏这些文物时，则对这些文物造成伤害，因此，政府需要承担统制的角色。❹ 文化政策学者指出：要解决这些挑战，最终都取决于政治家在文化领域的能力及它们对文创产业产品的生产、组织等的感知。❺

然而，学界和国际组织对此的研究远远超出了时代前列。有很多古典社会学家和经济学家很早开始了探讨文化的经济属性，如马克斯·韦伯关于文化和宗教影响经济体系的庸俗经济学时期，萨伊、西斯蒙第、李斯特也都曾经对文化艺术生产问题进行了探索，休谟、杜尔哥、亚当·斯密则从经济学的角度对文艺问题进行了思考，约翰·罗斯金更是明确主张将文化与艺术价值放在经济理论分析框架中。然而，直到20世纪60年代，将文化或艺术与经济作为独立研究对象的学科才刚刚起步，其标志是鲍莫尔（Baumol）和博文（Bowen）合著的《表演艺术——经济的困境》著作的问世。❻ 这一部著作的

---

❶ 戴维·索罗斯比. 文化政策经济学［M］. 易昕，译. 大连：东北财经大学出版社，2013：68.

❷ 戴维·索罗斯比. 文化政策经济学［M］. 易昕，译. 大连：东北财经大学出版社，2013：9.

❸ PRATT A C. Cultural Industries and Public Policy: An Oxymoron? ［J］. International Journal of Cultural Policy, 2005 (11): 31-43.

❹ 托比·米勒，乔治·尤迪恩. 文化政策［M］. 刘永孜，付德根，译. 南京：南京大学出版社，2017：19.

❺ 托比·米勒，乔治·尤迪恩. 文化政策［M］. 刘永孜，付德根，译. 南京：南京大学出版社，2017：20.

❻ 托比·米勒，乔治·尤迪恩. 文化政策［M］. 刘永孜，付德根，译. 南京：南京大学出版社，2017：20.

问世意味着文化艺术经济学发展成为经济学领域跨学科研究的一个重要分支,同时使艺术经济学成为现代经济学的一门独立学科。

随着当代全球经济体系对公共领域产生的深远影响,权力的中心从公共机构向私人机构转移,因而削减了公共领域处理诸如不平等、权力被剥夺等一些重要问题的能力。文化政策研究便从关注这种更深层次的社会问题出发,开始探讨文化多样性及其对经济、社会和文化生活无处不在的重要性所产生的附加值的提升、国家对话作为减少文化冲突和矛盾、增加国内和国家之间相互了解和尊重的一种措施的重要性,以及人权作为文化政策基石的重要作用。❶ 20 世纪 60 年代到 90 年代之间,联合国教科文组织和欧洲委员会致力于推进文化政策研究,同时主张应当采用社会学来发展以福利为导向的新的公共文化政策。法国的奥古斯丁·吉拉德(Augustin Girard)和瑞典的卡尔·克莱布格(CarlJohan Kleberg)是实践这些主张的先驱。❷ 20 世纪 90 年代,文化政策研究最早在澳大利亚和英国开始,并在欧洲传播最终扩展到全球。❸ 文化政策的研究范围不仅涉及艺术、文化政治、文化产业(表演艺术和视觉艺术、工艺品)、创意产业(数码、社交媒体、广播和传媒、广告),而且包括城市复兴和城市文化、区域文化、文化和创意劳动、大众文化的生产和消费、艺术教育、文化遗产和旅游政策及媒体和传播政策的历史和政治。❹ 需要补充的是,澳大利亚文化政策学家戴维索·罗斯比认为文化政策议题主要包括:创新性产业作为革新、发展和结构调整的动力来源在新经济前景,就业和创收中发挥何种作用,政府应当以何种合理方式来支持艺术和文化,有关文化产品和服务中知识产权的立法和经济问题,文化遗产保护的

---

❶ 戴维·索罗斯比. 文化政策经济学 [M]. 易昕, 译. 大连: 东北财经大学出版社, 2013: 357.

❷ VESTHEIM G. Instrumental Cultural Policy in Scandinavian Countries: A Critical Historical Perspective [J]. European Journal of Cultural Policy, 1994 (1): 57-71.

❸ WESNER S. Artists Voices in Cultural Policy Careers: Myths and the Creative Profession after German Unification [M]. Manhattan: New Prairie Press, 1994.

❹ VESTHEIM G. Instrumental Cultural Policy in Scandinavian Countries: A Critical Historical Perspective [J]. European Journal of Cultural Policy, 1994 (1): 57-71.

公共私人合作伙伴关系。❶

（二）文化政策的内涵

文化政策的内涵取决于"文化"与"政策"不同的组合方式，因为二者都有狭义和广义的理解。一些研究人员及许多政治家和官僚侧重于从相当狭隘的方式理解"文化政策"和"文化政策研究"，将其主要作为"关于正式的公共决策领域中的文化案例的决定"❷。还有些学者也认为"文化政策是与文化管理有关的公共政策的一个分支，涵盖了政府在文化方面选择做什么或不做什么"❸，甚至有学者直白地解释"文化政策是官僚的、而非创造性的或有机的"❹。然而，虽然上述狭义角度的理解准确把握了文化政策的政府主体特征，但是"当代社会是复杂的，由一系列相互矛盾的政策、做法和技术来统治和管理，没有什么领域可以比文化政策更能敏锐地感受到这些矛盾"❺。因此，需要从更广义的角度来理解文化政策，而它在实践中的包容性及融合多个非常不同的研究领域的概念和理论的特性也为我们提供了这种可能。

英国文化政策学家吉姆·麦圭根在《重新思考文化政策》提出了三种文化政策话语。他认为文化政策有三种话语结构（Discursive Formation），每一种结构都有其特定目的，它们分别包括：国家话语、市场话语和市民/交流话语。国家话语政策是作为展示的文化政策，发挥促进经济增长的"杠杆作用"；市场话语政策是指市场机制发挥资源配置、文化产品生产和流动的手段。每一种话语有若干变异体，其内部结构绝不是统一的，这三种话语都界定着"真实的

---

❶ 戴维·索罗斯比. 文化政策经济学[M]. 易昕，译. 大连：东北财经大学出版社，2013：3.

❷ MANGSET P. An Account of the Academic Institutionalisation of Cultural Policy Research: A Nordic Perspective [J]. Nordisk Kulturpolitisk Tidsskrift, 2020 (23): 7-28.

❸ BELL D, OAKLEY K. Cultural Policy [J]. Nordisk Kulturpolitisk Tidsskrift, 2014 (2): 275-277.

❹ 托比·米勒，乔治·尤迪恩. 文化政策[M]. 刘永孜，付德根，译. 南京：南京大学出版社，2017：1.

❺ O'BRIEN D. Cultural Policy: Management, Value and Modernity in the Creative Industries [M]. New York: Routledge, 2014: 1.

世界",决定着动因和主体、生产者、消费者、市民和中介在文化领域的话语空间里所处的地位。❶ 麦奎根的文化政策话语结构基本涵盖了文化政策所涉及的各个领域。首先,从国家话语结构来看,虽然有些政策是临时性的,用以渗透社会空间,调动某一类公共组织,来达成维持或修改意识形态系统的特定目的❷,但是从整体看来,它已经超越了传统文化和艺术的范围,是一种创造性的、用以沟通美学创造与集体生活方式的制度性支持,体现为系统化和规范化的行动指南,为各种组织所采纳以达成组织目标。❸ 国家话语政策的鲜明特点在于对文化、社会及单纯经济功能的超越,艺术被视为与信息和知识经济相联系,成为广泛又充满活力的经济领域活动的一部分,因此,文化政策成为国家发展战略的基本组成部分。❹ 其次,从市场话语结构来看,麦奎根认为文化政策完全符合经济学的生产与流通理论,因为它包含了促进生产、传播、销售和艺术消费的策略和活动,可以最有效地被视为一个政府在艺术(包括经营性文化产业)、人文和文化遗产领域内的活动。❺ 所以,德国学者指出:文化政策是在思想、制度斗争和权力的冲突中,将象征意义的生产和流通中的关系作为研究对象。❻ 最后从市民话语结构看,文化政策的本质核心要素是获得资助或支持,因此,如何获得来自包括政府和社会各阶层在内的支持的手段或环境成为文化政策市民话语结构的重要维度。丹麦文化学者彼德·杜伦德(Peter Duelund)曾做出精辟的分析:文化政策指对艺术的资助,决定哪种艺术是最好的、值得在民众中推广,它反映了特定历史环境下、为艺术的自我实现创造

---

❶ 吉姆·麦圭根. 重新思考文化政策[M]. 何道宽,译. 北京:中国人民大学出版社,2010:47.

❷ BELL D, OAKLEY K. Cultural Policy [J]. Nordisk Kulturpolitisk Tidsskrift, 2014(2):275-277.

❸ 托比·米勒,乔治·尤迪恩. 文化政策[M]. 刘永孜,付德根,译. 南京:南京大学出版社,2017:2.

❹ 戴维·索罗斯比. 文化政策经济学[M]. 易昕,译. 大连:东北财经大学出版社,2013:9.

❺ SCHUSTER J M. Mapping State Cultural Policy: The State of Washington [J]. Journal of Culture Economics, 2006(30):157-160.

❻ WESNER S. Artists'Voices in Cultural Policy Careers: Myths and the Creative Profession after German Unification [M]. Manhattan : New Prairie Press, 1994.

条件和建立体制的政治斗争。❶

此外，中国学者认为，当前的文化政策研究大体上分为三种类型，这三种类型也为我们理解文化政策提供了启示。第一种类型是文化研究路径，侧重探讨文化政策与权力及意识形态的关系；第二种类型为经济学路径，偏重讨论文化政策的经济学维度；第三种类型为文化行政学路径，主要讨论文化政策的制定和执行问题。❷ 文化研究路径认为，"文化政策"中隐含着诸种权力关系，文化政策论述常常只是某种意识形态的文化修辞。该路径的思想资源主要包括法兰克福学派的社会批判理论、英国伯明翰学派的文化理论、福柯的话语分析和治理性理论、葛兰西的文化领导权理论及后现代马克思主义的接合理论。贾斯廷·刘易斯和托比·米勒在《批判性文化政策研究读本》中指出："文化政策研究的批判路径……既需要理论上的挖掘，又需要实用的其他选择。"❸ 相比之下，经济学研究路径倾向于从经济学层面和维度探讨文化政策的含义及文化政策的运作。❹ 文化经济学家重视的是艺术的社会价值，反对那种粗糙的把艺术商业化的观点。最后，文化行政学路径涵盖了文化发展规律、文化发展目标、文化发展战略、文化政策、文化体制及社会文化事业和文化产业的规划、组织、指挥、协调、监督和控制的管理过程。行政管理学路径的文化政策研究偏重讨论文化政策的实际制定与运作，具体包括如何制定和规划文化政策、如何行销与实施文化政策、如何评估文化政策的成效等问题。❺

四、文化法律与文化政策之间的张力

从历史渊源看，文化政策的成熟与系统化要早于文化法律，事实上，直到今天，文化法并没有像经济法那样发展成为独立的法学门类或部门法，而

---

❶ 郭灵凤. 欧盟文化政策与文化治理 [J]. 欧洲研究，2007（2）：65.

❷ 方彦富. 文化政策研究的兴起 [J]. 福建论坛·人文社会科学版，2010（6）：52-57.

❸ 麦圭根. 重新思考文化政策 [M]. 何道宽，译. 北京：中国人民大学出版社，2010：5.

❹ WESNER S. Artists Voices in Cultural Policy Careers: Myths and the Creative Profession after German Unification [M]. Manhattan : New Prairie Press, 1994.

❺ WESNER S. Artists Voices in Cultural Policy Careers: Myths and the Creative Profession after German Unification [M]. Manhattan : New Prairie Press, 1994.

文化政策却在经历内涵的巨大变化之后俨然成为独立的政策领域。在实践层面，很多法治不成熟的国家制定的政策往往凌驾于法律之上，有时甚至出现政策取代法律而成为法律的替代品，二者的界限也常常变得模糊不清。然而，从法学的理论角度来看，法律作为国家最高权力机关——立法机关的产物，其位阶显然高于由行政部门制定的政策，在西方成熟的法治和民主国家，文化政策一方面始终存在于法治化的框架中，并与文化法律共同组成了有序的制度和层级体系；另一方面凭借其一定的自由裁量权而与文化法律之间保持着合理的张力。

（一）文化政策的法治化——体系框架的完整

人类社会走向法治本身是一个曲折和漫长的过程，文化政策的法治化也未能例外。在这种漫长的过程中，文化政策的法治化含义及具体表现是一个需要核心探讨的问题。从广义角度而言，公共政策的合法性主要指公众对其的认可和接受程度❶，同理推之，文化政策的合法性也不是随着现代政府中文化部门的创建而发明的，它代表了所有政治秩序的跨历史要求，通过文化的传播，所有政治秩序保持了象征性和合法性，因此，文化政策的合法性是随着民主的发展而获得发展的，各种代理人在文化领域中获得适当的地位，并嵌入民主程序，以便产生合法的文化政策。❷另外，从狭义角度而言，文化政策的合法性直接来源于法律，并与相关法律组成了以宪法为最高等级、法律次之、政策最低的效力等级森严的体系和框架。以下本书将以荷兰、德国和法国等国家为案例对文化政策的法治化做实证剖析。

第一，荷兰的文化制度体系是一套以宪法为最高法律规范、文化法律和政策其次的法律制度框架。荷兰于 1983 年在宪法修改时增加了关于文化的规定："政府应促进社会、文化的发展及娱乐活动"（第 22 条），这条规定奠定了政府在文化方面的法律义务，并为文化政策的制定提供了最高的宪法保障。2009 年荷兰的文化政策法治化更进一步，出台了《文化政策法》（*Specific*

---

❶ 谢明. 公共政策分析概论 [M]. 北京：中国人民大学出版社，2011：37.

❷ KI-WON HONG. Culture and Politics in Korea: The Consequences of Statist Cultural Policy [J]. International Journal of Cultural Policy, 2019 (25): 1-4.

the Cultural Policy Act）。该法第一条规定设立文化委员会，其任务是就文化领域具有普遍约束力的法规或政策向议会提出咨询意见。该法同时规定荷兰政府应当"通过资助机构和制定政策方案，为所有公民和全国各地提供广泛和多样化的文化服务"，文化部长负责保存、发展和传播文化表现形式。具体方案为教育、文化和科学部须每4年提出一份文化政策备忘录，就文化部门的公共支出制订为期4年的计划。此外，荷兰文化遗产政策也一直在法治化的框架中得以发展。2016年之前，荷兰文化遗产包括《古迹和历史建筑法》（1988年）、《文化遗产保护法》（1984年）等6大法律和条例，这些法律在文化遗产的定义、程序和保障措施等方面存在不同的含糊规定，导致荷兰多头部门管理的效率低下。2016年，荷兰出台了《文化遗产法》（the Heritage Act），改变了上述相关法律分散的情况，统一了对文化遗产的界定，厘清了管理和保护文化遗产的行政主体，并规定了监控文化遗产的手段和方式。在该法的范围内，隶属教育、文化和科学部的文化遗产局负责执行该法律，承担保护和维护荷兰文化遗产的所有行政职责，从而最终理顺了文化遗产多头管理的混乱局面。

第二，德国的文化产业和公共文化发展也得益于其建立的一套以宪法为最高位阶、以税法、社会保障法和劳动法等部门法组成的位阶清晰、完善的文化法律保障体系。德国于1919年颁布的《魏玛宪法》是人类历史上第一个比较明确规定公民文化权利的宪法，而1949年的《基本法》中有一条与文化与艺术直接相关的规定："艺术、科学、研究和教学应该是自由的（第5条）"。根据德国联邦宪法法院给出的解释，这一条款保障了艺术家有权免受国家干预。根据宪法的这一最高法律保障，德国的各个部门法作为下位法就必须与宪法的这一最高核心价值相吻合。例如，自1981年8月2日生效的《艺术家社会保险法》，对自由职业艺术家、记者和作家进行特别保护，包括法定健康观测、长期或老年看护与养老保险。同时，与普通雇员一样，艺术家、记者和作家只需支付一半的社会保险费，其余的"雇主份额"由那些雇用或推销艺术家、记者和作家作品的公司缴纳。

然而，1949年的《基本法》将文化领域的责任分配给各州后，并没有保障各州进一步的文化权利，而且因为民主德国和联邦德国的分裂，联邦在文化领域方面不需要承担更多的责任。这一局面在 1990 年民主德国和联邦德国统一之后有了根本的改观。《东西德统一协定》(*the Unication Treaty*) 是德国统一的重要法律文件，该法第 35 条延伸了政府对文化的责任：为了确保文化的宪法权利，德国各州的文化基础设施应该受到保护，但是这一条规定对于民主德国和联邦德国来说具有不同的意义：从联邦德国的角度来看，这是一个不可能取得的成就，而从民主德国的角度来看是理所当然的。❶20 世纪 90 年代之后，为了执行《基本法》第 35 条，统一的德国联邦政府制定了大型的文化基础设施资助方案，其中包括为国家文化组织提供资金和文化遗产保护方案。可以说，在统一之后的德国，文化和艺术被逐渐理解为具有建设统一国家的积极含义，因此，对文化的政治承诺以倡议和声明的形式一再得到确认，如德国联邦众议院做出的报告《德国的文化》强调："文化不是一种装饰品，它是我们社会赖以生存和建设的基础。"❷ 曾担任德国议会主席的沃尔夫冈·蒂尔塞 (Wolfgang Thierse) 总结道：文化基础设施已经完全不适合未来的发展，它们甚至导致统一后的"文化伤亡"，曾作为工人社会生活一部分的文化活动在统一之后就消失了，新的文化基础设施却没有建立。❸ 2008 年，德国议会曾经试图修改这一条规定，但是没有成功，原因是为了避免以往法西斯政权时期文化中心主义的尝试。

  与上述联邦宪法形成对比，德国关于文化规定的另一个亮点是州的宪法比联邦宪法更加关注艺术和文化，大多数州的宪法对文化和艺术的相关规定比联邦层面的《基本法》更加明确和具体，从而可以在联邦制体制下更为灵活和有力地确保文化的多样性。《基本法》对授予州的这一权利进行了如下规定："在地方乡镇以地方乡镇居民大会代替代表机关。各地方乡镇在法定限度内自行负责处理地方团体一切事务之权力，应予保障。各地方乡镇联合区在其法定职权内依法应享有自治之权。自治权之保障应包含财政自主之基础；各地方乡镇具

---

❶ WESNER S. Artists Voices in Cultural Policy Careers: Myths and the Creative Profession after German Unification [M]. Manhattan : New Prairie Press, 1994: 112.

❷ WESNER S. Artists Voices in Cultural Policy Careers: Myths and the Creative Profession after German Unification [M]. Manhattan : New Prairie Press, 1994: 113.

❸ WESNER S. Artists Voices in Cultural Policy Careers: Myths and the Creative Profession after German Unification [M]. Manhattan : New Prairie Press, 1994: 112.

有经济效力的税源有税率权，此即属财政自主之基础"。除此规定之外，联邦宪法法院也曾经裁决在文化和教育领域内的"各州文化主权"，并且认为这个自主权"不仅是联邦国家秩序的组成部分，同时也是国家文化多样性的法律基础"❶。各州宪法也都明确规定赋予各州政府促进文化发展的责任。例如，不来梅州宪法第 11 条规定："艺术、科学及其学术自由。联邦州承诺保护他们并参与对他们的扶植。"北莱茵—威斯特法伦州《宪法》第 18 条规定："艺术和文化成果由州推动"，各州宪法基本上与联邦基本法相一致。❷ 除州立宪法之外，一些州还通过制定文化领域的专项立法来保证其文化自治。例如，《萨克森州文化空间法》（*Gesetz über die Kulturräume in Sachsen*）明确规定该州："负有扶植地方乡镇和城区文化的义务。文化空间通过区域性工作，尤其是通过财政资助和协调平衡支持地方文化的代表性在法律框架下，文化空间采用自治原则管理自身事务。"❸ 因此，根据上述法律框架，各州成为各州内部文化领域的主要行为者，负责制定自己的法律政策优先事项，为各自的文化机构和文化企业提供资金，并支持具有区域重要性的文创产业项目。

第三，法国文化政策法治化有以下三个表现：首先，法国所有文化政策的理念都建立在该国宪法和法律基础之上。法国宪法规定公民享有平等的文化机会，国家有义务确保所有人都有可能参与文化生活，因此，文化政策的一个主要目标就是纠正由于阻碍文化参与的地理、经济和社会障碍而不能获得平等文化机会的不公平，致力于扩大受众的多样化，并促进在所有文化领域发展尽可能广泛的文化和艺术活动。❹ 例如，1959 年法国文化部成立之时，在《建国法令》（*Founding Decree*）中规定了文化部成立和在文化遗产保护、当代创作、分配和教育、文化产业管理和管制领域等文化政策的宗旨，文化部第一任部长安德烈·马尔罗（André Malraux）总结了该法令中文化部所发

---

❶ 邢来顺，岳伟. 联邦德国的文化政策与文化多样性研究［M］. 北京：中国社会科学出版社，2017：89.

❷ 邢来顺，岳伟. 联邦德国的文化政策与文化多样性研究［M］. 北京：中国社会科学出版社，2017：90.

❸ 邢来顺，岳伟. 联邦德国的文化政策与文化多样性研究［M］. 北京：中国社会科学出版社，2017：90.

❹ 参见 *Compendium of Cultural Policies and Trends in Europe*（18th Ed，2017）。

挥的作用是:"提供资金将包括把在法国的人类的优秀作品提供给尽可能多的法国人,以确保我们的文化遗产有最大受众,同时支持创作和艺术作品"❶。文化部在成立后不久就确立了以下主要目标:促进所有艺术学科的当代创作更广泛地参与文化生活,特别是在戏剧、音乐和文化遗产领域,并在每个县成立艺术中心(Maison de la Culture),以刺激当代艺术创作和广泛传播文化,这些艺术中心后来发展成为"文化之家"。❷

其次,法国政府对文化领域进行干预的合法性均来自宪法和相关法律❸,法律为政府干预或者参与文化提供了合法性的理由和权力的边界。政府进行公共文化干预只能基于以下理由:一方面,传统文化被认为是共享的公共财产,因此,政府应当进行保护和提升;另一方面,文化和艺术创造力被认为是整个社会所分享的,因此,政府应当防止和纠正文化市场运作中固有的危险,同时应当纠正市场中被认为不是普通可销售的文化产品,并承担艺术文化教育和培训的责任。❹ 文化和通信部(The Ministry of Culture and Communication)以下述两种方式对文化进行干预:监管与直接参与。第一种方式为监管,包括两方面内容:负责实施和监督与遗产保护、档案收藏、文学和艺术财产、艺术家福利、特殊文化部门(电影、现场娱乐和固定图书价格等)的税费及广播配额等法律和规定;认可和"标明"(labelling)某些文化和艺术活动的质量、专业性或宣布它们为国家核准的一般利益。第二种方式为直接参与,指文化和通信部与直接管理公共文化机构的相关部门进行沟通,维护和发展艺术委员会、艺术和历史遗产委员会等的建设,支持区域和地方当局的文化活动。❺

最后,法国文化政策法治化的另外一个表现形式是中央与地方政府在文化领域的分权。法国于20世纪40年代末开始尝试文化分权,即向地方下放

---

❶ 参见 *Compendium of Cultural Policies and Trends in Europe*(18th Ed, 2017)。

❷ 参见 *Compendium of Cultural Policies and Trends in Europe*(18th Ed, 2017)。

❸ 参见 *Compendium of Cultural Policies and Trends in Europe*(18th Ed, 2017)。

❹ 邢来顺,岳伟. 联邦德国的文化政策与文化多样性研究[M]. 北京:中国社会科学出版社,2017:89.

❺ 邢来顺,岳伟. 联邦德国的文化政策与文化多样性研究[M]. 北京:中国社会科学出版社,2017:90.

文化事务权力，如文化部与地方签订了第一个戏剧方面的权力下放协议，70年代和80年代末再次签订文化发展宪政和协议。❶ 2000年12月，法国文化部发起了一项名为"文化去中心化协议"（Cultural Decentralisation Protocols）的行动❷，半年后的2001年6月，法国议会通过了由内阁提出的"邻里民主"（Neighbourhood Democracy）法案修正案，修正案旨在将中央文化事务方面的权力下放到地方，同时赋予地方和地区机构在文化遗产领域承担更多的责任，在历史遗迹的清查、保护、修复和开发方面建立一个权力下放、预算转移和伙伴关系的试验体系。试验的目标是在地方机构选择的地方实现权力下放，同时明确中央和地方政府在该领域的责任。2015年，中央与地方签署了大约40项"文化协议"。❸

总之，法国的文化政策法治化在近年来已经发展得比较成熟，其重要标志之一是2002年的《公共文化合作机构法案》（*public cultural cooperative institution*），该法案规定了文化政策的普遍契约化状态❹，中央政府、当地政府和文化机构所有相关部门都以一系列多层级的协议程序框架的方式进行合作。

（二）文化政策的自由裁量权——"一臂之距"原则的适用与扩展

在成熟的西方法治国家，文化政策需时时考虑法律给予它的边界并且不能越界而为，但这并不意味着文化政策没有自己的自由裁量空间，恰恰相反，为了保证宪法所赋予的言论和表达自由，作为文化政策制定主体的政府与文化之间保持着"一臂之距"（Arms Length），它也因此成为文化政策学界耳熟能详的政策模式。该模式既可以指独立的资助机构的存在，也可以指由艺术家或其他专家进行评估的决策。❺ 然而，"一臂之距"显然是一个模

---

❶ 邢来顺，岳伟. 联邦德国的文化政策与文化多样性研究[M]. 北京：中国社会科学出版社，2017：90.

❷ POIRRIER P. Heritage and Cultural Policy in France Under the Fifth Republic [J]. International Journal of Cultural Policy 2003（9）：215-225.

❸ 邢来顺，岳伟. 联邦德国的文化政策与文化多样性研究[M]. 北京：中国社会科学出版社，2017：90.

❹ 邢来顺，岳伟. 联邦德国的文化政策与文化多样性研究[M]. 北京：中国社会科学出版社，2017：90.

❺ BELL D, OAKLEY K. Cultural Policy [J]. Nordisk Kulturpolitisk Tidsskrift, 2014（2）：275-277.

糊的理想主义的概念，它可以被视作一种文化政策的维度，旨在捍卫艺术或文化的自主权及文化场域免受政治的干预❶，因此，实施"一臂之距"政策的各个国家的"臂距"并不相同，政府文化政策的自由裁量空间也各有大小的不同。

  荷兰文化政策的前提是国家应该远离对艺术价值的判断，因此，采用了"一臂之距"的文化政策模式。传统上，艺术的发展很大程度上依赖于私人公民和大量致力于文化的基金会❷，但是近年来，受新自由主义思潮影响，政府也开始承担了促进文化活动主持人的角色。荷兰"一臂之距"原则的含义是在评估艺术问题时保持中立，把有关艺术的决策主要留给由独立专家组成的各个艺术委员会。在财政支持方面，根据《文化政策法》规定：教育、文化和科学部有权以补贴的形式直接拨付给国家文化基础设施，但是其余的补贴领域则不能完全交由教育、文化和科学部分配，而是采取由国家文化理事会等6个国家文化基金与其分权的形式，且这6个国家文化基金就补贴的标准和政策提出建议时，部长应当听从理事会建议并必须批准它们所有的安排❸，这意味着这些基金的运作与政府保持了一定的距离。

  芬兰传统的"一臂之距"与英国有相似之处，但是进入21世纪的芬兰经过新公共管理和新自由主义的洗礼之后，缩短了"一臂之距"的"臂距"❹，这一变化在芬兰国家艺术促进中心改革之后尤其明显。该中心区分了艺术家资助和执行文化政策补贴两个政策领域，在艺术家资助政策方面采用同行评审，即确保国家和地区艺术委员会在专家评估基础上的独立决策权仅仅适用于个人艺术资助，而在国家补贴方面，则由政府部门的公务员决策来决定，也就是说专

---

❶ MANGSET P. Om den Korporative Tradisjonen I Oordisk Kulturpolitikk-Med særlig Vekt på Densvenske Kulturpolitikkens Historie [J]. Nordisk Kulturpolitisk Tidsskrift, 2015 (18): 41-65.

❷ 参见 *Compendium of Cultural Policies and Trends in Europe* (18th Ed, 2019).

❸ 邢来顺，岳伟. 联邦德国的文化政策与文化多样性研究 [M]. 北京：中国社会科学出版社，2017：90.

❹ JAKONEN O. Results-based Steering as a Tool for Centralized Art Policy Management and Instrumentalization? Analysis of the Finnish Arts Council's reformation [J]. Nordisk Kulturpolitisk Tidsskrift, 2020 (23): 125-142.

业官僚在文化政策过程中处于关键位置。上述政策区分意味着补助政策发生了重大转变：传统的支持高雅艺术转变为战略政策和更广泛的经济、社会和政治目的的工具，从而大大缩短了独立艺术文化与政府之间的距离。因此，芬兰学者曾经不无悲观地判断：在芬兰文化艺术促进中心的决策中，政府官员已经取代艺术委员会成为最终的决定者，艺术家政策中的社团主义结构已经在逐渐解体，芬兰"一臂之距"的模式已经转向了更加集中和官僚的体制，公共艺术资助应主要根据艺术质量来进行的判断的"距离"已被缩短。❶

韩国政府强调其文化政策的首要原则就是"一臂之距"❷，并主张将"一臂之距"作为文化的制度自治原则，希望借此促进协商民主及促成政府与艺术家和社会的积极交流。2005 年韩国成立艺术委员会，希望将艺术委员会资助作为一种新的文化政策制定模式，韩国因而发展成为"一种新的资助国"，即在国家主义框架内坚定地模仿西方现有的文化政策，雄心勃勃地将文化经济的发展作为国家的新使命。❸ 然而，韩国的文化政策是在国家主义框架内，由"等级模式"协调、而不是由"市场"和"自组织模式"来支配的❹，因此，这些文化自治组织在不能取代"国家"的同时，与政府之间的关系变得更为复杂，因为委员会的工作与政府之间的"臂距"很短，且一直依赖后者的支持。2007 年的《公共机构管理法案》（Act on the Management of Public Institutions）又将该委员会指定为"半公开"组织，从而严重破坏了"一臂之距"原则，"英国式保持距离的公共机构在韩国文化政策中很难找到一席之地"❺。

---

❶ 邢来顺, 岳伟. 联邦德国的文化政策与文化多样性研究 [M]. 北京: 中国社会科学出版社, 2017: 90.

❷ JONG-EUN CHUNG. The Neo-developmental Cultural Industries Policy of Korea: Rationales and Implications of an Eclectic Policy [J]. International Journal of Cultural Policy, 2019 (25): 63-74.

❸ HYE-KYUNG LEE. The New Patron State in South Korea: Cultural Policy, Democracy and the Market Economy [J]. International Journal of Cultural Policy, 2019 (25): 48-62.

❹ HYE-KYUNG LEE. Cultural Policy in South Korea: Making a New Patron State [M]. London: Routledge, 2018.

❺ HYE-KYUNG LEE. Cultural Policy in South Korea: Making a New Patron State [M]. London: Routledge, 2018.

第一章 "一带一路"沿线国家宪法文本与文化权利

宪法是主权国家或地区具有最高法律效力的根本大法，作为规定一个国家或地区的社会制度、国家制度、国家机构和公民的基本权利与义务等法律的基础，宪法在"一带一路"沿线国家中通过文本的规定，对文化权利提出了根本要求，是各个国家制定文化法律与政策的基本依据。由于宪法在各个国家至高无上的法律地位，研究"一带一路"沿线国家的文化法律与文化政策首先要对本国的宪法进行充分的认识与理解，从而确立文化法律与政策制定的基础依据，进而探讨在宪法文本差异中的不同国家文化制度的历史发展规律。

罗威勒曾经这样描述文化："在这个世界上，没有别的东西比文化更难以捉摸。我们不能分析它，因为它的成分无穷无尽；我们不能叙述它，因为它没有固定形状。我们想用文字来定义它的意义，这正像要把空气抓在手里似的，当我们去寻找文化时，它除了不在我们手里以外，它无所不在。"由此可见，"文化"的含义是如此多样而又难以捉摸，但是如果从现代法律——尤其是现代宪法的视角来解读的话，"文化"一词则变得非常简单和清晰易懂："文化"是公民享受的一种权利和自由，是政府应尽的一种义务和责任。

第二次世界大战后生效的一系列国际法标志着文化作为公民权利和政府义务的诞生。1948 年的联合国《世界人权宣言》中开始首次正式探讨文化权这一概念的成立，而到了 1966 年的《经济、社会及文化权利国际公约》，联合国则第一次以法律形式对经济、社会及文化权利加以确认。之后很多国家与国际法接轨，先后增加或修改了与文化相关的规定。本书以"文化"为关键词，对总计 192 个国家的宪法文本做了检索和梳理，其中包括 54 个非洲国家、35 个美洲国家、14 个大洋洲国家、44 个欧洲国家、45 个亚洲国家。❶ 本章将从以下五个方面，阐述这些国家的宪法文本中关于文化规定所呈现的特征。

第一，国际法层面将文化界定为权利的视角为各国统一文化的定义提供了来自国际法的参考标准，世界上绝大多数国家都接受了国际法这一理念并承认了文化权利，同时将其作为基本权利而写入宪法之中。第二，虽然文化作为一个学科概念非常广泛，囊括了学术自由、艺术自由、教育，但是大多数国家的宪法都有与"文化"相关的表述和规定，从而显示出了宪法与文化的高度相关性。第三，大多数国家宪法与文化相关的规定都与经济、社会、教育、科技、体育等诸多概念相并列，或者进行不同的搭配与组合来进行表述，呈现"一带一路"沿线国家宪法文化内涵的复杂和多样性。第四，大多数国家的宪法在文化遗产、文化传统、文化活动、文化权利等意义上都有相似的内涵和表述，显示出"一带一路"沿线国家宪法在上述方面对文化规定

---

❶ 本书的宪法文本均选自《世界各国宪法》编辑委员会编译的《世界各国宪法——非洲卷》《世界各国宪法——亚洲卷》《世界各国宪法——欧洲卷》《世界各国宪法——美洲大洋洲卷》，由中国检察出版社 2012 年 10 月出版。

的同质性和相通性。第五，各国宪法出台的本身就是历史进程、政治妥协和文化妥协的结果，因而在宪法制定之时，大部分国家已经构建了一个复杂的文化关系网络❶，宪法因而成为这一文化关系网络的具象表达，从而也使各国宪法文本的规定各具特色。

---

❶ PAQUETTE J. Cultural Policy and Federalism [M].New York: Palgrave Macmillan, 2019: 67.

第一节　作为权利的文化国际法

基于文化多样性价值将会最大程度带来观念竞争繁荣的理念，国际法将文化多元主义作为核心要素，并试图通过文化多元主义作为主权国家平等概念的特性，将其泛化成为全人类的权利。文化权这一概念是在1948年的联合国《世界人权宣言》上首次正式探讨的，后来，联合国于1966年又通过了《经济、社会及文化权利国际公约》和《公民权利和政治权利国际公约》，这两个公约是第一次以法律形式对文化权利加以确认，其中涉及的文化权主要是在经济和社会领域。上述三个文件构成了国际公认的"国际人权宪章"。

一、《世界人权宣言》

首先，起草于第二次世界大战后的《世界人权宣言》是历史上第一部对文化权概念做出探讨和界定的国际法。第二次世界大战的惨烈让各国对和平与人权的议题有了更迫切的认识与需求，而文化权的观点就是在这样的背景下产生的。《世界人权宣言》第22条宣示："每个人作为社会的一员，有权享受社会保障，并有权享受他的个人尊严和人格的自由发展所必需的经济、社会和文化方面各种权利的实现，这种实现是通过国家努力和国际合作并依照各国的组织和资源情况"；第27条规定："（一）人人有权自由参加社会的文化生活，享受艺术，并分享科学进步及其产生的福利。（二）人人以由于他所创作的任何科学、文学或艺术作品而产生的精神的和物质的利益，有享受保护的权利"。

二、《公民权利和政治权利国际公约》

《公民权利和政治权利国际公约》也在序言中秉承了《世界人权宣言》的精神，规定公民的政治权利和经济、社会、文化权利是完整的人权的两个不可分割的组成部分，两者缺一不可，尊重、实现、维护、发展人权，评价人权状况，必须坚持人权的全面性。该公约强调了公民权利和政治权利的重要性："只有在创造了使人人可以享有其公民和政治权利，正如享有其经济、社会和文化权利一样的条件的情况下，才能实现自由人类享有公民及政治自由和免于恐惧和匮乏的自由的理想"，同时清晰界定了缔约国人民对经济、社会和文化参与的自决权："所有人民都有自决权。他们凭这种权利自由决定他们的政治地位，并自由谋求他们的经济、社会和文化的发展"（第1条），从而为经济、社会和文化权利的独立提供了坚实的理念基础。

三、《经济、社会、文化权利国际公约》

1966年制定的《经济、社会、文化权利国际公约》延续了上述《世界人权宣言》的精神。虽然它与《公民权利和政治权利国际公约》于同一时间颁布，但是到1976年才正式生效。这两部公约和《世界人权宣言》交相呼应，更为详细地界定了缔约各国的经济、社会和文化权利。

《经济、社会、文化权利国际公约》首先在序言中承认："按照世界人权宣言，只有在创造了使人可以享有其经济、社会及文化权利，正如享有其公民和政治权利一样的条件和情况下，才能实现自由人类享有免于恐惧和匮乏的自由的理想。"在《世界人权宣言》的基础上，《经济、社会、文化权利国际公约》进一步确认了文化权利（Ccultural Rights），并明确了文化权利的主要内容，同时要求保障每个人参与文化生活的权利、享受科学进步的权利，以及创造文化艺术产品的权利。该公约明确指出："文化权利指人们参加文化生活、享受科学进步及其应用所产生的利益，以及对其本人的任何科学、文

学或艺术作品所产生的精神上和物质上的利益享受到保护的权利。"❶

由此可见,《经济、社会、文化权利国际公约》中的"文化权"共包含 4 个方面的内容：第一，人人有权参加文化生活；第二，人人有权享受科学进步及其应用所产生的利益；第三，人人对其本人的任何科学、文学或艺术作品所产生的精神上和物质上的利益享受受保护的权利；第四，进行科学研究和创造性活动所不可缺少的自由应当受到尊重。❷《经济、社会、文化权利国际公约》第一次以法律形式对经济、社会及文化权利加以确认，推动了发展中国家倡导的民族自决权等集体人权的形成、发展和完善，是一项具有积极意义的国际人权文书。

此外，该公约还同时规定了缔约各国的义务："缔约各国为充分实现这一权利而采取的步骤应包括为生存、发展和传播科学和文化所必需的步骤；缔约各国承担尊重进行科学研究和创造性活动必不可少的自由；承认鼓励和发展科学与文化方面的国际法接触和合作的好处。"❸

---

❶ 《经济、社会及文化权利国际公约》第 15 条规定："本公约缔约各国承认人人有权：参加文化生活；享受科学进步及其应有所带来的利益；对其本人的任何科学、文学或艺术作品所产生的精神上和物质上的利益享受保护之权利。"

❷ 黄金荣.《经济、社会、文化权利国际公约》国内实施读本 [M]. 北京：北京大学出版社，2011：157-158.

❸ 黄金荣.《经济、社会、文化权利国际公约》国内实施读本 [M]. 北京：北京大学出版社，2011：157.

第二节　各国宪法文本中的文化相关规定

国际法将文化界定为权利的视角为各国统一文化的定义提供了来自国际法的参考标准。截至目前，世界上已经有175个国家批准了《经济、社会、文化权利国际公约》，中国也于1997年签署、2001年批准了该公约。该公约也由此成为约束这些国家制定文化相关规定的国际法框架，换言之，世界上绝大多数国家宪法都与国际法相接轨并承认了文化权利，同时将其作为基本权利而写入宪法之中。在《经济、社会、文化权利国际公约》等国际文本之下，各国宪法以不同方式规定了文化权利，有的宪法规定了文化事务属于地方权力，有的宪法规定了文化事务属于各级政府和立法机构。❶

一、与国际法层面接轨的文化权

联合国制定的上述三部国际法——《世界人权宣言》《经济、社会、文化权利国际公约》和《公民权利和政治权利国际公约》——对文化权的界定非常精彩，具体表现在如下几个方面。

首先，它们从法律的角度将多元复杂而难以把握的模糊的文化概念抽象成为简单又清晰的公民权利，且其形成的权利——文化权与经济、社会权利相并列，独立构成了与其他人类基本权利不同的宪法基本权。

其次，文化权的内涵被上述国际法高度浓缩为有权参加文化生活、有

---

❶ PAQUETTE J. Cultural Policy and Federalism [M]. New York: Palgrave Macmillan, 2019: 190.

权享受科技成果、有权使作品利益受到保护和有权享有科技创作自由四个要素。

最后,上述三部国际法在准确预测 20 世纪未来时代发展趋势的基础上,在权利的"积极"属性和"消极"属性之间,选择了"积极"属性。所谓"消极权利"指个人不受国家或其他组织侵犯的自由;所谓"积极权利"指个人有向国家或他人索取财富、安全或其他利益的正面能力……当人类从事有意义、有价值、有目标的活动时,这类活动要求具备一定的外部条件,而国家的义务是为个人提供必要的条件以实现这种"自由"。三部国际法赋予文化权以"积极权利"的特性,从而为文化权在各国的长久发展打下了坚实的基础,这样的选择恰恰与 20 世纪后半期整个西方的社会发展趋势不谋而合。第二次世界大战结束后,西方社会逐渐进入了后工业化的福利时代,主要以经济福利为主的积极权利(也被称为"第二代权利")开始兴起,而被赋予了"积极权利"特性的文化权也随着经济领域的"积极权利"被西方国家所重视,从而迈入其现代文明之旅。因此,虽然作为"积极权利"的"文化"对公民而言更多的是一种权利和自由,但是对政府来说是一种义务和责任。换言之,文化权的特质就是为国家设定义务、为政府确立责任,政府为个人行使文化权提供必要条件让公民自由参与社会文化生活、享受艺术是政府的宪法责任,而非想做就做、不想做就不做的多余之举。

在西方国家早期宪法中,虽然部分国家对公民权利义务作过规定,但只寥寥数条,有些甚至完全没有规定,如德国的魏玛宪法把公民权利义务单独列为第二编共 33 条。然而,第二次世界大战之后的现代宪法的情况则不同。上述《公民权利和政治权利国际公约》《经济、社会、文化权利国际公约》和《世界人权宣言》三部国际法都在不同程度上对缔约各国的文化相关法律进行了约束,最典型的一个表现是文化权作为基本权利被写入了许多国家的宪法之中,从而牢固确立了文化权作为宪法基本权利在缔约国中的重要地位。本书所涉及的 192 个国家中,至少有 36 个国家的宪法明确提及和规定"文化",与此同时,无论这些国家直接还是间接提及"文化"一词,其文化宪法体系和框架都基本与上述联合国《世界人权宣言》等国际法的规定相接轨。

二、作为权利的文化

（一）与经济、社会并列的独立权利

与上述国际法接轨并明确将文化权作为与经济和社会并列的独立权进行相关规定的国家数量并不是很多，仅包括佛得角、赤道几内亚、尼泊尔、伊朗、格林纳达、萨尔瓦多共和国和马达加斯加等国。其中佛得角1992年宪法专单设第三编："经济、社会和文化的权利和义务"对文化权的内涵和国家保障文化权做了详细界定。❶ 与此相似，马达加斯加2010年宪法也单设第二章"经济、社会和文化权利与义务"，规定文化权的内涵是"一切个人均有权参与社会的文化生活、参与科学进步并享受科学进步带来的成果"（第26条）。伊朗和格林纳达两国的宪法虽然没有单独设立独立的篇幅做出规定，但是都明确规定了该国人民："享有人权、政治、经济、社会和文化权利"（伊朗1979年《宪法》第20条），或者"人人都能够享有经济、社会、政治、公民和文化权利"（格林纳达1973年《宪法》序言）。赤道几内亚、尼泊尔与萨尔瓦多都强调了国家在确保经济、社会和文化权方面的义务，如赤道几内亚规定国家应确保尊重公民在经济、社会和文化方面的进步。❷ 尼泊尔政府与尼泊尔共产党之间达成的《一揽子和平协定》承诺，为尼泊尔人民营造能享受公民、政治、经济、社会和文化的权利氛围。萨尔瓦多在1983年的《宪法》第1条专门强调，国家有义务确保共和国居民享有自由、健康、文化、经济福利及社会正义的权利。

从经济、社会与文化权享受主体的方面来看，圣多美和普林西比、摩洛

---

❶ 参见佛得角1992年《宪法》第79条规定："每个公民有权享受文化遗产，同时有责任保存、保护文化遗产并提升其价值。"

❷ 参见赤道几内亚1991年《宪法》第7条第1、2款分别规定："国家确定国家主权，加强团结，确保尊重人的基本权利，促进公民在经济、社会和文化方面的进步"；"为保障文化权，国家机关应与其他文化机构合作，推动、鼓励并确保所有公民能享受文化遗产。"

哥、巴拉圭等国宪法都明确强调无论"男性和女性",所有人都平等享有❶;马拉维1994年宪法规定了除"所有人和各民族"外,特意补充了"妇女、儿童及残疾人,在适用这一权利时尤其应予以特别的照顾"❷。莱索托王国宪法用的措辞是"每个人都有权获得"❸,厄立特里亚宪法则规定"每个公民均有平等机会"❹;布隆迪2005年宪法和格林纳达1973年规定用了"任何人"❺或"人人"❻,因而这4个国家都强调每个人对该权利方面的平等享用。佛得角、玻利维亚、安哥拉和巴拉圭侧重青年人和老年人在经济、社会和文化方面的权利❼,其中佛得角宪法对青年、老年人和残疾人尤其着重笔墨进行规定,鼓励青年人成立相关组织,国家与协会和相关组织共同制定鼓励青年文化发展

---

❶ 参见圣多美与普林西比1975年《宪法》第15条规定:"妇女在政治、经济、文化、社会和家庭生活等各方面享有同男子平等的权利";摩洛哥2011年《宪法》第19条:"男性和女性平等地享有本编、本宪法其他条款、经摩洛哥合法批准的国际公约与条约及在遵守本宪法的前提下由王国的惯例和其法律所宣告的公民、政治、经济、社会、文化和环境权利和自由";巴拉圭1992年《宪法》第48条规定:"男女享有平等的公民权、政治权、社会权及文化权。"

❷ 参见马拉维1994年《宪法》第30条规定:"所有的人及各民族都有经济、社会、文化和政治发展的权利,并因而享受这些发展;妇女、儿童及残疾人,在适用这一权利时尤其应予以特别的照顾。"

❸ 参见莱索托王国1993年《宪法》第16条规定:"每个人都有权获得,且(除其本人同意外)不受妨碍地享有与他人为实现意识形态、宗教、政治、经济、劳动、社会、文化、娱乐或者其他目的进行自由结社的自由。"

❹ 参见厄立特里亚1996年《宪法》第21条第1款规定:"经济、社会和文化权利与责任:每个公民均有平等机会获得公共资助的社会服务。国家将在其资源限制内,努力使所有公民都可以获得健康、教育、文化和其他社会服务。"

❺ 参见布隆迪2005年《宪法》第52条规定:"任何人有权获得个人尊严和自由发展所必需的且与国家能力和财力相匹配的经济、社会和文化权利。"

❻ 参见格林纳达1973年《宪法》序言规定:"人人都能够享有经济、社会、政治、公民和文化权利。"

❼ 参见玻利维亚2009年《宪法》第59条规定:"国家和社会依法无歧视地确保少年和青年在生产、政治、社会、经济、文化方面的保护、推动和积极参与";安哥拉2010年《宪法》第81条规定:"1.为确保青年人更好享有经济、社会和文化权利,国家应在如下方面给予特殊保护:(a)教育、职业培训、文化方面;(b)获得第一份工作、进行工作和获得社会保障方面;(c)住房方面;体育和健身方面……(e)自由支配闲暇时间……4.国家应鼓励和支持青年组织与家庭、学校、企业、居民组织、文化社团、基金会和文化娱乐集体组织的互动合作及国际青年交流。"

的政策，对老年人和残疾人都享有特殊的保护和保障措施。❶ 与此类似，巴拉圭不仅强调老年人"享有政府、社会和国家的各类福利与保障"❷，而且强调了原住民的文化权❸；秘鲁1993年《宪法》第1条第17款则规定了"以个人或组织的方式参与国家政治、经济、社会和文化生活的权利"，玻利维亚2009年《宪法》第32条则强调了少数族群的文化权利，即非裔玻利维亚籍公民和少数民族及土著民族相同的经济、社会、政治、文化权利。

从经济、社会与文化具体包含的内容来看，各国的侧重点也略有不同。摩洛哥宪法规定了"由王国的惯例和其法律所宣告的公民、政治、经济、社会、文化和环境权利和自由"❹，莱索托王国宪法规定了"与他人为实现意识形态、宗教、政治、经济、劳动、社会、文化、娱乐或者其他目的进行自由结社的自由"❺，厄立特里亚宪法将其视为"公共资助的社会服务"❻，布隆迪

---

❶ 参见佛得角1992年《宪法》规定："为保障青年权利，社会和国家机关应鼓励和支持旨在追求文化、艺术、娱乐、运动和教育目的的青年组织的建立"（第75条第3款）；"为保障青年权利，国家机关应与代表家长和教育监护人的协会，以及私人机构和青年组织通力合作，明确制定并执行以下青年政策：教育，专业培训和身体、智力和文化发展"（第75条第4款a）；"残疾人和老年人应享有来自家庭、社会和国家机关的特殊保护的权利。为实现上述条款，国家机关应明确负责：保障对残疾人的保护、照顾、康复和融入，同时保障其参与社会生活的经济、社会和文化条件"（第76条第2款a）；"为保障对老年人的特殊保护并预防社会排挤，国家机关应明确负责：促进经济、社会和文化条件以使老年人有尊严地参与家庭和社会生活"（第77条第2款a）。

❷ 参见巴拉圭1992年《宪法》规定："老年人享有政府、社会和国家的各类福利与保障。国家通过对老年人提供社会服务，满足其对饮食、健康、住宅、文化和娱乐的要求，以此提高老年人的生活质量"（第57条）；"老年人政策应包括经济、社会和文化措施，让老年人通过积极参与社区生活实现自我价值"（第82条第2款）。

❸ 参见巴拉圭1992年《宪法》第65条规定："国家保障印第安原住民依据其习惯法、本宪法及本国法律规章参与国家经济、社会、政治、文化的权利。"

❹ 参见摩洛哥2011年《宪法》第19条规定："男性和女性平等地享有本编、本宪法其他条款、经摩洛哥合法批准的国际公约与条约及在遵守本宪法的前提下由王国的惯例（constame）和其法律所宣告的公民、政治、经济、社会、文化和环境权利和自由。"

❺ 参见莱索托1993年《宪法》第16条规定："每个人都有权获得，且（除其本人同意外）不受妨碍地享有与他人为实现意识形态、宗教、政治、经济、劳动、社会、文化、娱乐或者其他目的进行自由结社的自由。"

❻ 参见厄立特里亚1996年《宪法》第21条第1款规定："每个公民均有平等机会获得公共资助的社会服务。国家将在其资源限制内，努力使所有公民都可以获得健康、教育、文化和其他社会服务。"

宪法强调上述权利是"为个人尊严和自由发展所必需"❶。马尔代夫2008年《宪法》第30条第2款第1项规定，人人享有成立社团与协会的自由，包括组建经济、社会、教育或文化或其他宗旨的任何社团和协会并参加活动的权利。

最后，从宪法保障该权利的方式和手段来看，尼泊尔政府与尼泊尔共产党之间达成的《一揽子和平协定》规定："必须尊重社会、文化和宗教上的敏感性，尊重宗教仪式和个人的宗教信仰。"莱索托王国宪法则规定"不受妨碍地享有"❷；厄立特里亚侧重于国家社会责任，认为国家应确定、保护、开发文化遗产，为所有文化领域的发展奠定基础，同时注重国家与公民的互动。❸ 布隆迪宪法强调不能超出国家能力财力范围，须与"国家能力和财力相匹配"❹。相比之下，安哥拉规定了最为详细的保障措施：首先，保障平等机会最为重要，为此应当立法，并消除实现目标的障碍；同时需要从青少年开始做起，建立相关的青少年组织。❺ 安哥拉不仅强调私人机构在国家监督下参与的保障方式❻，而且侧重国家应当采取措施保护青年人和老年人等特

---

❶ 参见布隆迪2005年《宪法》第52条规定："任何人有权获得个人尊严和自由发展所必需的且与国家能力和财力相匹配的经济、社会和文化权利。"

❷ 参见莱索托1993年《宪法》第16条规定："每个人都有权获得，且（除其本人同意外）不受妨碍地享有与他人为实现意识形态、宗教、政治、经济、劳动、社会、文化、娱乐或者其他目的进行自由结社的自由。"

❸ 参见厄立特里亚1996年《宪法》第21条第1款规定："如有必要，国家和社会有责任确定、保护、开发和遗赠后代子孙的历史和文化遗产，并为艺术、体育、科学和技术的发展奠定必要的基础，应鼓励公民参与这种努力。"

❹ 参见布隆迪2005年《宪法》第52条规定："任何人有权获得个人尊严和自由发展所必需的且与国家能力和财力相匹配的经济、社会和文化权利。"

❺ 参见安哥拉2010年《宪法》规定："国家必须采取立法和其他适当的措施，依据可用资源，确保经济、社会及文化权利的逐步且有效实现"（第28条第2款）；"国家、社会及家庭负有责任促进青少年和成年人全面和均衡地发展，并为其实现政治、经济、社会和文化权利创造条件，建立以推动经济、文化、艺术、娱乐、体育、环境、科学、教育、爱国主义、国际青年交流为目的的青少年组织"（第35条第7款）；"国家应通过以下几个方面促进社会发展：消除经济、社会和文化障碍，以保障公民获得真正的平等机会"（第90条d款）。

❻ 参见安哥拉2010年《宪法》第79条规定："1.国家应确保每个人都有获得求知、教育、文化、体育的权利，鼓励各种私人机构依法参与其中；……3.教育、文化和体育领域的私人与合作机构应由国家监督，并依法律规定进行。"

殊群体在经济、社会和文化方面的权利，这些措施包括教育、职业培训、住房、体育健身等❶，同时注重社团在保障权利方面发挥重要作用。❷巴拉圭则侧重为老年人提供社会福利、社会保障和社会服务的方式，从而满足老年人对文化和娱乐的需求。❸

（二）完全独立的文化权

如表1-1所示，共有大约35个国家的宪法文本中出现了有关文化权的相关规定。尽管文化的含义变化多端，且不同的国家采用了不同的措辞和变化方式，但是它们都将文化权作为与其他权利不同的独立权利做了详略不同的界定，其中加纳、几内亚、布基纳法索等国家认为文化权是"创造、欣赏、实践、信奉、维护、保护和促进"文化的权利，贝宁和秘鲁则从使用语言自由的角度来发展文化，卢旺达、多米尼加规定文化权应当包含促进国家文化发展的活动，乌干达规定了在社区中参与、享受、实践、信奉、维护和促进文化是文化权的内涵。较多国家从获得或接触享受文化产品服务等或参与文化生活解读文化权，其中包括了多米尼加、墨西哥、东帝汶、阿塞拜疆、白俄罗斯、葡萄牙和塞舌尔。此外，也有很多国家从进行娱乐、休闲、体育锻炼和拥有空闲时间的角度界定了文化权，包括厄瓜多尔、玻利维亚、墨西哥、多哥、玻利维亚、哥伦比亚和圭亚那7个国家，其中厄瓜多尔、尼日尔从构建文化身份或选择审美观或自由发展个性的特殊角度诠释了文化权；厄瓜多尔、哥伦比亚从传播或接触文化表达方式的角度，规定传播文化表达

---

❶ 参见安哥拉2010年《宪法》规定："1. 为确保青年人更好享有经济、社会和文化权利，国家应在如下方面给予特殊保护：（a）教育、职业培训、文化方面；（b）获得第一份工作、进行工作和获得社会保障方面；（c）住房方面；体育和健身方面；……（e）自由支配闲暇时间；……4. 国家应鼓励和支持青年组织与家庭、学校、企业、居民组织、文化社团、基金会和文化娱乐集体组织的互动合作及国际青年交流"（第81条）；"老年人政策应包括经济、社会和文化措施，让老年人通过积极参与社区生活实现自我价值"（第82条第2款）。

❷ 参见安哥拉2010年《宪法》第86条规定："应鼓励和促进国内外社团与国家的联系，包括经济的、社会的、文化的和爱国的联系，团结有上述联系的安哥拉社区及有安哥拉种族起源、血缘、文化和历史基础的社区。"

❸ 参见巴拉圭1992年《宪法》第57条规定："国家通过对老年人提供社会服务，满足其对饮食、健康、住宅、文化和娱乐的要求，以此提高老年人的生活质量。"

方式的权利是重要的宪法权利；萨尔瓦多、塞内加尔、马尔代夫宪法规定，以文化为目的的集会或结社权是不受任何重大影响而中止的宪法权利。东帝汶、斯洛伐克、佛得角都共同强调了文化遗产或环境是文化权的重要内涵，保护或享受文化遗产或环境，而立陶宛、尼加拉瓜、萨尔瓦多、厄瓜多尔强调挪威文学和科学及教学应被纳入文化权之中，塞内加尔则在文化权的规定中强调了出版自由。

表 1–1　将文化权视为完全独立的宪法权利文本

国别	宪法文本规定	内容侧重
加纳	"文化权利和活动：每个人都有权欣赏、实践、信奉、维护和促进符合本宪法规定的任何文化、语言、传统或者宗教；禁止一切有失人性和损害个人身体和精神健康的习俗活动"（1992《宪法》第 26 条）	欣赏、实践、信奉、维护和促进
几内亚	"几内亚人民享有保护遗产、文化和环境的权利"（2010 年《宪法》第 21 条）	保护
贝宁	"人人享有文化权"；"构成贝宁民族的一切团体享有使用其书面与口头语言的自由，并在相互尊重的基础上发展自己的文化"（1990 年《宪法》第 11 条）	使用语言的自由并发展文化
卢旺达	"任何公民有权从事促进国家文化发展的活动"（2003 年《宪法》第 50 条）	从事促进文化发展活动
乌干达	"每个人都有权与他人在社区中参与、享受、实践、信奉、维护和促进任何文化、文化机构、语言、传统、教义或者宗教"（1995 年《宪法》第 37 条）	社区中参与、享受、实践、信奉、维护和促进
乍得	"所有乍得人均有获得文化的权利"（1996 年《宪法》第 33 条）	获得文化
多米尼加	"人人都有权参与并在国家的文化生活中活动，自由和不受审查地充分接触和享受文化产品和服务、科学进步、艺术和文学作品"（2015 年《宪法》第 64 条）	参与活动；接触产品和服务等

续表

国别	宪法文本规定	内容侧重
厄瓜多尔	"所有人均有权构建并维持自己的文化身份，决定其属于一个或数个文化群体并表达其选择，有权自由选择审美观，有权了解其文化的历史并接触其文化遗产，有权传播自己的文化表达方式并接触各种不同的文化表达方式。文化不能用作侵犯宪法承认的权利的借口"（2008年《宪法》第21条）；"所有人有权进入并参与各种公共空间，审议讨论、文化交流、社会融合及促进多样性中的平等的活动在公共场所中传播自己的文化表达方式的权利不应受到符合宪法原则的法律规定以外的限制"（2008年《宪法》第23条）；"所有人均有进行娱乐、休闲、体育锻炼和拥有空闲时间的权利"（第2008年《宪法》24条）；"国家应保证高等教育中的教学和科研自由，以及所有人使用自己的语言和在自身文化环境中学习的权利"（2008年《宪法》第29条）	教学科研自由
墨西哥	"每个人都有权获得文化和享有国家提供的资产和服务，以及行使其文化权利"（1917年《宪法》第4条）	—
玻利维亚	"人人享有从事体育、体育文化和娱乐活动的权利"（2009年《宪法》第104条）	—
萨尔瓦多	—	—
东帝汶	"人人拥有文化享受和文学创作的权利，并有义务维持、保护和尊重文化遗产"（2002年《宪法》第59条第5款）	—
阿塞拜疆	"每个人都有参加文化生活、利用文化设施和欣赏文化珍品的权利"（1995年《宪法》第40条）	—
白俄罗斯	"每个人都有参加文化生活的权利"（1994年《宪法》第51条）	—
立陶宛	"文化、科学、研究和教学可以自由进行"（1992年《宪法》第42条）	—
葡萄牙	"任何人都享有教育和文化权利"（1976年《宪法》第73条）	—
多哥	"每个人均享有获得体能、智力、道德和文化全面发展之权利"（1992年《宪法》第12条）	—
斯洛伐克	"保护环境和文化遗产的权利"一节，"每个人均有义务保护并改善环境和文化遗产。任何人均不得超出法律允许的程度危害或破坏环境、自然资源或文化遗址"（1992年《宪法》第44条第2、3款）	—

续表

国别	宪法文本规定	内容侧重
布基纳法索	"受教育权、培训权、劳动权、社会保障权、住所权、运动权、休闲权、健康权、妇女和儿童的受保护权、老人和残障人士获得帮助权、社会救助权及艺术和科学创造权，构成本宪法确认并促进的社会权利与文化权利"（1991年《宪法》第18条）	社会权与文化权
佛得角	"每个公民有权享受文化遗产，同时有责任保存、保护文化遗产并提升其价值"（1992年《宪法》第79条）	文化遗产
塞内加尔	"塞内加尔共和国确保所有公民都享有基本个人自由、社会经济权利及集体权利。这些自由和权利尤其包括：文化自由"（2001年《宪法》第8条）；"出版政治、经济、文化、体育、社会、娱乐或者科学信息的出版机构可以自由设立，并且不受任何事先审查。出版制度由法律规定"（2001年《宪法》第11条）；"所有公民都有权自由组建经济、文化和社会方面的协会、团体和社团，应遵守法规和条例规定的程序"（2001年《宪法》第12条）	文化自由为基本个人自由、出版自由、结社自由和集体权利的一部分
塞舌尔	"国家承认人人享有参与文化生活的权利，有权传授、提高、享受并保护塞舌尔人民的传统文化价值观"（1993年《宪法》第39条）	参与文化生活
玻利维亚	"从事体育、体育文化和娱乐活动的权利"（2009年《宪法》第104条）	从事文化活动
尼日尔	"人人皆有在物质、精神、文化、艺术和宗教领域自由发展个性的权利"（2010年《宪法》第17条）	发展个性
巴西	"国家应保障公民文化权利的充分行使"（1988年《宪法》第215条）	文化权利
哥伦比亚	"孩子享有以下基本权利：教育和文化，娱乐及自由表达意见的权利"（1991年《宪法》第44条）	文化权利
圭亚那	"每个公民都有休息和休闲娱乐的权利"（1980年《宪法》第23条）；"每一个青年人都有思想、社会、文化和职业发展的权利"（1980年《宪法》第28条）	休息和娱乐、文化权
尼加拉瓜	"尼加拉瓜人有受教育和学文化的权利"（1987年《宪法》第58条）	科学文化权

续表

国别	宪法文本规定	内容侧重
萨尔瓦多	"如遇战争、外敌侵袭、暴动、叛乱、严重灾难、瘟疫或其他普遍性的灾难或重大动乱时,1983年《宪法》第5条、第6条第1款、第7条与第24条所规定的保障中止,但以宗教、文化、经济和体育运动为目的的集会不受影响"(1983年《宪法》第29条);"受教育及获得文化是人民固有的权利"(1983年《宪法》第53条)	获得文化
老挝	"男女在政治、经济、文化、社会和家庭等方面享有平等权利"(1991年《宪法》第37条)	男女平等
马尔代夫	"人人享有成立社团与协会的自由,包括下列:组建……文化或……任何社团和协会并参加其活动的权利"(2008年《宪法》第30条第2款第1项)	结社自由
秘鲁	"维持民族和文化特性的权利。国家要确认并保护民族和文化的多样性。每个秘鲁人均有权在当局面前通过翻译使用属于自己的语言,外国人在被任何机构传唤时同样享有此项权利"(1993年《宪法》第1条第19款)	语言文化权

(三)文化权不受歧视的保障方式

部分国家规定了文化权利不受歧视且受到保障,但是不同国家的具体做法又有所不同,一些国家的宪法泛泛规定了文化权不受歧视,另一些则详细界定了文化歧视的含义,还有些国家宪法强调了文化权利享受主体的平等性,另外一些国家明确了文化权的保障方式。具体如下。

一些国家的宪法泛泛规定了文化权不受歧视的要求。韩国1987年《宪法》第11条规定:"任何人不得因其性别和宗教而受到歧视,也不应因政治、经济、社会和文化生活等在各领域中的社会地位而受到歧视"。玻利维亚2009年《宪法》第255条规定:"捍卫并推动人权、经济权利、社会权利、文化和环境权利等,抵制所有形式的种族主义和歧视"。埃塞俄比亚1994年《宪法》序言规定:"充分尊重个人和人民的基本自由和权利,共居于平等和没有性别、宗教、文化歧视的基础之上。"刚果(布)2002年《宪法》第8条规定:"所有公民在法律面前一律平等,除第58条、第96条的规定所保留者外,禁止基于出身、社会地位或财产状况、种族、民族、省份归属、性别、文化程度、宗教、哲学或居住地而施以任何歧视。"塞尔维亚 2006 年《宪法》第 21 条规定："禁止基于任何原因的直接或者间接歧视，特别是基于种族、性别、民族来源、社会来源、出生、宗教、政治或者其他观念、财产状况、文化、语言、年龄、精神或者身体残疾等原因的歧视。"

另一些国家宪法规定了文化歧视的含义。圭亚那与赞比亚详细规定了"歧视"的含义是指"对有些人加以限制，而对另外一些人不加限制，或对有些人赋予权利和利益，而对另外一些人却不赋予权利和利益"，而在文化方面的不平等对待同样会构成歧视。❶ 圭亚那认为歧视是"对不同的人给以不同的待遇"，一种人的资格被剥夺或者受到限制，另一种人则没有享受到这样的对待，或得到前一种人没有得到的特权或便利。❷ 摩洛哥宪法强调，文化为基础的歧视与其他一切以任何个人环境为基础的歧视性质一样，都需要摒弃。❸ 乌干达宪法则以所有人在文化方面都受法律的平等保护，阐述了文化权不受歧视的含义。

有些国家宪法强调了文化权利的享受主体的平等性。肯尼亚、几内亚比绍特别强调男性与女性享有同等的文化权❹，刚果则强调文化权是"任何人"都享有的权利。❺ 几内亚比绍《宪法》第 23、第 43 条分别规定："全体公民

---

❶ 参见赞比亚 1991 年《宪法》第 23 条规定："歧视是指对不同的人，诸如根据种族、部落、性别、政治观点、肤色、文化、年龄、宗教、信仰、出生地、婚姻状况而予以不同对待，对有些人加以限制，而对另外一些人不加限制，或有些人赋予权利和利益，而对另外一些人却不赋予权利和利益。"

❷ 参见圭亚那 1980 年《宪法》第 149 条规定："本条中'歧视'，是指完全或主要按其本人或其父母或监护人的种族、籍贯、政治观点、肤色、信条、年龄、身体残疾、婚姻状态、性别、性取向、语言、出生、社会阶层、怀孕、宗教、良心、信仰或文化的分类，对不同的人给以不同的待遇，按照这种分类，一种人被划分为没有资格或受到限制，而另一种人则没有享受到这样的对待，或得到前一种人没有得到的特权或便利。"

❸ 参见摩洛哥 2011 年《宪法》序言规定："摒弃一切以性别、肤色、信仰、文化、社会出身或地域出身、语言、残疾或任何个人环境为基础的歧视，并与这些歧视作斗争。"

❹ 参见肯尼亚 2010 年《宪法》规定了"平等和免于歧视的自由：男性与女性都有受到平等对待的权利"（第 27 条第 3 款、第 4 款）；几内亚比绍 1984 年《宪法》规定："在政治、经济、社会和文化生活的各个领域，男女在法律面前平等"（第 24 条）。

❺ 参见刚果（布）2002 年《宪法》规定："任何刚果人不得因宗教、家庭出身、社会条件、居住地、观点或者政治信仰、种族、人种、部落、文化或者语言而受到法律或者行政行为的歧视"（第 13 条）。

在法律面前人人平等，享有同等的权利和义务，不因种族、性别、社会阶层、知识水平或文化水平、宗教信仰，以及哲学信念而不同"，"全体公民均有权利和义务依法参与国家政治、经济和文化生活。"玻利维亚认为青少年在文化权方面不受歧视非常重要。❶

还有些国家规定了文化权的保障方式。肯尼亚宪法规定：国家首先应当做到不直接或间接歧视文化权❷，加拿大、卢旺达、圭亚那和乌干达宪法都强调通过法律来保障文化权受到平等保护。❸ 塞尔维亚强调了两个方面的措施，一是"促进宽容精神和各文化间的对话，并采取足够的措施增强相互尊重、理解与合作"；二是促进公共信息传播。❹ 洪都拉斯认为：国家应当通过增加教育在社会的益处并避免教育歧视。❺ 尼日尔则从国家媒体的角度，强调其在不同社团之间的民主讨论中，秉持统一、宽容、团结、和平和安全来促进文化产品。

（四）文化权的保障边界

与其他宪法权利一样，文化权保障也是有宪法边界的。尼日尔 2010 年

---

❶ 参见玻利维亚 2009 年《宪法》规定："国家和社会依法无歧视地确保少年和青年在生产、政治、社会、经济、文化方面的保护、推动和积极参与"（第 59 条）。

❷ 参见肯尼亚 2010 年《宪法》规定："国家不得基于种族、性别、是否怀孕、婚姻状况、健康状况、族群或者社会出身、肤色、年龄、残疾、宗教、良心、信仰、文化、衣着、语言或者出生而对任何人进行直接或者间接的歧视"（第 27 条第 3 款、第 4 款）。

❸ 参见加拿大 1982 年《宪法》第 15（1）条规定："每个人在法律面前一律平等，有权得到平等的保护和法律的平等利益，不受歧视，特别是不受基于种族、民族或族裔血统、肤色、宗教、性别、年龄、精神或身体残疾和法律的歧视"；卢旺达 2003 年《宪法》规定："法律禁止和制裁任何歧视，尤其是基于人种、种族、氏族、部落、肤色、性别、地区、社会出身、宗教或者信仰、观点、财产、文化差异、语言差异、社会地位、身体或者精神的残疾的歧视"（第 11 条）；乌干达 1995 年《宪法》规定："所有人于法律下在政治、经济、社会和文化生活及所有其他方面一律平等，受法律的平等保护"（第 21 条）；圭亚那 1980 年《宪法》规定："任何法律不得作出任何歧视性的规定，包括法律条文本身和实施后果"（第 149 条第 1 款）。

❹ 参见塞尔维亚 2006 年《宪法》规定："在教育、文化和信息领域，塞尔维亚应在所有生活在其领土上的人民中间，不论其种族、文化、语言或者宗教认同，促进宽容精神和各文化间的对话，并采取足够的措施增强相互尊重、理解与合作"（第 81 条）；"教育、体育、文化、保健和社会福利及省级的公共信息传播"（第 183 条）。

❺ 参见洪都拉斯 1982 年《宪法》规定："教育是国家用于文化保存、发展和传播的必不可少的职责，必须增加其在社会的益处，并不得有所歧视"（第 151 条）。

《宪法》第 17 条规定："不得侵犯他人权利，不损害宪政秩序、法律和善良风俗。"布基纳法索 1991 年《宪法》第 28 条规定："文化、智力、艺术及科学活动表现自由并须遵守现行法律"。塞舌尔 1993 年《宪法》第 39 条规定："该权利应受到由法律规定且为民主社会所必要的下列限制：保护公共秩序、公共道德及公共健康；防止犯罪；保护他人的权利和自由。"刚果（布）2002 年《宪法》第 22、第 46 条规定："此项权利的行使不得妨害公共秩序、他人或国家统一"；"在尊重法律、公共秩序和善良风俗的前提下，保障文化权利、智力和艺术创作的自由、科学技术研究的自由。"葡萄牙 1976 年《宪法》第 78 条规定："任何人都有文化享受和创作的权利，并负有保存、保护与完善文化遗产的义务"；东帝汶 2002 年《宪法》第 59 条第 5 款规定："人人拥有文化享受和文学创作的权利，并有义务维持、保护和尊重文化遗产"；厄瓜多尔 2008 年《宪法》第 21 条强调："文化不能用作侵犯宪法承认的权利的借口"；斯洛伐克 1992 年《宪法》第 44 条第 2、3 款规定："任何人均不得超出法律允许的程度危害或破坏环境、自然资源或文化遗址。"加纳 1992 年《宪法》第 26 条则明确禁止"一切有失人性和损害个人身体和精神健康的习俗活动"。

第三节　各国宪法文化相关规定的同质性和相通性

以上章节从宪法学的视角，对各国宪法文本中与"文化"相关的词语组合和搭配所形成的语境进行了梳理，但是这一整理并非打算去探究文化的哲学本质，而是试图寻求在宪法规范目的中的文化概念，以使读者在宪法解释上可以明确文化在宪法语境下的内涵。综上所述，大多数国家的宪法文本都使用了与其内涵接近的近义词来共同搭配，不仅创造出了与文化相关的纷繁复杂和多变的特殊语境，而且表述了在此领域中特有的法律含义。本书继续对上述192个国家的宪法文本中与"文化"相关的规定进行了梳理和考察，探究这些规定中"文化"一词的确定含义，最大程度上使各国宪法文本对"文化"的界定更为清晰和明确。

一、民族（族群）文化

在本书分析的192个国家中，有多达63个国家的宪法文本从"民族文化"或"族群文化"这个角度对"文化"做了相关的规定，这些规定同时又包含了细微的区别，如"民族文化利益""民族文化特殊性""民族文化联系"及"少数种族文化"等含义略有不同的各种词语频繁出现在"一带一路"沿线国家的宪法文本中。例如，哈萨克斯坦使用了"民族文化利益"，塞内加尔宪法规定了"民族文化特殊性"，摩洛哥强调了"民族文化联系"，布基纳法索规定了"民族文化价值"，阿尔及利亚和厄瓜多尔侧重"民族文化认同"，印度尼西亚则偏重"传统社团文化身份"，但是从本质而言，它们都不约而同指代这个国家的民族或少数族群所拥有的特殊文化，可以说，在

"民族文化"这个含义上,这些国家的宪法文本基本是相通的。

不同国家从"民族"概念的下位概念出发表达了"民族文化"的概念,诸如"族群""种族""土著居民""原住民"或者"部落"等都是"民族"概念的下位概念。如表1-2与"民族(族群)文化"相关的各国宪法文本所示,使用"民族文化"规定的国家包括布隆迪、埃塞俄比亚、瑙鲁、密克罗尼西亚、圭亚那、厄瓜多尔、秘鲁、巴拿马、越南、印度、亚美尼亚、泰国、斯里兰卡、缅甸、老挝、柬埔寨、匈牙利、朝鲜、乌克兰、斯洛文尼亚、塞浦路斯、马其顿、罗马尼亚、阿尔巴尼亚及爱沙尼亚共25个国家。

与上述国家略有不同,中非、巴西、葡萄牙、挪威、摩尔多瓦、拉脱维亚、利比里亚7个国家使用了"少数种族文化"的类似措辞。肯尼亚、亚美尼亚、孟加拉国、斯洛伐克、黑山、波兰、保加利亚等国家虽然也表达了类似的含义,但是使用了"种族文化"的近似概念。此外,塞尔维亚强调了"少数民族和边缘群体的文化价值",布隆迪和乌克兰借用"少数派种族文化"或"少数族群"表达了类似的含义,委内瑞拉、瑙鲁、尼加拉瓜、墨西哥、玻利维亚、巴拉圭、阿根廷、东帝汶、巴拿马分别采纳了"部落""原住民"或"土著人文化""土著村社人文"的措辞。新西兰和巴基斯坦使用了"少数人文化",孟加拉国和哥伦比亚分别使用了"少数民族文化"和"印第安纳社区文化";厄瓜多尔宪法中规定了"沿海偏远地区文化",秘鲁和立陶宛分别规定了"原住民村社文化"和"民族社区文化"。尼泊尔、老挝和塞尔维亚使用的概念略有不同,分别为"族群""群体""种性"或者"部落文化"。与上述所有强调少数民族或土著居民的宪法不同,斯洛伐克宪法更加关注在外侨民的文化联系。

表1-2 与"民族(族群)文化"相关的各国宪法文本

国别	宪法文本规定	文化的宪法含义
哈萨克斯坦	"由共和国总统在考虑到必须保证社会民族文化利益和其他重大利益的情况下任命"(1995年《宪法》第50条第2款)	社会民族文化利益
塞内加尔	"国家领土完整和尊重全国所有民族的文化特殊性前提下的民族团结是不可触犯的原则"(2001年《宪法》序言)	民族的文化特殊性

续表

国别	宪法文本规定	文化的宪法含义
中非	"中非人民，自豪于国家统一、语言统一、种族文化宗教之多样"（2004年《宪法》序言）	种族文化宗教
摩洛哥	"摩洛哥王国努力在遵守国际法和居属国有效法律的范围内保护定居于外国的摩洛哥公民的合法权利和利益。王国确保维持和发展他们与王国的人员联系尤其是文化联系，并维持其国民性"（2011年《宪法》第16条）	民族的文化联系
利比里亚	"为保存、促进及维持积极的利比里亚文化、价值和特色，仅有黑人或具有黑人血统的人应根据出生或归化而具有资格成为利比里亚公民"（1986年《宪法》第27条）	国家文化
肯尼亚	"国家应当落实扶助项目以保障少数民族和边缘群体——发展其文化价值、语言与实践"（2010年《宪法》第55条）；"集体土地授予在种族、文化或者其他集体利益基础之上认定的集体持有"（2010年《宪法》第63条）；"'边缘化群落'是指——出于保存独特文化和个性免于被同化的需要或者愿望而处于肯尼亚整个社会经济生活之外的传统群体"（2010年《宪法》第260条）	少数民族和边缘群体文化价值；种族、文化；独特文化和个性的传统群体
布隆迪	"意识到促进国家经济和社会发展及保护民族文化的迫切需要"；"在善政总体制中保护和包含少数派种族、文化和宗教团体"（2005年《宪法》序言）	民族文化；少数族群
布基纳法索	"下列事项由法律予以规定：民族文化价值的整合"（1991年《宪法》第101条）	民族文化价值
阿尔及利亚	"他们挥洒热血只为确保他们在复兴自由和文化认同中的共同命运"（1989年《宪法》序言）	文化认同
埃塞俄比亚	"埃塞俄比亚各民族均有权说、写及发展各自的民族语言，有权展示、发展及促进各自的文化，有权保有各自的历史"（1994年《宪法》第39条第2款）	民族文化
新西兰	"在新西兰属于种族、宗教或语言上的少数人不应被否定，该少数人和其他成员一起享有其文化，表明和实践其宗教或使用其语言的权利"（1990年《权利法案》第20条）	少数文化

续表

国别	宪法文本规定	文化的宪法含义
瑙鲁	"我们确认我们社会的母系基础,并为我们的传统、文化、遗产和理想,尊重家庭生活,我们的12个部落,亲密关系,以及保护和团结人民而骄傲"(1968年《宪法》序言)	部落文化
密克罗尼西亚	"各州应当通过法律将其划分为单一席位议会选区。充分考虑语言、文化和地理差异,保证每一选区在人口上应当基本相等"(1978年《宪法》第8条)	民族文化
委内瑞拉	"土著人有权维护和发展他们的部落文化、世界观、人生观、精神圣地及宗教场所。"(1999年《宪法》第121条);"土著人享有与自己习惯和文化相一致的完全的健康制度。国家承认他们的传统医术和补充疗法,但应遵守生物伦理原则"(1999年《宪法》第122条);"土著人的文化具有祖先传下来的根基,是国家的一部分"(1999年《宪法》第126条)	部落文化 土著人文化
尼加拉瓜	"国家承认土著人民的存在,其享有宪法赋予的权利、义务和保障,尤其是维护和发展其特性及文化的权利"(1987年《宪法》第5条)"大西洋沿岸居民有权自由表达和保持其语言、艺术和文化。通过文化及价值的发展丰富民族文化国家将制定特别计划实施这些权利"(1987年《宪法》第90条);"国家必须促进对植根于人民创造性参与的民族文化的挽救、发展和加强;国家支持各种表现形式的民族文化,无论是集体创作还是个人创作"(1987年《宪法》第126条)	土著人文化 民族文化
墨西哥	"墨西哥是一个不可分割的整体。本国家源于土著居民,是多文化的国家"(1917年《宪法》第2条);"土著社区是指定居在一定区域并根据其习俗确定自己机构的文化、经济和社会单位"(1917年《宪法》第2条);"本宪法承认和保护土著居民和土著社区对下列事项的自决权和自治权:(1)决定其共存的内部形式,以及社会、经济、政治和文化组织;(4)保存和发扬语言、知识和所有构成其文化和身份的因素;(8)为保护该权利,在涉及土著居民个人或集体的所有审判程序中,应考虑其习俗和文化实践,尊重本宪法规定的条款。土著居民在任何时候都有权获得熟悉其语言和文化的翻译者和律师的协助"(第2条第1款);"建立社会政策以保护墨西哥国家和国外的土著移民,方式如下:传播土著居民文化"(1917年《宪法》第2条第2款)	土著居民与社区文化

续表

国别	宪法文本规定	文化的宪法含义
圭亚那	"国家尊敬和尊重能够丰富社会生活的多样性文化流派,将不断努力在各个层次上提高它们的民族价值并从中发展圭亚那社会主义民族文化"(1980年《宪法》第35条);"原住民有保护、保持和传播他们的语言、文化遗产和生活方式的权利"(1980年《宪法》第149条);"种族委员会的职能为:鼓励和创造在多元化社会中对宗教、文化和其他差异形式的尊重;促进和鼓励社会所有部分接受和尊重所有族群的社会身份认同和文化遗产继承;""原住民委员会的职能:提出保护、保存和传播原住民的文化遗产和语言的建议"(1980年《宪法》第212条)	民族文化;原住民文化
哥伦比亚	"国家保护族群和文化多样性"(1991年《宪法》第7条);"少数民族成员应该因其文化认同而被尊重,有权通过获得培训得到发展"(1991年《宪法》第68条);"文化多元表达是民族基础,国家促进民族文化价值的研发和传播"(第70条);"为保护印第安土著团体的文化特性、保护爱琴海群岛的自然资源和环境"(1991年《宪法》第310条);"在不损害印第安社区文化、社会和经济完整的条件下"(1991年《宪法》第330条第9款)	少数民族文化认同;民族文化;印第安社区文化
厄瓜多尔	"任何人都有权维护自己的文化认同,决定自己属于哪个文化群体"(2008年《宪法》第21条);"不受种族歧视或任何因其出身、民族或文化认同的其他形式的歧视"(2008年《宪法》第57条第2款);"应承认沿海偏远地区的人的集体权利,以保证其民族完整性及可持续发展,在了解其实际情况和尊重其文化、认同及自我认知的基础上,按照法律保证其进步的政策和策略及社会管理形式"(2008年《宪法》第59条);"出于环境保护、民族文化或人口因素的考虑,可建立特别制度"(2008年《宪法》第242条)	文化认同;民族文化

续表

国别	宪法文本规定	文化的宪法含义
玻利维亚	"鉴于殖民时期之前的土著民族和人民的存在，……保证其权利、自主和自治，保护其文化，认可其机构，巩固其领土。"（2009年《宪法》第2条）；"玻利维亚公民享有以下公民权：文化自我认同权"（2009年《宪法》第21条第1款）；"在国家统一框架下且与本宪法相符的条件下，少数民族及土著民族享有以下权利：拥有自己的文化认同、宗教信仰、精神世界、风俗习惯及世界观；认同其每位成员的文化特征；在整个教育系统中推行跨文化、自身文化、外部文化和多语种教学"（2009年《宪法》第30条）；"国家承担弘扬土著文化的责任，确保其知识、技能、价值观、精神和世界观的存续"（2009年《宪法》第98条第2款）	文化自我认同权；土著文化
秘鲁	"维持民族和文化特性的权利。国家要确认并保护民族和文化的多样性。每个秘鲁人均有权在当局面前通过翻译使用属于自己的语言，外国人在被任何机构传唤时同样享有此项权利"（1993年《宪法》第1条第19款）；"国家尊重农民村社和原住民村社的文化特性"（第89条）；"法律规定大会成员选举的一般标准，考虑少数土著民族的人口代表性，领土、文化和语言特性，以及性别平等"（1993年《宪法》第278条第2款）	民族文化；原住民村社文化
巴西	"传统上被印第安人占领的土地，是指根据土地的用途、习惯和传统，作为其永久居住、用于其生产活动、为保护其赖以生存的环境资源而不可缺少、再造其物质和文化所必需的土地"（1988年《宪法》第2M条第1款）；"讲授巴西历史时应将不同文化和民族群体在形成巴西人中所做出的贡献列入"（1988年《宪法》第242条）	印第安人文化；民族文化

续表

国别	宪法文本规定	文化的宪法含义
巴拿马	"国家承认全体人类参与文化的权利，鼓励共和国全体居民参与民族文化"（1972年《宪法》第80条）；"民族文化由巴拿马人历经世代创造的艺术、哲学和科学成果组成国家推动、发展和保护文化遗产"（1972年《宪法》第81条）；"国家承认民俗传统是民族文化的组成部分，鼓励对其进行研究、保护和传播"（1972年《宪法》第87条）；"国家承认和尊重土著村社的人文，将实施发展其每种文化的物质、社会和精神价值的计划，并建立研究、保护和传播他们的文化和语言并促进这些人群全面发展的机构"（第90条）；"国家应对具有自己文化模式的土著人群实施教育和发展计划，以便他们能积极参与公民活动"（1972年《宪法》第108条）	民族文化；民俗文化；土著村社人文化
巴拉圭	"本宪法承认印第安人之存在，他们的文化在巴拉圭国家成立前就已存在"（1992年《宪法》第62条）；"法律承认和保障印第安人在其居住地保存和发展其民族特征的权利。他们有权自由决定其政治、社会经济、文化和宗教组织制度"（1992年《宪法》第63条）；"国家尊重印第安原住民固有的教育体制及文化特性。依照其请求，国家保护其人口免于减少，环境免受破坏污染，经济免受压榨剥削及文化免受异化"（1992年《宪法》第66条）	印第安人文化
阿根廷	"尊重阿根廷原住民固有的民族和文化、确保尊重他们的特性和双语、跨文化的教育"（1853年《宪法》第75条第17款）	原住民文化
越南	"各民族有权使用自己的语言和文字，保持民族特征，发展本民族的优良习俗、传统和文化"（1992年《宪法》第5条）	民族文化
印度尼西亚	"传统社团的文化身份和权利受到与不断发展的时代和文明相适应的尊重"（1945年《宪法》第28-9条）	社团文化身份
印度	"任何居住在印度境内或者其部分地区的公民，其地方独特的语言、文字或者文化者均有权保存之"（1950年《宪法》第29条）	民族文化

续表

国别	宪法文本规定	文化的宪法含义
亚美尼亚	"亚美尼亚共和国承认亚美尼亚阿波斯托洛沃圣教会作为民族教会在亚美尼亚人民精神生活方面的，在发展亚美尼亚人民民族文化和保留民族习俗事业方面的特殊使命"（1995年《宪法》第8-1条）；"属于少数民族的人有维护和发展其传统、宗教、语言和文化的权利"（1995年《宪法》第41条）	少数民族文化
泰国	"社区、地方社区或传统社区的人们有权保存和恢复其社区和民族的传统、地方知识、美好艺术和文化，有权参与管理、维护、保存和开发自然资源、环境、平衡及可持续的生态多样性趋势"（2017年《宪法》第66条）	民族文化
斯里兰卡	"每个公民均被赋予以下权利：单独或集体地享受和促进自己的文化和使用自己语言的自由"（1978年《宪法》第14条）	民族文化
尼泊尔	"任何居住在尼泊尔的族群有权保留和完善自己的语言、文字、文化、文化礼仪和遗产"；"国家必须遵循以下义务：进行包容的、民主的和进步的国家重建，消除现存的中央化与单一的结构，以解决有关妇女、达利特、土著部落、玛德西人、受压迫的少数族群和其他弱势群体的难题，消灭阶级、种姓、语言、性别、文化、宗教和地区歧视"（2015年《宪法》第33条d款）	少数族群文化
缅甸	"国家应支持发展各民族的语言、文学、优秀艺术与文化"（2008年《宪法》第22条）；"国家应帮助、加强和保护民族文化"（2008年《宪法》第27条）；"在不损害民族关系及其宗教关系的前提下，公民可自由行使下列权利：发展各自的语言、文学、所热爱的文化、所信仰的宗教"（2008年《宪法》第354条）	民族文化
孟加拉国	"国家应当采取有效措施……使各阶层人们能够有机会为丰富民族文化作出贡献并参与其中国家应当逐步采取措施保护和发展部落、少数群体、少数民族独有的文化"（1972年《宪法》第23条）；"国家应当逐步采取措施保护和发展部落、少数群体、少数民族独有的文化"（1972年《宪法》第23-1条）	民族文化；少数群体文化
老挝	"国家贯彻民族团结和民族平等政策。各民族有权维护、坚持和发展本民族和本部落的良好风俗和文化"（1991年《宪法》第8条）；"国家保护代表国家及各族人民优秀传统的、借鉴吸收其他国家先进文化的民族文化"（1991年《宪法》第23条）	民族文化

续表

国别	宪法文本规定	文化的宪法含义
柬埔寨	"国家应保护和推广民族文化"（1993年《宪法》第69条）	民族文化
东帝汶	"在本宪法的规定及国家发展政策和规划范围内，国家应当保障保护土著文化社区对其祖传土地所有的各项权利，以保障他们经济、社会和文化上的福祉"（2002年《宪法》第12条第5款）	土著文化社区
朝鲜	"国家在建设社会主义民族文化建设中，反对帝国主义的文化渗透和复古主义倾向，保护并根据社会主义现实继承和发展民族文化遗产"（1972年《宪法》第41条）	民族文化遗产
巴基斯坦	"必须制定充足的条款，使少数人群能自由地信奉、实践其宗教，发展其文化"（1973年《宪法》序言）	少数人群文化
匈牙利	"匈牙利境内的各民族有权使用本民族语言，单独或者集体使用本民族语言的姓名、发展其民族文化，并接受民族语言的教育"（2011年《宪法》第XXIX条）	民族文化
乌克兰	"国家促进乌克兰民族的团结和发展，促进乌克兰民族的历史意识、传统和文化的巩固和发展，以及促进乌克兰所有土著民族和其他少数民族的民族传统、文化传统、语言传统和宗教传统的发展"（1996年《宪法》第11条）；"国家促进所有少数族群的文化艺术宗教身份认同。乌克兰对满足在乌克兰境外居住的乌克兰人的民族文化需求和语言需求表示关心"（1996年《宪法》第12条）；"保障少数民族公民依照法律的规定，享有在国立学校和地方自治机关举办的学校里，以及通过民族文化协会，用母语学习或者研究母语的权利"（1996年《宪法》第53条）	民族文化；少数民族文化
斯洛文尼亚	"每个人均有权自由表达他的民族或所归属的民族共同体，培育和展现本民族的文化，使用本民族的语言文字"（1991年《宪法》第61条）；"保障聚居的意大利族和匈牙利族成员有权自由使用本民族的标志，有权为了保持民族特性而成立组织和发展经济、文化、科学研究与新闻出版活动"（1991年《宪法》第64条）	民族文化；少数民族文化

续表

国别	宪法文本规定	文化的宪法含义
斯洛伐克	"斯洛伐克共和国支持在外侨民的民族意识与文化身份；其支持建立为达到上述目标及维持侨民与祖国之间联系的相应制度"（1992年《宪法》第7条第1款）；"属于斯洛伐克共和国的少数民族或种族团体的公民的全面发展受到保障，特别是与其他成员一同发展其自身文化的权利，运用其母语传播并接受信息的权利，参加少数民族组织的权利，以及建立并维持教育与文化机构的权利。少数族群有权发展自己的文化，并维持自己的教育和文化机构"（1992年《宪法》第34条）	在外侨民文化认同；少数民族文化
塞浦路斯	"希腊族人包括具有希腊族血统，且其母语为希腊语、传承希腊文化传统或者为希腊东正教教徒之全部公民。土耳其族人指具有土耳其族血统，且其母语为土耳其语、传承土耳其文化传统或为伊斯兰教教徒之全部公民"（1960年《宪法》第2条）	少数民族文化
塞尔维亚	"严格禁止少数族群的强制同化及在其传统居住地人为改变族群结构与人口"（2006年《宪法》第48条）；"基于在一个少数民族成员和多数公民之间实现全面平等的目的，塞尔维亚共和国在经济、社会和文化生活中采取的特别法规和临时措施，只要其目标是消除特别影响他们的极度不利的生活条件，不应被认为是歧视"（2006年《宪法》第76条）；"根据法律，少数民族成员应有权：表达、保留、培育、发展和公开表达民族、种族、文化、宗教特性"（2006年《宪法》第79条）；"少数民族成员可以建立教育和文化社团，这些社团根据自愿获得资助。塞尔维亚共和国应承认少数民族的教育和文化社团在行使少数民族成员权利过程中的特定作用"（2006年《宪法》第80条）	少数民族文化
葡萄牙	"根据亚速尔群岛和马德拉群岛的地理、经济、社会与文化特点，以及岛上居民长久以来的自治愿望，在上述两群岛实行特殊的政治行政体制"（1976年《宪法》第225条：亚速尔群岛与马德拉群岛的政治行政体制）	少数民族文化
挪威	"萨米族人的少数人权利：国家机构有责任创造条件使萨米族人维护和发展本民族的语言、文化和生活方式"（1814年《宪法》第110条）	少数民族文化

续表

国别	宪法文本规定	文化的宪法含义
摩尔多瓦	"国家承认和保障所有公民享有维护、发展和展示其民族特色、文化特色、语言特色和宗教特色的权利"（1994年《宪法》第10条：人民的团结和享有特色的权利）；"加加乌济亚依照摩尔多瓦共和国宪法的规定，在其职权范围内独立自主地解决政治、经济和文化问题，以造福于所有居民"（1994年《宪法》第111条）	少数民族文化
马其顿	"国家保护各民族的种族、文化、语言和宗教的特性。各民族成员有权为表现、促进和发展其特性而建立文化和艺术机构及其学术和其他团体"（1991年《宪法》第48条）；"共和国关心邻国内的马其顿人和侨民的地位和权利，支持他们发展文化和促进他们之间的联系。国家关心在国外的共和国公民的文化、经济和社会权利"（1991年《宪法》第49条）	少数民族文化
罗马尼亚	"国家确认和保障少数民族的人民保存、发展和表达其种族、文化、语言及宗教身份的权利。"（1991年《宪法》第6条：身份权第1款）"国家应支持与居住于国外的罗马尼亚人加强联系，并在遵守其所属国家之立法的情况下，采取相应的行动保存、发展和表达其种族、文化、语言和宗教身份"（1991年《宪法》第7条）	少数民族文化；种族文化
立陶宛	"属于民族公社的公民有发展自己语言、文化和习俗的权利。"（1992年《宪法》第37条）；"公民的民族社区独立管理自己民族的文化、教育、慈善及互助事务"（1992年《宪法》第45条）	民族社区文化
拉脱维亚	"少数民族成员有保留和发展其语言、民族和文化习俗的权利。"（1922年《宪法》第114条）	少数民族文化
克罗地亚	"保障所有的少数民族成员均能自由地表达民族属性，自由地使用他们的语言和文字，并保障文化自治"（1991年《宪法》第15条）	少数民族文化

续表

国别	宪法文本规定	文化的宪法含义
黑山	"（一）行使、保护、发展和公开表达民族、种族、文化和宗教特性的权利；（二）选择、使用和公开张贴民族标志的权利及庆祝民族节日的权利；在公共机构中以他们自己的语言和字母接受教育的权利及将属于少数民族和其他少数民族群体的个人的历史和文化纳入课程之中的权利；在国家的物质支持下，建立教育、文化和宗教社团的权利；与黑山之外的，和他们有共同的民族和种族背景、文化和历史遗产，以及宗教信仰的公民和社团建立和保持联系的权利"（2007年《宪法》第79条）	民族文化
波兰	"保证少数民族或少数族裔的波兰公民享有保持和发展其自身语言、保持风俗和传统及发展其自身文化的自由。少数民族或少数族裔有权建立教育机构、文化机构和旨在保护宗教认同的机构，并有权参与解决关系其文化认同的事务"（1997年《宪法》第35条第1款和第2款）	少数民族文化
保加利亚	"每个人都有权享用民族的和人类的普遍文化价值，并依照其民族的自我认同发展自己的文化，这项权利应当得到法律的承认和保障"（1991年《宪法》第54条第1款）	民族文化
阿尔巴尼亚	"阿尔巴尼亚共和国保证对居住和工作在外的阿尔巴尼亚人提供帮助，以维系和强化他们与民族文化传承之间的血脉相联"（1998年《宪法》第8条第3款）	在外侨民文化
爱沙尼亚	"少数民族有根据少数民族文化自治法规定的条件和程序，成立自治机关以发展民族文化的权利"（1992年《宪法》第50条）	少数族群文化

二、文化生活（活动）

在包括格鲁吉亚在内的53个使用"文化生活"的宪法文本中，我们可以发现各国就"文化生活"这一点的相关规定达到了很高程度的一致。很少有国家使用"文化生活"下位的词汇，而是仅仅在很少的场合使用"文化活动"或者"文化体育活动"，从而使"文化"这一概念在"文化生活"这一层面上的含义非常明确和清晰。如表1-3"有关'文化生活'的宪法文本"中所示，共有大约37个国家采用了"文化生活"的宪法规定，它们分别包括：格鲁吉亚、斯威士兰、圣多美和普林西比、塞拉利昂、尼日利亚、莫桑比克、莱索托、几内亚比绍、几内亚、刚果（金）、厄立特里亚、刚果（布）、赤道几内亚、安哥拉、阿尔及利亚、圭亚那、厄瓜多尔、玻利维亚、秘鲁、也门、亚美尼亚、叙利亚、孟加拉国、塔吉克斯坦、日本、摩尔多瓦、西班牙、朝鲜、不丹、意大利、马尔代夫、柬埔寨、吉尔吉斯斯坦、韩国、奥地利、白俄罗斯和俄罗斯。此外，包括纳米比亚、肯尼亚、几内亚比绍、几内亚、刚果（布）、安哥拉、古巴、巴拉圭、越南、缅甸、立陶宛、罗马尼亚、乌克兰、老挝和安道尔在内的15个国家采用了"文化活动"这个措辞来表示文化的含义。印度和斯里兰卡略有不同，使用了"休闲和获得文化上的机会"。土库曼斯坦则采用了"保障发展与外国的文化联系"这一独特的视角，来表示与该国与外国文化交流生活的内涵。

表1-3 有关"文化生活"的宪法文本

国别	宪法文本规定	内涵界定
格鲁吉亚	"国家促进文化事业的发展，创造条件以使公民不受限制地参加文化生活"（1995年《宪法》第34条第1款、第2款）；"格鲁吉亚公民不分语言、民族属性、部族属性和宗教属性如何，在社会生活、经济生活、文化生活和政治生活中一律平等"（1995年《宪法》第38条第1款）	文化生活
斯威士兰	"在政治、经济、社会、文化生活及其他所有领域，法律面前人人平等，且平等地享有受法律保护的权利"（2005年《宪法》第20条）	文化生活
圣多美和普林西比	"妇女在政治、经济、文化、社会和家庭生活等各方面享有同男子平等的权利"（1975年《宪法》第15条）	文化生活
塞拉利昂	"服务条件和工作环境应……合理而具有人性化，还要具备充足的基础设施以供休闲及社会、宗教、文化生活之用"（1991年《宪法》第8条）	文化生活
尼日利亚	"为了维护社会秩序：工作条件是公正的和人道的，并拥有充足的娱乐设施及社交、宗教和文化生活"（1999年《宪法》第17条）	文化生活
纳米比亚	"纳米比亚妇女曾经遭受特别的歧视，她们应该被鼓励并得以在国家的政治、社会、经济和文化生活中发挥充分的、平等的和有效的作用"（1990年宪法第23条）；"确保老年公民可在退休后有可以维持良好生活条件的退休金，同时享有参加社会和文化娱乐活动的权利"（1990年《宪法》第95条）	文化生活；文化娱乐活动

续表

国别	宪法文本规定	内涵界定
莫桑比克	"男性和女性在政治、经济、社会和文化生活的各个领域一律平等"（2004年宪法第9条）；"国家应促进、支持和重视妇女的发展，鼓励其在政治、经济、社会和文化生活的各个领域发挥越来越大的作用"（2004年宪法第122条）；"国家应制定政策，促进老年人积极参与经济、社会和文化活动，并创造更多的个人实现的机会"（2004年《宪法》第124条）	文化生活；文化活动
莱索托	"莱索托致力于保证所有公民有机会自由参与社会文化生活，分享科学发展及其利用带来的利益。莱索托推行各种政策以保护公民在科学、文学艺术创作方面的各种利益"（1993年《宪法》第16条）	文化生活
肯尼亚	"县的职责和权利是——文化活动、公共娱乐与公共娱乐设施、体育与文化活动及设施，包括体育与文化活动及设施"（1993年《宪法》附件四中央政府与县政府的职权分配第4条）	文化活动
几内亚比绍	"省议会享有以下权力：鼓励、发展和管理公民和所有公民团体的政治、经济、社会和文化活动"（1984年《宪法》第24条第6款、第10款）；"在政治、经济、社会和文化生活的各个领域，男女在法律面前平等"（1984年《宪法》第24条）；"全体公民均有权利和义务依法参与国家政治、经济和文化生活"（1984年《宪法》第43条）	文化活动；文化生活
几内亚	"任何因其政治观点、哲学思想、宗教、种族、民族及精神、科学、文化活动而遭受迫害的人，为了捍卫其自由有权在共和国领土内避难"（2010年《宪法》第11条）	文化活动
厄立特里亚	"民主原则：保障公民广泛积极地参与国家的所有政治、经济、社会和文化生活是国家的基本原则"（1996年《宪法》第7条第1款）	文化生活
刚果（金）	"我们根据自己的天资自由地组织和发展我们的政治、经济、社会和文化生活的不可分割的和不受时效约束的权利"（2005年《宪法》序言）；"在不损害本宪法其他规定的前提下，下列事项属于中央政府和各省的共享职能：文化和体育生活"（2005年《宪法》第203条）；"在不损害本宪法其他规定的前提下，下列事项属于各省的排他性职能：省文化和体育活动的审查"（2005年《宪法》第204条）	文化和体育生活；文化和体育活动
刚果（布）	"部长不得兼任一切国会职务、一切文武公职、一切职业活动，但农业与文化活动、地方议员活动和教育研究活动不在此限"（2002年《宪法》第75条）	文化活动

续表

国别	宪法文本规定	内涵界定
赤道几内亚	"每位公民享有下列权利和自由：法律面前人人平等。妇女，不论其身份地位如何，应在各方面……文化社会和文化等各项生活中，享有与男性平等的权利和机会"（1991年《宪法》第13条C款）	文化生活
安哥拉	"依据法律规定，应确保：（a）在文化、教育、政治和体育活动中，应保护集体作品、个人形象和声音复制中的个人参与"[2010年《宪法》第42条第3款（a）]	文化、教育、政治和体育活动
阿尔及利亚	"各国家机构的目的是通过扫除阻碍个人发展和阻碍公民有效参与政治、经济、社会和文化生活的一切障碍，从而确保所有男性公民和女性公民的权利和义务的平等"（1989年《宪法》第31条）	文化生活
圭亚那	"地方民主机关有义务保护公共财产、改善工作和生活条件、发展人民的社会和文化生活"（1980年《宪法》第74条第3款）；"种族关系委员会的职能为：推动所有种族群全面参与国民的社会、经济、文化和政治生活"（1980年《宪法》第212条）	文化生活
古巴	"作为人民的政权并为人民服务，保障所有的人都能够受到教育、从事文化活动和参加体育运动"（1972年《宪法》第9条第2款）	文化活动
厄瓜多尔	"有权参与社区的文化生活"（2008年宪法第66条24款）；"应在社会改造中心或临时拘留所推动任何其他形式的有助精神和身体健康的文化休闲活动"（2008年《宪法》第203条第2款）	文化休闲活动
玻利维亚	"国家采取积极政策促进残疾人在生产、经济、政治、社会和文化生活中的有效活动不受歧视"（2009年宪法第71条）	文化生活
秘鲁	"以个人或组织的方式参与国家政治、经济、社会和文化生活的权利"（1993年《宪法》第1条第17款）；	文化生活
巴拉圭	"巴拉圭政府保障所有共和国居民享有以下权利：共享自然资源、参与文化活动及公共福利"（1992年宪法第47条第4款）；"国家改善条件，引导青少年积极参与国家的政治、社会经济及文化发展活动"（1992年《宪法》第56条）	文化活动；文化发展活动
越南	"公民有权从事科学和技术研究、发明和发现，创新技术，使生产合理化，进行文学、艺术创作和批评，以及参加其他文化活动"（1992年《宪法》第60条）；"确保人民物质和文化生活条件的安定和改善"（1992年《宪法》第109条）	文化活动

续表

国别	宪法文本规定	内涵界定
印度	"国家应通过适当的立法、经济组织或者其他方式保障从事农业、工业或者其他工作的工人的最低工资。……使他们能够充分享受休闲和获得社会上和文化上的机会"（1950年《宪法》第43条）	休闲和文化集会
也门	"每位公民均有权参与政治、经济、社会和文化生活"（1991年《宪法》第42条）	文化生活
亚美尼亚	"协助亚美尼亚教育和文化生活的发展"（1995年《宪法》第11条）；"每个人都有自由从事文学创作、艺术创作、科学和技术创造的权利，都有利用科学研究成果和参加社会文化生活的权利"（1995年《宪法》第40条）	文化生活
叙利亚	"国家为妇女提供有效且全面参与政治、经济、社会和文化生活的所有机会"（2012年《宪法》第23条）；"每位公民依法享有参与政治、经济、社会和文化生活的权利"（2012年《宪法》第34条）	文化生活
土库曼斯坦	"内阁实施对外经济活动，保障发展与外国的文化联系和其他联系"（2008年《宪法》第75条）	文化联系
孟加拉国	"通过各项政策达到经济有计划地增长、生产力不断提高和人民物质与文化生活水平稳步提升"（1972年《宪法》第15条）	文化生活水平
塔吉克斯坦	"每个人都有自由地参加社会文化生活的权利，自由地参加艺术、科学和技术创造及享用艺术、科学和技术创造成果的权利。文化和精神财富受国家保护。知识产权受法律保护"（1994年宪法第40条）；"戈尔诺—巴达赫尚自治州在社会生活、经济生活和文化生活领域的权限及其他权限，由宪法性法律予以规定"（1994年《宪法》第83条）	文化生活
斯里兰卡	"国家承诺在斯里兰卡建立一个民主社会主义社会，其目标包括：所有公民均能达到一个对其自身和家人而言均较充裕的生活水准，包括充足的食物、衣物和住房，生活条件的持续提高，享有充分的休闲及社会、文化机会"（1978年《宪法》第27条）	文化机会
日本	"全体国民都享有维持健康的且在文化意义上最低限度的生活权利"（1947年《宪法》第25条）	文化生活
缅甸	"依照联邦制定的教育政策，每一个公民享有从事科学研究，创造性工作、发展艺术的创作及自由探索其他文化领域的活动的权利。"（2008年《宪法》第366条iii）	文化领域生活

续表

国别	宪法文本规定	内涵界定
蒙古国	"男女在政治、经济、社会、文化生活及家庭关系中权利平等"（1992年《宪法》第16条第11款）	文化生活
马尔代夫	"参加文化生活的权利：人人享有参与国家的文化生活，并从文学与艺术活动中受益的权利"（2008年《宪法》第39条第1款、2款）	文化生活
柬埔寨	"柬埔寨公民均享有积极参加国家政治、经济、社会和文化生活的权利"（1993年《宪法》第35条）	文化生活
老挝	"老挝公民在不违反法律的情形下有进行科学、技术和科技研究与应用的权利，有进行文艺创作和文化活动的权利"（1991年《宪法》第45条）	文化活动
吉尔吉斯斯坦	"每个人都有参加文化生活和欣赏文化珍品的权利"（2010年《宪法》第49条第2款）	文化生活
韩国	"国民在法律面前人人平等，不因性别、宗教、社会地位而在政治、经济、社会、文化生活的所有领域受到差别对待"（1948年《宪法》第11条第1款）	文化生活
朝鲜	"朝鲜民主主义人民共和国以不断提高人民的物质及文化生活水平作为自己活动的最高准则"（1972年《宪法》第25条）	文化生活
不丹	"国家鼓励自由地参加社区文化生活，促进艺术与科学发展，并扶植科技创新"（2008年《宪法》第9条第23款）	文化生活
意大利	"地区性法律应消除一切在社会、文化和经济生活方面阻碍妇女与男子完全平等的障碍"（1947年《宪法》第117条）	文化生活
西班牙	"政府当局有义务创造条件……并使全体公民能切实参与政治、经济、文化和社会生活"（1978年《宪法》第8条第2款）	文化生活
乌克兰	"妇女和男子在社会政治活动和文化活动……方面均享有平等的机会"（1996年《宪法》第24条）	文化活动
摩尔多瓦	"权力机关保证为青年自由地参加国家社会生活、经济生活、文化生活和体育生活提供条件"（1994年《宪法》第50条第5款）	文化生活
罗马尼亚	"公共权力机构必须致力于确保青少年自由地参加国家政治、社会、经济、文化和体育运动活动的条件"（1991年《宪法》第49条：儿童和青少年的保护）	文化活动
立陶宛	"国家鼓励社会的体育文化，支持体育运动"（1992年《宪法》第53条）	文化运动
俄罗斯	"每个人都有参加文化生活、利用文化设施和欣赏文化珍品的权利"（1993年《宪法》第44条1款、2款）	文化生活

续表

国别	宪法文本规定	内涵界定
白俄罗斯	"每个人都有参加文化生活的权利"（1994年《宪法》第51条）	文化生活
奥地利	"应当引导所有青少年作出与其发展和教育阶段相适应的独立判断和社会理解……参与奥地利、欧洲和世界的文化经济生活"（1920年《宪法》第14条）	文化生活
安道尔	"在行政和财政自治的范围内，市镇的权限由有效法律划定。其权限特别包括下列事项：文化、体育和社会活动"（1993年《宪法》第80条第1款）	文化活动

三、文化遗产

通过梳理包括越南在内的79个使用"文化遗产"的宪法文本，可以发现各国对于"文化遗产"的相关规定大致相似，大部分都是以历史遗产、文化遗产或历史文化遗产进行描述的，只有少数国家使用"艺术遗产""考古遗产""文化珍品""文化财产""文化资源"等其他词汇解释国家文化遗产。不同国家对于本国文化遗产所使用的文本和措辞体现了他们对于文化遗产的重视程度和保护立场。

如表1-4"有关'文化遗产'的宪法文本"所示，共有59个国家宪法使用了"文化遗产"概念，包括越南、巴西、佛得角、苏丹、莫桑比克、毛里求斯、马里、利比亚、加蓬、几内亚、冈比亚、多哥、布基纳法索、安哥拉、埃塞俄比亚、阿尔及利亚、巴布亚新几内亚、乌拉圭、危地马拉、委内瑞拉、苏里南、萨尔瓦多、加拿大、古巴、哥伦比亚、厄瓜多尔、多米尼加、玻利维亚、秘鲁、巴西、巴拿马、阿根廷、乌兹别克斯坦、土库曼斯坦、缅甸、老挝、蒙古国、卡塔尔、吉尔吉斯斯坦、哈萨克斯坦、东帝汶、意大利、匈牙利、乌克兰、斯洛文尼亚、塞尔维亚、葡萄牙、马其顿、黑山、俄罗斯、斯洛伐克、西班牙、瑞士、乌克兰、科索沃、哥斯达黎加、哥伦比亚、白俄罗斯、波兰。

此外，有的国家局限于关注物质文化遗产。伊拉克宪法使用了"文物、遗址和文化建筑"，亚美尼亚、阿塞拜疆和老挝宪法使用了"历史文化古迹",保加利亚宪法使用了"文化遗迹"。尼日尔、柬埔寨和德国使用"文化财产",体现了对于文化遗产的经济价值的重视。洪都拉斯和马耳他分别使用了"艺术遗产"和"文化继承遗产"等措辞,与文化遗产的概念范围相近。有的国家使用的概念比"文化遗产"涵盖的范围更广,如纳米比亚的"文化资源"、图瓦卢的"独特文化"、立陶宛的"文化客体"、希腊的"文化环境"。西班牙使用了"文化尊严",将文化视为生活的尊严质量。

表 1-4 有关"文化遗产"的宪法文本

国别	宪法文本规定	内涵界定
越南	"国家和社会保存和发展民族文化遗产,重视典藏和博物馆工作,修护和保养历史遗迹、革命文物、文化遗产、艺术作品和名胜古迹,并发挥其最佳效果。禁止一切破坏历史遗迹、革命文物、艺术作品和名胜古迹的行为"(1992年《宪法》第34条)	文化遗产
洪都拉斯	"洪都拉斯的所有人文、考古、历史和艺术方面的财富为国家文化继承遗产的一部分。法律应视情况制定相关规定以作为上述财富保存、重建、维持和恢复的基础"(1982年《宪法》第172条);"国家保护并弘扬国家文化,包括民族舞蹈、民间艺术及手工艺等传统表现形式"(1982年《宪法》第173条)	文化继承遗产
巴西	"①在社区的协作下,政府应通过编列详细清单、登记、监察、制定历史遗迹法令、没收及其他形式的预防和保护措施,鼓励并保护巴西文化遗产。②按照法律规定,公共机关有责任保护政府的文化资料,采取相应措施使有需要进行查询的人能够查阅。③对具有文化特质和价值的产品及知识,法律应规定给予鼓励。④根据法律规定,对文化遗产的破坏和威胁进行处罚。⑤所有文件及唤起对过去逃亡奴隶隐匿处历史回忆的场所,应被视作历史遗迹。⑥州及联邦特区可作为一个整体,以其来自国家资金中净税收收入的0.5%用于文化发展,对文化项目和工程进行经济支持,但这些资金不可用于支持:①人事开支或工资支出;②借款服务;③其他任何与受支持的投资或股票不直接相关的日常开支"(1988年《宪法》第216条)	文化遗产
佛得角	"国家应履行下列根本任务:逐步为经济和社会结构的转型和现代化创造必要的条件,实现经济、社会和文化权利;保护景观、自然、自然资源和环境,以及历史、文化和艺术方面的国家遗产"(1992年《宪法》第7条)	历史、文化和艺术的国家遗产

续表

国别	宪法文本规定	内涵界定
苏丹	"国家保护苏丹的文化遗产、具有民族、历史、宗教意义的历史古迹，禁止任何破坏、亵渎、非法拆除和非法出口行为"（2005年《宪法》第13条）；"石油作为一种不可再生自然资源的最优利用是符合：国家环境政策、保护生物多样性制度、保护文化遗产原则"（2005年《宪法》第190条）	文化遗产
纳米比亚	"维护共和国的独立、主权与领土完整、物质与文化资源"（1990年《宪法》第30条）	文化资源
尼日尔	"法律确定下列事项的基本原则：文化财产的保护"（2010年《宪法》第100条）	文化财产
莫桑比克	"公众诉讼的权利：有权主张预防、终止或司法起诉危害公众健康、消费者权益、环境保护和文化遗产的犯罪行为"（2004年《宪法》第81条）	文化遗产
毛里求斯	"下列事项由法律予以规定：对历史和文化遗产的保护和维护"（1968年《宪法》第57条）	文化遗产
马里	"确保改善生活质量、保护环境和文化遗产"（序言）；"法律确定下列事项的规则：文化和考古遗产的保护"（1992年《宪法》第70条）	文化遗产
利比亚	"在社会主义的实践中注重阿拉伯伊斯兰文化遗产、人性价值观和利比亚的社会情况"（2011年《宪法》第6条）	文化遗产
加蓬	"庄严宣布恪遵其深远的传统社会价值、物质和精神文化遗产，尊重公民的自由、权利和义务"（1991年《宪法》序言）	精神文化遗产
几内亚	"法律对以下事项的基本原则予以规定：文化的发展和遗产、自然环境的保护"（2010年《宪法》第72条）	文化遗产
冈比亚	"国家和全体公民都应当努力保护冈比亚的民族语言、历史古迹及自然的、文化的、艺术的遗产"（1996年《宪法》第218条）	文化的、艺术的遗产
佛得角	"每个公民有权亲自或通过涉及该利益的保护协会，推动预防、终止或起诉有损公众健康、环境、生活质量和文化遗产的罪行"（1992年《宪法》第22条第2款）；"每个人都有义务：保护并推进健康、捍卫环境和文化遗产"（1992年《宪法》第85条第i款）	文化遗产
多哥	"国家有保障和促进国家文化遗产的义务"（1992年《宪法》第40条）	文化遗产
布基纳法索	"所有公民对于以下行为均有权发起行动或参加集体行动提出请愿：破坏环境或文化、历史遗产的行为"（1991年《宪法》第30条）	文化、历史遗产

续表

国别	宪法文本规定	内涵界定
安哥拉	"本宪法致力于为后代提供丰富的文化遗产及自主行使国家主权的权力"（2010年《宪法》序言）；"安哥拉共和国努力强化非洲身份，并在提高非洲人民文化遗产方面加强非洲国家之间的联合"（2010年《宪法》第12条第3款）；"安哥拉共和国基本任务是：促进国家领土和谐和可持续发展，保护环境、自然资源和国家历史、文化和艺术遗产"（2010年《宪法》第21条第m款）；"保护、重视和尊重起源于非洲的安哥拉语言，并作为文化遗产的一部分，促进其健康发展，使国家形象更为生动"（2010年《宪法》第21条第n款）；"保护自然生态、环境平衡和文化遗产的系统的基本要素"（2010年《宪法》第165条第1款）	文化遗产
埃塞俄比亚	"相信在长期生活居住的土地上，秉承我们丰富和引以为豪的文化遗产，凭借不同层级与生活方式之间的持续交流互动，建立共同利益且对共同愿景的实现作出贡献"（1994年《宪法》序言）；"联邦政府的权力与职能：为公共卫生、教育、科学和技术，为保护和保留文化和历史遗产而制定和实施国家标准及基础政策标准"（1994年《宪法》第51条第1款）；"国家有责任保护和保留历史和文化遗产，有责任发展艺术和体育事业"（1994年《宪法》第41条第9款）	文化遗产
阿尔及利亚	"国会在本宪法所划定的下列领域内制定法律：文化与历史遗产的保护和捍卫"（1989年《宪法》第122条第21款）	文化与历史遗产
图瓦卢	"地区经济、生态或独特文化被破坏或有被破坏的潜在危险"（1986年《宪法》第26条）	独特文化
巴布亚新几内亚	"因保护环境或国家文化遗产而对财产或财产性利益或权利的适用或处理采取的必要限制"（1975年《宪法》第53条）	文化遗产
乌拉圭	"国家有义务提升各级教育水平，鼓励科学和技术研究、艺术创新，保护和增加国家的文化遗产"（1966年《宪法》第26条）	文化遗产
危地马拉	"继承我们先辈的理念，传扬我们的传统和文化遗产"（1985年《宪法》序言）；"各类方言构成民族文化遗产的组成部分"（1985年《宪法》第143条）	文化遗产
委内瑞拉	"土著人也可使用本地语言作为官方用语，在共和国领土内使用本地语言将作为国家与民族文化遗产的一部分予以尊重"（1999年《宪法》第9条）	文化遗产
苏里南	"国家应挽救和保护苏里南的文化遗产并加强对其的维护，同时应促进科技在国家发展目标中的应用"（1987年《宪法》第47条）	文化遗产

续表

国别	宪法文本规定	内涵界定
萨尔瓦多	"共和国的艺术、历史与考古财富属于萨尔瓦多文化遗产"（1983年《宪法》第63条）	文化遗产
加拿大	"本宪章应当以与保存和提升加拿大人的多样文化遗产相一致的方式进行解释"（1982年《宪法》第27条）	文化遗产
古巴	"国家关心古巴文化的塑造，保护作为国家财富的文化遗产和国家的艺术历史文物珍品。国家保护以其自然的优美著称或者具有艺术历史价值的各种国家古迹和胜地"（1976年《宪法》第39条）	文化遗产
哥伦比亚	"保护国家的物质和文化遗产是国家和国民的义务"（第7条）；"市议会行使下列职权：为管理、保存、保护本市的生态和文化遗产，制定必要的法规"（1991年《宪法》第313条第9款）；"当国家需要保护社会利益、环境和文化遗产时，法律将限制经济竞争自由的范围"（1991年《宪法》第333条）；"文化遗产受国家宪法的保护。塑造民族身份认同的考古遗产与其他文化资源属于国家，并且是不可分割、不可剥夺和不可侵犯的。宪法将建立机制来恢复个人掌控的遗产资源，规范族群享有他们民族占领地内的考古财富这一特殊权利"（1991年《宪法》第72条）；"保护国家的文化和自然资源，维护良好的国家环境"（1991年《宪法》第95条第8款）	文化遗产；考古资源和文化资源
厄瓜多尔	"保护国家自然资源和文化遗产"（2008年《宪法》第3条第7款）；"保存、恢复、保护、发展并保留其文化和历史遗产，将其作为厄瓜多尔文化遗产不可分割的一部分，国家应为此提供所需资源"（2008年《宪法》第57条第13款）；"保护国家的文化及自然遗产，保护及维护公共财产"（2008年《宪法》第83条第13款）；"保存、维护并促进该市的建筑、自然和文化遗产，并为此目的建立公共空间"（第264条第8款）；"尊重其延续和交流的空间，恢复、维护并加强社会和文化遗产"（2008年《宪法》第276条第7款）	文化遗产
多米尼加	"国家承认集体的和扩散性的权利和利益，其行使受法律规定的条件和限制制约。因此保护文化遗产、历史遗产、城市遗产、艺术遗产、建筑遗产和考古文物遗产"（2015年《宪法》第66条）；"国会拥有立法权和代表人民行使监督的权力，为对应此权力，国会具有安排所有有关的古迹、历史遗产、文化和艺术的保护事宜"（2015年《宪法》第93条第1款C）	文化遗产；历史遗产；城市遗产；艺术遗产；建筑遗产和考古文物遗产

续表

国别	宪法文本规定	内涵界定
玻利维亚	"对传统医药的推广包括注册天然药物及其有效成分，以及保护它们所涵盖的知识，以作为少数民族及土著民族医学的知识产权和历史文化遗产"（2009年《宪法》第42条第2款）；"玻利维亚人民的文化遗产是不可分割、不可撤销且无时效性的。法律促进经济资源的优先保护、保存和推广。依据法律规定，国家应确保登记、保护、修复、恢复、振兴、充实和促进文化遗产的传播"（2009年《宪法》第99条第1款、第2款）；"神话、口述历史、舞蹈艺术、文化知识和传统技术是国家和土著民族的文化遗产，这种文化遗产组成了国家身份表达的一部分"（2009年《宪法》第100条第1款）；"艺术和流行产业的无形资产应受到国家的特殊保护同样人类文化遗产和人类文化古迹，包括有形的和无形的，也应受到国家的特殊保护"（2009年《宪法》第101条）；"玻利维亚人民的义务包括：保护和捍卫玻利维亚自然、经济和文化遗产"（2009年《宪法》第108条第14款）；"以下是中央政府的专属职权：遗产、艺术遗产、纪念性遗产、建筑、考古、古生物学、科学遗产的保护"（2009年《宪法》第298条第2款第25）；"以下是自治区政府管辖范围内的专属职权：促进和保护自治区文化、历史、艺术、纪念物、建筑、考古、古生物学、科学、有形和无形的遗产"（2009年《宪法》第300条第1款）；"以下是自治市政府管辖范围内的职权：保持和管理当地文化、历史、艺术、纪念物、建筑、考古、古生物学、科学、有形和无形的遗产；在管辖范围内促进文化和艺术活动"（2009年《宪法》第302条第1款）	历史文化遗产
秘鲁	"已明确宣布或理应是文化资产的遗址、遗迹、建筑、古迹、名胜、文献资料、档案、艺术物品、具有历史价值的文物等，不管是国家或私人拥有，都是国家的文化遗产，受到国家的保护。法律保障这些文化遗产的所有权。依据法律规定，鼓励私人参与保护、维修、展出、宣传这些文化遗产，在被非法运出国时也鼓励私人将其送返国内"（1993年《宪法》第21条）	文化遗产

续表

国别	宪法文本规定	内涵界定
巴西	"任何公民提出民众诉讼，以废止有害于公共财产或家庭参与其中的法律实体的财产，或者有害于行政秩序、环境与历史文化遗产的行为"（1988年《宪法》第73条）；"联邦、州、联邦特区和市共同拥有下列权力：保护具有历史、艺术和文化价值的文献、著作和其他资产，保护历史遗迹、著名自然景观和考古遗址；防止艺术作品及其他具有历史、艺术和文化价值的物品丢失、损坏或者被改变其艺术特征"（1988年《宪法》第23条第3款、第4款）；"市拥有下列权力：在遵守联邦和州法规定并接受其监督的前提下，促进本地历史和文化遗产的保护"（1988年《宪法》第30条第9款）	文化遗产
巴拿马	"国家的艺术和历史财富属民族文化遗产，受国家保护。"（1972年《宪法》第260条）	文化遗产
巴拉圭	"个人或团体有权要求主管机关采取措施保护与整个社会团体和人民的生活质量及共同财产有关的法律问题，包括保护文化古迹"（1992年《宪法》第38条）；"国家将会采取措施保存、维护、修复、重建、拯救、赎回国家所有的文化资产……禁止国家文化资产的滥用、破坏、盗取及买卖等商业性交易行为"（1992年《宪法》第81条）	文化古迹；文化资产
阿根廷	"保护自然和文化遗产及生物多样性"（1853年《宪法》第41条）；"国会有下列职权：颁布保护文化特性和文化多元性，保障自由创作及作家艺术作品的传播，维护用于文化和视听活动的文化遗产和遗址的法律"（1853年《宪法》第75条第19款）	文化遗产
伊拉克	"文物、遗址、文化建筑、手稿和古钱币是国家财富，属于联邦政府管辖，应由联邦及相关地区和省合作管理"（2005年《宪法》第113条）	文物、遗址、文化建筑
亚美尼亚	"历史文化古迹及其他的文化珍品，受国家的监管和保护"（1995年《宪法》第11条）；"协助加强与侨居外国的亚美尼亚人的联系，促进位于他国的亚美尼亚历史文化古迹的维护，协助亚美尼亚教育和文化生活的发展"（1995年《宪法》第11条）；"国家在经济领域、社会领域和文化领域的主要任务是：促进科学和文化的发展；促进每个人自由地了解国家的和全人类的文化珍品"（1995年《宪法》第48条）	历史文化古迹及其他的文化珍品
乌兹别克斯坦	"公民有保护乌兹别克斯坦人民历史遗产、精神遗产和文化遗产的义务。文化古迹受国家保护"；"促进位于他国亚美尼亚历史文化古迹的维护，协助亚美尼亚教育和文化生活的发展"（1992年《宪法》第49条）	文化遗产；文化古迹

续表

国别	宪法文本规定	内涵界定
土库曼斯坦	"国家有责任保护民族的历史文化遗产和自然环境"（2008年《宪法》第11条）	历史文化遗产
塔吉克斯坦	"保护自然，保护历史和文化古迹，是每个人的义务"（1994年《宪法》第44条）	历史和文化古迹
缅甸	"公民都有责任协助联邦执行下列事务：维护和保护文化遗产"（2008年《宪法》第390条第i款）	文化遗产
老挝	"国家促进……管理和保护文化、历史和自然遗产，维护文物古迹"（1991年《宪法》第23条第i款）	文化遗产；文物古迹
蒙古国	"蒙古人民的历史、文化、科学和知识遗产受国家保护。公民创作的知识成果是创作者的财产，是蒙古国的民族财富"（1992年《宪法》第7条第1款、第2款）	历史、文化、科学和知识遗产
柬埔寨	"国家财产包括自然资源、经济与文化中心"（1993年《宪法》第58条）；"任何危及文化艺术遗产的违法犯罪行为都应当受到严厉的惩罚。"（1993年《宪法》第70条）	文化财产；文化艺术遗产
卡塔尔	"国家关心和保护科学、人文学科、艺术和国家文化遗产，并推动其传播国家鼓励科学研究"（2003年《宪法》第24条）	文化遗产
吉尔吉斯斯坦	"国家保证保护历史文物和其他的文化遗产客体"（2010年《宪法》第49条第2款）	文化遗产
哈萨克斯坦	"哈萨克斯坦共和国公民有关心保护历史文化遗产，爱护历史文化古迹的义务"（1995年《宪法》第37条）	历史文化遗产；历史文化古迹
东帝汶	"维护并尊重东帝汶人民的人格与文化遗产"（2002年《宪法》第6条第7款）"人人拥有文化享受和文学创作的权利，并有义务维持、保护和尊重文化遗产"（1993年《宪法》第59条第5款）；"在本宪法和国内法及其各自区域管辖范围内，自治地区组织法得对下列事项的立法权加以规定：文化遗产的保护和发展"（1993年《宪法》第10条第20款）	文化遗产

续表

国别	宪法文本规定	内涵界定
阿塞拜疆	"阿塞拜疆共和国促进文化、教育、卫生保健、科学、艺术的发展，保护自然，保护人民的历史遗产、物质遗产和精神遗产"（1995年《宪法》第16条）；第40条专门设立"文化权"："每个人都应当爱护历史遗产、文化遗产和精神遗产，关心上述遗产，保护历史文化古迹"（1995年《宪法》第40条）；"保护历史文化古迹是每个人的职责"（1995年《宪法》第77条）	历史遗产、物质遗产和精神遗产；历史文化古迹
意大利	"国家在以下领域内享有专属立法权：环境、生态系统和文化遗产的保护"；"以下内容为共同立法领域：文化财产和环境资源的开发利用及对文化活动的倡导和组织"（1947年《宪法》第117条）	文化遗产；文化财产
匈牙利	"所有自然资源，特别是农地、森林和饮用水供给、生物多样性——尤其是野生动植物——和文化遗产构成了国家的共同遗产，对它们的保护、保持和保存是国家和所有人对后代的责任"（2011年《宪法》第P条）	文化遗产
希腊	"自然和文化环境保护构成国家的一项职责和每一个人的一项权利"（1975年《宪法》第24条第1款）	文化环境
乌克兰	"国家保护文化遗产，维护历史纪念碑等文化价值。文化遗产受法律保护。国家保障对历史文物和具有文化价值的其他客体的保护，采取措施以使在乌克兰境外的民族文化珍品归还乌克兰"（1996年《宪法》第54条）；"每个人均有不损害自然和文化遗产的义务，有赔偿由其所造成损失的义务"（1996年《宪法》第66条）	文化遗产
斯洛文尼亚	"国家应保护自然资源、保存文化遗产，为斯洛文尼亚的社会和文化的和谐发展创造条件"（1991年《宪法》第5条）；"国家和地方应促进对自然遗产和文化遗产的保护"（1991年《宪法》第73条）	文化遗产
斯洛伐克	"牢记我们先辈所留下的政治与文化遗产及数世纪以来在争取民族生存与国家独立而斗争的过程中所积累的丰富经验"（1992年《宪法》序言）	文化遗产
塞尔维亚	"根据法律，每一个人均有义务保护自然稀有物品和科学、文化及历史遗产，以及满足公共利益的物品"（2006年《宪法》第89条）	文化及历史遗产

续表

国别	宪法文本规定	内涵界定
葡萄牙	"对有关公众健康、消费者权利、生活质量、环境与文化遗产保护的犯罪行为进行预防、阻止和提起诉讼"（1976年《宪法》第52条）；"为确保在可持续发展的总框架下享有环境权，国家应当通过适当组织，并依靠公众参与，履行以下职责：设立并开发自然风光观光保护区和公园，对景观和地区进行分类与保护，以此保护自然景观和具有历史文化价值的名胜古迹"（1976年《宪法》第66条第2款）	文化遗产
马耳他	"国家促进文化和科学技术研究的发展"（第8条）"；保护自然风貌及历史、艺术遗产。国家应当保护本国的自然风貌、历史及艺术遗产"（1964年《宪法》第9条）	艺术遗产
马其顿	"马其顿共和国的全部自然资源、植物群和动物群、公用财物及法律规定具有特殊文化和历史价值的设施和建筑，都是涉及共和国共同利益的财产，应受到特殊保护。共和国保证保护、推进和加强马其顿人民和各民族的历史文化遗产和由此构成的财富，而不论其法律地位如何。涉及共和国总体利益的特殊项目可允许使用，使用方式和条件由法律规定"（1991年《宪法》第56条）	历史文化遗产
立陶宛	"地下矿藏，内水，森林，公园，道路，国家级的历史客体、考古客体和文化客体，均属于立陶宛共和国专有"（1992年《宪法》第47条）	文化客体
黑山共和国	"自然和文化遗产的保护：人人均有义务保护具有总体利益的自然和文化遗产。国家应保护民族和文化遗产"（2007年《宪法》第78条）	文化遗产
芬兰	"保护环境的责任：保护大自然及其多样性，保护环境和文化遗产，人人有责"（1999年《宪法》第20条）	文化遗产
俄罗斯	"每个人都有义务关心保护历史文化遗产，珍惜历史文物"（1993年《宪法》第44条第3款）；"为了保障安全，捍卫人的生命和健康，保护自然和文化珍品的需要，也可以依照联邦法律的规定，对商品和劳务的流动予以限制"（1993年《宪法》第74条第2款）	文化遗产
德国	"联邦就下列事项享有专属立法权：（5a）保护德国的文化财产不流失国外"（1949年《基本法》第73条第1款）	文化财产
斯洛伐克	"接触文化遗产的权利"（1992年《宪法》第43条）；"国家维护自然与文化遗产"（1992年《宪法》第73条）	文化遗产
西班牙	"政府维护历史文化艺术遗产"（1978年《宪法》第46条）	历史文化艺术遗产

续表

国别	宪法文本规定	内涵界定
瑞士	"各州保护自然与文化遗产"（1999年《宪法》第78条）	文化遗产
科索沃	"国家促进与保护所有社群的文化和宗教遗产"（2008年《宪法》第58条）	文化遗产
哥斯达黎加	"国家文化目标是保护自然景观、维护历史文化遗产"（1949年《宪法》第89条）	历史文化遗产
哥伦比亚	"国家和个人有义务保护民族文化和自然财产"（1991年《宪法》第72条）；"国家保护民族文化遗产"（1991年《宪法》第8条）	文化财产；文化遗产
白俄罗斯	"财产权的行使，不得损害公共利益和威胁公共安全，不得破坏自然环境和损坏历史文化珍品"（1994年《宪法》第44条）；"每个人都有保护历史文化遗产、精神遗产及国家其他文化珍品的义务"（1994年《宪法》第54条）	历史文化珍品；历史文化遗产、精神遗产
保加利亚	"国家应当创造促进科学、教育和艺术自由发展的条件并协助其发展。国家应当组织对所有历史和文化民族遗迹的保护"（1991年《宪法》第23条）	文化遗迹
波兰	"一、波兰共和国提供条件，让人民平等享有作为民族身份、民族延续性和民族发展象征的文化产品。二、波兰共和国帮助居住在国外的波兰人保持与本民族文化遗产的联系"（1997年《宪法》第6条）	文化产品；文化遗产

第四节　各国宪法中文化相关规定的多择性和多元性

一、最早规定文化权利的宪法文本

1919年，第一次世界大战战败后，德国颁布了《魏玛宪法》。这部宪法不仅是德国历史上第一部实现民主制度的宪法，而且是人类历史上第一次比较明确地规定公民文化权利的宪法。在《魏玛宪法》基础上，德国建立了一个议会民主制和联邦制的共和国，而现今的《德意志联邦共和国基本法》仍保留着《魏玛宪法》的少许条文。《魏玛宪法》第18条规定："联邦区分各邦应顾虑各该地人民之意见，以求发展其最高经济及文化能力为目的。"这条规定体现了政府对发展人民文化所应尽的责任和义务，从另一个角度看，也可以将《魏玛宪法》视为对人民文化权的认可，从而由此奠定了其最早从宪法上规定社会福利权与文化权的"龙头老大"地位。

第二次大战结束后，德国《基本法》第5条不仅规定了普遍的言论自由，而且专门规定了和文化直接相关的艺术自由："艺术、科学、研究和教学应当自由。"根据德国宪法法院给出的解释，这一条款不仅保障了艺术家有权免受国家干预，而且授权国家振兴和繁荣文化艺术事业。该条还规定，人人有权"不受阻碍地接触公共资源"，在此可被解释为国家提供的公共设施，特别是公共图书馆提供的文化资源。虽然图书馆等公共设施机构作为国家服务和教育型供给服务并没有进入宪法条款中，但是作为最早倡导社会福利的国家，德国在福利权利方面走在了很多国家前列。

1990年民主德国和联邦德国合并时，原先适用于联邦德国的《基本法》被扩展到民主德国，成为整个德国的宪法。需要注意的是，虽然《基本法》

中明确直接规定了"艺术"自由,但是并没有与"文化"直接相关的规定。之后数十年中,德国社会各方面为"文化入宪"做了很多努力,如 2005 年由德国议会组成的调查委员会曾设立了题为"德国文化"的议题,但是到目前为止,《基本法》仍然没有直接规定文化的条款。

德国大多数州的宪法不仅对艺术和文化更加重视,而且对文化和艺术的相关规定更加明确和具体,这与《基本法》这一联邦宪法形成了鲜明对比。首先,除汉堡市政府外,大多数《宪法》都对"文化"有明文规定,其中巴伐利亚州、勃兰登堡州和萨克森州更是将"文化"列入了州的主要发展目标之一,如巴伐利亚州在其《宪法》中规定:"巴伐利亚是一个法律、文化和社会化联邦州"(第 3 条第 1 款)。其次,很多州对文化及艺术的相关规定非常具体和详细,同时涉及文化和艺术的方方面面。例如,黑森州《宪法》第 46 条规定了创作人的权利:"作者、发明家和艺术家享有被国家保护的权利。"再如,大多数州的宪法都规定了政府需对艺术或公共文化发展予以支持,如柏林市(级别等同于州)《宪法》规定:"保护并支持文化生活"(第 20 条第 2 款)。还有一些州要求政府有义务促进公众对艺术和文化的参与度,如莱茵兰—普法尔茨州《宪法》第 40 条第 3 款规定:"全体人民应有机会使用生活中的文化产品。"还有不少州的宪法中规定了政府对遗产保护或成人教育所应尽的具体公共责任法律义务。另外一些州则规定,政府有义务促进和保护少数民族的文化传统。最后,还有一些州提出了教育系统的文化目标,如巴伐利亚州《宪法》第 131 条第 2 款宣布:"对一切公正、善良和美丽的事物都持开放态度";图林根州《宪法》第 22 条则宣布:"爱好和平并与其他文化和人民共同生活。"

二、文化条款数量稀少的宪法文本

和德国形成对比,世界上不少国家的宪法对文化"惜字如金",有的甚至只字不提。考察全球 192 个国家的宪法文本中与"文化"相关的条款,可以发现有一类国家的宪法特点非常显著——有些国家几乎没有涉及对文化的任何规定,甚至没有出现"文化"这个用语;有些国家没有直接涉及文化问题的具体条例，还有些国家虽然可以找到与文化相关的规定，但仅仅寥寥数语一笔带过。限于篇幅，本书不能对这些做法的动机和背景进行深入的分析，仅仅从文本的相关规定来做大致的梳理和分析。

事实上，发达国家的宪法普遍对文化权利语焉不详。最极端的是美国联邦宪法，竟然对"文化"不置一词。当然，这也不奇怪。首先，美国宪法本身很简短，许多今天认为重要的事情（譬如政党）在这部古老宪法中都搜索不到。更重要的是，和德国不同，美国宪法是18世纪的产物，因而是一部典型的经典时代（第一代）"消极权利"宪法，不会关心福利权、文化权等"第二代"权利。最后，回避积极权利可能是英美法系国家宪法的一个普遍特点。加拿大独立和制宪比美国更晚，但是其宪法性文件也没有提及文化。无论是1867年的《英属北美法》(*British North America Act*) 还是1982年的《宪法法》(*Constitution Act*)，都没有明确提及文化。

在欧洲大陆，和美国宪法同时代的《法国人与公民权利宣言》也没有提及"文化"。相比之下，第二次世界大战之后的两部法国宪法都简略提到了"文化"，1946年第四共和宪法序言宣布："国家保障儿童和成人平等接受教育、职业训练和文化"；1958年第五共和宪法设立社会经济环境委员会，但没有太多关于文化的规定，只是在第十一章之权利保护人中规定："区域性语言属于法国的文化遗产。"波斯尼亚和黑塞哥维那虽然宪法正文没有关于文化的规定，但是宪法序言规定了"确保充分尊重国际人道主义法，遵守《经济、社会和文化权利国际公约》"。

另一个欧洲发达国家丹麦的宪法也没有规定文化、文化生活、文化遗产或文化活动，因而没有直接涉及文化权利的具体条款，但是1953年宪法对某些权利的保障和文化间接相关，其中包括宪法第7章中关于宗教的人权保护协定、第8章规定的财产权、言论自由和集会自由，尤其宪法是对社会保障和义务教育等积极人权的保护。另外，丹麦法院对人权保护问题也没有保持沉默，其中包括国际公约中的人权保护。1992年，《欧洲人权公约》(*European Convention on Human Rights*) 在法律上成为了丹麦司法的一部分，得到了丹麦法院的积极实施。鉴于丹麦也早已批准了联合国经社文公约，公约对文化权利的保障有望通过丹麦法院得到落实。

三、详细界定文化权利的宪法文本

本书考察的 192 个国家中，有 18 个国家设立了与文化相关的独立章节并对其作了具体规定。它们多为非洲、拉美和亚洲国家，也有东欧乃至西欧发达国家。纵观这些国家宪法中与文化相关的规定，可以发现呈现以下两个共同特征：第一，承认文化权相对于其他宪法基本权利的独立地位；第二，国家在保障文化权的实施方面承担相应的责任和义务。另外，在承认文化权对其国家的重要地位及国家承担义务和责任的具体分类上，各国又表现出以下细微的差别。

（一）承认文化权相对于其他宪法基本权利独立地位的宪法文本

非洲有 5 个国家的宪法明确规定了独立的文化权，包括乌干达、南苏丹、莫桑比克、埃塞俄比亚、肯尼亚。乌干达 2002 年宪法在"保障并促进基本权利及其他人权与自由"中设立了"文化目标"的章节，同时将发展"符合基本权利和自由、人的尊严、民主及文化和习俗的价值"纳入国家最高的目标。[1] 南苏丹 2011 年宪法将文化与教育、科技和艺术并列单独设立一节，其中也将保持文化多样性视为该国的政府主要义务[2]；莫桑比克在 2004 年宪法第五章中规定了"经济、社会、文化权利和义务"，其中专门规定了"公民享有接受体育教育和体育运动的权利"[3]。埃塞俄比亚在承认文化基本权利的基础上单设了"国家政策的文化目标"，因为与该国人类尊严、民主规范与理念相一致的文化与传统都是政府应当负责保障的基本权利。[4] 肯尼亚 2010 年宪法单设第 11 条规定了文化的定义："宪法确认文化为立国之基，是肯尼

---

[1] 参见乌干达 2002 年《宪法》规定："发展符合基本权利和自由、人的尊严、民主和本宪法的文化和习俗的价值，并将其融入乌干达人民的生活"（第 24 条）。

[2] 参见南苏丹 2011 年《宪法》规定："各级政府应当承认文化的多样性，鼓励这些不同的文化和谐地繁荣发展，并通过教育和媒体表现文化的多样性"（第 38 条）。

[3] 参见莫桑比克 2004 年《宪法》规定："公民享有接受体育教育和体育运动的权利"（第 58 条）。

[4] 参见埃塞俄比亚 1994 年《宪法》规定："政府应有责任在平等的基础上，支持发展与丰富那些与基本权利、人类尊严、民主规范与理念及宪法规定相一致的文化与传统"（第 91 条）。

亚人民与国家历史积累的产物",同时对民族文化的表现形式进行了列举。❶肯尼亚宪法独具特色的是承认科学与技术在国家发展中的作用,因而强调了知识产权的重要地位。

拉美有6个国家的宪法明确规定了独立的文化权利,包括多米尼加、玻利维亚、委内瑞拉、危地马拉、苏里南、厄瓜多尔。拉美规定独立文化权的国家宪法不仅数量最多,而且内容也更详尽。苏里南1987年宪法在第六章"社会、文化和经济权利与义务"中对文化权的内涵进行了界定,该国《宪法》第十一节"青年"中规定:"青年应享有经济、社会和文化权利的特殊保护",这项权利包括:"获得教育、文化和工作的机会",第十二节"教育与文化"中规定:"人人享有受教育权和文化表达的权利"(第38条第1款)。玻利维亚2009年宪法专设一节讨论文化,范围涉及文化多样性、文化遗产、历史和传统文化和知识产权,侧重强调将文化多样性作为民族国家的基石。❷玻利维亚宪法将文化自我认同视为权利,同时将文化多样性视为国家(民族社区)的基础。另外,玻利维亚还认可农村土著文化在国家文化中的重要角色。❸多米尼加宪法对文化权的规定非常详细,其涵盖的范围涉及了国际法文件中文化权的所有内容,不仅包括所有人参与和行动的自由,而且包括充分获得和享受文化资产和服务、获得和享受科学进步和文学艺术生产的权利。❹委内瑞拉1999年《宪法》在第六章"文化教育权"中,将文化与教育并列为相似的权利,其范围不仅涵盖文化创作自由、文化价值,同时强调了

---

❶ 参见肯尼亚《宪法》:"这些民族文化表现为文学、艺术、传统风俗、科学、沟通形式、信息、大众传媒、出版物、图书馆或者其他文化遗产"(第11条)。

❷ 参见玻利维亚2009年《宪法》规定:"文化多样性是多民族国家的基石,多元文化有助于实现国家和民族间的和谐稳定与平衡,多元文化应尊重差异性,坚持平等原则"(第98条第1款)。

❸ 参见玻利维亚2009年《宪法》规定了"文化自我认同权"(第21条);"文化多样性是多民族社区国家(民族社区社区委员会)的基本基础。文化间特征是各国人民和各国之间凝聚力和谐与平衡生存的手段";"跨文化性质应存在于尊重差异和平等条件下。国家从农村土著文化的存在中得到力量,这些文化是知识、智慧、价值观、精神和世界观的守护者"(第98条第1款、第2款)。

❹ 参见多米尼加2015年《宪法》规定:"所有人都有权自由参与和行动,不受谴责地参与国家文化生活,充分获得和享受文化资产和服务,有权获得和享受科学进步和文学艺术生产"(第64条)。

文化自治、文化遗产、大众文化、文化信息和创作。委内瑞拉首先强调了文化价值是基本权利，是"委内瑞拉人不可剥夺的财产，是受到国家鼓励和保障的基本权利，国家努力提供必要的条件、法律制度、方法和资金，对此予以鼓励和保障"（第99条）。在此基础上，委内瑞拉同时强调了文化自治权："依法承认文化在公共管理上的自治"（第99条）。

在所有国家对文化的宪法规定中，以危地马拉最为详细。危地马拉1985年《宪法》第二章"社会权利"单设第二节"文化"，其范围涵盖了文化权、文化认同、历史传统文化、文化遗产、民俗传统手工艺，并对文化权的内涵做了如下界定："人人有权自由参与社会文化和艺术生活，并享受国家科学技术进步的成果"（第57条）。首先，危地马拉《宪法》中的文化包含了文化认同，即"个人和社会有权依据其价值观、语言和风俗习惯使其文化特性受到认同"（第58条）。其次，文化遗产作为文化的重要内涵受到政府的保护，其中文化遗产的内涵非常广泛，不仅包括古生物、考古、历史等有形和无形财产❶，而且包括古迹、古碑、文化中心及自然遗产❷，民俗、传统手工艺和本地手工技艺等也都在宪法规定的文化遗产范围之内。❸ 厄瓜多尔单设第五节"文化"，认为强化民族身份是全国文化体系的重要目的，其主要内涵包括文化多元化、艺术自由创作和文化遗产保护，它们都是保障文化权利行使的前提。❹ 厄瓜多尔宪法还采用列举方式对文化遗产做了界定，同时强调了它们

---

❶ 参见危地马拉1985《宪法》第60条规定："保护古生物、考古、历史和艺术有形和无形财产都属于民族文化遗产，应受到国家保护。除法律另有规定的情况外，严禁文化遗产的外流、出口或改造。"

❷ 参见危地马拉《宪法》第61条规定："古迹、古碑及危地马拉文化中心应受到国家的特别照顾，以保留其特色保护其文化和历史价值。已经被列为世界遗产的蒂卡尔国家公园、基里瓜考古公园及危地马拉古镇，以及其他类似文化遗产适用特殊保护制度"；第64条规定："保存、保护和改善国家自然遗产符合国家利益。国家应鼓励建立国家自然公园、自然保护区和野生动物保护区，此类区域不可侵犯应通过法律规范对此类区域及其中生长着的动植物加以保护。"

❸ 参见危地马拉《宪法》第62条规定："保护艺术、民俗和传统手工艺民族艺术、大众艺术、民俗及本地手工技艺应当受到国家的特殊保护，以保留其原汁原味的特色。国家应面向国内外开放市场，实现艺术品和手工艺品的自由流通，以促进其生产并发展生产工艺。"

❹ 参见厄瓜多尔《宪法》第337条规定："全国文化体系的目的是强化民族身份；保护和促进文化的多元化；刺激艺术的自由创作，刺激文化财富的出品、传播和发行；保护社会记忆和文化遗产保障文化权利的充分行使。"

是不可分割和不可缺少的重要意义。❶

亚洲有 3 个国家规定了独立文化权，它们是孟加拉国、菲律宾、不丹。孟加拉国 1972 年《宪法》第 23 条单设"国家文化"，内容涵盖了文化传统、文化遗产、传统文化和少数族群的文化认同。菲律宾 1987 年《宪法》单设第 14 条，规定了"教育、科学与技术、艺术、文化和体育"，将"艺术与文化并列"，主张文化和艺术是国家多样性和统一性的丰富内涵。❷ 不丹 2008 年《宪法》专设第 4 条"文化"，包含了文化遗产、文化生活、传统文化和与社会相并列的文化条款，其中第 1 款规定："国家应努力保存、保护和提升国家的文化遗产以丰富社会和公民的文化生活，其中包括具有艺术或历史价值的古迹、地点和物质、城堡、寺庙、僧人社区、神圣宝藏、朝圣地语言、文学、音乐、视觉艺术和宗教。"该条第 2 款还规定了国家承认"文化是不断发展的动力，应努力加强和促进传统价值和制度的不断演进。作为进步社会，它们是可持续的"。

欧洲有 4 个国家的宪法规定了独立文化权，包括匈牙利、罗马尼亚、西班牙和瑞士。罗马尼亚 1991 年《宪法》专设一条"文化权利"明确规定了"文化权利依法受到保障"，同时指明了文化权的属性为"个人的心灵自由发展，接受民族或世界文化之价值的自由不受限制"（第 33 条）。匈牙利 2011 年《宪法》序言中使用了多达 9 次的"文化"一语，如："自豪于匈牙利人民杰出的文化成就"（文化精神）；"维护我国文化和精神上的统一，这个统一曾在上个世纪的风暴中瓦解过。我们的民族性构成了匈牙利政治共同体的一部分，也是国家的构成要素"（传统文化）；"致力于对我国的传统、我们的特有语言、匈牙利文化、居住于匈牙利的各民族的语言和文化及喀尔巴阡盆地所

---

❶ 参见厄瓜多尔《宪法》第 339 条规定："下列属于纪念个人和集体的有形和无形的重要文化遗产，受国家保护：①语言、表达方式、口头传统及各种文化表达和创作，涉及宗教、庆典和生产方面；②楼房、城市建筑、纪念碑、自然景区、道路、花园、地标景点，或具有历史意义、艺术意义、考古意义、人种意义或古生物学意义的景点；③具有历史意义、艺术意义、考古意义、人种意义或古生物学意义的文件、物品、收藏、档案、图书馆和博物馆；④艺术和科技创作。国家的文化遗产是不可分割、不可查封和不可缺少的。国家有获得文化遗产的优先权并保证予以保护。任何损坏将依法受到惩罚。"

❷ 参见菲律宾 1987 年《宪法》规定："国家应在于多样性和统一的原则基础上，在自由艺术与文化表达的气氛中，促进菲律宾民族文化的保存、丰富和蓬勃发展"（第 14 条第 14 款）。

有文化和自然遗产的发展和保护"(语言和文化遗产);"我们将审慎利用我们的物质、文化和自然资源,以保护未来世代子孙的生存条件"(资源),分别从文化精神、传统文化、语言、自然遗产、资源的角度对文化进行了多维度和充分的解释与界定。西班牙1978年《宪法》第149条则专门论述了国家专属职权国家的文化服务,第1款罗列了文化服务的门类及事项的分类,它们包含了文化艺术遗产、文化交流。

(二)各国文化权保障方式的细微差别

各国在保障文化权承担的相应责任和保障方式及途径方面表现出以下细微的差别。首先,在保障文化遗产方面,我们可以发现:不仅对文化遗产保护做出规定的国家数量居本书分析案例国家之首,而且规定的详细程度都超过其他需要宪法保障的文化权。玻利维亚宪法规定,保护、发展、保护和传播该国现有文化应是国家的基本责任,其中文化遗产是国家需要优先保护的资源。该宪法对文化遗产进行了详细分类,还分别设立了不同条款,分别对文化遗产的登记流程和土著文化遗产做出规定❶,多米尼加宪法认为物质和非物质的文化遗产都属于国家保障的范围,国家应保证其保护、丰富、恢复和价值。此外,该宪法还强调了私人资产与国家文化遗产同样具有不可剥夺的特性,因此都应当受到保护。❷ 乌干达宪法将文化视为公共财产,强调政府

---

❶ 参见玻利维亚2009年《宪法》规定:"玻利维亚人民的遗产是不可剥夺的,不得附加或限制。它们产生的经济资源受法律管制,优先保护、保存和推广这些资源;第2款:国家依法保障其文化遗产的登记、保护、恢复、振兴、充实、促进和传播;第3款:自然、建筑、古生物学、历史和文献财富,以及来自宗教和民间传说的财富,是玻利维亚人民合法的文化遗产;第100条第1款:世界观点、神话、口述历史、舞蹈、文化习俗、知识和传统技术是民族和农村土著人民的遗产。这一遗产构成国家表达和身份的一部分;第2款:国家应通过登记保护民族和农村土著人民及不同文化间和非裔玻利维亚社区的无形权利的知识产权来保护这种智慧和知识"(第99条第1款、第2款、第3款)。

❷ 参见多米尼加2010年《宪法》规定:"国家的文化遗产——物质和非物质的文化遗产——属于国家保障,国家应保证其保护、丰富、恢复和价值。国家文化遗产的资产是不可剥夺和不可分割的,其财产属于国家所有或已获得国家所有,而且所有权不可分割。私人手中的遗产资产和文化遗产的水下资产应同样受到保护,免遭非法出口和掠夺。法律应规范收购该项"(第64条)。

应当致力于培养人们的保护意识❶；孟加拉国认为国家应当采取措施保护文化遗产。菲律宾则认为国家应保护、促进和普及菲律宾的民族历史和文化遗产和资源及艺术创作，国家的全部艺术和历史财富都是国家的文化财富，应受国家的保护，其处分由国家负责和管理❷；玻利维亚同样视文化遗产"是不可分割、不可撤销且无时效性的。法律促进经济资源的优先保护、保存和推广。依据法律规定，国家应确保登记、保护、修复、恢复、振兴、充实和促进文化遗产的传播"（2009 年《宪法》第 99 条第 1 款、第 2 款），而土著文化遗产也同样构成了"国家身份表达的一部分"（第 100 条第 1 款），国家应当保护这些文化遗产。❸ 南苏丹认为政府的主要责任在于保护文化遗产相关古迹使其免受破坏❹；埃塞俄比亚宪法认为政府和公民在保护文化遗产方面应当尽有相同的义务❺；委内瑞拉在强调保护文化遗产是国家的义务的基础上认为，它们是不可转让和不应被忽视与限制的。❻ 在文化遗产保护中，肯尼亚的特色在于增加了植物物种的所有权和保护，并强调通过法律的作用来保证文化遗产因使用而获得补偿。❼

---

❶ 参见乌干达 2002 年《宪法》规定："国家和公民应当致力于维护和保护并推进对公共财产和乌干达遗产的保护意识"（第 25 条）。

❷ 参见菲律宾 1987 年《宪法》规定："国家应保护、促进和普及菲律宾的民族历史和文化遗产和资源及艺术创作。国家的全部艺术和历史财富都是国家的文化财富，应受国家的保护，其处分由国家负责管理"（第 14 条第 15 款、第 16 款）。

❸ 参见玻利维亚 2009 年《宪法》规定："艺术和流行产业的无形资产应受到国家的特殊保护，同样人类文化遗产和人类文化古迹，包括有形的和无形的，也应受到国家的特殊保护"（第 101 条）。

❹ 参见南苏丹 2011 年《宪法》规定："各级政府应当……保护文化遗产、历史遗迹和重要的民族、历史或宗教场所，使其免受破坏、亵渎、非法拆除或非法出口及保护、维护和促进那些能够增强个人尊严并且与本章基本目标和原则相一致的文化"（第 38 条）。

❺ 参见埃塞俄比亚 1994 年《宪法》规定："政府和所有埃塞俄比亚公民均有责任保护国家的自然条件、历史遗迹和文物；在资源允许的情况下，政府有责任支持艺术、科学和技术的发展"（第 91 条）。

❻ 参见委内瑞拉 1999 年《宪法》规定："国家保护、维护、丰富、保存和重建有形与无形的文化遗产及国家的历史纪念物。国家的文化遗产不可转让，不应受到漠视和限制。破坏这些遗产应依法予以制裁和惩罚"（第 99 条）。

❼ 参见肯尼亚 2010 年《宪法》规定："促进肯尼亚人民的知识产权。（3）国会应当进行立法以确保公众因对其文化和文化遗产的使用而获得补偿和使用费；以及（b）确认和保护本土物种和植物品种的所有权、其基因和多样性的特征及肯尼亚民众对它们的使用"（第 11 条）。

在"一带一路"沿线国家宪法中，危地马拉宪法对文化遗产的规定非常突出，不仅条款数量多，而且措施详细和全面，它不仅将无形和有形资产都纳入了文化遗产的范围，同时单独规定了国家公园等其他类似文化遗产使用的特殊保护制度，并强调政府应当特别对其加以照顾。❶ 危地马拉宪法还特别规定国家指派专门机构开展文化促进活动，这一保护措施在"一带一路"沿线国家宪法中也是独树一帜的。❷ 厄瓜多尔宪法专门单设一条明晰界定了国家在保护文化遗产的重要职责为保证政策的持久性和通过多元社会力量来推动文化活动开展。❸ 西班牙强调国家在这些事项范围内享有排他的专属权："保护西班牙的文化、艺术遗产和文物，不准出口和掠夺；属于国家所有的博物馆、图书馆和档案室，但不得损害自治区的管理"（第1款之28）。罗马尼亚《宪法》规定了国家须"确保精神身份的保存，为民族文化的继承和发展、艺术的繁荣、文化遗产的保护和保存、当代创作的发展提供必要的支持，并在全世界推广罗马尼亚的文化和艺术价值"（第33条）。

其次，不少国家都对少数族群文化的保障做出了承诺。孟加拉国强调国

---

❶ 参见危地马拉1985年《宪法》规定："古生物、考古、历史和艺术有形和无形财产都属于民族文化遗产，应受到国家保护。除法律有规定的情况外，严禁文化遗产的外流、出口或改造"（第60条）；"保护文化遗产：古迹、古碑及危地马拉文化中心应受到国家的特别照顾，以保留其特色保护其文化和历史价值。已经被列为世界遗产的蒂卡尔国家公园、基里瓜考古公园及危地马拉古镇，以及其他类似文化遗产适用特殊保护制度"（第61条）；"保护艺术、民俗和传统手工艺民族艺术、大众艺术、民俗及本地手工技艺应当受到国家的特殊保护，以保留其原汁原味的特色。国家应面向国内外开放市场，实现艺术品和手工艺品的自由流通，以促进其生产并发展生产工艺"（第62条）；"自然遗产：保存、保护和改善国家自然遗产符合国家利益。国家应鼓励建立国家自然公园、自然保护区和野生动物保护区，此类区域不可侵犯应通过法律规范对此区域及其中生长着的动植物加以保护"（第64条）。

❷ 参见危地马拉《宪法》规定："国家应指派一家具有独立预算的专门机构负责开展与保护和促进文化及与其表现形式有关的活动"（第65条）。

❸ 参见厄瓜多尔2008年《宪法》规定："下列应该由国家负责：①通过持久的政策关心有形和无形的文化遗产，历史、艺术、语言、考古方面的财富，集体回忆录，有价值的整体，具有厄瓜多尔多民族、多元文化和多种族的表达，并加以保护、捍卫、恢复、推广和提升；②促进归还和重新获得被掠夺、丢失或损坏的遗产，保障合法储存印刷品、音像制品及大量传播的电子内容；③保障发行渠道、公开演示和大量传播不限制作者的独立性，不限制民众独立进行本国的文艺创作；④制定政策和确立教学方式来发展所有年龄段的人尤其是少年儿童的文化艺术爱好；⑤支持艺术专业；⑥设立奖金和鼓励，使个人、机构、企业和媒体推动、支持、发展和资助文化活动"（第380条）。

家应当逐步采取措施保护和发展部落、少数群体、少数民族独有的文化。❶ 菲律宾主张尊重和保护土著文化社区保存和发展其文化、传统、习惯的权利在制定国家规划和政策时应考虑这些权利。❷ 玻利维亚《宪法》也同样主张族群的文化认同是国家的责任，应当"确保其知识、技能、价值观、精神和世界观的存续"（第98条第2款）。巴西强调了土著和非洲裔巴西文化的独特性，特别确定条款设立族群纪念日。❸

再次，除上述文化遗产和少数族群文化之外，不同的国家对文化权保障方式和途径各有侧重点，如莫桑比克单设一条规定了国家在促进文化认同方面所应尽的义务❹，玻利维亚认为"维护、保护、发展和传播现有文化是国家的基本责任"（第98条第3款），危地马拉宪法强调了国家的一项首要任务就是保护、促进和传播本国文化，颁布法律和规定以弘扬、复兴、保留和恢复本国文化。❺ 巴西宪法规定，应促进和保护历史传统文化。❻ 乌干达将文化权视为关乎人类尊严的文化价值❼，促进所有语言的多元化，同时将聋哑人手语也纳入语言中，鼓励多种官方语言的发展。孟加拉国将语言与文化和

---

❶ 参见孟加拉国1972年《宪法》规定："国家应当逐步采取措施保护和发展部落、少数群体、少数民族独有的文化"（第23条第1款）。

❷ 参见菲律宾1987年《宪法》规定："国家应承认、尊重和保护土著文化社区保存和发展其文化、传统、习惯的权利在制定国家规划和政策时应考虑这些权利"（第14条第17款）。

❸ 参见巴西1988年《宪法》规定："国家政府应保护流行、土著和非洲裔巴西文化及民族文明进程中其他参与群体的表现"（第215条第1款）；"该法应规定为各民族群体确定重要的纪念日"（第215条第2款）。

❹ 参见莫桑比克2004年《宪法》规定："国家应促进民族文化和国民认同，并保证社会传统和价值观的自由表达，国家应促进文化传播，并采取措施让人民受益于其他民族的优秀文化成果"（第115条）。

❺ 参见危地马拉1985年《宪法》规定："国家的一项首要任务就是保护、促进和传播本国文化，颁布法律和规定以弘扬、复兴、保留和恢复本国文化；推动和规范对文化的科学研究及对相应技术的开发和应用"（第59条）。

❻ 参见巴西1988年《宪法》规定："国民政府应保证所有充分行使文化权利和获得民族文化来源的机会，并应向欣赏和传播文化表达给予奖励"（第215条）。

❼ 参见乌干达2002年《宪法》规定："发展符合基本权利和自由、人的尊严、民主和本宪法的文化和习俗的价值，并将其融入乌干达人民的生活"（第24条）。

艺术一同视为民族文化的重要内容，因而国家需要采取措施加以保护。❶ 莫桑比克宪法强调国家应当鼓励体育锻炼及教育❷，委内瑞拉则从大众文化的角度，主张政府应当特别保护大众文化，通过法律各种方式鼓励文化工作者和各种主体丰富大众文化。❸ 菲律宾主张国家应对文学艺术予以支持❹，主要通过建立教育制度、公立或私立的文化组织，设立奖学金、助学金和其他奖励，设立社区文化中心及其他公共场所，同时支持艺术和文化来确保人民有接受文化的平等机会。❺

委内瑞拉、苏里南、厄瓜多尔和多米尼加4个国家分别从文化传播的角度强调了文化权的保障。委内瑞拉强调了文化的传播及国家在保障文化传播时的义务。❻ 苏里南《宪法》也同样强调了政府应当"促进文化的民主化，通过促进文化享受和文化关系，以及通过文化和娱乐组织、新闻媒体及其他适当渠道保证公众获得这些文化成果"（第38条第5款）。厄瓜多尔《宪法》也强调了保障文化多元性的前提是推动本国生产文化财富，加以大量传播。❼ 多米尼加《宪法》通过强调保障言论和文化创造自由及获得文化的平等机

---

❶ 参见孟加拉国1972年《宪法》规定："国家应当采取有效措施保护人民的文化传统和文化遗产和促进提高民族语言、文学、艺术，使各阶层人们能够有机会为丰富民族文化作出贡献并参与其中"（第23条第1款）。

❷ 参见莫桑比克2004年《宪法》规定："国家鼓励通过体育院校来实践体育教育和传播体育运动"（第93条）。

❸ 参见委内瑞拉1999年《宪法》规定："构成委内瑞拉国家特征的大众文化受到特别保护，依据文化平等原则，对不同文化间的关系予以承认和尊重。通过法律激励个人、机构和社区推动、支持、发展或资助国内外委内瑞拉的文化规划、文化项目和文化活动。国家依法保障文化工作者，包括通过社会保障制度为他们提供有尊严的生活，承认文化工作的特性"（第100条）。

❹ 参见菲律宾1987年《宪法》规定："国家应对文学艺术予以支持"（第14条第15款）。

❺ 参见菲律宾宪法第14条第18款规定："国家应通过建立教育制度、公立或私立的文化组织，设立奖学金、助学金和其他奖励，设立社区文化中心及其他公共场所，确保人民有接受文化的平等机会。国家鼓励并支持艺术和文化研究。"

❻ 参见委内瑞拉1999年《宪法》规定："国家保障文化信息的发布、接受和传播。通信媒体有义务协助传播民间传统和艺术家、作家、作曲家、画家、科学家及其他文化创作者的作品。电视应当为听力有困难的人提供字幕和委内瑞拉语的翻译，履行这些义务的条件和形式由法律规定"（第101条）。

❼ 参见厄瓜多尔2008年《宪法》规定："保障文化多元性，推动本国生产文化财富，加以大量传播"（第380条）。

会，来促进文化的传播。❶

虽然财政保障对于文化权保障是一个重要的手段，但是仅有厄瓜多尔在宪法中规定了保障充分和及时的资金来实施文化政策。❷ 此外，一般宪法都着重强调文化的权利属性，而纳米比亚《宪法》却强调了公民在享受文化权利时同时应承担相应义务：公民在享受权利的同时必须"维护和促进本宪法及本条款保护的任何文化、语言、传统或宗教，但不得侵犯他人的权利和国家利益"（第19条）。

最后，在所有国家的宪法保障措施中，巴西的做法特别值得一提，该国宪法提出了一项特别的国家文化计划，其目的是整合国家文化发展的公共行动，在明确的原则基础上通过文化遗产保护、文化商品的生产、推广和传播、文化管理人才培养、文化产品获取的民主化及种族和区域多样化，来架构该计划的设计与实施。❸

---

❶ 参见多米尼加2010年《宪法》规定："它应认识到文化、个人和集体特性的价值，以及通过支持和传播科学研究和文化生产，对全面和可持续发展、经济增长、创新和人类利益的重要性。它应保护文化工作者的尊严和完整"（第64条）。

❷ 参见厄瓜多尔2008年《宪法》规定："保障充分和及时的资金来实施文化政策"（第380条）。

❸ 参见巴西1988年《宪法》规定："该法应制定一项为期多年的国家文化计划，寻求国家文化发展和公共行动的整合，以便：巴西文化遗产的防御和价值化；文化商品的生产、推广和传播；为文化管理多层面培养合格人才；文化产品获取的民主化；种族和区域多样性的实现"（第215条第3款）；"A款：国家文化系统作为一个协作制度，以分散和参与的形式组织起来，建立一个联合发展和促进文化公共政策的进程。联邦各实体和社会之间商定的这些民主和永久政策的目标是促进人类、社会和经济的发展，充分行使文化权利。国家文化制度以《国家文化计划》中的国家文化政策及其指示为基础，应遵循以下原则：文化表现形式的多样性；普遍获得文化产品和服务；鼓励文化知识和商品的生产、传播和流通；联合实体与在文化领域运作的公私行为者之间的合作；在执行制定的政策、计划、项目和行动时进行整合和互动；补充文化行为者的作用；文化政策中的横向性；联邦实体和民间社会机构的自主权；透明度和信息共享；社会参与和控制决策过程的民主化；阐明并同意在行政、资源和行动方面下放权力；逐步增加公共文化预算中的资源；国家文化系统在联邦各领域的结构包括：文化行政机关、文化政策委员会、文化会议、行政委员会。文化计划：文化金融系统、文化信息和文化指标系统、文化领域的形成性节目、文化产业系统。联邦法律应规定国家文化制度的条例，以及关于政府其他国家制度或部门政策的依据。各州、联邦区和各县应根据各自的法律组织各自的文化制度"（第215条A款）。

第二章

宪法、税法与劳动法——各国对文化的直接与间接保障

"一带一路"沿线国家依据宪法的规定对本国文化的宏观领域进行了规范，而在具体的社会运转和文化活动、文化交流、文化产业发展中，还通过不同的法律条文对文化的不同领域和不同行为进行了更加细致的规定。各个国家在宪法的主体性作用下，制定了合乎自身发展特点的税法，以此来规定文化的财税机制，并确立了不同体制下公共文化服务的资金来源，为社会公共文化服务的有效供给提供支持。

对于文化保护、发展和管理，政府是否应当承担责任，如果承担责任究竟应当承担多大的责任？各国政府应当通过哪些直接或间接的方式对文化产业提供保障？本章将对上述问题作出考察和回答。事实上，政府与文化之间的关系有点复杂。一方面，政府对于国家的文化保护与发展确实应当有所作为，但是如果政府应当在文化领域有所作为，那么应当由哪一级政府具体做哪些事？纵观各国不同的情形，可以看出，各国宪法普遍对政府与文化相关的义务和责任做了规定，显示出政府干预文化的合法性来自宪法和相关法律。换言之，政府可以通过宪法来对文化提供直接的干预或保障，在此基础上，政府与文化的关系又同时取决于各国的政治体制，即联邦制和中央集权制决定了中央和地方政府对文化的权力范围与分界点。与此同时，央地分权的边界不是静态的，且不同国家随着不同时代的不同需求和认知而发生变化。

另一方面，法治成熟国家的经验表明：政府对于国家的文化保护与发展应当有所作为并不意味着政府做得越多就越好。在发达的法治国家，政府对于文化保护与发展干预相当有限，其背后的理念是政府和文化之间应该保持所谓的"一臂之距"：在促进与保护文化的过程中，政府应当保持文化本身的独立性；一个有所作为的政府并不是无所不为的全能型政府，不能渗透到文化的任何一个角落。政府未必需要直接行使权力促进文化产业发展，而是可以对相关产业的税收减免和劳动法等相关法律的保障，来发挥显著的间接促进作用。瑞士文化政策学家布鲁诺强调了以税收支出为主的非直接政府资金救助方式❶，这种方式是西方各国普遍采用的保障文化事业和创意文化产业的手段，其背后的基本理念是："减少税收是对私人机构和公司的一种扶植，可以通过让非营利机构发挥更多的主动性并有可能推动艺术和文化的供应普及。"❷ 对个人而言，减税的程度也许可以最高占到总收入的50%，而公司可以占到10%。税收减免为艺术所带来的支持是难以估量的。❸ 通过税务法律来支持文化确实刺激了大量的捐赠行为，将一般公众整合起来并以相对小的

---

❶ 布鲁诺·弗雷. 艺术与经济学 [M]. 易晔, 郝青青, 译. 北京：商务印书馆, 2017：95.

❷ 布鲁诺·弗雷. 艺术与经济学 [M]. 易晔, 郝青青, 译. 北京：商务印书馆, 2017：95.

❸ 布鲁诺·弗雷. 艺术与经济学 [M]. 易晔, 郝青青, 译. 北京：商务印书馆, 2017：89.

成本帮助政府达到融资的政策目标,政府税收上的损失反而变得可以忽略不计。以美国为例,这种非直接的政府资金辅助被公认为是非常重要的支持。1973 年,这些"看不见的手"对文化艺术的扶植要高于所有政府对艺术和文化支出的 1/3。

本章比较了各国政府文化管理的宪法职能及其管理模式异同,并总结了各国政府文化管理的一般规律。以下首先从宪法上梳理各国保护与促进文化产业的职权及其在中央与地方各级政府中的分配,然后讨论各国税法对文化产业的促进作用,最后探讨各国文化从业人员的劳动法保障。

第一节　各国政府对文化的宪法责任比较

历史上，文化是随着健康、教育等概念一同进入近代政府的管理范围之内的。随着公共卫生、治理霍乱及卖淫成为近代政府应该管理的社会事务，文化也逐渐被纳入政府的社会事务当中，因为"全民的健康是政治权力的基本目标之一"，而这种健康观念很快将教育和文化纳入其中。❶ 究其思想根源，可以追溯至 18 世纪古典政治经济学代表亚当·斯密那里。亚当·斯密高举"看不见的手"和政府最小干预的旗帜，主张将国家主权理论化，并强调政府职能需要开始转变，政府有义务管理"社会领域中的各种交易行为"。18 世纪初期，"以公民管理和经济生产力为标志，科学与政府在新的环境和法律关系中结合起来"，政府的关怀义务也逐渐开始涉足文化政策。19 世纪英国诗人阿诺德在其名著《文化和无政府状态》一书中，表达了以政策管理文化生产目标的观点。他认为文化具有工具性，将文化视为一种"实际的利益……能极大帮助我们走出现在的困境"；文化可以创造出政府机构所保护的国家统一，政府的使命是塑造现代的人、自由的个人以防止无政府状态，而文化是这一权威使命的核心。❷ 在 20 世纪交替时期，英国政府推出了"全民教育"的法规与政策，如 1902 年的教育法案规定，小学课程中必须包括参观博物馆的内容。❸

---

❶ 托比·米勒，乔治·尤迪恩. 文化政策[M]. 刘永孜，付德根，译. 南京：南京大学出版社，2017：35.

❷ 布鲁诺·弗雷. 艺术与经济学[M]. 易晔，郝青青，译. 北京：商务印书馆，2017：95.

❸ COOMBES E. Reinventing Africa: Museums, Martierial Culture and Polular Imagiantion in Late Victorian and Edwardian England[M]. New Haven: Yale University Press, 1994: 124.

在界定政府的文化管理权力边界时，大多数发达国家倾向于采取以下两种立场中的一种。一种立场是主要依赖市场，将市场作为一个识别和分配公众文化偏好的系统。在这个系统中，政府扮演警察的角色，其作用限于在财产范围内巡逻，依据知识产权法决定谁拥有什么，而不介入文化本身的生产或交易。美国是这一类系统的典型。另一种立场则认为某些文化遗产承载着超越的价值，但容易受到公众的影响而无法保持其超越性。大多数国家都鼓励政府扮演积极干预的角色，并因此而不可避免地行使文化裁判权。当一种文化形态不被市场接受而即将濒危时，国家就承担起保护的责任。并不奇怪的是，国家仅保护其喜欢的文化物种，而任由其他物种自生自灭。❶ 当然，政府对文化的干预往往心有余而力不足："当文化产业与创意产业的活动主要由市场力量决定时，也就是由大企业的力量和希望增长的小企业的努力决定时，人们普遍觉得，无论政府的言辞多么华丽，它实在是无用武之地。"根据沃克林对20世纪90年代晚期英国文化政策的观察，政府做了很多政策描绘和规划的工作，但实际行动并不多。❷

一、各国宪法文本中政府责任比较

如表2-1所示，各国对于政府在文化领域内的宪法义务和责任规定的侧重点各不相同，并且对于义务和责任的实现方式也存在一定的差异。首先，各国政府文化领域的宪法义务和责任规定涉及了促进文化发展、文化环境保护、青年人国际交流、文化教育、文化多元和文化融合、文化实践、文化生活、文化产品、公共文化服务体系等多方面，如西班牙1978年《宪法》对"文化发展"进行了笼统规定，"强调国家将促进文化发展作为其义务和基本职能，共同推进自治区的文化交流"（第149条第2款）；塞尔维亚强调文化多元化和文化融合的义务和责任，2006年《宪法》第48条和第81条规定如

---

❶ LEWIS J, MILER T. Critical Cultural Policy Studies Reader [M]. New Jersey: Blackwell Publishing, 2003: 4.

❷ 吉姆·麦圭根. 重新思考文化政策[M]. 何道宽, 译. 北京：中国人民大学出版社, 2010: 87.

下:"促进理解、承认和尊重族群、文化、宗教身份的多元化"和"在文化、教育、信息领域,国家应促进宽容精神、文化融合、相互尊重与理解合作"。其次,各国政府对宪法义务和责任的实现方式包括了从组织机构建设、采取预防和约束性措施、设立文化事务委员会、政府战略目标、建立文化工业市场等形态各异的途径。例如,瑞典设立"文化事务委员会"并在《有关2002年修正案的过渡性规定》第6条对其事务进行了较为具体详细的规定;海地1978年《宪法》第64条对从市镇区层级全面系统地对文化训练所需的组织机构进行了规定。

表 2-1 各国政府的宪法义务和责任

国别	宪法文本	义务和责任侧重点
西班牙	"强调国家将促进文化发展作为其义务和基本职能,共同推进自治区的文化交流"(1978年《宪法》第149条第2款)	促进文化发展
海地	"国家有义务在市镇区层级建立为其居民提供社会、经济和文化训练所需的组织机构"(1987年《宪法》第64条)	文化训练所需组织机构
希腊	"自然和文化环境保护构成国家的一项职责和每一个人的一项权利。国家为保持环境有义务在可持续发展原则的背景下采取特别的预防性或约束性措施"(1975年第24条第1款)	文化环境保护;预防和约束性措施
葡萄牙	"国家应在家庭、学校、企业、居民组织、文化团体和基金会、文化娱乐团体的配合下,鼓励和支持青年组织积极推进前款所列目标及青年人的国际交流"(1976年《宪法》第70条第3款)	青年人国际交流
瑞典	"文化事务委员会筹备以下事务:一般文化教育目的;普及教育;青年活动;国际文化合作;体育与户外活动;不由宪法委员会筹备的宗教组织事务;以及不由宪法委员会筹备的有关广播、电视的事务。属于财政支出领域(文化、媒体、宗教社团与休闲)范围内的拨款事务由文化事务委员会筹备"(1974年《宪法》《有关2002年修正案的过渡性规定》第6条)	文化教育;国际文化合作;广播、电视的事务

续表

国别	宪法文本	义务和责任侧重点
塞尔维亚	"促进理解、承认和尊重族群、文化、宗教身份的多元化"（2006年《宪法》第48条）；"在文化、教育、信息领域，国家应促进宽容精神、文化融合、相互尊重与理解合作"（2006年《宪法》第81条）；"塞尔维亚共和国应当组织和提供：保健，社会保险，参战退伍军人及残疾人的保护，儿童保护，教育，文化及对文化产品的保护，体育，公共信息，公共服务体系"（2006年《宪法》第97条）	文化多元化；文化融合；文化及对文化产品的保护；公共服务体系
墨西哥	"国家应推动文化的宣传和发展方式，致力于在其所有事件和表达中尊重文化多样性，完全尊重创作自由。法律应规定获得和参与任何文化实践的机制"（1917年《宪法》第4条）	推动文化的宣传和发展方式；获得和参与文化实践机制
圭亚那	"种族关系委员会的职能为：推动所有种族群全面参与国民的社会、经济、文化和政治生活"（1980年《宪法》第212条）	推动所有种族全面参与国民文化生活
厄瓜多尔	"一体化，尤其与拉丁美洲和加勒比国家的一体化，应该是政府的战略目标：在一体化进程的所有阶段，厄瓜多尔政府承诺：保护和推动文化多元性，实施文化交流，保护文化遗产和拉丁美洲及加勒比共同的纪念物，建立通信网络和文化工业的共同市场"（2008年《宪法》第423条）	保护和推动文化多元化；实施文化交流
马来西亚	"1957年宪法附件9立法事务表（第74条和第77条）：文化和运动属于双方共同事务表"（第3表9b条）	文化和运动
瑞士	"各州保护自然与文化遗产。瑞士宪法中确定保护自然与文化遗产是各州的政府义务"（1999年《宪法》第78条）	文化遗产

各国对于政府宪法义务和责任的规定虽然存在差异，但是深入对比后可以发现一些共通之处。其一，在对政府宪法义务和责任规定的条文表述方面，除了直接使用"国家义务"之外，很多是以"国家应当"来进行表述。例如，葡萄牙1976年《宪法》第70条第3款规定"国家应在家庭、学校、企业、居民组织、文化团体和基金会、文化娱乐团体的配合下，鼓励和支持青年组织积极推进前款所列目标及青年人的国际交流"；墨西哥1917年《宪

法》第4条则规定:"国家应推动文化的宣传和发展方式,致力于在其所有事件和表达中尊重文化多样性,完全尊重创作自由。法律应规定获得和参与任何文化实践的机制。"其二,部分国家是以政府机构的职能要求进行规定从而保证其实现宪法义务和责任。例如,西班牙1978年《宪法》第149条第2款规定:"强调国家将促进文化发展作为其义务和基本职能,共同推进自治区的文化交流";圭亚那1980年《宪法》第212条规定"种族关系委员会的职能为:推动所有种族群全面参与国民的社会、经济、文化和政治生活"。其三,促进国际或国内文化交流与融合的义务和责任是各国关注的重中之重,西班牙、葡萄牙、瑞典、塞尔维亚、墨西哥、圭亚那、厄瓜多尔等国家都从不同程度上对进行规定。对于公民或居民,特别是青年群体的文化保障也是各国关注的重点,如葡萄牙1976年《宪法》特别提出:"鼓励和支持青年组织积极推进前款所列目标及青年人的国际交流"(第70条第3款);瑞典197年《宪法》对于文化事务委员会筹备事务的规定中也提及了"青年活动""普及教育"等义务和责任。

二、各国中央与地方政府宪法权力边界

如表2-2"各国中央与地方政府宪法权力边界"所示,包括西班牙、玻利维亚、巴西、巴拿马等在内的23个国家对中央与地方政府的宪法权利边界做出了具体规定。这些宪法规定都是基于各国自身的国家制度和行政区划等国情而设立的,在具体内容方面呈现虽然各有侧重,但是因为文化领域的相关权利在世界范围具有一定的共通性,因而在整体的框架和思路上具有共性。譬如对于一个国家的文化交流、文化多样性、文化遗产保护等关乎国家文化发展的宏观层面,一般都需要中央政府进行相关统领性的规定。西班牙1978年《宪法》第2款规定:"在不损害自治区权限的情况下,国家将促进文化发展作为一项义务和基本职能,与自治区协作,推动自治区之间的文化交流。"意大利1947年《宪法》第117条对文化遗产的保护做出规定:"国家在以下领域内享有专属立法权:环境、生态系统和文化遗产的保护。"瑞士

1999年《宪法》第69条第1款、第2款、第3款规定:"联邦需促进体现国家利益的文化活动,鼓励艺术和音乐事业,尤其在教育方面。联邦在履行其职能过程中,应当考虑国家文化和语言的多样性"。

此外,大多数国家文化领域的立法权是由中央享有,根据国情不同也有国家是中央与地方共同享有。例如,意大利1947年《宪法》第117条规定了国家专属立法权和共同立法权:"以下内容为共同立法领域:文化财产和环境资源的开发利用及对文化活动的倡导和组织";巴西1988年《宪法》第24条第7款和第9款规定了中央和地方的竞合立法权:"联邦、州和联邦特区拥有下列领域的竞合立法权:历史、文化、艺术、旅游和自然景观资产保护;教育、文化、教学和体育。"

至于对文化相关权利的具体实施和文化事务管理,通常由地方在相关权限内进行自治。如玻利维亚就对土著民族自治区的职权进行了详细的规定,采取在自治与分权的框架下结合制度发展进程和自身文化特点的方式进行,2009年《宪法》第304条规定:地方土著民族自治区享有包括文化发展模式、保护和促进文化遗产、推广文化艺术、考古遗址、宗教场所和博物馆等丰富的专有职权;除此之外,玻利维亚土著民族自治区还可参与部分职权的行使,如第304条第2款规定的"控制和调节在其管辖范围内活动的涉外机构和组织,发展其体制、文化、环境和自然遗产"。芬兰1999年《宪法》第121条规定了不同层级的政府权力边界:"市以上行政区域的自治权由法律规定。萨米人依法在其聚居区享有语言和文化上的自治权。"

表2-2 各国中央与地方政府宪法权力边界

国别	宪法文本	央地权力边界侧重点
西班牙	"自治章程未规定的职权,由国家行使。在发生冲突的情况下,在所有未划为专属自治区职权的问题上,国家高于自治区。在任何情况下,国家的权力均是自治区权力的补足"(1978年《宪法》第149条第2款、第3款)	国家与自治区协作推动文化交流

续表

国别	宪法文本	央地权力边界侧重点
玻利维亚	"土著民族自治区除自身拥有的职权外，同时承担城市的相应职权，需符合宪法规定，并在自治与分权的框架内结合制度发展进程和自身文化特点进行"（2009年《宪法》第303条）；土著民族自治区可行使以下专有职权：（2）根据其身份和各村镇的远景规划定义和统筹自身经济、社会、政治、组织和文化发展模式；保护和促进有形的和无形的文化遗产，推广其文化、艺术、身份、考古遗址、宗教场所和博物馆……（16）在其管辖范围内按照文化习俗规划住房、城市发展和人口重新分配；（22）保护栖息地和景观，遵守自己的原则、规章，以及文化、科技、空间和历史习惯（2009年《宪法》第304条）；"土著民族自治区可参与下列职权的行使：（4）控制和调节在其管辖范围内活动的涉外机构和组织，发展其体制、文化、环境和自然遗产"（2009年《宪法》第2款）	土著民族自治区在文化发展模式、保护和促进文化遗产、推广文化艺术、考古遗址、宗教场所和博物馆等方面具有专有职权；可参与其管辖范围内涉外机构和组织的文化发展
巴西	"联邦、州、联邦特区和市共同拥有下列权力：保护具有历史、艺术和文化价值的文献、著作和其他资产，保护历史遗迹、著名自然景观和考古遗址；防止艺术作品及其他具有历史、艺术和文化价值的物品丢失、损坏或者被改变其艺术特征"（1988年《宪法》第23条第3款、第4款）；"提供接近文化、教育和科学的途径"（1988年《宪法》第23条第5款）；"联邦、州和联邦特区拥有下列领域的竞合立法权：历史、文化、艺术、旅游和自然景观资产保护；教育、文化、教学和体育"（1988年《宪法》第24条第7款、第9款）；"市拥有下列权力：在遵守联邦和州法规定并接受其监督的前提下，促进本地历史和文化遗产的保护"（1988年《宪法》第30条第9款）	联邦、州、联邦特区和市共同拥有文化领域保护的相关权利和竞合立法权；市在遵守联邦和州法规定并接受其监督下保护文化遗产
巴拿马	"作为国家行政区划的基本单位，城市有自己的、民主的和自治的政府，负责提供公共服务，根据法律规定建设公共工程，促进本辖区的发展，推动公民的参与，改善其居民的社会和文化状况，行使宪法和法律规定的其他职能"（1972年《宪法》第233条）	市政府提供公共服务，改善居民文化状况

续表

国别	宪法文本	央地权力边界侧重点
巴拉圭	"市、县政府在其领土管辖范围内依法享有下列职权：在其职权范围内自主管理其事务，特别是有关城市事务、环境、食品供应、教育、文化、体育、旅游、卫生和社会救助、信贷机构、检察和警察机构管理的事项"；"法律将依据人口、经济发展、地区特性、生态环境、文化、历史因素及其他影响其发展的决定性因素制定各地方政府的等级及其体制"（1992年《宪法》第168条第1款）	市、县政府在职权范围内自主管理文化事务
伊朗	"应成立监督本地行政事务的村、区、市、镇和省议会，以便配合地方需要并在地方人士参与下推动实施社会、经济、公共卫生、文化、教育发展及其他公共福利方面的计划。各级议会成员由当地人民选举"（1979年《宪法》第100条）	村、区、市、镇和省议会监督本地行政事务并推动实施计划
伊拉克	"地区和各省可在使馆和外交使团建立办事处，以促进文化性、社会性和发展性事务"（2005年《宪法》第121条第4款）	地区和各省在使馆和外交使团建立办事处
乌克兰	"村、镇和市的区域性村社可以直接地或者通过它们所成立的地方自治机关管理地方所有的财产；批准社会经济和文化发展规划，并监督其执行情况；批准相应行政区域单位的预算，并监督其执行情况；依照法律的规定确定地方的税收和收费；保障地方公决的举行，并保障地方公决议的执行；成立、改组和撤销地方公用事业性企业、组织和机构，以及对它们的活动实施监督；解决由法律划归其职权范围的其他地方性问题"（1996年《宪法》第143条）	村、镇和市的区域性村社批准文化发展规划并监督执行
塞尔维亚	"根据法律，自治省应当在下列领域规范关系省利益的事务：教育、体育、文化、保健和社会福利及省级的公共信息传播"（2006年《宪法》第183条）。"自治市的权限"："对满足公民在教育、文化、保健和社会福利、儿童福利、运动和体育领域的需要负责；对环境保护、针对自然和其他灾害的防治负责；保护关系自治市利益的文化遗产"（2006年《宪法》第190条）	自治省规范文化事务和省级公共信息传播；自治市满足公民文化需要、保护文化遗产
摩尔多瓦	"加加乌济亚依照摩尔多瓦共和国宪法的规定，在其职权范围内独立自主地解决政治、经济和文化问题，以造福于所有居民"（1994年《宪法》第111条）	加加乌济亚在职权范围内自主解决文化问题

续表

国别	宪法文本	央地权力边界侧重点
马其顿	"在地方自治单位内，公民直接或通过代表间接地参与有关地方事务的决策，特别是在市政规划、公共事业、文化、体育、社会保障、儿童保护、学前教育、初等教育、基本健康保护及法律规定的其他领域"（1991年《宪法》第115条）	在地方自治单位公民直接或间接参与文化领域决策
列支敦士登	"为了完成经济、社会和文化等任务，可以依法成立公法专门机构、组织和基金会，并将其置于政府的全面监督之下"（1921年《宪法》第78条）	政府下设公法专门机构完成文化任务
克罗地亚	"地方自治单位开展能直接满足公民需要的并在其管辖范围内的事务，特别是有关地方组织……文化等事务。区域自治单位开展具有区域意义的事务，特别是有关教育、公众健康、区域和城市规划、经济发展、交通和交通基础设施建设及教育、卫生、社会和文化机构各网络的发展等事务"（1991年《宪法》第135条）	地方自治单位开展能直接满足公民需要和具有区域意义的事务
德国	"当重点涉及各州在学校教育、文化或者广播电视的专属立法权限时，则联邦德国作为欧盟成员国所享有的权利应由联邦委托一名由联邦参议院所任命的州代表行使。该权利的行使须联邦政府参与并与联邦政府取得一致；在此应维护联邦对国家整体的责任"（1949年《基本法》第23条第6款）；"联邦领土可以进行重新划分，以保证各州根据其幅员及能力有效完成加诸其身的各项任务。重新划分时，应考量乡土认同感、历史与文化联系、经济上的合作目的性及空间秩序和地区规划的需要"（1949年《基本法》第29条第1款）	各州文化或广播电视的专属立法权限由联邦委托联邦参议院任命的州代表行使
比利时	"一、法语共同体议会和弗拉芒语共同体议会，以法令分别管理与其相关的如下事项：（一）文化事务"（1831年《宪法》第127条）；"一、德语共同体议会以法令管理以下事务：（一）文化事务"（1831年《宪法》第130条）；"（一）对各自的共同体而言，享有同等职权和其他组织文化、教育和个性化事务的权力"（1831年《宪法》第136条）	法语共同体议会、弗拉芒语共同体议会都以法令管理文化事务
安道尔	确定文化事务是地方政府的权限："在行政和财政自治的范围内，市镇的权限由有效法律划定。其权限特别包括下列事项：……文化、体育和社会活动"（1993年《宪法》第80条第1款）	地方政府确定文化事务

续表

国别	宪法文本	央地权力边界侧重点
俄罗斯	"俄罗斯联邦的管辖对象包括：确定俄罗斯联邦在国家发展、经济发展、生态发展、社会发展、文化发展和民族发展方面的联邦政策和联邦规划的基本原则"（1993年《宪法》第71条第6款）；"俄罗斯联邦和俄罗斯联邦主体的共同管辖对象包括：（6）思想教育、知识教育、科学、文化、体育运动的一般问题"（1993年《宪法》第72条第6款）	俄罗斯联邦确定文化发展方面的联邦政策和联邦规划基本原则；俄罗斯联邦和俄罗斯联邦主体的共同管辖文化
芬兰	"市以上行政区域的自治权由法律规定。萨米人依法在其聚居区享有语言和文化上的自治权"（1999年《宪法》第121条）	萨米人享有语言和文化自治权
荷兰	"1.在任何可能的情况下，如果至少涉及两个成员国的利益，则荷兰本土、荷属安的列斯和阿鲁巴应就相关事项进行磋商。基于此目的，可以指定特别代表或成立联合机构。2.本条所提及的事项应当包括：a.增进各成员国的文化和社会关系"（1815年《宪法》第37条）	增进成员国的文化和社会关系涉及至少两个成员国利益需磋商
瑞士	"联邦和各州的任务"："根据相关各州的要求，联邦得赋予一些州际条约一般性强制力或要求特定的州在如下领域必须加入州际条约：重要的跨区域文化机构"（1999年《宪法》第48A条）；"联邦在履行其职能过程中，应当考虑国家文化和语言的多样性"（1999年《宪法》第69条第1款、第2款、第3款）；"联邦促进瑞士电影产业和电影文化。联邦得通过立法来鼓励电影作品种类的丰富与质量的提高"（1999年《宪法》第71条第1款、第2款）；"各州负责对自然和文化遗产的保护。联邦在实现其任务时要考虑对自然和文化遗产保护的目标。联邦得对风景、地方风貌、历史名胜及自然和文化遗迹作出安排。联邦基于公共利益的需要而保持其完整性。联邦得对保护自然和文化遗产的努力给予支持，并且通过合同或征收的方式来获得和保护关系到国家利益的标的物"（1999年《宪法》第78条第1-3款）；"各州确保第3款第a项规定的赌博纯收益全部用于公共利用之目的，尤其是文化、社会和体育领域"（1999年《宪法》第106条第6款）	跨区域文化机构领域须加入洲际条约；各州对文化事务负责，负责对文化遗产保护；联邦促进体现国家利益的文化活动，促进文化多样性和电影产业发展，立法鼓励电影创作等；各州赌博纯收入用于文化、社会和体育领域

续表

国别	宪法文本	央地权力边界侧重点
意大利	"国家法律规定《宪法》第117条第2款第b项和第h项所涉及内容在国家和大区间合作的行为,并规定国家和大区间在文化遗产保护领域的协议和合作行为"(1947年《宪法》第117条)	国家享有文化遗产保护的专属立法权;文化财产开发利用和文化活动倡导组织为共同立法领域;国家和大区间在文化遗产保护领域协议和合作
乌克兰	"乌克兰内阁的权限包括……保障居民劳动和就业,社会保障,教育、科学和文化,自然保护,生态安全和自然资源利用领域政策的执行;拟订和执行乌克兰全国的经济发展、科学技术发展、社会发展和文化发展的规划"(1996年《宪法》第116条)	乌克兰内阁权限:文化政策执行;拟订和执行文化发展规划

三、各国文化管理职权分配实例

如上所述,各国文化管理在中央和地方的职能分配呈现不同模式。和单一制国家相比,德国、瑞士、印度等联邦制国家一般更为强调央地分权和地方自治,因而各州或地方往往获得较大的文化管理权。然而,单一制国家当中也有不少国家注重地方自治,譬如英国、意大利、西班牙等国,这些国家的地方政府往往也分享一定的文化管理职能。以下选取一些有代表性的单一制和联邦制国家,并探讨中央和地方政府如何合作管理文化领域。

(一)丹麦

丹麦是一个单一制国家,但是中央和地方在文化管理上存在一定程度的职能分工。根据2005年议会通过的新的地方政府改革,这一新的改革对文化的管辖权在国家、地方和地方、市级政府之间以新的方式在法律上划分了文化管理能力,如国家对区域剧院、管弦乐队、博物馆等组织的管理运营进行了接管。

(二)德国

关于国家与州之间的权限划分,德国《基本法》第30条将大部分权限赋予各州:"除非德国宪法明确规定或允许,否则国家权力和权限的行使由各州负责。"据此,德国《基本法》中的个别条款必须明确赋予国家立法和行政的权力,这直接导致并具体表现在文化政策的一些相关责任上。目前,没有任何宪法条款规定联邦政府对文化或教育等领域负有责任,因而各州是文化领域的主要行为者,负责制定自己的政策优先事项,为各自的文化机构提供资金,并支持具有区域重要性的项目。

关于联邦政府在文化事务中代表国家行使权力,尤其是在首都柏林,这一点没有太多争议。国家的其他责任包括保护国家和世界遗产、保护遗址、获取、保护和归还国家级的文化产品、为德国东部重要文化机构提供资金(也称"灯塔")和促进国家的文化统一。此外,德国联邦文化基金会(Kulturstiftung des Bundes)从属于国家政府的管辖范围。2005年选出的大联盟政府恢复了与州文化基金会(Kulturstiftung Derlnder)合并的计划,但这一计划止于2006年底,而电影资金的筹措困难与普鲁士遗产基金会的治理问题也是联邦与州政府合作中遇到的难题。

文化领域的其他公共职责通常由州政府管理把控,但各州将文化事务的大部分责任移交下放给了地方一级(城市、城镇和县),以便于在各州各自的宪法和市政法典中明确地得以呈现。市政当局在文化领域中的权限体现在德国《基本法》第28条第11款,以及各州宪法和县市法典。

(三)法国

法国议会拥有立法权,负责制定文化领域的立法,但根据《宪法》第72条,政府应有权对于其管辖范围内的事项做出规定,而独立行政机构也有执行其任务的法定权力,如法国广播事务管理局(也称法国广播电视监管局)、信息技术和自由委员会等。宪法委员会对遵守法律及遵守某些规章制度做出强制要求。在文化领域,文化部主要负责立法和事务管理。法律部隶属司法部总秘书处。由于文化创作者的类型不同会导致其对应的权利与税制的不同,每个部门内都设有相应的法律事务办公室。

（四）瑞士

瑞士联邦《宪法》第69条第1款规定，"文化事务是州的责任"，各州有权制定自己的法律。在各州和城市之间的文化领域分权采取了不同的法律方式，从州宪关于文化的正式规定到不具约束力的准则，如《奥尔加乌迈州文化促进法》（Culture Promotion Act of the Canton of Aargaumay）。该法规定，税收收入的1%必须用于文化目标的建设。此外，作为文化中心的各州和邻州之间签订了州际文化支出协议；根据这些协议，开设歌剧院、全国范围的博物馆，卢塞恩的瑞士运输博物馆（Swiss Museum of Transpot in Lucerne）等具有跨区域重要文化设施的各州将获得补助。协议规定，在国家收入分配和财政补偿原则的基础上，各州之间可以进行直接谈判，如阿尔高州（Canton of Aargau）支付的款项是基于苏黎世剧院（Schauspielhaus Zurich）、苏黎世歌剧院（Zurich Opera House）、卢塞恩剧院（Lucerne Theatre）、卢塞恩交响乐团（Lucerne Symphony Orchestra）和卢塞恩文化与会议中心访客数量的百分比进行计算得出的。只有少数几个文化领域由瑞士联邦政府直接负责。2009年的新《文化促进法》强化了联邦政府的地位，并规定了联邦、州和地方各级不同行为者的能力和责任。

（五）西班牙

西班牙的文化保护主要由中央立法和行政部门负责。2011年7月，西班牙部长会议（Council of Ministers）批准了一项皇家法令（Royal Decree，1151/2011），该法令承认文化部有责任开展"西班牙斗牛"活动，这些活动仍由内政部负责。根据"西班牙斗牛"活动支持者的要求，教育、文化和体育部（Ministry of Education, Culture and Sports）现在负责促进和鼓励这一艺术学科的研究、统计和分析，并负责对专业人士进行登记。应当指出的是，与公共演出和"西班牙斗牛"的警务活动有关的事务仍由自治区负责。

西班牙文化立法的最新趋势之一是人们越来越重视"保护文化免受罪犯侵害"（Protection of Culture From Criminals）。这源于1978年西班牙《宪法》，其中第46条规定："对历史、文化和艺术遗产所犯的罪行应依刑法予以惩处"。1995年通过的西班牙《刑法典》（Criminal Code）第321至324条规定了国家文化遗产罪，以及违反《知识产权法》第 270 至 272 条的罪行。该法第 289 条还规定，任何肆意破坏具有社会或文化价值财产的行为都被视为犯罪。最近，新的第 14/2011 号《科学法》承认了现存教育、文化和体育部等机构在传播科学方面的核心作用，这使该部门能够参与由国家基金资助的旨在促进科学活动的研究项目。该法还赋予这些机构在公共科学传播中发挥主要作用，这一使命符合这些文化机构的社会职业职责。

（六）意大利

在艺术和文化领域，"地方分权与核心地位"这一问题在意大利一直备受争议，以至于多年来为进一步将文化责任去中心化而通过的立法得到有效执行。在意大利 20 个地区（15 个普通、5 个特殊）建立之后，意大利国家行政当局一直不愿将文化领域的部分直接管辖权移交给地方管理部门，这一现象第 616/1977 号法律早已预见，以至于在之后发展成为了地方分权法（第 59/1997 号和第 112/1998 号法律）。

然而，需要补充的是，上述 20 世纪 90 年代通过的立法中，引入了一种颇具争议的核心行政职能机制，这一机制存在于保障监督职能（Tutela）与管理职能（Valorizzazione）之间。管理职能主要指促进参与博物馆、纪念碑馆、组织展览活动等相关的管理职能。此外，在第 59/1997 号法律中，只有关于文化遗产的保护监督被正式列为国家级的文化责任，其他所有与管理职能相关的职责都被移交至地方政府。第 112/1998 号法律极大程度上扩大了国家权力的职责范围，通过对国家及地区级文化产品进行法定化物价稳定措施（Concurrent Legislative Management），进而影响对国家遗产和表演艺术的管理。《宪法》第 3/2001 号法律最终将保障监督和活动管理职能分别纳入了《宪法》第 117 条，这两个职能后续在第 12/1/2016 号法律中得到确认与重申。第 12/1/2016 号法律对《宪法》进行了大规模的修订。各级政府就遗产和艺术的"并行立法权限"原则的范围和内容进行讨论，力求达成全面协议，然而，多年以来，该协议仍难以达成。事实上，国家和地区之间的管理权限争议必须通过国家、地区会议而非宪法法院进行解决。

此外，《遗产法典》（Heritage Codex）第 4 条允许遗产部通过对临时协定进行规定，进而将更多的国家级职能移交至各地区部门。有观点认为该规定未能一劳永逸地解决各级政府间需得以明确的权限分配问题，然而，归功于多年来意大利文化遗产、活动与旅游部与地方管理部门保持着良好的协同工作，中央与地方在结构调整基金（Structural Funds）的资助范畴内联合制定并完成了许多成功的规划方案，国家和地方政府间分权问题的紧张态势得到了部分缓解。

（七）英国

虽然英国名义上是中央集权国家，但实际上苏格兰、北爱尔兰、威尔士等地区实行相当高度的地方自治。除了英国政府（英格兰地区）外，苏格兰议会和北爱尔兰议会可以制定自己地区的主要立法，并为本地区提高税收，其中包含了文化部分。威尔士国民议会可以提出包括文化、环境、住房、旅游和农业等领域的二级立法，也可以从英国财政中分配资金用于威尔士地区，但它没有权力改变所得税。威尔士仍在联合王国的行政区划框架内，威斯敏斯特议会通过的法律仍适用于威尔士。海峡群岛和马恩岛是英国的王权属地（Crown Dependency）。与海外领土的概念不同，王权属地不是独立国家，却拥有由王权赐予的自治政府与由联合王国授予的英国公民权，并拥有其各自的立法和税收制度。需要补充的是，英国所有四个地区（英格兰、威尔士、苏格兰和北爱尔兰）的地方政府都被授权支持其地区文化，这种权力是自发性的而非强制性的，但是设立图书馆是强制性的。

（八）加拿大

加拿大是联邦国家，各省享有高度立法自治权，但联邦政府通过行使其在通信方面的广泛权力及通过建立联邦资助型文化机构，影响加拿大的文化活动。因此，必须结合有关立法权力来源，在其背景下分析特定的文化问题。此外，最近的一个案件可以描述加拿大最高法院在文化方面立法权的分工。在凯特克（Kitkatla）企业与不列颠哥伦比亚省（British Columbia）的一项纠纷案中，法院宣布了一致通过的判决，即加拿大宪法的内容中并不包括对"文化"的明确授权。大多数关于文化问题的宪法诉讼都是在语言和教育

权利方面产生的，各省也在关注更广泛和更多样化的文化问题和利益。❶

上述案件的结果清晰表明了与"文化"有关的加拿大宪法权力的划分：即联邦政府的作用是行使立法权力，以及通过联邦资助建立相应机构。然而，法院没有提到联邦政策的另一个杠杆：联邦间接管理资助的权力，这项权力也使政府能够参与整个国家的文化活动。联邦政府对资助的间接管理是一种管理接受者支出的权力。虽然联邦政府可能通过强加资助使用条款和使用资助等具体条件事项的政策，进而影响赠款或捐款接受者的支出行为，但政府没有明确权力对接受者及活动进行立法或规范。不过，联邦政府确实通过诸如版权法、税收和贸易法、条约和协议等措施来规范或影响文化活动。与自治相关的条例还承认原住民政府在文化领域的管辖角色，并对原住民文化和其语言拥有立法权。根据1867年《宪法》第92（14）条，各省有权管理艺术家和当地企业在文化方面的活动，作为其在"财产和公民权利"权力下的总体管辖权的一个方面。

（九）摩洛哥

自21世纪初以来，摩洛哥经历了深刻的立法和文化变革。鉴于摩洛哥与欧盟之间的密切联系，以及摩洛哥与法国之间的历史关系，摩洛哥的法律尤其是与文化有关的法律一般来自对法国法律的继受。在更新公共行政和提高公众知名度的政府指导方针框架内，摩洛哥文化部（MOC）于2006年通过第11号立法法令，对国家和区域两级进行了改组。立法根据两个关键要素重新界定商务部在运作和执行方面的职责，以进行指导和促进发展，修订国家、区域和地方各级组织之间的责任分配。在项目管理和执行有关的所有事项上，立法将更多的责任与权力分权并下放至各司。对视听部门（A-V）进行改革是1998年临时政府的优先处理事项。议会颁布了一项法律，通过了基本的监督、组织和战略制定，限制了政府在改善和促进通信产业方面的作用，同时更多地考虑到公共自由、个人权利及国家的文化价值观和政治生活。

---

❶ 参见Kitkatla v. British Columbia,[2002] 2 s.c.r. 146案。

根据 1959 年《地方公报》（2009 年修订），摩洛哥分为 16 个地区（Regions）、62 个省（Prefectures）、82 个市镇社区（Urban Communes）和 1421 个农村社区（Rural Communes）。地区由一些省和县组成，在行政地位上几乎没有组织上的差别。然而，省份主要在城市地区创建。1996 年的《宪法》第 100 章认为，地方社区是国家各地区、各省和各省的一部分，这里的地方社区可以是城市或农村的社区。2002 年《集体公约》（Collective Convenant）将地方社区定义为行政单位，具有独立的法律实体和财政性。地方社区选举其理事会，拥有自己的管辖权和国家赋予它的管辖权。地区在国家政治中发挥着关键作用。1960 年摩洛哥独立后，第一个集体制度非常有力地解决了地方的文化问题，社区文化立法自此得到了长足发展。该制度第 25 章规定，在文化和宗教问题上，地方社区委员会只能表达愿望，而无权通过立法，从而取代了 1917 年法令第 2 章第 58 款（在法国保护期间）中的有关规定，据此地方议会可以设立表演、舞蹈、娱乐和音乐场所。1976 年法律的第 30 章中规定，地方委员会应就与市镇有关的所有事项作出决定，采取一切必要措施，保证他们的经济、社会和文化发展，并向为其社区服务的国家级代表提出他们的建议和愿望。2002 年《集体公约》的第 41 条规定："社会和文化设备及工程应由地方理事会负责，地方理事会应参与社会、文化和体育设备的维护和管理。"

（十）韩国

作为中央集权国家，韩国文化保护主要由中央立法负责。在宪法之下的文化内容生产领域，韩国有三部基本法，分别为《影像振兴基本法》《文化产业振兴基本法》和《内容产业振兴基本法》。在这三部基本法律所建立的法制框架内，韩国还制定了细化到具体领域的相关法律。❶

1995 年，韩国制定《影像振兴基本法》。该法是"韩国在内容产业领域的第一部基本法，法律明文规定了保障影像产业的制作自由"，这为之后文

---

❶ 邓婷婷，曾安东. 韩国文化产业的立法体系及其启示[J]. 邵阳学院学报（社会科学版），2017，16（2）：42-52.

化内容产业的发展建立了基础。该法主要面向"影像物"和"影像产业"。"'影像物'一词指将影像保存于胶片、录像/录音带、磁盘等有形介质，可以通过机械或电子装置进行视听或传播的物体；'影像产业'一词指与影像物的制作、使用、流通、普及、进出口相关联的产业和技术。"❶

1999年，韩国颁布《文化产业振兴基本法》。该法的目的是通过制定规定支持和培养文化产业领域的必要项目，以此为文化产业的发展创造基础，增强国家文创产业的竞争力，进而提高民众的文化生活的量与质。该法中，对"'文化商品'和'文化产业'两个概念进行了详细阐述，文化商品包括电影、音乐、游戏、出版印刷物、广播电视、文化遗产、角色、动画、设计、广告、演出、美术品、传统工艺品、多媒体内容等形式，文化产业则指与生产、流通和消费上述文化产品有关的产业，而内容产业是文化产业中的重要组成部分"❷。

2002年，韩国制定《内容产业振兴法》，原名为《网络数字内容产业发展法》。随着内容产业和文化产业概念的明确化，韩国于2010年将该法律的调整范围扩大到整个狭义的文化产业即内容产业，并改名为现今的《内容产业振兴法》。该法对内容产业领域的实施方针做出了规范。

2009年5月，依据《文化产业振兴基本法》第31条规定，成立韩国文化产业振兴院。该院是为了更好支援韩国文化产业的振兴与发展而建立的，由韩国广播影响产业振兴院、韩国文化产业振兴院、韩国游戏产业振兴院、文化产业中心、韩国软件振兴院、数字文化产业团合并而成。

韩国《地区文化振兴法》规定，为充分利用各地文化资源，促进当地发展，支持地方自治体建设"文化城市"，由文化体育观光部下设文化城市审议委员会，负责文化城市的审定与命名，并给予行政支持和财政补贴。文化城市可侧重文艺、文化产业、旅游、传统文化、历史、影视等方面，需做好文化发展与历史传统的统一，同时兼具创新和较高的艺术水平。

---

❶ 邓婷婷，曾安东. 韩国文化产业的立法体系及其启示 [J]. 邵阳学院学报（社会科学版），2017，16（2）：42-52.

❷ 邓婷婷，曾安东. 韩国文化产业的立法体系及其启示 [J]. 邵阳学院学报（社会科学版），2017，16（2）：42-52.

(十一) 印度

印度是一个联邦国家，文化立法权在中央和地方之间的分配相当复杂。印度1950年《宪法》第七章对联邦政府和印度各省之间的权力分配进行了定义，从立法权和行政权两大领域进行了分配，其中立法权部分分为三个领域：联邦中央管辖名单、地方政府管辖名单和协同并存管辖领域名单。与文化有关的一些问题列举在这三个名单中。

名单一规定了属于印度联邦中央政府的绝对管辖，各省或联盟被排除在外。有关章节如下：① 外交事务，即联盟与任何外国建立关系的所有事务；② 外交、领事和贸易代表、联合国组织；③ 会议、协会和其他机构并执行会议上作出的决定；④ 与外国缔结条约和协定，并与外国签订条约、协定和公约；⑤ 前往印度以外的地方朝圣；⑥ 专利、发明和设计、版权、商标和商品商标；⑦ 为展览制作电影制片；⑧ 国家图书馆、印度博物馆、帝国战争博物馆、维多利亚纪念馆和印第安战争纪念馆，以及由印度政府全部或部分资助并由议会宣布为具有国家重要性的机构列表；⑨ 法律宣布具有国家重要性的教育机构有：贝拿勒斯印度教大学、阿里格尔穆斯林大学和德里大学，以及根据第371-E条设立的大学；⑩ 协调和确定高等教育、研究机构及科学和技术机构的标准；⑪ 议会根据法律保护古代历史遗迹并记录具有国家重要性的考古遗址和遗址；⑫ 成立印度地质、植物学、动物学和人类学研究组织。

名单二规定了属于地方政府的专属管辖权利，中央政府被排除在外。有关章节如下：① 地方政府及市政府可采取改善信托的举措、建立地区委员会和其他地方当局等措施，以便建立地方自治或更好地进行村庄管理；② 朝圣者可前往除印度以外的地方朝圣；③ 地方资助的图书馆、博物馆和其他类似机构，以及除议会宣布或根据法律宣布为国家遗迹以外的古代历史遗迹和记录皆具有重要性；④ 符合名单一中规定的影院可开放，并进行戏院和戏剧表演，同时发展体育、娱乐和娱乐。

名单三规定了属于中央和各省地方政府管辖范围并且各自可以独立颁布法律和制定规则的领域有：① 森林；② 教育，包括技术教育、医学教育和大学，但须符合名单一中的相关规定；③ 劳动力的职业和技术培训；④ 慈善机构和慈善机构、慈善和宗教基金和宗教机构；⑤报纸、书籍和印刷行业。

（十二）越南

越南是一个共产党领导下的单一制国家，中央掌握对文化的绝对调控权，但中央和地方的文化管理权也存在一定的分配关系。目前，越南有两个行政层级，即国家和地方层面。在国家一级，文化、体育和旅游部负责制定系统解决方案，并在基层文化、电影、民族文化、家庭问题、美术摄影展览、国家文化遗产、培训、运动和体育及旅游领域执行行政、咨询和其他任务，具体规则如下。

在基层文化领域，根据共产党的指导方针和国家的政策和法律，在全国范围内发展基本文化，制定有关全国基本文化和信息政策和结构的法令和条例，制订短期、长期和年度发展计划，进行科学研究，监督基本文化和信息标准的应用，并鼓励与在其领域的海外组织和政府合作。具体表现为新闻部力求通过在大众文化、宣传、广告、"文化家庭"和"文化村"计划、"仿效运动"、保护和促进地方传统和组织传统节日等领域的活动，在全国各地提高社区一级的文化标准。国家一级负责指导和监督全国各省市文化中心的活动，协调政府宣传海报的设计和在全国范围内的分发。

在电影领域，越南电影和视频产业的国家管理根据共产党的指导方针及国家的政策和法律行使其职能，该指导方针囊括了越南电影业的各个方面，包括美学、技术、金融、生产、分销、审查制度和国际关系。国家一级负责制定与电影及录像业发展有关的法律、条例和规例，制订电影和录像发展计划，并监督鼓励越南年轻电影制作人才发展电影和视频开发项目；选择和批准电影和录像；协调和发展国际电影和视频部门的交流和投资；发行和撤销本地及外国电影和视频制作公司的许可证；发行和撤销本地及外国电影的发行许可证，审查并在必要时禁止所有违反法律的电影和视频产品；组织国内外电影节和国际电影节和竞赛，进而推广本地和国外的最佳电影；协调越南在海外的推广宣传活动。

在民族文化领域，根据共产党的指导方针及国家的政策和法律，在少数民族居住的山区履行国家管理职能，指导文化和信息的发展，包括起草有关维护和发展民族文化的法律、法令和条例；制订计划；直接管理或参与有关维护和发展少数民族文化的项目；组织文化活动；在少数民族居住的山区传播信息；在国内外引进、宣传并促进少数民族文化；监督有关维护和发展民族文化的法律和条例的执行情况。

在家庭问题领域，文化、体育和旅游部与其他部委和相关部门协调执行保障平等权利和制止家庭暴力发生的法律。同时，相关部门协调建立并发展"文化大家庭"概念的任务，组织和指导收集、归档与家庭有关的信息，指导和审查在扩大"文化大家庭"概念方面的实践经验，并教育公众了解如何在传统的家庭中有序地活动。

在美术、摄影和展览领域，国家对美术和摄影的管理是根据共产党的指导方针及国家的政策和法律进行的。海关制定有关美术和摄影的法律、法令和条例，发放许可证，监测全国各地的美术和摄影组织和企业的活动，制定与协调美术和摄影发展项目，鼓励在美术和摄影部门进行国际交流和投资，组织国家展览和比赛，协调越南美术和摄影的海外推广活动。

在文化领域，根据共产党的指导方针及国家的政策和法律，对文化和信息领域的国际活动由国家一级进行管理管理，管理职能包括起草和向部长提交有关国际合作的立法文件，供部长批准；制订与该部参与的国际交流活动有关的短期、长期和年度计划；代表该部在文化和信息领域的对外关系和国际合作方面代表该部行事；保持海外联系和发展与外国对口单位的良好关系；在国内外与外国伙伴开展部长级交流方案；监督各部委机构开展的国际合作活动并提供指导和支持。

在国家文化遗产领域，国家级行政管理部门负责草拟有关文物修复及博物馆的法例、条例及规例，制订长短期的体育及博物馆发展计划，为所属公务员及公职人员举办培训及科学研究计划，并与外国机构及政府就体育及博物馆事宜建立联系。

在培训领域，根据共产党的指导方针及国家的政策和法律，为全国所有从事文化和信息工作的人提供发展平台，国家级行政管理职能包括制定条例和制订短期、长期和年度计划，以制订方案、提高全国各地的技能和培养人才；发展国家培训网络；在不同领域和不同学习层面制订方案课程；管理和培养一批教学人员，制定和协调与全国各地文化和信息学校工作有关的政策；开展日常检查工作以确保培训和技能发展得到有效开展。

在体育运动领域：国家管理职能指导体育和运动的发展，具体表现为在总理批准后，指导和执行发展体育和体育的国家战略、条例、计划和方案。组织和指导建立一支受欢迎的体育教育和体育指导和从业人员队伍，加强体育教育和体育指导及从业员的专业；带头与各部门和地方合作，在公民中进行调查，在国内外运用和发展各种族裔体育的各个分支，以及在国内外的各种传统培训方法；指导在国家一级组织大众体育竞赛；与教育和培训部、国防部和警察部联络，领导在学校和武装部队中开展体育和体育教育；指导和登记每个公共体育和体育俱乐部或组织的活动。

在旅游领域，国家对全国各地旅游业务和活动履行其管理职能，并在商业发展、规划、公共关系、人员培训、研究、指导和执行旅游部门的相关政策和条例方面有完全控制权。

地方政府的义务主要表现为根据特别部门法律、确保图书馆、博物馆和画廊、表演艺术等的运作，并在其所在地区负责文化遗产的管理保存事宜；同时满足当地文化节目所服务的公民的其他文化需要，包括当地文化中心的活动、出版、图书馆、艺术电影等；提供用于其他地区文化活动和提升其他文化基础设施的空间。

第二节 文化的法定财税来源——各国税法与文化相关规定比较

各国政府对文化产业的税收优惠是多方面的：个体艺术家可减免所得税，艺术机构可减免企业所得税，其他机构可以减免物业税、工资税、增值税、出口税……个人或机构如对文化艺术进行捐赠，还可以对其退还收入税。政府通过衡量公共部门预算的收入与损失，设定优惠税率来实现对文化活动的支持。[1] 鉴于各国税法与劳动法的种类和数量繁多，以下主要以欧洲国家为主，同时挑选了非洲的摩洛哥、亚洲的韩国和北美洲的加拿大为典型个案，对这些国家的文化的法定税收来源和文化从业者的劳动保障进行分析和比较。

一、丹麦税法对文化的保障

文化生产通常与其他活动一样按照常规税法征税，但是丹麦议会特别针对艺术家自身的税务条例、文化投资公司税的相应豁免、公用事业私人基金会法和增值税豁免等方面，通过了一些特别协议，从而为丹麦文化活动提供了经济保障。在这一系列特别协议中，2002年12月17日颁布的关于艺术创作收入均等化的第1062号令值得一提，该法律规定艺术家可以在不同纳税年度分配收入，举例来说，每年最高收入超过53.9万丹麦克朗的艺术家可以将

---

[1] 戴维·索罗斯比.文化政策经济学[M].易昕,译.大连：东北财经大学出版社，2013：52.

这一数额存储最多 10 年再纳税。

首先，丹麦文化领域的税收豁免力度经历了从严到宽的变迁。2002 年以前，只有某些特定奖项如诺贝尔奖是免税的，2002 年后，2002 年 6 月 6 日第 391 号法令豁免开始适用于所有文化相关的奖项，且税收豁免的前提是该奖项是作为承认艺术家所获得成绩的标志，而且奖金没有申请税收且是一次性付款。2007 年 6 月 6 日第 538 号法令进一步扩大了这项豁免，把对私营公司的奖励包括在内。此外，《文化领域免税法》(*Law on Tax Exceptions in the Cultural Field*) 第 138 号法案降低了私营公司对艺术品投资的缴税金额。例如，当一家公司购买一幅油画时，最多可以扣除油画价格的 25% 免于税收。2004 年 12 月 20 日的第 1389 号决议使私营公司和基金能够向公共支持的文化机构进行赠与，但附加条件是赠与必须在没有任何申请的情况下进行且最多可扣除赠与物品价格的 25% 用于企业其他业务的税收。

其次，在文化领域的免收增值税方面，丹麦的做法是"一般之中有特殊"，即一般文化服务和商品增值税率为 25%，如书籍和音乐 CD 等，但是又存在以下几种例外情况：第 1 种例外是：在艺术家首次出售自己作品的情况下，艺术家和艺术家的继承人可以以相当于增值税基础 20% 的价格出售。第 2 种例外是：艺术家或艺术家的继承人首次出售自己的艺术作品时，在当年或上一年，销售额不超过 30 万丹麦克朗则不需要进行增值税登记。第 3 种例外是：对于进口的人工制品，增值税计算基数适用于从非欧盟国家进口的基数的 20%。第 4 种例外是：体育活动和体育运动免收增值税。第 5 种例外是：包括图书馆、动物园等在内的公共文化机构免收增值税，包括与之相关的货物交付，该豁免不包括广播和电视广播，电影院和戏剧表演或音乐会等类似活动。第 6 种例外是：从写作和作曲作品及其他艺术活动中收取的费用免征增值税，该项豁免不包括出售艺术品。第 7 种例外是：在某些情况下，与慈善有关的货物和服务的交付及收集和销售价值不大的旧货物免收增值税。第 8 种例外是：慈善团体销售与活动有关的物品可在某些特殊情况下免除增值税。

最后，丹麦的税收基金法是丹麦税制改革对文化领域做出的一个重要贡献。《税收基金法》(*Law on Taxation of Funds*)（1986 年 3 月 19 日第 145 号法令）是从 1987 年开始生效的，属于税制改革的一部分，且在 1986 年法律原则保持不变的基础上进行了一些调整。根据《税收基金法》，基金征税所依据的法律政策原则上与企业相似，但《税收基金法》里面包含了一系列有关扣除利润和存款分配税抵扣权的特殊规定，如作为基金业务活动一部分的赞助费可以作为运营费扣除。再如，对于基金可能提供的赞助金额没有税收限制，但是担保金额不得超过正常规定的应纳税所得额。除此之外，分配可以作为未指定的慈善机构，作为共同利益的分配或作为法定分配来扣税。如果是后者，那么税收减免的一个条件是分配的接受者被征税。此外，基金可以扣除相当于一年分配额的 25% 的数额，以用于合并目的。还有一种情况，如果基金内的经济条件不允许一次性执行项目，则可以为了共同利益而留出可用于以后分配的可扣除资金。如果项目跟文化与艺术有关，可以将存款存入完成期不超过 15 年的非指定项目。因此，与私营公司相比，基金可以获得更多的文化活动赠款税收减免，因为基金可以提供的赞助金额没有税收限制。与此同时，私营公司在进行艺术品投资或向公共文化机构进行赠予时并不适用《基金税收法》的优惠条例，而是要根据《文化领域免税法》的相关规定来执行。

二、德国税法对文化的保障

在德国，国家对艺术和文化的间接支持不是单以减免税收的形式表现的，而是由各种专门法案所含的许多条例组成。就增值税而言，一些文化产品（如书籍）的税率为 7%，而不是标准的 19%；在某些特定条件下，公共文化业务和非营利活动（如戏剧表演）免征增值税和公司税。自 2000 年 1 月 1 日起，《基金会税收法》生效，规定了建立基金会和向基金会捐款的税收奖励措施。近年来，国家在管理捐款的法律细则中进行了额外的税收优惠，并提高了自愿型活动收入免税上限，即所谓的课程指导员豁免（Standard Exemption for Course Instructors），且自愿型活动的范围逐渐扩大到其他群体。2007 年 7 月，德国对《非营利性质和捐赠法》的改革减轻了对公民承诺（Civic Commitment）的征税。除此之外，捐款免征额仍然为所得税的 20%，

并且建立基金会的免税津贴从 30 万欧元提高到 100 万欧元。❶

2014 年 7 月,德国国会通过了一项法案,将音频书籍的税收从 19% 降低到 7%(同样适用于印刷书籍),该法案于 2015 年 1 月生效,之后对德国数字出版产业发挥了巨大促进作用。2019 年 7 月,联邦政府通过了年度税法草案,电子书的税率也与纸质版书税率一样同为 7%。❷

21 世纪初,4 家有国际代表的电影院线起诉《联邦电影促进法》相关规定的合宪性,该法规定如果电影院线的净收入达到了 75000 欧元,那么就必须向电影推广署缴纳其净收入的 1.8%~3%,电影院线认为这一规定不合理,从而向联邦宪法法院挑战该法。2014 年 1 月,联邦宪法法院驳回了上述 4 家电影院线的诉求,从而确认了该法的合宪性,也维持了自 1968 年以来的文化税收制度。❸

此外,德国也曾经计划在年度财政中对文化领域的其他方面进行修订,如对舞蹈设计者和舞台指导者进行征税、对艺术品交易及教育机构提高征税率,且这一修订计划直到 2013 年 3 月之前都被多次提及,但之后并无下文。教育和研究领域则幸运很多,德国内阁通过的 2014 年联邦预算政府草案中,联邦政府增加了教育和研究领域的支出和投资。与 2013 年夏季提交的计划的前一版本相比,财政计划规定:2017 年之前的投资分别在上述两个领域中额外分配 60 亿美元和 30 亿美元,从而对德国的文化产业发挥了巨大的鼓励和保障作用。

三、法国税法对文化的保障

法国并没有专门的文化税收法律,但常常在颁布的法律中附带与文化税收相关的措施,如 2003 年 8 月 1 日,法国政府颁布了关于赞助、协会和基金会的第 2003-709 号法律,旨在加强艺术和文学创作、保护文化遗产、文化促进、电影、广播及音乐产业及出版这 5 个领域的税收制度。

---

❶ 参见 *Compendium of Cultural Policies and Trends*(20th Ed.,2020)。
❷ 参见 *Compendium of Cultural Policies and Trends*(20th Ed.,2020)。
❸ 参见 *Compendium of Cultural Policies and Trends*(20th Ed.,2020)。

法国与文化有关的税法主要涉及免税、财富税或具体增值税税率的实施。目前法国的增值税税率有以下几种（部分为科西嘉岛和海外领土适用）：首先是正常税率 19.6%，正常税率适用于大部分商品和服务；其次是中介税率 7%，中介税率主要用于电影院、宴会、游乐场、动物园、博物馆、纪念碑、展览和文化场所的门票费用。除此以外还有降低税率 5.5% 和特别税率 2.1%。从 2012 年开始，法国各项税率在逐步降低：2012 年增值税降低税率由 5.5% 改为 7%，2013 年再次降低为 5.5%，其适用范围如下：书籍（纸张和数字出版）及租书活动；表演艺术的门票销售：戏剧、歌舞表演、马戏表演、音乐会及演出（供应饮食的场所除外）。特别利率 2.1% 适用于新闻出版、公共广播许可费和新建或新上演的剧院的首 140 场演出的票价。2014 年 1 月 1 日起，根据 2012 年 12 月 29 日第 2012-1510 号法律 68 条，主要增值税税率发生了以下变化：降低税率由原先的 5.5% 调整为 5%；中介税率由 7% 提高到 10%；一般税率由 19.6% 上升为 20%。

四、瑞士税法对文化的保障

瑞士的税收体制具有明显的联邦制特征，联邦、州和乡镇都有权力征税。除《联邦宪法》中明令禁止的或联邦有所保留的税种外，各州作为独立的联邦成员在征税方面享有自主性，就瑞士的国家概念而言，26 个州拥有完全的财税主权，同时各州还负责税收评估。在国家一级，联邦政府征收间接税和直接税，直接税主要包括对企业的盈利和资本、对个人的收入和财产征收的税；间接税和其他费用主要由社会和公众消费承担，联邦政府最主要的收入来源是增值税，增值税是间接税的一种，是对生产和销售各个环节征收的消费税。❶

《直接联邦税收联邦法》(*the Federal Act on Direct Federal Taxation*) 第 92 条对居住在外国的艺术家的"来源税"(tax-at-source) 做了特别规定，

---

❶ 瑞士纳税服务网 [EB/OL]．（2007-12-21）[2022-03-10]．http://www.cnnsr.com.cn/jtym/swk/20071221/20071221141
73221604.shtml.

否则根据《直接联邦税收联邦艺术法》第 27 条和第 125 条,艺术家将遵守与其他自营职业者一样的税收规定;或根据《直接联邦税收联邦艺术法》,艺术家与其他有薪职业者采取相同的税收制度。

与其他欧洲国家相比,瑞士的私营部门对文化的支持非常高,但是仍有人要求政府采取更多的措施以此来吸引更多的私人投资,来减少公共预算负担;想要实现这一目标,联邦政府必须制定新的立法,如《基金会法》(the Law on Foundations)、《税法》(Tax Law)和《彩票法》(Law on Lotteries);此外,如果想要创造一个更能吸引私人投资的环境,公共行政对私人投资者的态度必须有所改变。

目前,瑞士以赞助形式提供的捐赠或捐款是可以免税的,社会各界鼓励地方政府采取更为宽松的税收政策来吸引基金会和私人赞助者。各州的税收减免情况差别较大,如在国家一级,税收减免额为净利润的 10%,然而各州可以自主规定免税条件和税收减免额度,如巴塞尔州的税收减免甚至达到了 100%。

除了减免税收外,《彩票法》对文化筹资也至关重要,彩票基金在公共文化财政支持中占有很大份额,目前暂时缺乏结论性的评估和判断。目前,两大彩票公司(SwissLos and Loterie Romande)拥有州政府批准的彩票游戏运营的专属权利,但是这种情况遭受了自由市场政策推动者越来越多的批评。

五、荷兰税法对文化的保障

2012 年,荷兰《赠予与继承税法》(Gift and Inheritance Tax Act)对文化产业规定了若干免税措施。第一,公益组织可获得免税,但是对免税的资格规定得非常严格:只有具备公益组织(Public Benefit Organisation)的资格才能够免税,而只有这个机构将 90% 的努力都用于公共利益时,才具备成为公益组织的资格。该法案引入了 125% 乘数的规定,公益组织可以享有免于支付赠予税或遗产税。向公益组织捐款的个人和公司如果额度在 5000 欧元以下，个人最高可扣减125%，公司最高可扣减150%的税款。❶ 第二，名胜古迹免税。对于《名胜古迹登记册》中的名胜古迹，其花园和古迹维护费的80%可以免税，但是从2018年开始，这一规定已被取消。❷ 第三，志愿者减税：每月最多可获得179欧元、每年最多获得1700欧元的免税额外收入；如果没有超过之前数额，则不需要为他们的费用负责。第四，增值税分为3种：21%的高税率、9%的低税率和0税率，演出、剧院、马戏团、游乐场、音乐会等类似文化活动和场所的门票征收低增值税，而靠佣金工作的艺术家则收取较高的增值税。❸

六、西班牙税法对文化的保障

1985年的西班牙《历史遗产法》(Historical Heritage Act, 16/1985) 提出了支持视觉艺术的两个重要措施，其中之一是将艺术品交给财政部，以代替税收，这是一种纳税方式，且这种形式的税收方式已被广泛接纳，虽然区域文化机构最初没有从这一措施中受益，但在区域和市镇一级正在慢慢推广采用同样的征税制度。

《非营利组织免税和赞助法》(49/2002 Act on Tax Exemptions for Non-profit making Organisations and on Sponsorship) 规定："第三部门"机构如基金会、符合公共利益的协会、国际发展和援助机构及其他属于法律规定的非营利机构可以免税。这项立法详细规定了对国家和地方税收的豁免，包括税率、对企业征收的地方税及对非营利机构出售城市财产所产生的资本收益征收的市政税。私人和企业向上述某些非营利机构和公共行政部门捐赠后，也可以要求其捐赠款项免征所得税；除此之外，地方文化机构、公立大学和大学院、塞万提斯研究所(the Cervantes Institute)、雷蒙·拉尔研究所(the

---

❶ 参见 Compendium of Cultural Policies and Trends in Europe (20th Ed., 2019)。

❷ 瑞士纳税服务网[EB/OL]. (2007-12-21)[2022-03-10]. http://www.cnnsr.com.cn/jtym/swk/20071221/2007122114173221604.shtml.

❸ 瑞士纳税服务网[EB/OL]. (2007-12-21)[2022-03-10]. http://www.cnnsr.com.cn/jtym/swk/20071221/2007122114173221604.shtml.

Ramon Llull Institute）及其他地方语言促进机构都有类似的税收优惠，且都能从捐赠中受益。

然而，在经济危机和文化筹资面临的新的问题下，2011年人民党政府通过了新的《赞助法》。新《赞助法》旨在促进个人和公司更多地参与文化筹资和文化活动，其制定背景有以下几点：第一，西班牙经济形势对文化领域中公共行政所发挥的作用有重大影响，公共预算对社会力量赞助的迫切需要也引起了西班牙社会各界的激烈讨论；第二，人民党前几届政府（1996—2004年）在其方案中纳入了新的战略变革，即制定并推行新的《赞助法》，而这一战略变革仍然是《2012—2015年总战略计划》（General Strategic Plan 2012—2015）的主要目标之一。在讨论与制定新《赞助法》草案期间，财政和公共管理部（Ministry of Finance and Public Administration）各部门之间严重缺乏协调。为此，2014年底政府批准了一批财政改革措施，其中包括促进赞助和其他文化财政激励的措施，这些措施于2016年全面实施。

具体而言，资助和赞助所获得的财政利益将在个人所得税（IRPF）和公司税（IS）中有所体现。在个人所得税中，一般财政收益从25%增长到2016年的30%，2015年增长为27.5%；在公司税中，如果公司对同一受益者的捐赠在3年中保持不变或增加，其投资者的忠诚度将会得到承认并有额外的5个百分点的财政奖励，也就是说与35%的普通税率相比，连续捐赠3年的公司财政收益为40%。如果上述所有财政收益都分配给优先赞助活动的话，这些财政收益将再次增加5个额外的百分点。以2015年为例，国家总预算将表演艺术和音乐列入了赞助的优先活动清单。

对于众筹项目，2014年西班牙财政改革建立了一个特殊制度，规定个人所得税采取两级扣除，即第一笔150欧元将获得75%的减免，额外的交款减免30%，如果捐助者向同一受益人提供三年或三年以上的捐赠（数额增加或不变）将获得额外的5个百分点的奖励，即当赠款数额达到或超过150欧元以后，捐助者可以获得35%的减免，2015年短期扣除数额为2.5个百分点。

除了为赞助提供财政收益外，财政改革还为表演艺术、音乐和视听部门领域制定了其他财政减免措施。在表演艺术和音乐领域，其生产和生活表演的支出将获得20%的财政减免；对于视听部门和电影产业，第一笔100万欧元投资的免税额度增加了20%，超过100万欧元的投资数额的免税额度增加了18%（限额300万欧元）；为吸引海外电影在西班牙拍摄，大型外国制片公司在西班牙的支出将有15%的税收减免额度，其支出最低不能小于100万欧元，最高不超过250万欧元。

在文化遗产领域，《文化遗产法》（第16/1985号法）[the Historical Heritage Act（16/1985Act）] 规定了某些文化产品临时进口的豁免，特别是针对那些列入清单或被确认为具有文化利益的文化产品。

在增值税方面，2012年西班牙受到经济危机的严重影响，最终导致政府制定了一系列确保预算稳定和提高竞争力的措施，《皇家法令》（Royal Decree Act）修改了《增值税法》（the 37/1992 Value Added Tax Act）；这些措施还包括增加"一般"增值税和"获得减免"的增值税税率，一般增值税率从18%增加到21%，获得减免的增值税税率从8%增加到10%，因此音乐CD和电影DVD的增值税税率为21%，图书馆、档案和文献中心及博物馆和艺术画廊的门票继续按"获得减免"的增值税税率（10%）征税。在增加税率的同时，西班牙政府还采取其他的额外措施，致使不同文化产品和服务需要支付不同的税率，如：剧院、马戏团、观看其他演出和个人艺术家展览的门票及数字电视服务和购买艺术品的增值税为21%（以前为8%）；书籍、报纸和杂志等商品的增值税率依然为4%，作家、作曲家和视觉艺术家的服务与版权有关，不受增值税的限制。这些措施在一定程度上都抑制了文化消费，因此文化部门强烈反对上述措施的制定，因为在此之前文化部门已经受到公共削减的严重影响。

在艺术品、文娱和收藏品市场领域，为了给这一市场带来活力并加强西班牙艺术家的生产，政府通过并实行《皇家法令》（1/2014 Royal Decree Act）以改革基础设施和交通运输，该法案还包括其他经济措施，其中批准将购买艺术品的增值税从21%降低到10%。根据35/2006号《所得税法》第7.1条（Article 7.1 of the 35/2006 Income Taxes Act）和第439/2007号《批准所得税条例的皇家法令》第3条（Article 3 of the 439/2007 Royal Decree Approving the Income Tax Regulations），以上改革并没有影响那些继续享受重要文学、艺术或科学奖免税的艺术家。

在地方，一些自治区开始推行区域内的赞助法案，纳瓦拉（Navarre）批准了2014年的法案（8/2014 Act），其他地区如安达卢西亚、阿斯图里亚斯、巴利阿克和巴伦西亚已经开始尝试推行自己的赞助法案。加泰罗尼亚议会（Catalan Parliament）最近通过了一项新的法案（15/2014 Act），该法案规定对电子通信服务提供商提供的内容征税，通过这种地区性税收，有利于加泰罗尼亚视听部门促进生产和提高竞争力。

七、意大利税法对文化的保障

对捐助者的免税是很多国家政府采取的一项政策措施，意大利第106/2014号法律规定：向文化机构捐款的公民给予税收减免，190/2014号法律允许纳税人将其所得税的0.5%用于文化部。[1]

20世纪80年代意大利颁布了相关立法来鼓励私人捐助者支持文化部门，当时第582/82号法令规定，允许扣除个人和公司的所有捐赠和赞助的应纳税收入，其中包括用于恢复私人建筑遗产的支出，该项法律对恢复宫殿、城堡和历史花园方面的资本投资发挥了积极作用。然而，随后的预算法律，特别是1992年的《预算法》（the Budget Law）逐步减少了这种奖励的数额，这一时期减税（对高税收阶层公民更有利）转变为税收抵免，其限额为捐款额的19%。需要补充的是：该法案适用于所有公民、非营利组织和公司。

2000年左右，意大利颁布的第342/2000条法律规定，如果非政府捐款制定用于由遗产部起草的文化机构清单，则该捐款完全免税（该法案仅限于公司），但是法律规定免税额度最高为5200万欧元，且绝对不能被超过。官僚主义影响了该法律的实施，2001年其结果远远低于预期：只有1600万欧元的免税额度；在随后几年，此类捐款的数额才有所增加，2008年达到最高峰，但又因为经济危机而减少。这一时期，私人和非营利组织捐款的削减幅度更大。

自21世纪以来，遗产部部长设想采取两党合作的进步措施，再次通过

---

[1] FERRARO A, CERCIELLO M, AGOVINO M, GAROFALO A. The Role of Cultural Consumption in Reducing Social Exclusion: Empirical Evidence from Italy in a Spatial Framework [J]. Economia Politica, 2019 (36): 139-166.

税收激励措施来鼓励私人和文化组织，以期增加私人对文化机构的捐赠数额。部长还建议采取美国的捐赠模式。在美国，有75%的非政府捐赠是个人提供的，部长认为意大利可以采用美国的捐赠模式，采取较高的税收减免来增加私人对文化的支持。然而，其他部门一直反对这些措施，十年来各部门无法对此事达成协议，一直到弗朗切斯基尼担任遗产部部长后该项目才有了转机。弗朗切斯基尼部长大力支持采取进一步的措施鼓励私人捐款，最终于2014年6月通过了第112/2014号法律，即《艺术基金法》（*Art Bonus*）。该法令受到法国阿拉贡法律的启发，做了如下规定：对于保护和支持公共纪念碑、考古遗址、博物馆、档案馆、图书馆、剧院和意大利抒情交响乐基金（the Lyric Foundations）的捐款减免65%的税收，到了2016年税收减免比例改为50%。对于私人和非营利组织，该税收抵免的最高限额为应纳税收入的15%；对于公司而言，最高限额为每年利润的5%。这项临时措施十分成功且大受欢迎，2015年有2000个捐助者为文化捐助了6500万欧元；2016年根据《金融稳定法》（*Financial Stability Law*）该措施成为一项永久性措施。

在文化产品增值税方面，如表2-3所示，文化产品增值税税率一般低于通常的税率，特别是书籍和报纸的增值税税率为4%。《2015年金融稳定法》（第190/2014号法律）规定，电子图书也适用于4%的增值税税率。尽管该法案如法国和卢森堡采取的措施一样广受争议，因为欧盟一向反对对数字产品实行增值税税收减免，但是意大利仍然通过了这些法案。

表2-3 2010年意大利文化产品和活动的增值税率

文化产品和活动	增值税
电影院	10%
剧院	10%
歌剧	10%
舞蹈	10%
音乐会	10%
博物馆及展览	10%
书籍	4%

续表

文化产品和活动	增值税
报纸	4%
录制音乐和视听	21%

数据来源：Associazione per l'Economia della Cultura

八、英国税法对文化的保障

（一）通过减税建立的伙伴关系

"艺术及商业"（A&B）组织主张私营机构和艺术界建立互惠互利的伙伴关系。该组织实施了一系列方案来帮助苏格兰、威尔士和北爱尔兰的艺术与商业相结合并且实施了商业投资激励计划。"艺术与商业"组织就支持私营部门的税务处理提供了具体的建议。

在私营部门财政方面，英国传统模式更侧重企业在支持文化部门方面的作用，但随着社会经济的发展，越来越多的私人开始支持艺术。捐助者新的参与模式即风险慈善的出现，要求财政部考虑实施新的税收制度，因为税收规划对个别捐助者具有明显的吸引力。作为政府"让英国捐赠"（to Get Britain Giving）计划的一部分，新的税收制度在 2000 年 4 月生效。在对《慈善税法》（Charity Tax Law）进行审查后，针对捐赠给慈善机构的捐赠物，财政大臣提出了重大简化和改进措施，包括引入一种有效的税收方式来捐赠股票。这些改变在某一程度上是为了鼓励私人支持以补充给艺术、博物馆和遗产的公共资金，并增加捐赠给慈善机构的资金数额。英国的很多文化组织同时也是慈善机构，因此，文化组织可以利用这些变化来拓宽收入来源。

除此之外，政府实施一系列计划利用减税来鼓励公私伙伴关系的建立。例如，如果一个企业将雇员暂时性地分配给慈善机构或教育机构（如艺术团），雇主支付给雇员的工资成本和其他开支仍然是可扣税的。政府推出了一项企业投资计划来帮助小企业筹集资金，该计划为 1000 英镑以上的投资者提供收入和资本利得税减免，但该计划风险较高。

（二）电影领域的税收制度

近年来，英国电影的税收支持方面发生了巨大变化。随着 2006 年《金融法》（Finance Act）的通过，新的税收抵免计划开始实施。如果电影想要获得减免资格，需要满足以下条件：由英国电影制作公司制作；用于电影院线放映；通过修订的 1985《电影法案》（Films Act）的附加条目 1（英国电影文化测试），由英国电影委员会管理，或根据英国电影合拍条约制作；其预算的 25%（及以上）来自英国。为了通过电影文化测试，制作人需要证明该项目具有四个类别的"英国特质"：①文化内容（背景，人物）；②文化贡献（遗产，多样性）；③文化枢纽（摄影，后期制作）；④文化从业者（导演，演员）。

如果以上标准都能满足，该电影就有资格获得税收减免。成本低于 2000 万英镑的英国电影还有资格获得额外的税收减免，即在符合条件的英国支出中扣除 100% 的额外税额，并退还损失以换取 25% 的现金支付，这笔数额相当于合格生产成本的 20%。其他英国电影将额外扣除符合英国支出的 80% 的额外税额，并且能退还损失以换取 20% 的现金支付，这笔数额相当于各生产成本的 16%。电影税务的减免只针对"英国支出"，对于英国支出的定义如下：在英国使用或消费的商品或服务的支出。一旦电影获得认证，提交其纳税申报表的公司就要求申请税收减免——然而其中许多获得认证的电影仍处于制作早期阶段，且不能再申请一年或更长时间的税务减免。2007—2008 年，皇家税务与海关总署（HM Revenue & Customs）估计，他们收到了约 1 亿英镑的电影税收抵免申请。

财政措施对于避免全球电影行业的市场失灵至关重要。英国电影委员会认为，英国的一系列措施必须保持内向投资水平并努力促进国内电影生产。政府于 2006 年 3 月完成了对电影税收激励措施的审查，电影行业欢迎这些新措施，因为这些措施让英国能吸引更多的电影制作方。同时电影行业还称，新的税收抵免制度让英国国内投资和电影制作更有效率。

根据《欧洲电影联合制作公约》（the European Convention on Cinematographic Co-production），由北爱尔兰银幕委员会投资并在北爱尔兰和爱尔兰共和国进行前期拍摄或后期制作的电影，可以同时利用爱尔兰共和国第 481 条电影减税措施和英国税收抵免计划。前提是他们在一个地区的预算不超过80%，并且在英国的预算不低于25%，在爱尔兰共和国的预算不低于20%。需要补充的是，由于"使用和消费"原则，制作方只能获得其中一种税收计划的最大收益而不能享受两种计划的全部好处。

（三）博物馆、图书馆、遗产领域的税收制度

1947年开始实施的"代替接受"（The Acceptance in Lieu Scheme）计划，允许负责支付遗产税、资产转移税或不动产税的人可以将艺术品或其他物品以公共所有权的名义出售给税务局。为了获得豁免资质，该物品必须具有国家、科学、历史或建筑方面的特征。因此该物品通常为古董、艺术品或档案。2006—2007年，英国政府根据该计划获得了价值2530万英镑的艺术品和文物。博物馆、图书馆及档案馆委员会代表政府对其进行管理。根据代替接纳计划提供物品的个人有保持匿名的法律权利。

英国增值税税率分为三种：标准税率20%（大多数货物和服务）、减让税率5%（家庭、慈善机构等燃料和电力）及零税率，图书部门和一些艺术部门的增值税为零级。此外，根据欧洲法院2002年做出的裁决，在"基本自愿"基础上管理的机构，包括剧院、博物馆、遗产和其他文化组织免缴入场费，这一裁决意味着一些文化组织在重大的退税中受益。

（四）艺术家的税收和《捐赠援助法》

创意人士如作家、作曲家、剧作家等如果能证明由于在创作过程上花费了更多时间，导致收入大幅波动且明显低于正常水平时，他们可以向税务局申请，让他们在一段时间内分散税收。税务局将这种"购买时间"的奖励视为免税。

自2000年以来，根据1989年《捐赠援助法》（Gift Aid Act），利润完全用于遗产保护的非营利组织可以要求捐赠与援助税减免（Gift Aid Tax Relief）——每捐赠1英镑将额外获得28便士。2007年捐赠援助计划得以改善，政府宣布慈善机构可以以新的基本利率的20%申请捐赠援助，根据该计划每获得1英镑的捐赠，他们也有权获得价值3英镑的过渡救济。这项过渡

救济的有效期为 2008 年 4 月 6 日至 2011 年 4 月 5 日，其目的在于让慈善机构有时间适应新的基本利率。高税率纳税人可以通过捐赠援助得到的低税率和实际支付的较高税率之间的差额提出索赔。捐赠援助计划还带来了其他变化：改进了皇家税务与海关总署的收入和海关审计程序，以帮助减少行政负担；通过针对慈善机构培训机会，鼓励更多慈善部门利用该计划。

九、加拿大税法对文化的保障

加拿大政府十分重视通过税收优惠政策吸引人才、资本和国外公司，从而促进本国文化产业发展。据粗略统计，近五年内加拿大文化产业从业者数量翻了一番。加拿大重视支持文化产业发展的所得税政策。加拿大所得税涉及纳税人和非纳税人。纳税人包括个人、公司和信托机构；非纳税人包括非营利组织、慈善机构和政府机构。加拿大对纳税人和非纳税人实行不同的税收优惠政策。❶

（一）基于所得税的"减负"法律

纳税人根据其拥有的收入所得，分别缴纳个人所得税和企业所得税。个人收入所得包括受雇收入、经营收入和其他收入。个人所得税实行累进税率，对部分资本收益征税，享受税收抵免或减免，并可做经营或资本损失处理。企业所得税对小企业实行特殊税率，对部分资本收益征税，同时实行税收抵免或减免，并可做经营或资本损失处理。对纳税人而言，税收优惠的形式包括对某种类型的收入实行税收豁免、应税收入减免或应纳税抵免。文化产业纳税人享受一些特定税收优惠，包括：影视制作应纳税抵免、加拿大艺术品交易应税收入减免、艺术家存货应税收入减免、艺术家捐赠享受等额收入豁免。

对于视觉艺术家、作家和表演艺术家而言，《所得税法》的某些税收削减

---

❶ 加拿大对文化产业的税收政策［EB/OL］. (2013-05-01)［2020-06-25］. http: //www.wenming.cn/whtzgg_pd/xydt/201305/t20130502_1204130.shtml.

条例已经生效。自营职业的视觉艺术家和作家有权扣除与从事业务赚取收入有关的合理费用,包括家庭费用和专业会员费。作为雇员的视觉艺术家及作家可在某些限制下从符合资格的艺术活动中赚取就业收入的费用(如广告及推广、旅游开支),包括创作(复制除外)绘画、版画、蚀刻品、绘画、雕塑或类似的艺术作品;创作戏剧、音乐或文学作品;演出戏剧或音乐作品,如演员、舞者、歌手或音乐家;一项艺术活动中的纳税人是专业艺术家协会的成员,且该协会由现任加拿大文化遗产部长认证。

自营职业的表演艺术家可以扣除合理的业务费用,其中包括乐器和器材的保险费、仪器和设备的修理费、法律和会计费用、工会会费和专业会员费、代理人的佣金、宣传费用、与参与活动有关的交通费用、音乐表演费用及在个人艺术领域中为特定角色或以自我提升为目的产生的音乐、表演或其他课程的成本。作为雇员的艺术家可以扣除合理的雇用费用,但须受到某些限制,如广告推广、旅游开支。在一年中作为音乐家受雇,并被要求一年内提供乐器的,可扣除与乐器有关的某些费用(如资本成本津贴、维修费、租赁费和保险费)。需要指出的是,无论是雇用的还是自营的艺术家,都只能对自己的艺术收入做出这样的扣除,这一规定适用于视觉艺术家、作家和表演艺术家。

艺术家根据公平市场价值计算获得所得税抵免,叮向《文化财产进出口法》(1985 年)规定的机构进行捐赠。这项法案对文化财产的进出口作出规定,以提供特殊的税收优惠鼓励加拿大人向本国公共机构捐赠或出售重要物品。加拿大法院曾经做出判决,对捐赠或出售给博物馆、档案馆和图书馆物品或收藏品的"重大意义和国家重要性"及其市场价值进行所得税核证,这是一项针对文化财产"捐赠者"的税收抵免计划,该计划本身对加拿大任何希望向公共机构赠送礼物的纳税人开放。

(二)通过慈善事业促进文化发展

对于非纳税人,税收优惠分为直接和间接优惠。直接优惠指企业所得税豁免,或者商品和服务税返还。间接优惠是指对支持企业发展的纳税个人提供税收优惠。加拿大文化产业的非纳税人包括具有受赠资格的慈善机构、具有受赠资格的国家艺术服务组织和非营利组织。对具有受赠资格的慈善机构（包括基金和慈善组织）和国家艺术服务组织的捐赠者，实行税收抵免或减免。

个人为非营利慈善机构和文化组织捐赠的税收减免优惠是慈善事业资金的重要来源。根据加拿大政府的退税原则，少于 200 加元的捐赠将会获得 15% 的退税额，超过这个数值的则会获得多达 29% 的退税。据加拿大政府发布的一项数据统计显示，2016 年加拿大政府为私人慈善捐赠的退税额达到 17 亿加元。❶

企业和基金会也通过赠款、捐赠基金和赞助等方式为文化组织做出贡献。最大比例的文化捐赠流向媒体、通信（公共电视、图书馆和时事通信组织）和表演艺术。私营部门收入，包括捐赠基金、信托基金、筹资和赞助等在总收入中所占的百分比为 21%，遗产机构占 10%。❷ 2006 年加拿大政府宣布了一项奖励措施，通过对公共证券捐赠的税务待遇进行改善，增加向慈善机构包括非营利性艺术和文化团体提供私人捐款的机会。与此同时，经文化、税务部门主管同意，加拿大文化企业也可享受某些税收优待。例如，《加拿大电影或录像制作税收减免计划》允许加拿大电影制片公司总成本中用于人工开支部分的 60% 享受"税赋信用"和"税款优待"。再如，对文化投资和文化产品创新也可以享受税收减免优惠。凡向税务部门申报并获核准减免税优待的文化艺术机构，接受捐款时免交所得税，同时捐助者凭受赠者出具的"善款发票"，所交联邦货物服务税可悉数退税。此外，如电影界的"加拿大电影录像片制作税赋信用"制度，制片总成本中人工开支费用的 60% 将享受"税赋信用"和"税款优待"。

---

❶ FX168. 加拿大今年私人慈善捐赠退税将耗资 17 亿加元 [EB/OL]．（2016-06-01）[2018-06-20]．http：//finance.sina.com.cn/money/forex/datafx/2016-06-01/doc-ifxsqyku0144432.shtml.

❷ World Cultural Policies: The International Database of Cultural Policies, Prepared by IFACCA, 2014 [EB/OL]．（2015-05-01）[2020-07-05]．http：//www.worldcp.org/morocco.php.

十、摩洛哥税法对文化的保障

摩洛哥没有针对艺术家的具体税法，但承担雇用演员、歌手、电影摄影师、芭蕾舞者、艺术家、音乐家、记者、编辑的公司和机构适用于扣减制度，公司的雇用开支根据一般税法从应纳税所得总额中扣除。此外，有些交易可免于缴纳增值税，如报刊及相关刊物印刷与派递工作、专题、纪录片或教育电影、电影发行及电影放映收入（与食品和饮料有关的收入除外）。同时，某些领域可免除对进口物品征收税款和关税，并有权享有折扣津贴。如根据教科文组织协定进口的教育、科学或文化设备；外国政府或国际组织向国家、地方社区、公共机构和协会正式承认为公共服务的商品和服务；修复古物、考古遗址和基本公用设备；在摩洛哥拍摄电影的外国音像、电影电视制作公司拥有或借用的设备或服务，豁免适用于超过5000万迪拉姆的开支，并应以该公司名义开设的可以兑换外币的账户进行支付[1]；官方承认的非营利性公司、协会和机构（包括文化机构）应完全免除符合章程所规定目的的活动的税收。需补充的是，根据《公共税法》第6条规定，这种豁免并不适用于与之有关联的其他机构。

十一、韩国税法对文化的保障

韩国税法规定个人捐赠免税，同时也免除捐赠艺术品的资本利得税。该项条文针对文化和艺术领域提供了一个特殊的方式来促进文化慈善事业的发展。对于"文化艺术推广基金"，捐助金额的税收优惠最高可达50%。对于一般文化组织的捐赠，公司可以扣除其价格的5%作为回报，而个人可以从收入中扣除高达20%的费用。此外，韩国税法规定，在文化企业创立的前4年按应纳所得税额的10%征收公司所得税，第5年为40%，第6年为70%，

---

[1] World Cultural Policies: The International Database of Cultural Policies, Prepared by IFACCA, 2014 [EB/OL]. (2015-05-01)[2020-07-05]. http://www.worldcp.org/morocco.php.

从第 7 年起才全额征税。与此同时，与文化有关的货物与劳务，包括书籍、报纸、杂志、公报、通信和广播（不包括广告）；艺术作品、非营利性文化艺术活动和非职业体育运动；图书馆、科技馆、博物馆、艺术馆和植物园的门票免增值税。❶

韩国企业有一个称为"一般业务费用"的账户类别。如果一家公司在文化服务上花钱，而不是一般的商业开支等，它将获得超过规定限额之外的 10% 的免税额。对艺术品征收资本利得税的问题仅在 2013 年颁布。对艺术品征收资本利得税的法律于 1990 年启动，但在 2004 年被推迟并放弃。修订版于 2008 年通过，于 2011 年启动，但是遭到画廊老板、拍卖公司和各种艺术家团体的强烈反对。修订后的法律包括对以特定价格（约 5500 美元以上）出售艺术品征收 20% 资本利得税的规定。反对立法背后的逻辑是：韩国艺术市场还不够成熟，无法承担税收负担，税收会阻碍公开交易，最终导致黑市的形成。对艺术作品征收资本利得税的最终版本已经确定为每件作品的最低价格为 5000 万韩元。❷

十二、各国税法对文化产业保障的共同特点

纵观以上国家关于文化领域的法定税收，我们可以看到以下几个共同特点。

第一，进入 21 世纪以来，对文化领域的税收豁免力度经历了从严到宽的变迁。丹麦早期只针对诺贝尔奖等某些特定奖项实行免税优惠，直到 2002 年，这项减免优惠开始适用于所有与文化相关的奖项，但税收豁免的前提是该奖项是作为承认艺术家所获得成绩的标志。德国试图改变宽松免税条款，对舞蹈设计者和舞台指导者进行征税、对艺术品交易及教育机构提高征税

---

❶ 参见国家税务总局山东省税务局官网［EB/OL］.（2016-05-07）［2018-08-02］.http://www.sdds.gov.cn/art/2016/5/17/art_21317_1955286.html.

❷ World Cultural Policies: The International Database of Cultural Policies, Prepared by IFACCA, 2014［EB/OL］.（2015-05-01）［2020-07-05］.http://www.worldcp.org/morocco.php.

率，但是最后无疾而终，之后一直保持着低税，尤其是近年来还对数字音频书籍的税收降低。与德国类似，韩国政府也试图对艺术品征收资本利得税，并且通过了相关法律，但是实施之后遭到文化业界的强烈反对，最后不得不加以修改。意大利早在20世纪80年代就颁布了相关立法来鼓励私人捐助者支持文化部门，但是其结果远远低于预期。进入21世纪以后意大利开始进行改革，通过了《艺术基金法》来保护和支持对公共领域捐款的大幅度减免税收，收到非常好的效果。与上述国家略有不同，英国允许负责支付遗产税、资产转移税或不动产税的人可以将艺术品或其他物品以公共所有权的名义出售给税务局，从而获得税务减免，这是源于英国在1947年开始实施的"代替接受"计划。迄今为止，在通过减免税收制度鼓励文化方面，英国一直都保持着"优等生"的地位。

第二，从文化领域税收立法情况来看，并不是所有的国家都有专门的税法对文化领域进行保障，其中包括德国、法国和摩洛哥都没有专门的文化税收法律，但是这些国家都通过税法对文化领域进行了特别的规定。另外一些国家，如瑞士、意大利和英国都有专门的法律进行规制，瑞士在联邦层面有专门的税法《直接联邦税收联邦艺术法》，西班牙则通过了《非营利组织免税和赞助法》，英国主要采用《捐赠援助法》，而意大利早在20世纪80年代就颁布了相关立法来鼓励私人捐助者支持文化部门，现在主要通过现行的《艺术基金法》来进行保障。加拿大为了实现"加拿大内容要求"、阻止美国文化产业对加拿大的围攻，于1977年对《所得税法案》修订，规定在加拿大人拥有75%股份的期刊和80%股份的电视台做广告，可以享受税收减免待遇。❶ 与上述国家略有不同，丹麦的做法则是通过与文化相关的特别协议来进行规定。

第三，上述国家在对特定的文化领域实行税收减免这一点上几乎完全相同。在针对艺术家自身的税务条例、文化投资公司税的相应豁免、公用事业私人基金会法这些方面，上述国家都保持了惊人的相似。德国、丹麦和法国对特殊的文化领域实施远低于普通商品和服务的中介税率，而对新闻出版、

---

❶ 张玉国. 国家利益与文化政策[M]. 广州：广东人民出版社，2005：212.

公共广播许可费和新建或新上演的剧院的一定数量演出的票价实施最低税率级别的特殊税率。瑞士特别规定了居住在外国的艺术家的"来源税",艺术家与其他有酬职业者采取相同的税收制度,瑞士以赞助形式提供的捐赠或捐款是可以免税的。西班牙则规定:基金会、符合公共利益的协会、国际发展和援助机构及其他属于法律规定的非营利机构可以免税,为表演艺术、音乐和视听部门领域制定了其他财政减免措施。对于众筹项目,西班牙的特殊做法是:个人所得税采取两级扣除;英国的一个特色是:不仅规定电影有资格获得额外的税收减免,而且对特殊的艺术家实施税收优惠,如作家、作曲家、剧作家等创意人士,如果能证明由于在创作过程上花费了更多时间,导致收入大幅波动且明显低于正常水平时,他们可以向税务局进行申请,让他们在一段时间内分散税收,税务局将这种"购买时间"的奖励视为免税。

加拿大将非纳税人分为非营利组织、慈善机构和政府机构,然后对纳税人和非纳税人实行不同的税收优惠政策,其中文化产业纳税人享受一些特定税收优惠,包括:影视制作应纳税抵免、加拿大艺术品交易应税收入减免、艺术家存货应税收入、艺术家捐赠享受等额收入豁免。其中,自营职业的视觉艺术家和作家有权扣除与从事业务赚取收入有关的合理费用;对具有受赠资格的慈善机构(包括基金和慈善组织)和国家艺术服务组织的捐赠者,实行税收抵免或减免。此外,与英国类似,加拿大规定:企业和基金会也通过赠款、捐赠基金和赞助等方式为文化组织做出贡献,建立文化和企业之间良好的伙伴关系,雇用演员、歌手、电影摄影师、芭蕾舞者、艺术家、音乐家、记者、编辑的公司和机构适用于扣减制度,公司的雇用开支根据一般税法从应纳税所得总额中扣除。韩国对文化企业的税收减免采取如下做法:在文化企业创立的前4年按应纳所得税额的10%征收公司所得税。韩国企业有一个称为"一般业务费用"的账户类别。如果一家公司在文化服务上有了开支,而这些开支又不是一般的商业开支等,它将获得超过规定限额之外的10%的免税额。

第四,各国普遍通过免税或低税鼓励私人捐助者支持文化部门。例如,意大利允许扣除个人和公司的所有捐赠和赞助的应纳税收入,丹麦则规定如果涉及与慈善有关的货物和服务的交付与文化与艺术有关,可以将存款存入完成期不超过 15 年的非指定项目。西班牙的私人和企业向上述某些非营利机构和公共行政部门捐赠后，也可以要求其捐赠款项免征所得税。英国则在历史上一直主张私营机构和艺术界建立互惠互利的伙伴关系，并通过实施一系列计划利用减税来鼓励公私伙伴关系的建立。加拿大制定的《文化财产进出口法》对文化财产的进出口做出规定，明确了提供特殊的税收优惠以鼓励加拿大公民向本国公共机构捐赠或出售重要物品，这是该国一项重要的税收抵免法律。韩国则对个人捐赠实施免税，同时还免除捐赠艺术品的资本利得税。

第五，在增值税方面，各国都对文化领域实施不同程度的优惠或者减免措施。丹麦在艺术家继承人首次出售自己的艺术作品时，如果其销售额不超过一定数额则免除其增值税登记，而对于体育活动、图书馆、动物园等在内的公共文化机构和与之相关的货物交付、写作和作曲作品及其他艺术活动中收取的费用等项目，丹麦同样免征增值税。此外，丹麦还特别规定了在某些情况下，如果与慈善有关的货物和服务的交付跟文化与艺术有关，可以将存款存入完成期不超过 15 年的非指定项目。法国从 2012 年开始，逐步降低了书籍（纸张和数字出版）及租书活动、表演艺术的门票销售、戏剧、歌舞表演、马戏表演、音乐会及演出各项增值税率。西班牙通过了《增值税法》，对不同文化产品和服务征收不同的税率：图书馆、档案和文献中心及博物馆和艺术画廊的门票都可以实行减免的增值税税率，与剧院、马戏团、观看其他演出和个人艺术家展览的门票及数字电视服务和购买艺术品的增值税相比，书籍、报纸和杂志等商品的增值税税率低很多。除此之外，西班牙还通过《皇家法令》降低购买艺术品的增值税。

意大利对文化产品增值税税率一般低于通常的税率，同时还规定电子图书也适用于 4% 的低增值税税率。英国也同样如此，对图书部门和一些艺术部门的增值税实行零级，而这个级别的税率处于国家税种的最低级。摩洛哥同样对文化领域的交易进行增值税减免，如报刊及相关刊物印刷与派递工作、专题、纪录片或教育电影、电影发行及电影放映收入可免于缴纳增值税，文化领域的进口物品征收税款和关税，并有权享有折扣津贴。

第六，在上述国家中，瑞士和西班牙实施了两个特殊的财政制度，瑞士通过了《彩票法》，该项法律对文化筹资的促进和发展至关重要，使彩票基金在公共文化财政支持中占据很大份额。西班牙则早在 20 世纪 80 年代通过了艺术品替代税收法，采取将艺术品交给财政部以代替税收的做法，这个做法已经被欧洲很多国家所借鉴和采纳。

第三节 文化从业者劳动权利保障——各国劳动法与社会保障法对文化的保障比较

文化从业者与各行业从业者的一个显著区别是收入的稳定性较差，且低收入人群的比例一般低于其他行业，因此，文化从业者群体的劳动权利保障成为各国政府关注的焦点。从文化领域的劳动权利保障来看，各国大多通过劳动法或社会保障法来实现，但是不同国家立法所保护的文化从业者的客体对象和内容并不相同，本书仅通过欧洲、亚洲、北美洲的部分国家来分析和考察不同国家对文化从业者的劳动权利保障。

一、德国劳动法与社会保障法对文化从业者劳动权利的保障

德国于1981年通过了《自主艺术家和新闻工作者社会保险法》(*Gesetz über die Sozialversicherung der selbständigen Künstler und Publizisten*)，简称《艺术家社会保险法》(*Künstlersozialversich-erungsgesetz-KSVG*)，适用于艺术家及其他种类文化工作者就业条件的特别法律，其中第一条规定："资助艺术家和新闻工作者将享受职员退休保险和法定疾病保险"，在缴纳社会保险费用方面享受一定的优惠：他们只需缴纳一半的费用，另一半由联邦补贴20%，企业承担30%。❶ 如果艺术家或文化工作者受雇于市政府、州或国

---

❶ 邢来顺，岳伟．联邦德国的文化政策与文化多样性研究[M]．北京：中国社会科学出版社，2017：180．

家机构，那么也将服从于公共服务法规。❶"德国集体合同（TVG）的'法规性效力'内容与我国集体合同中劳动标准条款相似，其效力体现在三个层面，即对于该集体合同当事人（工会或雇主/雇主组织）所属成员的劳动合同、企业规章及企业组织法具有强制性、不可抛弃性和余后效力"。❷ 根据《集体合同法》规定，由工会代表非艺术工作人员与雇主组织（如剧院、管弦乐队和音乐学校等艺术部门和文化设施），他们之间缔结了特别合同和工资协议，这些协议规定了歌手、演员、乐手等职业群体的工作条件。此外，德国还设立了专门的仲裁法庭，以解决上述特殊职业群体的劳资纠纷。

关于雇员参与决策方面，德国《共同决定法》（*Mitbestimmungsrecht*）及与公共服务人员相关的规章条例保障了雇员参与决策的权利，但是在剧院、博物馆或图书馆及报业等公司，这一权利受到限制。上述机构及公司给出的理由是为了更好管理艺术或科学相关领域的决策决定（即所谓的 Tendenzschutz）。

关于文化从业者的特殊劳动法待遇方面，在德国，与独立艺术家和新闻工作者相关的是"类似雇员"的概念。"1974 年《集体合同法》第 12a 条对'类似雇员'作了明确界定，在经济上具有从属性的个人，只要符合以下情形，就可以获得与雇员同等的社会保护:（1）不得不自行完成合同任务，没有雇用其他人帮忙;（2）主要为某个人工作或他们收入的一半以上由某个人支付，这里的'人'也可以是某一个机构、企业或公司集团。《集体合同法》第 12 条第三款对艺术家、作家和新闻工作者做了特别规定，对这些人群而言，只要三分之一的收入来自同一雇主就满足'类似雇员'的条件。"❸《集体合同法》保障了"类似雇员"人群，使其能够与其承包人或承包企业签订工资或费用协议，该法于 2005 年进行了再修订。

德国特殊的社会保障法使德国的艺术家和记者、作家享有全面的社会保

---

❶ 曼弗雷德·魏斯，马琳·施米特. 德国劳动法与劳资关系 [M]. 倪斐，译. 北京：商务图书馆，2012：56.

❷ 吴文芳. 德国集体合同"法规性效力"与"债权性效力"之研究 [J]，法商研究，2010（2）：135-142.

❸ 曼弗雷德·魏斯，马琳·施米特. 德国劳动法与劳资关系 [M]. 倪斐，译. 北京：商务图书馆，2012：58.

障,一旦被雇用,他们将被纳入一般社会保险范畴中,这一点也是德国所特有的。1981年8月2日生效的《艺术家社会保险法》规定:自由职业的艺术家和记者、作家有义务加入艺术家社会保险基金(KSK),保险法规定对自由职业艺术家和记者、作家进行特别保护,包括法定健康观测、长期或老年看护与养老保险。同时,与普通雇员一样,艺术家和记者、作家只需支付一半的社会保险费。60%的"雇主份额"由那些经常利用和推销艺术家和记者、作家作品的公司缴纳,这些企业将被收取艺术家社会保险税(Künstlersozialabgabe),具体表现在收取的所有已支付的费用和特许权使用费上。这些费用和特许权使用费的数额须每年做出相应调整,如2005年征税达到5.8%,在接下来的几年里下降到2013年的4.1%,2014年,这项税收达到5.2%。

此外,德国还将艺术家社会保险基金的40%作为"雇员份额"为艺术家提供补贴。通过2007年6月生效的对《艺术家社会保障法》的另一项修正案,基金的财政基础得到了改善,对所有捐助者,包括作为受益人的艺术家将进行更严格的审查。2008年9月,联邦参议院中的一些州政府试图废除《艺术家社会保障法》,但由于大批政党中的文化政策制定者及文化和艺术家协会提出的抗议而以失败告终。2015年1月1日,《艺术家社会保险稳固法》生效,目的是确保雇主对社会保险税的定期审查和咨询服务,以便稳定收费率并寻求征税司法化。现在,德国的养老保险审计强制性地每4年进行一次,所有企业(公司)和拥有19名以上雇员的雇主都已在KSK注册。

二、法国劳动法与社会保障法对文化从业者劳动权利的保障

音乐作曲家、电视电影作家、软件编程者、编舞家、摄影师、视觉艺术家、平面艺术家等职业都可以与普通工薪阶层一样享有社会就业保障。在表演艺术或视听、娱乐产业(电影、电视等)领域工作的艺术家和技术人员可以在没有持续稳定工作的情况下享有各种社会保障,这一制度通常被称为"体制外的演员"制度。

公务员享有特定的社会保障制度,工薪阶层由社会保障办公室进行管

理,自由职业者也由社会保障部门的相应部门进行管理保障。"法国政府自1945 年后,开始建设统一体系的福利制度,保障其公民在生活中的各个方面都能享受到国家的各种福利,法国的社会保障制度体系主要有四个方面:医疗、工伤事故、家庭和养老。这四大方面涵盖了 145 个基本制度,其中有 19 个基本制度属于非工薪和非农业人员待遇,其余都是关于工薪人员的基本社会保障制度"❶。福利国家概念出现的同时,公共当局也试图改善艺术家和创作者的社会地位:1946 年创立了国家图书和文学中心(现为国家图书和文学中心)、1957 年的《版权法》、1964 年的《艺术家社会保障法》。

1936 年,法国为电影技术人员设立了一个社会保障制度,而自 1969 年开始,表演艺术家和口译员也被包括在内,后续还加入了表演艺术领域的技术人员。这些文化从业者被称为"体制外的演员",表演艺术家和技术人员得益于这样一种假设,即他们是领薪水的,因此,尽管他们的工作并不连续,但仍可以享有各种社会保障措施(如健康保险、失业福利、丧失工作能力和死亡保险、退休养老金、住房支援等)及专业培训。对于这一特例制度的保留与废除与否曾进行了多次讨论,部分原因是这一制度带来的费用与其滥用问题。2003 年、2014 年和 2016 年,几个节日活动的举办陷入困境或被直接取消。在调节委员会进行系列工作后,有关部门最终于 2016 年 4 月达成合作,同意保留这一特例制度,只对其做部分修改(如增加雇主参与投资份额等)。

三、瑞士劳动法与社会保障法对文化从业者劳动权利的保障

《瑞士义务法》(*Swiss Code of Obligations*),尤其是第 319ff 条规定了就业合同在内的劳资关系,并由专业艺术家协会进行监督。

瑞士没有全面的艺术家社会保障框架体系,在新的《文化促进法》(2009 年)的范围内对这一极具争议性的问题进行了讨论,议会认为关于这

---

❶ 贺丽娟. 当代法国社会福利制度的局限性:完备制度下社会服务的缺失[J]. 牡丹江教育学院学报,2017(12):64-66.

一问题应成为修订后的《社会保障法》中的一部分。《文化促进法》第九条规定，联邦和瑞士文化基金会通过发放个人养恤基金或通过另一种形式的财政拨款，对创作型艺术家进行财政援助，这项援助由联邦委员会确定具体发放的资金百分比。

这一问题也是伞式协会（Unbrella Associations）的主要优先考虑事项，并且在这方面已采取了一些初步措施。❶ 截至目前，在电影、表演和戏剧艺术以及音乐领域，已有三个自发性的养老基金（Vorsorgeeinrichtungen）存在，它们都是私人基金会，有些是团结基金（Solidary Fund），另一些则由收集协会管理。在联邦文化办公室的财政支持下，建立了"瑞士文化社会"，为有需要的艺术家建立社会资本计划，支持、辅助艺术家，同时建立了"瑞士文化联系点"，为艺术家提供咨询服务。

四、荷兰劳动法与社会保障法对文化从业者劳动权利的保障

荷兰成立了文化联合会，几乎所有的艺术和文化劳动领域的工会组织都囊括在该机构之下。它负责监督荷兰各大工会、中央政府和雇主之间关于工作和相关条件的年度集体谈判结果，是一个保护性工会组织。在文化领域普遍存在的是集体劳动协议（Collectieve Arbeidsovereenkomst，CAO），无论建筑、媒体、艺术教育、博物馆和展览馆和公共图书馆、表演艺术组织、零售乐器等领域大部分都是这样的集体劳动协议，该协议只适用于为雇主工作的员工，其他的协议则执行国家法律规定的协议。❷

五、西班牙劳动法与社会保障法对文化从业者劳动权利的保障

西班牙法律没有专门面向艺术家或文化工作者的一般劳动法，但有一些

---

❶ 伞式协会是一个大型协会机构，负责协调其成员组织的活动，并努力保护其共同利益。因此，伞式协会为较小的组织提供资源和身份。在某种程度上，伞式协会往往要对它所关注的群体负责。

❷ 参见 *Compendium of Cultural Policies and Trends in Europe*（20th Ed.，2019）。

法律涉及作为文化的生产者的艺术家，它们包括公共娱乐工作者的劳动法规，如 1995 年通过的皇家法令（Royal Legislative Decree）中的《工人宪章》（*Workers Charter*）中关于对表演艺术家作出的特别规定（第 2 条）就是对 1985 年颁布的（1435/1985）皇家法令中相关条目的延伸细化。该法令对劳资关系的内容进行了部分规定，只考虑了可以在所有艺术部门中可进行普遍推广使用的部分，而没有考虑劳资关系中各方之间集体谈判的权利和义务的发展。在国家级层面，还有涉及演员和电影制作人的集体协议（自 1990 年以来）、图像艺术和出版社协议（自 1997 年以来）、电影发行商（自 1997 年以来）和视听制作协议。在自治区（Autonomous Communities）层面，已经在加泰罗尼亚、马德里、加利西亚、巴利阿克、拉里奥哈和那瓦拉签署了集体协议。2003 年颁布的第 56/2003 号《就业法》也适用于艺术家和文化创作者。

西班牙没有针对自由职业艺术家的具体立法。然而，自由职业的艺术家可以获得一些与减免所得税、平均收入、优惠公司税收和减少增值税层级相关的税收规定优惠。为了社会保障的顺利进行，艺术家和创意工作者最初在第 2133/1975 号法令中被划为特殊类别。十年后，根据第 26/1985 号法令，艺术家和创意工作者获得了与所有其他工人同样的权利和义务，且表演艺术家和斗牛士在一般社会保障制度内被集合归纳在一个特殊类别。

西班牙第 2621/1986 号法令规定，由于作品作者的职业规划不同，他们被认为是自由职业者，考虑到该群体年收入的波动，应努力建立一个公平的残疾保险和退休计划。第 20/2007 的《自由职业者法规》（*The Self-employed Workers Statute*）指出，主管公共行政部门可与社会保障署签署协议，以减少手工艺领域自由职业者缴纳的款项。

六、意大利劳动法与社会保障法对文化从业者劳动权利的保障

与任何其他意大利公民一样，文化部门的艺术家和相关公司的雇员在社会保障方面，只享有由国家卫生系统提供基本的医疗保险，其中，唯一的例外是表演艺术家及在剧院和音像产业（无线电、电视、电影、录音）的表演艺术家。自法西斯执政时期，他们就已经通过退休金发放机构（Ente Nazionale

Previdenza e Assistenza Lavoratori dello Spettacolo，ENPALS）享受了更有利的社会保障，该保障能够满足这类特殊行业时断时续的特殊工作性质。

与表演艺术家不同，对视觉艺术家和作家的社会保障形同虚设，由于退休金发放机构的资金过少，无法对其提供任何形式的社会保护，遂将支持形式仅限于偶尔组织艺术和文学活动并设立相关奖项。

七、英国劳动法与社会保障法对文化从业者劳动权利的保障

艺术家群体与一般劳工一样适用于劳动法。英国艺术委员会委托英国就业研究所和教育发展、评估研究中心，在华威大学，研究艺术家劳动力市场及其对税收和福利制度的影响。该研究以"平衡行为——艺术家、劳动力市场及税收和福利制度"为题，于 2002 年 12 月发表。它介绍了一系列针对实践艺术家进行观察的调查结果，探讨了他们的就业经验、联合王国税收和社会保障制度对其职业和商业选择的影响，以及他们维持职业生活的可行性。同时还对艺术家劳动力市场进行了分析，审查了就业状况、工作模式、收入和社会保障福利的实际获取情况。❶

《1968 年儿童（表演）条例法》第 6 节于 2000 年被废除，这一举措致使地方教育局（LEAs）对发放儿童公共表演许可证的限制得以解除，即如果儿童在演出前 12 个月内参加了超过一定天数的其他表演，地方教育局可对其公共表演行为进行限制。对此，有观点认为这使儿童更容易受到表演艺术行业的剥削，由于与排练时间相关的指导方针很少，且执法人员往往没有能力控制法律的具体实施。各地方教育局之间的沟通、理解差异也使艺术行业制片人在与其就避免违反保障政策的沟通时出现问题。政府于 2010 年 3 月发表了一份关于儿童表演许可证法的政府委托报告，由萨拉·塔纳爵士撰写，得出的结论是：现有的规章制度已经过时，并且在全国范围内的实施情况并不一致。政府在 2011 年就改变英格兰的立法进行磋商，包括减少相关的行政管

---

❶ 平衡行为：艺术家、劳动力市场以及税收和福利制度［EB/OL］．（2016-01-07）[2018-07-04]．http://www.artscouncil.org.uk/documents/publications/phpLI8ihP.pdf.

理，特别是业余团体的行政管理。

2006年，英国通过了一项立法，允许与儿童和弱势成年人相关的工作活动在"频繁"（即每周一次）或"密集"（即每月4天或以上）两个标准的范畴内进行，并要求对将与儿童接触的工作人员进行提前审查，包括与青年人接触之前进行刑事记录检查。由于艺术家在工作中需要与儿童进行接触，所以艺术家群体对这项立法表示关注，然而这一立法规定尚未得到充分执行，英国政府将对现行条例进行审查，使它不那么复杂和繁琐，同时确保适当的保障措施。

八、加拿大劳动法与社会保障法对文化从业者劳动权利的保障

加拿大《艺术家地位法》（*Status of the Artist Act*）于1993年颁布并于1995年生效，该法于2017年6月19日被最新修订。❶ 该法正式承认艺术家对加拿大文化、社会、经济和政治生活所作出的贡献，并制定了关于认可艺术家专业地位的相应措施。这项法律还承认艺术家和制作者的结社和言论自由的权利，以及承认艺术家协会的权利，并促进其所代表的人的社会经济福利。《艺术家地位法》第一部分中设立了加拿大艺术家地位委员会，目的是向加拿大文化遗产部长提供咨询意见。该法的第二部分设立了加拿大艺术家和制作人专业关系的审理委员会（Canadian Artists and Producers Professional Relations Tribunal），并建立了一个框架，以便在联邦管辖范围内，对政府机构和加拿大广播电视及通讯委员会管辖范围内的广播事业之间进行专业关系的框架型审理，法庭通过劳工部长向议会提交报告。

由于《劳动法》（*Labour Law*）属于加拿大的省级管辖范畴，《艺术家地位法》仅适用于联邦政府聘用的艺术家，而不适用于在雇主—雇员关系中工作的个人，也不适用于在省级管辖范围内工作的生产者和艺术家。在联邦法律之前，魁北克是第一个也是唯一一个具有艺术家立法地位的省份（1987

---

❶ 加拿大律政司司法网站.《艺术家地位法》的修订[EB/OL].（2016-01-07）[2020-07-04]. http://laws-lois.justice.gc.ca/eng/acts/S-19.6/index.html.

年)。之后,安大略省和萨斯喀彻温省都于2007年颁布了《艺术家地位法授权立法》(*Status of the Artist-enabling Legislation*),而且纽芬兰—拉布拉多也开始着手制定相同类型的立法,加拿大政府也鼓励其他省份考虑颁布类似的立法。

加拿大鼓励自营职业艺术家和生产者之间建立专业的合作关系。2002年之前加拿大成立了23个艺术活动部门和21个文化协会,达成了14项最终协议,其中一些协议涉及政府生产商和专业电视服务。然而,在提高加拿大许多自营职业艺术家的收入方面,还没有相应立法举措,根据2001年的人口普查数据显示,这些艺术家的平均收入(包括其他就业收入)为7300加元,低于加拿大所有工人的平均收入。[1]

2002—2003年,加拿大对《艺术家地位法》的实施现状进行了调查,虽然该法得到了被询问人的赞同与认可,但被询问人也达成了一种共识,即立法本身不足以对艺术家的社会经济状况带来重大变化。由于该法对联邦管辖内生产者的限制仅涉及劳资关系,以及它不适用于联邦管辖范围内生产者分包的再生产者,这一事实被艺术家组织视为该法的主要缺陷,如果要改善自营职业艺术家的社会经济状况,就必须采取其他种类的措施。在2013年的c.40、s.466及c40、s466法令中,涉及《艺术家地位法》第9(3)(a)款改为:"根据《联邦公共部门劳资关系法》,其所指的雇员包括联邦公共部门劳资关系和经就业委员会确认的雇员,以及经该委员会认证的谈判单位的成员。"[2]

九、摩洛哥劳动法与社会保障法对文化从业者劳动权利的保障

摩洛哥劳动法第23号(2003年第65.99号法律)规定了一般就业条件,而艺术家和电影制作人有其对应的法律,这些法律是根据保障艺术家和电影

---

[1] 文化政策网站[EB/OL].(2015-01-27)[2020-06-23].http://www.culturalpolicies.net/web/countries-profiles-cr.php.

[2] 加拿大律政司司法网站.《公共服务劳动关系法》及其他法案的修订[EB/OL].(2015-01-05)[2020-06-26].http://laws-lois.justice.gc.ca/eng/AnnualStatutes/2017_9/page-4.html.

制作人物质和精神权利的合同而特别颁布的第 26 号法律和第 33 号法律。

2003 年颁布了一项关于摩洛哥艺术家地位的法律。这项法律确立了一个更好地传播和推广摩洛哥艺术的框架。该法界定了艺术领域内的每一个专业，并赋予艺术家在与其职业相关的立法中获益的权利，同时界定了社会保障福利和基本医疗保险，规定艺术部将为艺术家的社会服务提供资金。2006 年通过并颁布了一项法令，"艺术家卡"的持卡人有权享受社会服务，国家对文化和艺术加以支持并确定"艺术家卡"的发放方法。妇女事务部任命了一个联合委员会，由该部和工会的代表组成，对所有艺术领域进行管理。2007 年 6 月 24 日，在妇女和儿童事务部的监督下，财政部和劳动部、国家社会保障基金和国家社会保护组织基金携手合作，成立了国家艺术家基金，同时建立的国家艺术家组织是负责艺术家从社会保障体系中受益的具体机构。

十、韩国劳动法与社会保障法对文化从业者劳动权利的保障

韩国社会保障框架由四种社会保险构成，分别为国家养老保险、国民健康保险、工伤事故赔偿保险和失业保险。根据 2003 年对艺术家群体中的艺术家福利研究的调查显示，98% 的人拥有国家健康保险，62% 的人参加了国家养老保险，18% 的人有失业保险。2007 年的一项研究强调了参与社会保障制度的具体方式，如在舞蹈领域，91% 的人有国家健康保险，59% 的人在国家养老金计划行列中，30% 的人有失业保险，35% 的人有工伤事故赔偿保险。在倾向于独立工作的人群中，艺术类占比较小。

十一、各国劳动法与社会保障法比较

第一，从文化领域的劳动立法来看，包括西班牙在内的一些国家并没有具体的劳动法专门适用于艺术家或从事文化活动和领域的劳动者，但是，这并不表明从事文化领域的劳动者没有相关的法律保障，它可能只是说明在这些国家中，文化从业者与其他行业领域内的从业者在劳动保障方面没有太大的区别。西班牙 1995 年通过的皇家法令（Royal Legislative Decree）中的《工

人宪章》，对作为文化的生产者的艺术家有所涉及。除上述国家外，德国、法国、意大利、英国和加拿大都有专门涉及文化从业者劳动保障的相关法律。德国制定了《艺术家社会保险法》，该法是一项适用于艺术家及其他种类文化工作者就业条件的特别法律，而《艺术家社会保险稳固法》的立法目的是确保雇主对社会保险税的定期审查和咨询服务，以便稳定收费率并寻求征税司法化。法国于1964年通过了《艺术家社会保障法》，瑞士的《文化促进法》在各国的立法中别具特色，而英国的《1968年儿童（表演）条例法》重点关注了儿童表演艺术家，加拿大的《艺术家地位法》正式承认艺术家对加拿大文化、社会、经济和政治生活所做出的贡献，并制定了适用于联邦政府聘用的艺术家地位的相应措施。

第二，关于文化从业者的特殊劳动法待遇方面，各国对不同的文化从业者采取了不同的立法或者行政方式。法国立法侧重于保障在表演艺术或视听、娱乐产业（电影、电视等）领域工作的艺术家和技术人员，他们可以在没有持续稳定工作的情况下享有各种社会保障，这一制度被通常称为"体制外的演员"制度。此外，法国还通过由政府的社会保障部门对文化领域的自由职业者进行行政管理的保障。

与此形成对比，德国通过以下两种办法对特殊的文化从业者进行保障：第一种办法是通过保险法的立法手段。1981年8月2日生效的《艺术家社会保险法》规定：自由职业的艺术家和记者、作家有义务加入艺术家社会保险基金（KSK），保险法规定对自由职业艺术家和记者、作家进行特别保护，包括法定健康观测、长期或老年看护与养老保险。同时，与普通雇员一样，艺术家和记者、作家只需支付一半的社会保险费。60%的"雇主份额"由那些经常利用和推销艺术家和记者、作家作品的公司缴纳，这些企业将被收取艺术家社会保险税（Künstlersozialabgabe），具体表现在收取的所有已支付的费用和特许权使用费上。第二种办法是国家对特定的文化从业者提供特殊的补贴资金。德国主要通过将艺术家社会保险基金的40%作为"雇员份额"的手段为艺术家提供补贴。

与德国通过保险方法对文化从业者进行社会保障相似，韩国也建立了四级社会保险对艺术家特别从业者进行保障，分别为：国家养老保险、国民健康保险、工伤事故赔偿保险和失业保险,这些保险类别基本涵盖了韩国绝大多数的文化从业者。

与上述几个国家都不同,瑞士采取公私合营的方式对艺术家进行财政援助。瑞士通过的《文化促进法》第9条规定:联邦和瑞士文化基金会将对创作型艺术家进行财政援助,通过发放个人养恤基金或通过另一种形式的财政拨款,由联邦委员会确定具体发放的资金百分比。需要补充的是,上述基金会并非国家运营的模式,其中既有自发性的,也有协会,但都是私人基金会,但是这些基金会在资助文化从业者时也会受到联邦文化办公室的财政支持。

意大利和加拿大的立法在针对特殊的文化从业者时都表现出非常不平衡的特点。一方面,意大利表演艺术家及在剧院和音像产业(无线电、电视、电影、录音)的表演艺术家自1933年以来,已经开始通过退休金发放机构享受更有利的社会保障,而那些视觉艺术家和作家的社会保障却形同虚设。与此类似,加拿大制定了《艺术家地位法》,但是该法仅仅适用于联邦政府聘用的艺术家,承认艺术家和制作者的结社和言论自由的权利,以及承认艺术家协会的权利,并促进其所代表的人的社会经济福利,但是该法仅适用于联邦管辖内生产者的限制及其劳资关系,如联邦公共部门劳资关系和经就业委员会确认的雇员、经该委员会认证的谈判单位的成员等,而由联邦管辖范围内生产者分包的文化再生产者则不适用于该法。

西班牙和英国的立法各有不同的侧重人群,西班牙将艺术家和创意工作者划为特殊类别,表演艺术家和斗牛士在一般社会保障制度内被集合归纳在另一个特殊类别。由于艺术家月收入存在相当大的波动,西班牙对他们收入平均化做出了具体规定,同时还对表演艺术家的提前退休做出了规定,帮助他们在到了无法继续工作的年龄时为他们提供补偿援助。此外,西班牙的立法还关注自由职业者,为其规划了残疾保险和退休计划。英国劳动法关注的焦点是进行公共表演的儿童:立法允许与儿童(和弱势成年人)相关的工作活动在"频繁"(即每周一次)或"密集"(即每月4天或以上)两个标准范畴内进行,并要求对将与儿童接触的工作人员进行提前审查。

第三,就文化从业者与企业签订合同的保障来看,德国和摩洛哥的做法特别值得一提。德国的《集体合同法》规定：由工会代表非艺术工作人员与雇主组织（如剧院、管弦乐队和音乐学校等艺术部门和文化设施）缔结了特别合同和工资协议，这些协议规定了歌手、演员、乐手等职业群体的工作条件。此外，还设立了专门的仲裁法庭，以解决上述特殊职业群体的劳资纠纷。此外，针对德国文化领域中小微企业数量居多的特点，德国劳动合同法规定这类特殊的文化从业者可以享有准雇员的劳动法待遇，不过他们需要满足在经济上具有从属性等特点才可以获得与雇员同等的社会保护。这一法律有力保障了"类似雇员"人群，使之能够与其承包人或承包企业签订工资或费用协议。德国特殊的社会保障法使德国的艺术家和记者、作家享有全面的社会保障，一旦被雇用，他们将被纳入一般社会保险范畴中，这一点也是德国所特有的。

摩洛哥根据保障艺术家和电影制作人物质和精神权利的合同而特别颁布了第 26 号法律和第 33 号法律。法律确立了一个更好传播和推广摩洛哥艺术的框架，界定了艺术领域内的每一个专业，并赋予艺术家在与其职业相关的立法中获益的权利，同时界定了社会保障福利和基本医疗保险，规定了艺术部将为艺术家的社会服务提供资金。摩洛哥立法的一个特色：颁布了一项关于"艺术家卡"发放方法的法律，"艺术家卡"为一种职业卡，使持卡人有权享受社会服务和国家对文化和艺术的支持。

第三章 "一带一路"沿线国家文创产业立法比较

当今，世界范围内各个国家普遍重视文创产业的发展。"一带一路"沿线国家也纷纷认识到文创产业的高附加值和可持续发展的特性，力图充分发挥本国的历史传统、人文特色、文化遗产等资源优势，对文创产业进行投资与经营的鼓励，运用法律与政策的手段对文创产业的发展进行规范，以促进本国文创产业的健康推进。各国立法经验和实践表明：利用法律的保障机制，可为文创产业的战略发展保驾护航，促进文创产业同社会经济等相关产业联合互动。整合文化生产要素，深入探究文化经济内涵，促进文创产业的外延与联动，运用法律、政策的机制和市场的杠杆促进文创产业发展，带动文化市场繁荣，为经济社会的发展注入生动的活力。

"文化产业"一词最初来源于阿多诺与霍克海默所著的《启蒙辩证法》，当时的文化产业主要是指资本主义工业下文化商品的生产。❶"创意产业"的概念则最早出现于布莱尔任英国首相时期发布的《创意产业规划图》，其意依然是指向文化产业。随后，"文化产业""创意产业""文创产业"的用法随处可见，英文中单数的"文化产业"（Culture Industry）逐渐转为复合与多元的文化产业。❷ 当下的文创产业含义已经扩展为生产有形或无形的艺术和创意产品，通过文化资产和生产相结合，以知识为基础的商品和服务（传统和当代）创造财富和创收的产业。文创产业的共同点是，它们都利用创意、文化知识和知识产权，生产具有社会文化意义的产品和服务。❸ 文创产业也被誉为21世纪的"朝阳工业"，成为各国竞相发展的战略性产业和提升国家竞争"软实力"的基础与路径，因此各国都在努力通过立法和制定相关政策以提振文创产业的发展，保障文化的交流、思想表达的自由及文化内容的生产创作和经营。本章将从"一带一路"沿线国家对文创产业的不同界定为切入点，分析不同国家文创产业立法的类型，再具体比较各国在公共艺术、表演艺术及音乐、文化遗产、图书馆、电影等文创产业细分领域的法律。

---

❶ 马克斯·霍克海默，西奥多·阿道尔诺.启蒙辩证法[M].上海：上海人民出版社，2015：108.

❷ 吉姆·麦奎根.重新思考文化政策[M].何道宽，译.北京：中国人民大学出版社，2010：86.

❸ ASKERUD P, RICHARD A, ENGELHARD T. Statistics on Cultural Industries: Framework for the Elaboration of National Data Capacity Building Projects [M]. Bangkok: UNESCO Bangkok, 2007.

第一节 "千人千面"——不同国家对文创产业的不同界定

文创产业在不同国家有着不同的表述，如创意产业、版权产业、体验经济产业和内容产业❶，不同国家对文创产业的界定莫衷一是，但归根结底还是指向文化、创意和知识产权密切相关的具体领域。在《欧洲文化系统统计报告 2012》中，文创产业被概括为以下 10 个文化领域：文化遗产、档案、图书馆、图书和出版社、视觉艺术、表演艺术、视听和多媒体、建筑、广告、艺术和手工艺，其经济功能包括创作、生产和出版、传播和贸易、保护文化和文化教育、管理和监管。❷ 这些领域无一例外地都以文学、艺术和科学作品创作者的创作活动为基础，以传播他们创作的作品为手段，以把这些作品变成精神产品（即商品化）为目标。

在国际上，许多国家对文创产业并没有官方的明确定义，而是随着产业的发展和统计的需要，由统计部门或是产业相关基金会对文创产业进行定义和说明。譬如加拿大长期以来没有对文化产业进行准确定义。在 1867 年《英属北美法》和 1982 年《宪法法》中，都没有明确提及"文化"。议会遗产常设委员会（Parliamentary Standing Committee on Heritage）曾经两次审议文化

---

❶ ESSNET-CULTURE. European Statistical System Network on Culture: Final Report [EB/OL]．(2016-11-08)[2018-07-21]．https://ec.europa.eu/assets/eac/culture/library/reports/ess-net-report_en.pdf.

❷ ESSNET-CULTURE. European Statistical System Network on Culture: Final Report [EB/OL]．(2016-11-08)[2018-07-21]．https://ec.europa.eu/assets/eac/culture/library/reports/ess-net-report_en.pdf.

产业的含义，均未达成共识。❶ 在加拿大最古老和最狭隘的文化产业定义只包括专业艺术和古典学科。❷ 然而，根据加拿大贸易服务部对文化产业的说明，文化产业主要包括视听艺术（电影和视频）、音乐、出版作品（书籍、杂志、期刊）、表演艺术、视觉与应用艺术、遗产与博物馆，加拿大文化产业发展基金会（Cultural Industry Developmen Fund）则将音像、录像制作纳入了文化产业门类中。❸

瑞典对文创产业的关注开始于 20 世纪初期，到 20 世纪 30 年代，政府开始越来越多地参与艺术和文化事业。早期的一项典型举措是成立于 1934 年的国家巡回剧院公司（Riksteatern）。20 世纪 50 年代和 20 世纪 60 年代，社会民主党政府继续扩大国家福利体系，在文化领域体现在对文化机构进行了现代化改造，并创建了新的文化机构，如展览和音乐巡回演出机构、电影学院、市政音乐学校及艺术和戏剧学院。通过成立作家基金会向作家分发政府赠款，该基金会是一种基于文化政策的支持系统，是对公共图书馆借书权的补偿。❹ 然而，对于文创产业同样没有一个统一的官方定义。最常用的方法来自知识基金会（KK-stiftelsen），包括"建筑、计算机和电视游戏、设计、电影、摄影、艺术、文学、媒体、市场传播、时尚、音乐、美食、风景艺术，旅游和基于经验的学习"❺。此外，在瑞典的经济统计中，文创产业一般包括时尚行业、视听行业、广告、媒体、建筑、文学艺术和文化遗产。❻

英国是较早提出"创意产业"的国家。英国新工党有意采用"创意产业"一词来取代"文化产业"，因为它被视为一个"统一"和"民主化"的

---

❶ 参见 Cultural Policy and Cultural Diversity in Canada, Prepared for the Council of Europe（2000）。

❷ 参见 Federal Cultural Policy in Canada。

❸ 参见 Canada's Culture, Heritage and Identity: A Statistical Perspective。

❹ 瑞典文化政策 [EB/OL]．（2015-12-08）[2021-01-02]．https://www.culturalpolicies.net/database/search-by-country/country-profile/category/?id=39&g1=1.

❺ 瑞典知识基金会官网 [EB/OL]．（2017-12-03）[2021-01-02]．https://www.kks.se/om-oss/in-english/.

❻ Creative & Cultural Industries in Stockholm [EB/OL]．（2016-12-09）[2021-01-02]．https://www.investstockholm.com/globalassets/invest/reports/report-creative--culture-industries-in-stockholm_final.pdf.

概念。作为一种修辞手段，它弥合了"高"和"低"文化之间的鸿沟——大众市场、文化产业的大众文化产品和如今被称为"精英"的创意艺术的高艺术之间的鸿沟。它还弥合了"艺术"和"工业"之间的鸿沟，即"公共支持"和"商业"的界限。因此，它为整个文化生产提供了一种全面的方法，至少在概念上克服了传统的责任分工。❶ 在此基础上，英国政府文化、媒体和体育部（DCMS）将创意产业定义为来源于个人创造力、技能和人才，并通过知识产权的产生和开发创造财富和就业机会的行业。2007年，英国政府将创意产业划分为广告与营销；建筑；工艺；设计（产品，图形和时尚）；电影、电视、录像、广播和摄影；IT、软件和计算机服务；博物馆、画廊和图书馆；音乐、表演与视觉艺术；出版等9个类别。❷

在德国，文创产业对经济做出了很大贡献。根据德国2009年经济事务和能源部长会议的指南，德国的文创产业囊括至少11个具体行业，包括音乐产业、图书市场、艺术品市场、电影业、广播业、表演艺术市场、建筑市场、设计行业、出版业、广告、软件和游戏产业。总之，一切以市场为导向的、通过媒体创造、生产或传播文化和创意的所有企业、商品和服务都被纳入文创产业当中。❸ 德国国家统计局和联邦州统计局合作编写了2003年出版的《文化金融报告2》（2nd *Cultural Finance Report*），对"文化"一词做出了界定，其含义更倾向于欧盟统计局（EUROSTAT）和教科文组织（UNESCO）的定义，因而更便于在国际范围内进行比较。之后下列事项都由"文化事务"统计办公室来进行统计：戏剧、音乐、科学和其他类别的博物馆、科学和其他类别的图书馆、档案馆、人文遗产、文化管理、艺术院校和外国文化政策。需要补充的是，文化相关事项在德国也包括广播电视和媒体公司、成人教育中心和宗教事务。2006年、2008年、2010年、2012年和2014年文化金融报告继续沿用上述文化概念和支出原则。根据联邦委员会的建议，国家

---

❶ GALLOWAY S. Deconstructing the Concept of "Creative Industries" [EB/OL]. (2016-10-07) [2021-01-02] https://core.ac.uk/download/pdf/127604616.pdf.

❷ 英国创意产业分类 [EB/OL]. (2018-10-03) [2021-01-14]. https://www.culturalpolicies.net/database/search-by-country/country-profile/category/?id=42&gl=3.

❸ 参见 *Cultural and Creative Industries Monitoring Report*（2018）。

政府和州政府要求联邦统计局在 2014 年至 2016 年期间编制一个国家统一的文化统计数据标准。

法国一直十分重视文化的发展。在 1982 年世界文化部长会议上，法国文化和传播部部长雅克·朗提出了著名的"文化与经济是同样的斗争"❶这句话强调了文化活动作为经济发展因素的重要性，也体现了法国对文化的重视。❷法语中的"文化产业"一词通常是指生产商品并提供服务且可复制的内容产业，以及传输和分配产业，如出版（书籍、新闻、唱片、计算机游戏等）、广播（电影、视频、电视、广播）和新闻机构的新闻部门。在实际的经济统计中，法国主要将文创产业分为以下 9 类：音乐、电影、电视、广播、表演艺术、新闻、出版、视频游戏和视觉艺术。❸

俄罗斯的文化发展是从 1990 年苏联的文化政策模式过渡而来的。苏联解体后，俄罗斯继承了苏联时期优先对具有最大传播信息潜力的文化工具的发展策略，如广播、电影及新闻业。俄罗斯于 1992 年制定了《文化基本法》以确定国家在保护、发展和传播文化及文化领域的国家活动中遵循的原则和规范❹，但该国对于文创产业的定义和理解也来源于统计部门。根据俄罗斯联邦分析中心的统计门类，文创产业主要包括媒体、实用性创意产业、艺术行业和文化遗产。❺ 与欧洲其他国家略有不同，在俄罗斯语境中的"产业"主要

---

❶ JACK L. La culture et l'économie, c'est un même combat [EB\OL]. (2018-12-03) [2021-01-15]. https://www.leconomiste.com/article/977258-jack-lang-la-culture-et-leconomie-cest-un-meme-combat.

❷ 法国文化政策体系 [EB\OL]. (2015-12-03) [2021-01-15]. https://www.culturalpolicies.net/database/search-by-country/country-profile/category/?id=13&g1=1.

❸ What Cultural and Creative Industries Bring to France Study on the Ecomomic Impact of the Sector [EB/OL]. (2019-12-03) [2021-01-20]. http://authorsocieties.eu/mediaroom/134/33/What-cultural-and-creative-industries-bring-to-France-study-on-the-economic-impact-of-the-sector.

❹ Russian Cultural Policy: Goals, Threats, and Solutions in the Context of National Security [EB\OL]. (2017-12-14) [2021-01-15]. https://www.researchgate.net/publication/328203766_Russian_Cultural_Policy_Goals_Threats_and_Solutions_in_the_Context_of_National_Security.

❺ KATJA RUUTU. 4 Cultural Industries in Russia [EB\OL]. (2019-12-23) [2021-01-15]. https://www.researchgate.net/publication/285596465_Cultural_Industries_in_Russia.

是指重工业和大规模生产，而不是指经济部门，因此文创产业在俄罗斯更倾向于对文化产品的生产。❶

韩国与上述国家不同，对于文化产业的定义最早可以参见1972年颁布的《文化艺术振兴法》。该法明确规定此法适用于"以文化艺术的创作物或者文化艺术用品为产业手段，并据此企划、制作、演出、展示、销售的行业"。在1999年制定的《文化产业振兴基本法》中，对文化产业的定义为："有关文化商品的企划、开发、制作、生产、流通、消费等服务型行业的产业"。此后该法经历了数十次修改，文化产业范围进一步扩大和细化，基本确定为以下门类：电影产业，音像、录像产业，出版、印刷、定期发行刊物的产业，广播电视产业，有关文化遗产的产业，有关漫画、卡通形象、动漫、教学游戏程序、手机文化、设计（不包括产业设计）、广告、演出、美术品、工艺品的产业，有关数字文化、使用者制作者文化和多媒体传播媒介对文化的收集、加工、开发、制作、生产、存储、检索、流通等产业及其相关服务型行业，利用传统素材和技法进行商品生产和流通的产业，以文化商品为对象举办展示会、博览会、庆典活动的产业。在以上文化产业中，兼容两种以上行业的产业共十大行业。❷

虽然各国对于文创产业没有统一的界定，但是"文创产业"无论有多少种表述方式，也不论被划分出多少种类，其所涉及的行业都离不开被视为主体的"新闻出版""广播影视""文化艺术"和"文化休闲娱乐"四大行业，都离不开被喻为高新技术产业的"软件及计算机服务"和"网络文化服务"两大行业及被喻为传统行业的"设计策划"。这也印证了阿多诺与霍克海默所著的《启蒙辩证法》中对于文化产业三层含义的科学性，即文化已经成为一种新的产业，而不再仅仅是一种主要是精神领域的活动。

---

❶ GARNHAM N. From Cultural to Creative Industries [J]. International Journal of Cultural Policy, 2005 (11): 16.

❷ 金奎燦. 文化内容产业振兴政策时期特别征和成果：1974—2011文化预算分析为中心 [D]. 首尔：首尔大学, 2012: 19.

第二节　文创产业立法类型比较

由于国家之间在政治、经济、文化和法律上存在差异，因此各国在文创产业立法方面也存在着巨大的不同。根据立法侧重点划分，具体表现为以下三种类型：综合性文创产业立法、产业领域分散型立法和部门法分散型立法。以下详细介绍这三种立法类型的特点和代表国家。

一、综合性文创产业立法

综合性产业立法的目的是通过一部或两部综合性的相关法律保障促进文化产业的发展和振兴，法律调整的范围涵盖文化产业发展的各个领域和环节，规范文化产业中各类参与主体的权利义务和法律责任，体现了大而全的立法思路。一般综合性产业立法主要为基础性和纲领性质的立法，目的是从法律角度为文化产业发展引领方向，为国家的文化产业发展政策提供法律依据。

韩国对文化产业的重视和大规模投入源于 20 世纪末亚洲金融危机引发的经济衰退。在摆脱金融危机影响的过程中，政府意识到了文化产业的重要性，于 1998 年正式提出了"文化立国"战略，并把文化产业发展作为新世纪的支柱产业。政府在宏观管理、政策法律、资金投入等方面下了很大功夫，建立了一套完善的可持续发展的模式，使文化产业的发展取得了迅猛的发展和骄人的成绩。为了保证文化产业的规范性和持续性发展，韩国于 1972 年制定了《文化艺术振兴基本法》，并于 1995 年进行了修改。1995 年，韩国又制定了内容产业领域的第一部基本法——《影像振兴基本法》。这部法律明确规定了保障影像产业的制作自由，为后来内容产业的健康发展打下了基础。❶ 该法律的调整对象主要为"影像物"和"影像产业"。根据该法律规定，"影像物"一词指将影像保存于胶片、录像或录音带、磁盘等有形介质，可以通过机械或电子装置进行视听或传播的物体；"影像产业"一词指与影像物的制作、使用、流通、普及、进出口相关联的产业和技术。❷《影像振兴基本法》最大的现实意义是废止了韩国电影的事前审查制度。根据《影像振兴基本法》第4条规定："国家应当保障和尊重创作影像物的自由和自律性"，这一条款最终引发1996年韩国宪法法院判决："事前审查"制度违反了《宪法》第21条规定的言论自由。至此韩国电影事前审查制度终于被废止，并以电影分级制取而代之。自此之后，韩国电影在韩国本土实现了快速发展。

1999年，韩国国会通过《文化产业振兴基本法》，其目的在于对支持和培养文化产业的必要事项进行规定，并为文化产业的发展奠定基础，加强文化产业的竞争力，最终提高国民的文化生活质量，发展国民经济。❸《文化产业振兴基本法》明确规定要推进文化、娱乐及内容产业的发展，并扩大调整范围为整个内容产业及大众文化艺术、文化遗产、传统艺术，为振兴包括内容产业在内的整个文化产业奠定了法律基础。2002年，韩国为适应市场的变化制定了《网络数字内容产业发展法》。2010年的修订将法律调整的对象扩大到整个内容产业，并改名为《内容产业振兴法》。虽然名称里没有"基本法"，但实质上在内容产业领域承担着基本法的作用。❹ 这部法律针对内容产业领域制度进行总体规范，规定了政府振兴内容产业的政策实施原则和总体方针。

总之，《影像振兴基本法》《文化产业振兴基本法》《内容产业振兴法》构成了韩国文化产业的基本法律框架。在这三部基本法的基本框架内，韩国不

---

❶ 申准铉，李政烨. 文化与国家发展：论20世纪90年代后的韩国文化政策[J]. 胡霁荣，译. 中国文化产业评论，2008（2）：327-349.

❷ 参见韩国《影像振兴基本法》第2条。

❸ 参见韩国《文化产业振兴基本法》第1条。

❹ HAKSOON YIM. Cultural Identity and Cultural Policy in South Korea[J]. International Journal of Cultural Policy, 2002（8）：37-48.

仅制定了《电影和录像振兴法》《游戏产业振兴法》《音乐产业振兴法》《新闻类振兴法》等调整个别领域的法律，而且对《影像振兴基本法》《著作权法》《电影振兴法》《演出法》《广播法》《唱片录像带暨游戏制品法》等文化立法进行了修改与完善。❶

瑞士在文化领域的综合性立法主要有《联邦文化促进法》和《联邦文化促进条例》。2009年底瑞士通过了《联邦文化促进法》，该法是瑞士首次为文化产业和文化艺术活动立法，它首先明确了瑞士联邦政府对促进文化产业的职能及义务，并强化了联邦文化事务办公室的法律权威和法定职责，并赋予该部门在促进音乐教育产业和保护文化遗产方面的新的职责，该法律有效规范了瑞士联邦政府在鼓励措施和标准、国际合作、资助方式和资金管理等内容对文化产业的责任和义务。该法还强调了联邦政府必须与州、市和市镇各级政府进行合作，同时也明确了各级地方政府在促进文化产业方面的职责与义务。值得一提的是，《联邦文化促进法》实施之后，联邦文化资金"四年制支付体系"得以确立，从而在法律上对瑞士文化产业的发展带来了强有力的财政支持。《联邦文化促进条例》是《联邦文化促进法》的补充，于2011年底颁布，主要具体规定了《联邦文化促进法》中文化创作者的社会保障的适用范围及文化遗产保护的具体措施等。❷

意大利在文创产业领域的综合性立法是《文化价值法》，这是一部为保障、确认和重振文化产品行业及旅游业发展的立法，涉及文化遗产、表演艺术和电影的一整套金融和管理措施，并对当代艺术给予立法支持，同时注重年轻一代在所有这些文化领域的参与。❸ 此外意大利的《艺术基金法》，虽然是专门法，但是以综合性立法的思路进行立法的。该法旨在保护意大利的

---

❶ 韩国文化产业相关法律[EB/OL]．(2015-11-06)[2018-08-02]．https：//www.law.go.kr/.

❷ Verordnung über die Förderung der Kultur[EB/OL]．(2015-11-06)[2018-08-15]．https：//prohelvetia.ch/app/uploads/2021/01/2021-kulturforderungsverordnung.pdf.

❸ Conversione, con modificazioni, del decreto-legge 8 agosto 2013, n. 91 Disposizioni urgenti per la tutela, la valorizzazione e il rilancio dei beni e delle attività culturali e del turism[EB/OL]．(2013-01-12)[2018-08-15]．https：//www.bosettiegatti.eu/info/norme/statali/2013_0112.htm.

国家文化遗产、促进文化发展和重振旅游业，它包含了18条法律细则，其中税收措施为关注重点，旨在保障并改进意大利公共文化机构的捐款机构和组织。❶ 根据《艺术基金法》，意大利制定了一系列措施提振文化旅游产业，其中包括提供更慷慨的税收减免措施、增加电影领域的税收抵免等。此外，该法在精准定位法律扶持重点文化旅游项目方面也值得一提，提高庞贝古城项目管理透明度及效率、治理皇家卡塞塔王宫及城市郊区建筑再造都在法律中有所涉及，它甚至还强调了城市文化规划战略对于意大利文化发展的重要性意义，并规定每年发起一场名为"意大利文化之都"的年度城市文化规划竞赛。

自1990年以来，俄罗斯联邦的所有成员国只是制定各自国家的文化法，其立法有时与联邦立法有所不同，这一情况不仅导致它们与联邦法律不协调一致的问题，而且导致领土内的文化状况不平衡。在联邦一级，俄罗斯大多数法律是在20世纪90年代通过的，1992年颁布的《俄罗斯文化基本法》（*Basic Law of the Russian Federation on Culture*）是关于人权和文化权利与自由及文化领域中少数民族和少数群体权利的一种"文化宪法"。❷ 它确定了国家在文化和艺术方面的责任，并规定了文化政策原则。1992年，俄罗斯国家杜马通过了《俄罗斯联邦文化立法基本原则法》，其中规定要促进艺术自由和多样性。根据这项法律，国家的一项主要责任是为所有公民提供平等获得文化价值和从事文化活动的机会及促进艺术自由和多样性，并制定有关支持文化发展的政策和法律。此外，《俄罗斯联邦文化立法基本原则法》要求国家不干涉创作过程。❸

乌克兰于1992年颁布了《文化基本法》，该法"规定了乌克兰文化发展的法律、经济、社会和组织基础，规范了创造、促进、保存和使用文化价值领域的社会关系，旨在行使乌克兰在文化领域的主权权利；复兴和发展乌克

---

❶ DECRETO-LEGGE 31 maggio 2014, n. 83 con successive modificazioni vigente al [EB/OL].（2015-11-06）[2017-12-27].https://artbonus.gov.it/la-normativa.htm.

❷ BELUZA A. Russian's Basic Law [EB/OL].（2015-11-06）[2018-08-15].https://russkiymir.ru/en/publications/274010/.

❸ 参见 Russian Federal Law on Culture 2004, article 1.

兰民族文化和生活在乌克兰领土上的少数民族文化；确保创作自由、文化和创作过程的自由发展、专业和业余艺术活动的自由；提供公民获得文化财富的权利；确保文化工作者的社会保护；为文化建设奠定物质和财政基础"❶。

然而在2011年，乌克兰颁布了新的《乌克兰文化法》，该法律考虑了众多的修正案和意见及社会和文化的变化，取代了过时的《文化基本法》。《乌克兰文化法》确定了文化领域活动的法律框架，规范了与文化遗产和文化价值的创造、使用、分配、保存有关的公共关系，并旨在确保获得这些文化遗产的机会。与《文化基本法》相比，《乌克兰文化法》增加了对文化领域劳动者保障的条款，其中在第29条文化领域劳动者的报酬和激励中规定了："文化领域的薪酬应确保创造适当的物质条件，以促进雇员的有效独立创作活动，提高其职业声望，提高其技能，激发有才华的青年参与文化活动"❷。

总体看来，综合性文创产业立法的特点一般都是立足从国家层面通过法律确定文创产业在国家经济活动中的地位，并作为纲领性质的文件对具体行业的立法进行指引。在立法初期，综合性立法的宣言意义一般大于实效意义，如韩国的《影像振兴基本法》，该法律法条正文总共只有15条，包括保障影像物制作者的制作自由和自律性的规定在内大多是一些原则性条款，具体实施办法则依靠政府发布的实施令。瑞士的《联邦文化促进法》、意大利的《文化价值法》、俄罗斯的《文化基本法》和乌克兰的《文化基本法》均是为了确立文创产业在国家发展中的重要作用，缺乏实际的规制和促进效果，这就给了政府扩大权力的空间，可能导致立法本身的目的无法真正实现。为了避免此类法律的局限性，政府往往会补充操作性强的条例来增加法律的实用性，如韩国的《文化产业振兴基本法》一改《影像振兴基本法》宣言性法律的面貌，通过详细的条款对包括内容产业在内的文化产业发展中的基本原则、政府责任及基本制度做出了规定。意大利的《艺术基金法》则从

---

❶ Basic Legislation of Ukraine on Culture [EB/OL]. (2015-11-06) [2019-12-27]. https://zh.unesco.org/sites/default/files/ua_lawbasiclegislation_ukraine_culture_engtof.pdf.

❷ 24 Vidomosti Verkhovnoi Rady Ukrainy 168 (2011) [EB/OL]. (2017-11-06) [2020-12-27]. https://zakon.rada.gov.ua/laws/show/2778-17#Text.

税收方面具体地对艺术产业进行支持。这类补充和细化的法律与纲领性的综合性文化法共同组成了促进文创产业发展的法律体系。

二、产业领域分散型立法

产业领域分散型立法是指针对文创产业内不同领域制定不同的文化立法，如电影法、图书馆法、广播电视法等。产业领域分散型立法更专注于产业发展中的重点领域，优点是对特定领域有细致全面的法律规定，但是缺点也非常明显，就是立法不可能涵盖文创产业中的所有领域，也就更容易产生法律空白，造成无法可依的情形。

瑞典、丹麦、奥地利是欧洲产业领域分散型立法的代表，它们在文化产业领域当中的立法较为细致，且大多数文化产业的主要领域都有具体的立法。如表3-1所示，瑞典《文化遗产纪念法》主要是对古迹、历史建筑、宗教古迹及文化物品出口和修复进行了规制，它同时强调瑞典的每个人都应对文化环境承担责任，行政当局也应考虑和尊重文化环境。❶ 在视觉艺术方面，《个人观看补偿条例》规定国家为视觉和应用艺术作品的公开展览支付个人补偿，年度报酬总额约为2000万瑞典克朗。❷ 1997年1月颁布《图书馆法》以来，瑞典市政当局对公共图书馆进行维护，并避免对其向公众的借阅收取任何直接费用。❸

---

❶ Kulturmiljölag（1988：950）[EB/OL]．（2016-10-06）[2020-12-15]．https：//www.riksdagen.se/sv/dokument-lagar/dokument/svensk-forfattningssamling/kulturmiljolag-1988950_sfs-1988-950.

❷ Förordning（1996：1605）om individuell visningsersättning [EB/OL]．（2013-11-06）[2021-01-02]．https：//www.riksdagen.se/sv/dokument-lagar/dokument/svensk-forfattningssamling/forordning-19961605-om-individuell_sfs-1996-1605.

❸ Bibliotekslag（1996：1596）[EB/OL]．（2015-11-06）[2021-01-05]．https：//www.riksdagen.se/sv/dokument-lagar/dokument/svensk-forfattningssamling/bibliotekslag-19961596_sfs-1996-1596.

表 3-1　瑞典现行文化领域法律

法律名称	颁布年份	内容简介
新闻自由法	1949 年	出版自由、公众获取公共文件的权利、匿名权和违反新闻自由的责任，规定了新闻自由罪、告密罪和采购罪和监督起诉的相关内容及损害赔偿
文学和艺术作品版权法	1960 年	规定了版权的主题、内容、限制、转让、有效期、保护技术措施、赔偿责任等
广播和电视法	1966 年	对广播权及广播中的广告进行规制
广播和电视为公众服务的融资法	1989 年	公共服务中的广播和电视活动及与其直接相关的活动融资、纳税、罚款和资金管理
言论自由基本法	1991 年	言论自由的权利、表达自由罪、告密罪和采购罪及侵犯言论自由的责任
图书馆法	1996 年	图书馆的使用、活动举办、服务及管辖
无线电和电视信号传输标准法	1998 年	政府或政府确定的主管机关对无线电和电视信号传输的监管职责
语言法	2009 年	瑞典语和其他语言在瑞典社会中的地位和使用，保护瑞典和瑞典的语言多样性及个人使用语言的机会。
公开播放的电影年龄限制法	2010 年	主要规定了公开聚会或 15 岁以下人士可以进入的公共活动中放映的电影的年龄限制
关于分配某些政府赠款用于区域文化活动的法律	2010 年	规定了政府或政府确定的主管部门可以发布有关区域文化计划及国家补贴的跟进和报告

如表 3-2 所示，丹麦与文化直接相关的立法大多集中在公共文化领域，如《剧院法》《图书馆法》《建筑物保护法》《档案法》《博物馆法》等法律，而与文化产业相关的法律仅仅有《广播电视法》《视觉艺术法》，不过《丹麦艺术基金会法》《丹麦艺术委员会法》这两部特定的金融法律体现了丹麦从国家层面上对个人创作艺术家和一般艺术领域进行财政扶持的决心与力度。❶因此，一般立法与《丹麦艺术基金会法》《丹麦艺术委员会法》两个级别的立法规范与立法界定体现了丹麦艺术和文化特定领域的文化机构和活动的总

---

❶ 丹麦法律法规［EB/OL］．（2017-11-06）［2021-01-15］．https://www.culturalpolicies.net/database/search-by-country/country-profile/category/?id=10&gl=4.

体目标：一是制定与戏剧、音乐、文化遗产、文学及图书馆、电影、广播及电视相关的一般法则、界定不同领域机构的总体目标、决策结构、能力等。二是《丹麦艺术基金会法》和《丹麦艺术委员会法》规定了个人创作艺术家和一般艺术领域的具体目标和支持计划。

表 3-2　丹麦现行文化立法清单

法律名称	颁布年份	内容简介
丹麦艺术基金会法	2003 年	规定了丹麦艺术基金会的作用和活动范围等
博物馆法	2006 年	规定了文化、自然、艺术类及私人博物馆的运营、组织活动、监管、处罚
图书馆法	2008 年	公共图书馆的目标和活动及政府对公共图书馆的责任
剧院法	2009 年	皇家剧院和教堂的职责、剧院间的合作及政府对剧院的补贴义务
版权法	2010 年	版权内容、限制、转让、有效期、保护技术措施、赔偿责任等
广播电视法	2010 年	对声音和电视节目的发行、公共服务活动、许可、广告赞助等进行规制
丹麦艺术委员会法	2011 年	规定了丹麦艺术委员会的产生流程、责任、监管范围等

如表 3-3 所示，奥地利在文化领域的联邦法律或法案主要集中于电影、艺术表演和博物馆等领域，值得注意的是奥地利在 1988 年颁布了《联邦艺术促进法》(Federal Arts Promotion Act) 主要针对文学、表演艺术、音乐、视觉艺术、摄影、电影、视频和实验艺术形式领域的"当代艺术"。[1] 此外，奥地利根据 1998 年的《电影促进法》(Film Promotion Act) 建立了奥地利电影学院。奥地利电影学院通过为奥地利电影（如电影制片人和制片人）及国际联合摄制分配补贴，支持作为文化产品的电影和奥地利电影摄制及电影发行和电影院，并将年度预算的 15%（总额为 2000 万欧元）用于促进年轻电影制作人和制片人。[2]

---

[1] 参见奥地利《联邦艺术促进法》。
[2] 奥地利电影学院 [EB/OL]．(2016-03-06)[2021-01-15]．https://filminstitut.at/.

表 3-3 奥地利文化领域相关法律

法律名称	颁布年份	内容简介
纪念碑保护法	1923 年	规定古迹保护范围、避免古迹破坏和移动、免受国外非法派遣、保护古迹档案等
萨尔茨堡节日基金法	1950 年	创办萨尔茨堡音乐节，规定演出时间、曲目等
电影促进法	1980 年	成立奥地利电影学院，在文化和经济方面对奥地利电影提供支持
电影电视协议	1981 年	奥地利电影基金的一项协议，促进奥地利电影协会和奥地利广播公司之间的合作
艺术支持法	1981 年	对促进艺术的资金支持的具体措施
公共广播法	1984 年	成立公共广播公司并对其组织构成、宗旨、权利及融资等立法
联邦艺术促进法	1988 年	对艺术创作的公共补贴、艺术家的资金支持
版权法	1996 年	规定了版权法保护的对象、作者权利、邻接权及版权继承等
艺术赔偿法	1998 年	归还国家在纳粹政权期间获得的奥地利联邦博物馆、国家图书馆和联邦图书馆的藏品给原始所有者或合法继承人
联邦剧院组织法	1998 年	成立联邦剧院控股公司，促进其四个子公司与文化领域、商业界和公众之间的政治参与者之间的联系
联邦图书零售价格维护法	2000 年	对图书的固定书价做出规定，限制图书价格竞争
联邦博物馆法	2002 年	规定了联邦博物馆、国家图书馆的权利义务和机构组成

如表 3-4 所示，1988 年加拿大政府出台了《加拿大多元文化主义法》，从而成为世界上第一个用法律形式确认其国家为多元文化主义的国家。此后加拿大在文创产业众多领域中专门立法，形成了与文创产业相关的法律体系。此外，1993 年，《加拿大遗产部法案》(*Department of Canadian Heritage Act*) 颁布，设立了加拿大文化遗产部，在法案中规定了遗产部的职责，其中包括保护多元文化主义、提高艺术家地位，保护文化遗产和促进产业发展等。

表 3-4　加拿大文化产业相关法律

法律名称	颁布年份	内容简介
文化财产进出口法	1977 年	加拿大文化财产出口的审查与管制的相关规定
宪法法案（包括加拿大人权利与自由宪章）	1982 年	第 2 条规定了"思想自由""言论自由""新闻自由"在内的基本自由；第 27 条规定"宪章一定要保护和改善加拿大的多元文化传统。"
加拿大多元文化政策法案	1985 年	肯定加拿大多元文化及其对社会的贡献，并规定政府的责任
加拿大广播电视及通讯委员会法案	1985 年	规定加拿大广播电视及通讯委员会的职责及电视节目的许可
艺术委员会法案	1985 年	成立加拿大艺术理事会并规定其成员、权利、宗旨、职责等
所得税法	1985 年	规定了艺术服务组织的申请条件及对申请成功的艺术服务组织的税收减免
加拿大投资法	1985 年	对非加拿大人的投资审查的相关规定
国家电影法	1985 年	设立国家电影局对电影的促进、生产和发行进行管理
国家艺术中心法	1985 年	成立国家艺术中心公司并规定成员组成、薪酬、宗旨及权利等
体育活动和体育法	1985 年	规定促进加拿大体育活动的相关政策并成立加拿大体育争端解决中心
博物馆法	1990 年	建立加拿大历史博物馆并规定其目的、职能和权利
艺术家现状法	1992 年	规定艺术家的地位及艺术家与制作人之间的专业关系
外国出版商广告服务法	1999 年	对外国出版商在加拿大提供广告服务做出限制

产业领域分散型立法是"一带一路"国家中常见的立法形式。因文创产业领域涉及了多个行业，分散型立法可以有效地为各行业提供法律保障和规范指引，在公共文化领域，许多国家都出台了《博物馆法》《图书馆法》《广播电视法》等，在艺术领域则有《剧院法》《音乐法》等，在诸如电影、广告、新闻出版等具体的文化产业领域中也有不少国家规定了具体的实用性强的法律法规。这些法律在文创产业领域搭建了坚固的法律保障体系，为产业的发展营造了良好的社会经济环境。然而，法律的制定具有滞后性，产业发展的快速与立法滞后的矛盾显得非常尖锐，立法的繁杂性和漫长对于任何国

家来说都成为可能无法克服的困难，因此，许多国家会采取援引相关部门法来解决文创领域中的相似问题。

三、部门法分散型立法

部门法分散型立法通过完备和发达的部门法调整不同产业发展中的同类问题，其特点是可以快速弥补产业发展中某些环节内没有专门针对文创产业法律的空白，特别是在劳动保障、社会保险、税收等领域，德国、法国、英国等国家往往采用《劳动法》《社会保障法》等部门法解决文创产业中的相关问题。

德国虽然有文化领域专门立法，但是数量不多，大部分分散在各部门法中。文创产业由宪法和行政法律中的相关条款所管控，而这些条款并没有编纂成册，而是分散在各个法律中。这些条款包括一系列宪法和法律条款，尤其是德国《宪法》和州宪法、市和县法规、与文化事务有关的州专门法规。比如，德国在1983年1月开始生效的《自主艺术家和新闻工作者社会保险法》。❶ 该法第一条规定，艺术家和新闻工作者享受支援退休保险和法定疾病保险。根据该法规定，艺术家和新闻工作者在缴纳社会保险费用方面也享受一定的优惠，他们只需缴纳一半的费用，另一半由联邦补贴（20%）和企业税收（30%）负担。❷ 2007年德国《艺术家社会保障法》生效，艺术基金的覆盖范围进一步扩大，但对作为受益人的艺术家的资格审查更为严格，要求仅有表演或教授音乐，表演艺术或视觉艺术的人才能享有申请资格，并且仅在德国临时工作的艺术家不具备申请资格，此外还要求艺术家在职业生涯的前三年内才能享受特殊保护。❸ 在税收方面，德国对文化艺术行业实行税收减免，但并没有通过专门的立法来实现，而是由各种专门法案中包含的许

---

❶ 参见德国《自主艺术家和新闻工作者社会保险法》。

❷ KüNSTLERSOIZALKASS: Künstler Sozialkasse-Kurzcharakteristik [EB/OL].（2015-05-06）[2020-12-11]. http://kuenstlersozialkasse.de/wdeutsch/kuenstlersozialkasse-Kurzcharakteristik.pdf.

❸ 参见德国《艺术家社会保障法》。

多法规来规定。例如,《税法》第52条中规定如果"其活动旨在物质上、智力上或道德上支持公众",则对公共组织或个人实行免税,第二款中明确了支持公共的项目包括文化艺术和教育。❶

在德国联邦内的其他地区,如在黑森、北莱茵—威斯特法伦、不来梅等州对公立高校中的文化教育、职业教育、音乐创作教育等通过法律予以保障。北莱茵—威斯特法伦的《继续教育法》(Weiterbildungsgesetz-WbG)第3条明确规定"继续教育包括普遍、政治、职业和文化继续教育领域,要对其进行包括资金等方面的支持"❷。此外,北莱茵—威斯特法伦的《文化框架法》侧重于文化、艺术和文化教育的筹资与发展。这一法案的生效不仅仅涉及一个特定的文化部门,而且涵盖了整个文化领域的框架。因此,北莱茵—威斯特法伦州成为第一个实施文化资助法案的州。该法具体规定了州的宪法使命,描述了州政府的资助原则,并列出了活动领域和规范程序。基于这项法案,该州制定了两项新的法律条例:在立法目标开始时先制定文化筹资计划、在立法机结束时重视监测报告。此外,在档案、纪念碑的保护和成人教育方面,德国各州有特定的文化法律。个别州有《音乐学校法》(Brandenburg)和《图书馆法》(Baden-Wuerttemberg Thuringia)。然而,对于公共剧院、博物馆或管弦乐队等重要的文化机构并没有特别的法律。❸

英国虽然在文创产业领域有诸多专门法进行规制,如《古迹和考古区法》《残骸保护法》《剧院法》《博物馆和美术馆法》等,但在税收、劳动保护等方面也采用部门法来解决文创产业在此方面遇到的问题。在《2006金融法案》的修订中,英国引入了电影税收抵免制度,规定由英国电影制作公司制作或发行、并符合1985年《电影法》文化测试的电影有资格获得税收减免。此外,根据英国电影联合制作条约,预算至少25%由英国企业支出的电影或成本在2000万英镑或以下的英国电影,都有资格额外获得不同程度的税收减免。1974年《工作健康与安全法》涵盖英国职业健康与安全的主要立法,

---

❶ 参见德国《税法》。

❷ 参见德国北莱茵—威斯特法伦州《继续教育法》。

❸ 德国法律法规[EB/OL].(2016-12-23)[2020-12-11].https://www.culturalpolicies.net/database/search-by-country/country-profile/category/?id=15&g1=4.

适用于在工作场所办公的每个人，包括剧院、音乐厅、博物馆和艺术家工作室，并对雇员的工作环境条件做出规定，从而弥补了英国在文创产业工作安全方面的法律缺失。

瑞士在《联邦宪法》中对文创产业有详细的促进条款。例如，第2条第2款规定瑞士联邦有责任促进"国家的文化多样性"；第4条正式规定了四种民族语言；第18条保障语言自由；第21条保障艺术自由；第66条和第67条对文化教育进行了规定；第71条规定联邦可以鼓励瑞士的电影制作和电影文化，可以发布法规以促进电影作品的多样性和质量；第78条规定了保护自然和文化遗产的职责；第93条对广播电视进行了规定。这些与文化相关的法律法规和指令要求瑞士联邦在发展联邦文化促进及其他政策领域（文化兼容性）的制定中均考虑到文化内容。

法国也在许多部门法中增加了调整文创产业方面的条款。例如，为了提高艺术家和创作者的社会地位，1975年颁布的《艺术家、文学和戏剧、音乐和舞蹈、视听和电影、图形和视觉作品的作者的社会保障法令》对《社会保障法》L382-1条款进行了补充，《艺术家、文学和戏剧、音乐和舞蹈、视听和电影、图形和视觉作品的作者的社会保障法令》明确规定了"文学和戏剧，音乐和编舞，视听和电影，图形和塑料作品及摄影作品的作者，必须遵守以下规定，并被强制加入社会保险的一般社会保障计划"。对文创产业中的艺术家和从业者的特殊对待体现在"间歇式"制度上，该制度是为了适应他们的就业不连续的特殊工作机制，让他们有机会获得各种社会保障措施（医疗保险、失业津贴、丧失工作能力和死亡保险、退休养老金、住房援助等）和专业培训。❶ 在税收领域，法国文创产业主要涉及5个领域：艺术和文学创作、保护文化遗产、文化促进、电影、广播和音乐产业及新闻出版。法国也没有针对文化的一般性税收立法，相关领域的税收是通过2003-709号法令对通用税法进行补充，同时对文化领域的税收进行特殊的规定。比如，法国有4种增值税税率，分别为正常率19.6%、中间率7%、降低率

---

❶ Cultural Policies and Trednds in Europe-France [EB/OL]. (2018-11-20) [2020-12-12]. https://www.culturalpolicies.net/.

5.5%、特殊费率 2.1%，正常税率适用于大多数商品和服务。电影院、宴会和游乐场，以及动物园、博物馆、纪念碑、展览和文化场所采取中间率；书籍（纸质和数字）和书籍租赁活动，以及表演艺术售票（剧院、歌舞厅、马戏团、音乐会和演出）采用降低率。新闻出版、公共广播牌照费和新创作或新上演的剧院作品的前 140 场演出的门票收入适用 2.1% 的特别税率。以上不同税率大大降低了文创领域的赋税负担，为产业发展提供了助力。在《创作、建筑和遗产自由法》中，对《版权法》《刑法》《劳动法》《教育法》等部门法进行了补充，重点确认了创作自由的原则和自由文化节目的原则；对艺术家、表演者和制作人之间的关系进行说明，建立调解机制来解决纠纷；规定了电影作品生产和经营账目的透明度；重组和澄清艺术和文化高等教育利益相关者的职权范围；规定包括残疾人在内的所有人都能获得文化和艺术；建立鼓励广播音乐多样化的新规则。

部门分散型立法很好地补充了现有法律中对文创产业相关领域的立法缺失，通过对已有部门法的补充和修订，增加针对文创产业的条款，可以快速弥补法律的空白和降低法律的滞后性，同时有针对性的法律条款也能体现国家对文创产业的重视。

在综合性产业立法、产业领域分散型立法和部门法分散型立法三种立法形态中，综合性产业立法强调法律对产业的整体规划，法律条款相关规定以促进和鼓励产业发展为基调，重在对产业发展方向的指导；产业领域分散型立法是为了调整产业中的具体行业，如电影、新闻出版、音乐、戏剧等，通过专门法规制特定的行业，调整行业内的各种法律关系，为具体行业的发展提供法律保障；部门法分散型立法则是对前两种立法的补充，通过在部门法中的规定对文创产业中的共性问题进行调整。

第三节　公共艺术领域与扶持艺术家的法律比较

艺术是借助媒介或其他特定形式的手段、工具，通过塑造形象、营造氛围，来反映现实、寄托情感的一种文化。公共艺术则是艺术在公共空间中的一种表达，它既不隶属某一类艺术流派，也不拘泥于一种艺术形式。公共艺术体现的是艺术对公共的文化服务，是公共空间中文化的开放、共享和交流。公共艺术的发展能够带动一个国家整体的文化风貌，展现国民对于艺术的欣赏能力。因此，许多国家都制定了针对公共艺术及艺术家的法律，以促进公共艺术的发展和艺术作品的创作，为艺术家营造良好的社会和经济环境，以更好地促进艺术的发展。

一、"艺术百分比"计划：对公共建筑艺术品资助的法律比较

"艺术百分比"计划通常是指在城市建设中将一定百分比的成本用于资助和安装公共艺术品。该计划主要用于资助公共艺术，也允许开发商向公共艺术基金支付一定的费用作为替代方式以支持公共艺术的建设。❶ "艺术百分比"计划最初是在 20 世纪 30 年代初在芬兰国会大厦的建设中由芬兰政府提出的。1956 年，芬兰政府将该原则扩展到了所有公共建筑，20 世纪 60 年代，芬兰各个市政当局都制订了各自的"艺术百分比"计划。1991 年，赫尔辛基市成为第一个对所有建筑项目都采用该政策的城市，从而大大促进了城市艺

---

❶ Percent for Art [EB/OL]．(2019-11-23)[2021-02-12]．https://en.wikipedia.org/wiki/Percent_for_art．

术（甚至在郊区）的巨大发展。❶ "艺术百分比"计划的实施为许多国家解决了提升城市整体艺术水平的资金来源，提高了公众欣赏能力，创造了成功的和有吸引力的公共空间，提升了城市设计的品质，改善了公共设施，并为所在区域的艺术家提供施展其天赋的机会，为艺术产业的发展提供了新契机。

在法国，"艺术1%"（1% for Arts）委员会负责监督"艺术1%"政策的执行情况。该委员会成立于1951年，是专为视觉艺术家设立的服务机构，它所依据的原则是：建造、翻修或扩建公共建筑总费用的1%必须留给专为建筑配套设计的当代艺术品。这一原则适用于地方政府与法国中央政府。执行使得在1951年至2011年的60年间，创作出超过12300件艺术作品。❷ 2002年4月第2002-677号法令修订并确立了"艺术1%"制度的执行和运作框架。该法令明确指出：房地产业务均须订购和摆放符合建筑环境的艺术品。无论该项目已建造，或在扩建中还是正在进行修复工程，其金额应为成本金额的1%，但最高不超过200万欧元。❸

西班牙1985年《历史遗产法》（The Historical Heritage Act）提出了支持视觉艺术的两项重要措施，其中的第二项支持措施是实行"文化的1%"工程，即所有公共工程预算的1%将支付给国家，以对保护加强国家遗产并培养艺术创造力进行资助。然而，到目前为止，这些资助的大部分被用于遗产保护领域，很少用于艺术创作。西班牙发展部（the Ministry of Development）在2013年10月，为了进一步推动西班牙历史遗产的保存，决定将该计划的额度从公共工程预算的1%扩大到1.5%。❹

意大利于1949年颁布了《公共艺术大厦标准法令》，该法令是唯一一部意大利国家层面直接支持当代视觉艺术创作的法令。《公共艺术大厦标准法令》规定在修建公共建筑的投资中，需有2%的资金用于购买当代艺术家的

---

❶ 参见 The Handbook of the Percent For Art Principle in Finland。
❷ 法国法律法规［EB/OL］．（2018-10-13）［2021-02-01］．https://www.culturalpolicies.net/database/search-by-country/country-profile/category/?id=13&gl=4.
❸ 参见西班牙《历史遗产法》。
❹ 西班牙法律法规［EB/OL］．（2017-12-10）［2021-02-02］．https://www.cultural policies.net/database/search-by-country/country-profile/category/?id=38&gl=4.

作品以装饰修建的大厦。❶ 该法令于 1960 年和 1997 年两次修订，但并没有得到彻底执行，且关于艺术作品的选择标准也饱受争议。❷ 为了弥补地方性财政资源紧缺导致对当代艺术发展支持匮乏的局面，意大利发布第 29/2001 号法令，并根据法令要求制订了当代艺术年度计划，并提供 500 万欧元资助国家博物馆和国家美术馆收藏当代艺术品作为公共资产。

德国于 1950 年通过了《公共建筑艺术法》(Kunst am Bau)，以促进视觉艺术家的发展，并将艺术带入公共空间。这项法律规定，公共建筑的建筑预算中有 1%~2% 的预算应该用于与建筑相关的艺术作品。❸ 这项规定经过几次修订，发展成为"国家施工任务实现准则"，并只适用于在国家级进行的建设项目。❹ 德国各州对在其责任范围内进行的建筑工程也实行了类似的规定，其中一些规定的名称与国家施工任务实现准则相同，另一些则以"公共空间的艺术"为标题。

英国在 1988 年通过英国艺术委员会、苏格兰艺术委员会、威尔士艺术委员会、工艺委员会及各区域艺术协会共同提出"百分比艺术"(Percent for Art) 立法，但英国至今尚未通过公共艺术条例，也没有明确界定公共艺术的概念，对公共艺术的指导存在于各市、郡和地区议会的诸如"公共艺术政策""公共艺术策略""公共艺术指导"等指南性文件中。❺ 自 1988 年以来，50 多个城市和地方政府采用了"百分比艺术"政策，并实施了与翻修、建筑、环境和规划方案有关的计划。城市发展公司依法有义务提供一个在视觉上有吸引力的环境。2006 年 6 月公布了关于北爱尔兰建筑与建筑环境的政府

---

❶ 参见意大利《公共艺术大厦标准法令》。

❷ 意大利法律法规 [EB/OL]．(2017-11-15) [2021-02-02]．https://www.culturalpolicies.net/database/search-by-country/country-profile/category/?id=20&g1=4.

❸ 参见德国《公共建筑艺术法》。

❹ Leitfaden Kunst am Bau-Aktualisierung 2012 [EB/OL]．(2017-04-16) [2020-12-12]．https://www.bbr.bund.de/BBR/DE/Wettbewerbe/Kunstwettbewerbe/LeitfadenKunstamBau/leitfaden_KunstamBau.html;jsessionid=8CDBAF42F7BCEF64084E541BF39869EC.live11292?nn=2121768.

❺ Public Art Online Resources [EB/OL]．(2018-12-16) [2020-12-12]．http://www.publicartonline.org.uk/resources/reports/percentforart/percent_schemes.php.html.

政策，这份文件在提高建筑与建筑环境设计标准方面有进一步提升，它提供了一系列公共项目作为良好的参照范例，从而鼓励其他私营部门采取类似的战略。

"艺术百分比"计划是一个总体的公共艺术规划，所涉及的内容非常详尽，不仅具有立法的强制性规定，同时也涵盖具体的政策和运行机制，既包括条例、宗旨、目标，也包含公共艺术定义、资金来源、艺术家及作品遴选方法、社区介入和公众参与方式等，从而融法规、政策、机制于一体。"艺术百分比"计划为公共艺术发展提供稳定的资金来源、政策保障、行之有效的管理体系和系统的运作机制，从而可以有效保障公共艺术的公共性价值和艺术品质，使其在城市和整体文化架构中发挥多元的作用。

二、支持和奖励艺术家的相关法律比较

从 20 世纪 90 年代开始，俄罗斯为了支持高质量的艺术作品创作，设立了俄罗斯青年文化演员总统奖、俄罗斯联邦政府文化奖、俄罗斯民间灵魂艺术家政府奖，对知名的艺术机构、艺术家和艺术公司进行奖励。2007 年俄罗斯设立了当代俄罗斯艺术"康定斯基奖"，奖金为 5.5 万欧元，其目的是发展俄罗斯现代艺术，推出新的艺术项目和艺术家，发掘新的艺术趋势，加强其他国家与俄罗斯在艺术领域的合作。[1]除了通过奖励来促进艺术领域的发展，俄罗斯政府还通过政府捐赠的形式对艺术领域进行支持，在 2010 年，俄罗斯联邦文化部将支付 18.79 亿卢布的国家捐赠，2011 年和 2012 年的计划预算中分别指定了 17.9 亿卢布和 15.34 亿卢布。[2]

斯洛伐克根据 13/1993 号法案，设立了专门支持作家和口译人员的艺术基金会。该基金会是具有自治管理权的公共非营利机构，主要管理文学基金、音乐基金、视觉艺术基金。文学基金主要用于文学艺术（原著和翻译文

---

[1] 康定斯基奖官网[EB/OL]．（2017-10-16）[2021-01-12]．http：//www.kandinsky-prize.ru/o-premii/nasha-missiya/?lang=en.

[2] 俄罗斯法律法规[EB/OL]（2016-10-10）．[2021-02-14]．https：//www.culturalpolicies.net/database/search-by-country/country-profile/category/?id=33&gl=7.

学，文学科学和批评），戏剧、电影、广播、电视和娱乐艺术领域；音乐基金主要用于古典和流行音乐领域，以及音乐科学和批评领域；视觉艺术基金用于视觉艺术、建筑、摄影、修复艺术等领域。❶ 艺术基金会的资金来源主要由作家、表演艺术家的版权费、企业活动中使用免费艺术作品的费用、艺术作品使用费及空白磁带的制造商和进口商的捐款组成。基金会通过提供奖学金、奖励、游学旅行捐款等方式支持创造性活动。

奥地利在 2005 年成立了奥地利音乐基金，该基金会旨在促进奥地利专业音乐作品发展，以增加音乐创作和传播，并加强奥地利作为创意城市的地位。奥地利音乐基金会面向居住在奥地利的所有音乐创作者、翻译、音乐制作人、音乐出版商和唱片公司开放。❷ 此外，奥地利根据《电影促进法》的修正案，于 1998 年成立了具有独立法人资格的奥地利电影学院（以前称为"奥地利电影促进基金会"），负责奥地利电影业的结构变化，对电影制作的支持及对奥地利电影文化的刺激和改善工作。奥地利电影学院将年度预算的 15%（总额为 2000 万欧元）用于促进年轻电影制作人和制片人。2020 年文化艺术大臣宣布增加 200 万欧元的预算，以在新冠肺炎疫情大流行期间为奥地利国内电影的生产提供更稳定的支持。❸

俄罗斯国际慈善基金会于 1994 年 5 月由当代杰出音乐家弗拉基米尔·斯皮瓦科夫创立。该基金会的主要目标是为青年艺术人才提供专业支持，为他们的发展创造条件。基金会的地理分布覆盖了俄罗斯 300 多个城市，以及国外 50 多个国家。自基金会成立后，在俄罗斯国内外举办了约 1 万场音乐会，举办艺术展览 1100 次，出版青年艺术家作品目录 16 部，每年有 2500 人成为基金会的奖学金获得者，1500 多人参加基金会的项目，800 人获得国际比赛

---

❶ 斯洛伐克法律法规 [EB/OL]．(2017-11-16) [2021-02-10]．https://www.culturalpolicies.net/database/search-by-country/country-profile/?id=36.

❷ 奥地利音乐基金会使命宣言 [EB/OL]．(2019-11-14) [2021-01-10]．https://www.musikfonds.at/Mission-Statement.htm.

❸ 奥地利电影学院资助指南 [EB/OL]．(2019-12-16) [2021-01-12]．https://filminstitut.at/en/aid/guidelines.

和节日的荣誉。❶

德国在联邦一级,主要通过艺术家和文化演员的自组织机构为艺术家提供支持,这些机构包括艺术基金会、德国文学基金会、社会文化基金会、表演艺术基金会及德国音乐基金会资助的项目理事会,主要在全国范围内支持重要的当代艺术展览、竞赛,提供奖学金及其他形式的展览。德国联邦文化基金会(Bundeskulturstiftung)是联邦文化促进活动的主要参与者之一。它的任务是在国际范围内促进方案和项目。除了不限于特定部门或主题的一般项目资金外,联邦文化基金会还制订了支持电影制作和发行的"Hochdrei 计划"❷,其他计划包括 TRAFO—转型文化模型计划,以促进"将公共资助的文化机构可持续地转变为农村地区活跃的文化和聚会场所"❸。此外,德国还成立了许多地区基金会,如 Medienboard Berlin-Brandenburg 基金会,该基金会资助范围包括短片、实验片、商业作品,以及高端电视剧、网络剧、游戏等,预算的主要部分用于影院上映的电影,唯一的技术要求是申请公司或生产商位于德国(柏林或勃兰登堡享有优先权),并且市委有一个德国经销商附属于项目。❹ 在德国,文化艺术奖也是一项特别重要的支持艺术发展的手段,其范围和重要性在近几十年来不断增长。1978 年,《文化奖手册》(*Handbuch der Kulturpreise*)列出了 776 个奖项,经过数十年的发展,目前德国共有 2661 个主要奖项,其中有 405 个属于文学领域,其次是跨学科奖项为 391 个,视觉艺术为 364 个,音乐为 301 个,媒体和新闻为 301 个,电影为 181 个,设计、摄影、艺术品为 140 个,建筑、文化遗产保护为 124 个,表演艺术为 120 个,其他奖项为 334 个。❺

---

❶ 斯皮瓦科夫基金协会关于我们[EB/OL].(2017-11-06)[2020-12-12].https://spivakov.ru/fund/about-us/.

❷ 德国法律法规[EB/OL].(2019-10-06)[2020-12-12].https://www.cultural policies.net/database/search-by-country/country-profile/category/?id=15&g1=7.

❸ TRAFO-转型文化模型计划官网[EB/OL].(2020-10-19)[2021-01-12].https://www.trafo-programm.de/2415_programm/2558_uber-trafo.

❹ European Audiovisual Observatory.Mapping of Film and Audiovisual Public Funding Criteria in the EU[EB/OL].(2017-10-06)[2021-01-14].https://rm.coe.int/mapping-of-film-and-audiovisual-public-funding-criteria-in-the-eu/1680947b6c.

❺ 参见 *Entwicklung der Kultur und Literaturpreise seit*,1978。

法国国家当代艺术基金（Fonds National d'Art Contemporain）于1976年成立，为视觉艺术、摄影、录像和设计等领域的当代作品提供资金支持。基金会能够确保定期开展出版活动和教育活动，并设置专门的基金购买当代艺术作品，确定考核机构和区域政府在当代艺术领域的作用的办法。自创立以来，该基金已经支持了4200名艺术家收藏了26000件作品。❶

芬兰在1969年颁布了《国家艺术家资助法》，规定了芬兰艺术委员会对艺术活动的支持领域，主要包括为个人艺术家提供赠款、为单个艺术家或项目组提供项目／差旅补助及资助发展集体团体的艺术和文化。在为个人艺术家提供的赠款中，主要针对所有艺术领域的艺术家为其提供工作补助。补助金的期限为6个月至5年；也有较长时间（最多十年）的奖学金授予优秀艺术家。艺术教授职位是基于艺术卓越而获得的高薪终身职位。在2010年《国家艺术家资助法》修订之后，艺术教授的大部分薪水已转入艺术家教授的补助金。为单个艺术家或项目组提供的项目和差旅补助涵盖了所有主要的艺术形式，但项目要符合多元文化主义、北欧文化开发及本地艺术家。资助发展集体团体的艺术和文化要求他们的申请人致力于开发高质量或前卫的产品，如艺术电影、实验音乐和新型舞蹈；或者是为了创造新艺术形式，如媒体艺术、多学科艺术形式。跨国文化合作也可以申请该项支持。❷

保加利亚根据《文化保护和发展法》于2000年设立了国家文化基金，其主要目标是根据国家计划在相应时期内制定国家文化政策，支持文化发展。国家文化基金的理事机构是管理委员会，其主席是文化部长。董事会成员是杰出的文化人物／艺术家工会的代表／每个城市、文化部和财政部的代表。国家文化基金会协助政府营造文化发展环境并为其制定国家文化战略，提供资金支持，积极参与文化部的项目，并从捐赠和与其他机构的伙伴关系中吸引更多资源。❸ 保加利亚还设立了"Paisii Hilendarski 国家奖"，该奖项每年

---

❶ 法国国家当代艺术基金会维基百科[EB/OL].（2016-12-26）[2021-02-12]. https://en.wikipedia.org/wiki/Fonds_national_d%27art_contemporain.

❷ 参见芬兰2010年《国家艺术家资助法》。

❸ About the Portal [EB/OL].（2019-11-06）[2021-02-07]. https://www.ngobg.info/en/index.html.

授予一位重要的保加利亚艺术家（作家或表演者），其作品需具有重要意义或与保加利亚的历史和传统有关。此外还有"黄金时代奖"，以表彰对保加利亚文化的发展和普及做出卓越贡献的艺术家或作家。

在公共艺术领域，许多国家通过"艺术百分比"计划明确了对公共艺术的资金支持，在城市建设和开发的同时也保证了公共艺术的同步发展。在对艺术家的支持和保障中，艺术基金和艺术奖起到了非常重要的作用。通过艺术基金和艺术奖，艺术家在创作、国际交流、项目开发、继续教育乃至生活保障等方面都获得了巨大的帮助，从而也为艺术发展提供了重要的物质保障。

第四节 文化遗产法律比较

文化遗产根植于一个国家或者民族的历史文化积淀,对其保护不仅有利于本国或者本民族文脉的延续,对世界文化的多样性也具有重要意义。文化遗产的保护离不开法律的坚强保障,为了避免文化遗产遭受破坏,一些国家强调通过立法对文化遗产进行保护。文化遗产立法最早始于近代欧洲,至今已经被世界多数国家所采用,形成了较为成熟的法律体系。[1]纵观"一带一路"沿线国家的文化遗产法律,虽然具体内容不尽相同,但是都囊括了文化遗产保护的几个基本问题。其一,对文化遗产概念进行法律界定,从而奠定文化遗产法律的前提;其二,确立文化遗产的立法模式,它体现着一个国家文化遗产法律体系的完善程度;其三,对文化遗产管理机构及其职责进行法律规定,这是文化遗产管理顺畅运行的保障;其四,规定文化遗产的资金支持措施,因为文化遗产的公共性需要政府、社会乃至公众予以资金支持。以上四个方面是文化遗产保护必须解决的问题,也是各国的文化遗产立法的核心内容。因此,本节将从文化遗产的法律界定、文化遗产的立法模式、文化遗产的管理机构及文化遗产的资金保障几个方面对各国的文化遗产法律进行比较研究,探究各国文化遗产法律之间共性与差异。

一、文化遗产法律界定

研究文化遗产相关法律的前提是明晰法律文本中"文化遗产"一词的概

---

[1] 叶秋华,孔德超. 文化遗产法律保护中的几个问题[J]. 法学,2008(5):34-40.

念。由于不同主体对历史文化传统的认识和理解存在差异，文化遗产的概念未能形成统一的界定。同时，随着对文化遗产认识的深入，文化遗产概念的法律界定也在不断完善，在国际法和国内法中都经历了一定的转变，具体表现为：首先，从国际法视角出发，文化遗产的法律界定经历了从"文化财产"（Culture Property）到"文化遗产"（Culture Heritage）的转变。其次，从各国的文化遗产法视角出发，文化遗产的法律界定经历了从"古迹"（Monument）、"遗址"（Site）、"古物"（Antiquity）、"遗迹"（Relic）等单一文化要素，向同时重视文化要素与自然要素相互作用而形成的"混合遗产""文化景观"方向发展。总体而言，文化遗产法律界定的范围和种类不断扩大，并确立了全面的物质文化遗产和非物质文化遗产的保护对象，文化遗产的法律界定日趋科学合理。

（一）国际法视角下的文化遗产法律界定

在国际法上，1954年《关于发生武装冲突时保护文化财产的海牙公约》（*Hague Convention for the Protection of Cultural Property in the Event of Armed Conflict*）首次在法律语境中使用了"文化财产"一词。该公约第56条规定要保护市政当局和宗教、慈善和教育、艺术和科学机构的财产，禁止扣押、毁坏或故意损坏这些机构、历史古迹、艺术和科学作品。这是法律规定中最早对文化遗产相关概念进行的界定。"文化财产"从法律意义上来说是财产法的补充，"财产"在传统意义上强调个人对其所拥有的法定权利，因此相关研究者多与不动产法、个人财产法和知识产权法并置研究。作为一个根植于西方知识传统的概念，文化财产更强调物质上的所有权，它虽然涵盖了古迹、遗址、可移动文物及受到知识产权保护的小部分无形文化遗产，但是却无法保护如仪式、民俗、表演等重要的非物质文化遗产。因此，文化财产的概念难以全面涵盖承载人类文明的生活方式和思想传统等无形文化遗产，在一定程度上使法律规定的范围狭窄。基于此背景，1972年联合国教科文组织在《保护世界文化和自然遗产的公约》中开始首次使用"文化遗产"的词汇，奠定了"文化遗产"这一概念在国际范围内的广泛使用。该公约第一条明确指出："在本公约中，以下各项被视为'文化遗产'（Culture Heritage）。

文物：从历史、艺术或科学角度看具有突出的普遍价值的建筑物、碑雕和碑画、具有考古性质成分或结构、铭文、窟洞及联合体；建筑群：从历史、艺术或科学角度看在建筑式样、分布均匀或与环境景色结合方面具有突出的普遍价值的单立或连接的建筑群；遗址：从历史、审美、人种学或人类学角度看具有突出的普遍价值的人类工程或自然与人联合工程及考古地址等地方。"❶ 联合国教科文组织所界定的文化遗产包括文物、建筑群和遗址，主要是指物质文化遗产。除了联合国教科文组织之外，欧洲委员会也在其国际文书中使用了"文化遗产"，1969 年《欧洲保护考古遗产公约》中强调了遗产的要素，1985 年《保护欧洲建筑遗产公约》序言中指出"建筑遗产是欧洲文化遗产丰富性和多样性的不可替代的表现"。2002 年《保护世界文化遗产乐山宣言》中提出，文化遗产首先是"民族精神文化和国家文明形象的标志和骄傲"，其次才是"沉淀了人类文明且世代相传的宝贵精神资源和物质财富"❷。文化财产概念向文化遗产概念转化包含了两方面法律含义的变化：一方面，文化遗产的保护范围得以完善，从关注遗产的物质层面转变为关注遗产的精神文化价值；另一方面，文化遗产具有的公共利益属性得以重视，"遗产"体现了继承和保护的概念，而"财产"难以体现。

从"文化财产"转变为"文化遗产"，文化遗产的概念在国际法领域得到普遍使用。与此同时，非物质文化遗产和水下文化遗产的保护也逐渐得到重视。2001 年，为了协调水下遗产（包括古代沉船及沉没遗址）与陆地文化遗产的保护，防止淹没考古遗址的破坏，联合国教科文组织颁布了《保护水下文化遗产公约》，2003 年又颁布《保护非物质文化遗产公约》对非物质文化遗产进行规定和保护。欧盟关于"文化遗产对社会的价值"的《法罗公约》将文化遗产定义为"一组从过去继承的资源，人们认为这些资源独立于所有权，反映和表达了他们不断变化的价值观、信仰、知识和传统"，强调

---

❶ 参见 1972 年联合国教科文组织《保护世界文化和自然遗产公约》第 1 条。
❷ 参见 2002 年 9 月 2 日在中国乐山召开"世界遗产保护论坛国际会议"中通过的《保护世界遗产乐山宣言》。

了有形和无形之间的混合。❶ 非物质文化遗产是世界各民族世代相传的传统文化，多以无形的形式存在，在城市化和现代化的冲击下面临消失的危机。非物质文化遗产法律的完善，推动了非物质文化遗产的传承，有利于文化遗产法律体系的系统化发展。

（二）国内法视角下的文化遗产法律界定

当我们聚焦文化遗产的国内法时，可以发现各国早期的立法中较少提及文化"财产"或"遗产"，而是使用"古迹"（Monument）、"遗址"（Site）、"古物"（Antiquity）、"遗迹"（Relic）等术语。在法国历史文化遗产法律体系中，首个被确定的概念是"历史建筑"（Monument Storique）。1887年法国颁布了第一部历史建筑保护法律，该法确定"历史建筑"为法定概念，并明确规定历史建筑作为一种公众利益应受到保护。❷ 英国最早的文化遗产法案为1882年的《古迹保护法》（*Ancient Monuments Protection Act*），它同样使用了"古迹"对英国史前遗产进行登陆和保护。❸ 随着各国文化遗产法律的持续修订，逐渐形成了对"文化遗产"的系统性规定。澳大利亚在执行1970年教科文组织《关于禁止和防止非法进出口文化财产和非法转让其所有权的公约》时，通过了1986年《保护可移动文化遗产法》。"澳大利亚可移动文化遗产"是指对澳大利亚或澳大利亚某一特定地区具有重要意义的文物，包括民族学、考古学、历史、文学、艺术等，科学或技术等方面的重要价值。澳大利亚的其他相关立法包括1984年《土著和托雷斯海峡岛民遗产保护法》、1975年《澳大利亚遗产委员会法》和1977年《新南威尔士州遗产法》。

荷兰《文化遗产法》明确指出"文化遗产"包含两层含义，即物质实体的文化遗产和非物质实体的文化遗产，非物质文化遗产分成不同类别，包

---

❶ VALTYSSON J. From Policy to Platform: The Digitization of Danish Cultural Heritage [J]. International Journal of Cultural Policy, 2017 (23): 545-561.

❷ 叶秋华，孔德超. 论法国文化遗产的法律保护及其对中国的借鉴意义 [J]. 中国人民大学学报，2011（2）：16-25.

❸ 杨丽霞. 英国文化遗产保护管理制度发展简史（上）[J]. 中国文物科学研究，2011（4）：84-87.

括民俗文化、民俗技艺、口述历史及礼仪习俗等表现手法等。❶ 意大利采用的是列举式定义。在意大利文化遗产保护核心法律《文化和景观遗产规范》(*Codice dei beni Culturali e del Paesaggio*, Code 42/2004) 中，可移动与不可移动文物、景观和自然环境、考古区均被纳入一个专门的法律保护体系中，统称为"文化遗产"（Beni Culturali）。意大利文化遗产立法比较详尽地阐述了具有艺术、历史、考古、人类学价值的可移动与不可移动文物种类，同时将其分为文化财产和风景财产两个板块来加以保护。❷ 文化遗产的概念受到各国的传统文化和思想价值观念的影响而难以形成统一的定论，不同国家基于自身文化特性而制定的法律更能凸显保护文化多样性的根本目的。虽然各国对于文化遗产概念界定的具体范围有所不同，但都是基于尽可能全面地保护现有的物质和非物质的文化遗产的理念。

二、文化遗产立法模式

一般说来，立法模式是指一个国家创制法律的惯常套路、基本体制和运作方式等要素所构成的有机整体，它是一个历史范畴的概念描述，对整个立法活动有直接而现实的影响。"一带一路"沿线国家文化遗产的立法模式呈现不同特点，主要有分散式立法、统合式立法及国家与地方结合立法三种模式。从法律的集中与分散程度角度，可以总结为分散式立法和统合式立法两种模式。分散式立法指文化遗产的法律条文相对分散，针对不同种类的文化遗产分别立法，呈现法律分散繁多的特点，代表性国家是印度。统合式立法则是通过一部或两部综合性的法律对文化遗产相关问题进行全面规定，如法国、意大利和希腊等国，这种立法模式是一种相对较为成熟的模式。从立法过程中国家和地方的主导作用看，各国基本采取的是国家与地方结合型的立法模式，国家从宏观角度对文化遗产立法进行引导，而地方在国家规定的范

---

❶ 田艳，艾科热木·阿力普.《文化遗产保护法》的统一立法模式考量[J]. 西南民族大学学报（人文社科版），2019，40（2）：58-62.

❷ XIAOMING Z. Analysis of the Cultural Heritage Conservation System on the Level of Central Government in Italy [J]. World Architecture, 2009（6）.

围拥有制定本地区文化遗产相关事务法律法规的自主权。由于各国政治体制、经济体制和管理体制的不同,因而国家和地方在立法中的权力和效力也存在差异。

(一)分散式立法

分散式立法是指针对不同种类的文化遗产出台单行法律法规,也可称为概念型立法。随着文化遗产概念的不断扩展,制定相应的法律、法规等对文化遗产法律保护不断完善。最初各国对于文化遗产的关注只局限于以文物、建筑、古迹等为主的物质文化遗产,因此,分散式立法的国家也成为主流。目前,仍然有部分国家为分散式立法体系,其中具有代表性的国家就是印度。印度文化遗产管理法分为中央法案、地方法案、城市遗产法案和非物质文化遗产法案四大类别:中央法案包括1878年《印度宝藏法案》、1904年《古迹保护法案》、1959年《古迹考古遗址及遗址规则》、1972年《古物与艺术珍宝法案》、1986年《环境保护法》五部法案,这些法律分别针对文物、古迹、环境及其发展立法,尚未形成文化遗产领域的系统性法律。[1] 分散式立法模式虽然能为文化遗产提供必要的法律保护,但是存在着相关法律过于分散繁杂,法律条文查找、学习及普及的负担较大,司法效率较低的问题。因此,随着立法的不断完善各国呈现普遍的立法倾向,即文化遗产立法体系由分散走向统合。

(二)统合式立法

统合式立法是指通过较为统一的法典或者综合性法律来规范和调整文化保护的一种立法形式。相对于分散型立法模式,它较为成熟,代表国家有法国、意大利、希腊、荷兰等国。以法国为代表的国家,在文化遗产法律体系尚未完善时期属于分散式立法,而后随着法律体系的成熟转向统合式立法。法国已经形成了以《遗产法典》为核心的综合性法律,但是这一过程并

---

[1] Compendium Culture Policies & Trend [EB/OL]. (2019-08-01)[2021-01-15]. https://www.culturalpolicies.net/.

非一蹴而就。法国文化遗产保护体系的建立经历了保护对象、范围、方式等不断完善的过程。早期文化遗产法律数量众多，包括了《保护历史古迹法》（1913年）、《景观保护法》（1930年）、《历史性街区保存法》（1962年）、《文化财产流转法》（1992年）、《遗产基金法》（1996年）等多部法律。❶ 从2004年开始法国通过《遗产法典》将不同时代制定的、体现不同思想的法律法规汇总，并且每年修订，不断完善。

与法国类似的有意大利文化遗产法律。意大利中央政府的法令繁多，且变更频繁，多以"第几号令"的形式出现。意大利最早的文化遗产法为建国后颁布的双重法令：《文化遗产保护法》（Decree of No.1089）和《保护自然古迹法》（Decree of No.1497）。1999年议会通过专项法案，将以往众多法律中的包含文化遗产及环境遗产的立法条文归纳在一起，并将《文化遗产保护法》和《保护自然古迹法》合并为"联合法"。❷ 2004年颁布《文化和景观遗产规范》取代"联合法"，成为意大利文化遗产保护的核心法律，也促使意大利的文化遗产立法不断走向统一。

2002年希腊第3028号法律规范了文化遗产保护和管理的各个方面，取代了1932年和1950年的立法的一系列复杂修正案，文化遗产的概念扩展到了希腊境内的所有文化遗产，包括古迹、遗址、可移动文物及非物质文化遗产（如口头传统、神话、音乐、舞蹈、技能和习俗）。荷兰于2016年7月1日生效的《遗产法》（Erfgoedwet），取代了1988年《纪念碑和历史建筑法》（Monuments and Historic Buildings Act）和1984年《文化遗产保护法》（Cultural Heritage Preservation Act）在内的文化遗产领域六项法律。新的《遗产法》涉及了八个问题：国家收藏的管理、控制与国家博物馆的关系、处理物品和收藏品的规则、保护国家古迹、考古遗产规则、文化产品的归还、金融、监督和执行，成为荷兰文化遗产领域的一部较为全面的综合性法律。❸

---

❶ VOIR REGIS NEYRET.Du monument isolé au "tout patrimoine"[J]. Patrimoine et aménagement urbain, 2004（79）：234.

❷ 参见意大利《文化和景观遗产规范》。

❸ 参见荷兰《遗产法》。

(三)国家与地方结合立法

国家和地方的主导作用方面在立法过程中就有不同显现。目前世界范围内各个国家普遍采取的是国家与地方结合型的立法模式,也就是国家从宏观角度对文化遗产立法进行总体引导,而地方在国家规定的范围内拥有制定本地区文化遗产相关法律法规的相应自主权。国家与地方结合立法能够起到宏观引导和保证国家立法权威性的作用,同时也发挥了地方立法的因地制宜和可操作性,从而形成全面的文化遗产法律保护体系。本书将以西班牙、美国、意大利和法国为例,对各国国家层面和地方层面的文化遗产立法进行探析。

西班牙国家层面的文化遗产相关法律主要是《宪法》和《历史遗产法》。西班牙1978年《宪法》第46条规定了政府"保存和促进西班牙人民的历史、文化和艺术等历史文化遗产"❶。在宪法规定的基础上,西班牙于1985年通过《历史遗产法案》,这是西班牙历史遗产保护方面规范最为完整的法案。西班牙《历史遗产法》对各种动产、不动产的文化资产定义、遗产所有人申报登记、文化资产的保护和维修义务、政府资金支持及关于文化机构的规定等都做出了规定,是一部综合性的法律,具有较强的权威性。地方政府在《历史遗产法》的授权范围内进行自治。1985年西班牙《历史遗产法》授权自治区政府有统计、编列区内艺术资产的责任,以及优先承购的权利,各自治区政府也可以制定相关法律管理自治区文化遗产事务,它们出台的地区相关法律有:巴斯克自治区(7/1990法令和2/2007法令)、卡斯蒂利亚—拉曼恰社区(4/1990法令);加泰罗尼亚(9/1993法令)、加利西亚(8/1995法令)、瓦伦西亚共同体(4/1998法令)、马德里(10/1998法令)、坎塔布里亚(11/1998法令)、巴利阿里群岛(12/1998法令)、加那利群岛(11/2002法令)、埃斯特雷马杜拉(2/1999法令)、阿拉贡(3/1999法令)、阿斯图里亚斯(1/2011法令)、卡斯蒂利亚·利昂(12/2002法令)、拉里奥哈(7/2004法令)、穆尔西亚(4/2007法令)、纳瓦拉(14/2007法令)和安达卢西亚(14/2007法令)。

---

❶ 参见西班牙1978年《宪法》。

此外，属于国家与地方结合立法模式的还有美国、意大利和法国。美国属于联邦共和制政体，联邦级的立法规定多为鼓励性的政策，实际操作性不强，难以对文化遗产进行直接保护，而各地方政府的立法则更具实施性。美国联邦层面的立法有1966年的《国家历史保护法》。该法确定了文化遗产保护的综合性政策和措施，对保护对象、各级政府职能、保护机构与团体及相应的税收经济优惠政策等进行规定。地方则通过制定区划法规和土地利用法对文化遗产实施具体保护，并且为公众提供规划指南、建设与保护咨询。❶意大利文化遗产立法模式的国家与地方结合体现在：中央政府负责制定宏观规划，具体法规的制定和执行均由大区议会负责。大区拥有地方自治权能，可以向议会提出法律建议，对宪法做某些修改，它们拥有与联邦制国家的成员州相同的立法型权能和行政领域中的广泛权能，包括制定独立的城市规划法、文物古迹保护的地方立法、拥有制定景观规划的义务、拥有城市与古迹管理权等。❷

三、文化遗产的行政管理机构

管理主体的法律规定对于文化遗产管理十分重要，合理的管理体制能够极大提高管理效率和水平，不合理的部门设置则可能导致管理存在权责交叉、多龙治水的问题。因此，通过法律明确管理主体及其职能，能够更有效保障文化遗产的保护与利用。大部分国家都通过法律对文化遗产的管理主体做出具体规定。由于文化遗产涉及国家、民族乃至世界文化延续的公共利益问题，因此，一般都由国家设立专门的部门直接管理，或者建立委员会等公共机构间接管理。文化遗产管理部门通常为文化部或文化遗产部，法国、西班牙、希腊等国就是由文化部对文化遗产进行管理，但是也存在不同情况。加拿大的文化遗产管理是由文化遗产部和环境部共同所有，美国则由国家公园局进行管理。同时，受"一臂之距"的文化管理理念影响，除了政府部门

---

❶ 贾俊艳. 文化遗产保护立法之比较研究 [D]. 武汉：武汉大学，2005：25.

❷ XIAOMING Z. Analysis of the Cultural Heritage Conservation System on the Level of Central Government in Italy [J]. World Architecture, 2009（6）.

外，很多国家设立文化遗产管理委员会协助政府工作，如法国的历史古迹委员会、德国的文物保护全国委员会和韩国的文化财委员会。这些委员会由政府授权，能够从更为中立的立场和更为专业的角度对文化遗产的相关事务进行管理。

（一）文化遗产的国家管理部门

一般而言，文化遗产的主要管理机构由文化部或文化遗产部负责，部分国家由环境部对文化遗产周围的环境和非物质的部分进行共同管理。加拿大文化遗产的管理部门就是文化遗产部和环境部。2004 年，一些适用于文化遗产的法律被移交给环境部长，《C-7 法案》(*Bill C-7*) 对《加拿大文化遗产法》和《加拿大公园管理机构法》及其他法案做出相关修正，以新的分节取代了《加拿大公园机构法》第 4 节的内容，并增加一个新的分节，列出目前由环境部管辖的各种事项：所有"建筑型遗产"（Built Heritage）的相关事项，包括运河、火车站、建筑物和历史遗址在内，都由环境署负责，由该机构向环境部长报告，国家文化遗产机构、可移动文化财产保护和国家战场委员会的责任仍然由加拿大文化遗产部部长负责。西班牙的文化遗产的管理与保护由西班牙文化部负责，相关的下属部门有：历史遗产保护处、历史遗产学院、历史遗产委员会、西班牙历史遗产鉴定、评估与出口委员会及各大自治区的文教体主管部门下面的文化遗产局，如安达卢西亚文化委员会下属的文化遗产局。❶ 希腊文化遗产由文化部进行管理。希腊 2002 年第 3028 号法律第四条"国家古迹档案馆"和第五条"非物质文化遗产保护"中都提及了文化部在文化遗产管理中的核心作用，"在文化部保存的国家古迹档案馆中列出、记录和登记"（第四条）、"文化部采购具有特殊意义的传统文化、大众文化和文学文化的非物质文化资产，以便以书面形式公布，并在实物视听媒体上录制，以及登记和记录"（第五条）。

很多国家的文化遗产相关管理部门被划分为很多部分，缺少统一部门，

---

❶ 肖锡维. 西班牙世界文化遗产保护工作及其启示 [D]. 北京：对外经济贸易大学，2006：19.

而意大利文化遗产拥有一个相对垂直的管理系统，设置了"文化遗产活动和旅游部"（MIBACT）❶，直接通过上级政府的指令管理本国文化遗产，专门负责文化遗产保护工作，企业或私人进行管理和经营，形成了独特的"意大利模式"。意大利的文化遗产保护将现代艺术、新建筑、博物馆、电影、体育、旅游等放在同一部门进行管理，"文化遗产和活动部"成为唯一全面负责文化事务的意大利中央政府部门。

美国文化遗产主要由国家公园局管理。美国《国家历史保护法》规定了由国家公园局、州历史保护官员及地方政府保护机构共同构成的文化遗产保护的完整组织体系。联邦政府级机构包括国家公园局和历史保护咨询委员会。国家公园主要负责管理国家公园、国家军事公园、国家战场旧址、国家文物登录制度及历史环境保护基金及补助金的管理。历史保护咨询审议会主要负责就文化遗产保护方面的问题向总统和国会提供咨询与建议。州政府一级的机构指州历史保护官员，主要负责各州的文化遗产保护工作。州历史保护官员定期举行全国大会，以便将各州的文化遗产保护计划在全国范围内公开并争取经济援助。地方政府及机构可以直接向登录机构推荐文化遗产，并具有争取至少 1/10 历史环境保护的权力。❷

（二）设立委员会协助政府工作

在文化遗产的管理机制中，存在很多专业性的评定和保护工作，这些工作专业性高、工作内容复杂，政府部门难以全面涉及，因而各国通过设立专门的委员会或者社团，聘请专家完成相关工作。例如，法国《遗产法典》第六卷第一编关于历史古迹、景观和保护区的机构设置中，在文化部下设有历史古迹国家委员会，负责全国的历史古迹在分类保护和登记保护方面的咨询。❸法国的地方文化遗产则由国家建筑师负责管理保护工作，法国国家建

---

❶ MIBACT: Ministero dei Beni e delle Attivia Culturali e Turismo，意大利文化遗产活动和旅游部，专门负责文化遗产的保护、旅游业政策等政府管理部门。

❷ 贾俊艳. 文化遗产保护立法之比较研究 [D]. 武汉：武汉大学，2005：22.

❸ 叶秋华，孔德超. 论法国文化遗产的法律保护及其对中国的借鉴意义 [J]. 中国人民大学学报，2011（2）：16-25.

筑师并不是指通常意义上的建筑业执业者，而是代表国家对历史文化遗产进行保护，没有法国建筑师的同意，不能在历史文化遗产范围内进行任何建筑外观和空间的改变、新建、拆除等。在地方所有的工程项目甚至包括室内改造工程，都必须经过法国国家建筑师的同意以确保文化遗产保护的原则不受地方利益的左右。❶

德国的文化遗产管理部门以各类民间组织为特色。历经多年发展，德国已经形成了从联邦层面到州政府乃至多个民间协会的全面覆盖、较为完备的文化遗产保护体系。各个政府部门和民间组织机构通力合作，共同维护文化遗产特色。以协会性组织为形态的民间组织是德国文化遗产管理具有特色的形式。联邦层面包括联邦政府、德国联合国教科文组织委员会、联邦文化基金会、教会、文化及教育志愿服务中心联合会等组织。每个联邦州都有自己的文化部或功能相同的部门，也有自己的文化基金会和地方性民间协会。❷成立于1973年的德国文物保护全国委员会（Deutsches Nationalkomitee für Denkmalschutz），在成立之时就在组织结构上隶属联邦政府，现在则隶属联邦文化和传媒委员会。该组织的任务在于资助各类项目，抢救和维护建筑和考古遗产。

在韩国文化遗产保护的部门设置中，政府部门的职能仅为管理和执行，而文化遗产委员会发挥着确认文化遗产的决策作用。文化遗产的最高责任人是国家总统，文化遗产保护工作的主管行政机构是文化观光部下属的文化财厅。文化财厅厅长有权监督各地文化遗产的管理情况，但通常的做法是文化财厅厅长将部分权力委任给当地政府，具体的管理工作由各地市、道知事负责。值得注意的是，韩国文化遗产厅只是韩国文化遗产管理、执行机构，而真正的决策机构则是由韩国文化财厅负责组建的文化财委员会。韩国于1962年3月成立了文化遗产委员会（隶属韩国文化遗产厅），委员会下设有形文化遗产、无形文化遗产等8个分科，各分科均由各文化遗产保护团体、大学、研究机构的专家组成。除专职专家外，韩国政府还聘请了180名各界文化遗

---

❶ 贾俊艳. 文化遗产保护立法之比较研究 [D]. 武汉：武汉大学，2005：23.
❷ 张莹. 小议德国文化遗产保护的理念与策略 [J]. 文化学刊，2019（11）：70-72.

产专门委员，一旦发现值得保护的文化项目，委员们便会提出报告，经过论证后将该项目确立为国家重点保护项目。❶ 按韩国文化财委员会规定，委员会的委员必须由德高望重、学识广博的专家学者组成，官员不得介入。❷ 文化财委员会是韩国文化遗产保护工作中的唯一的一个专门负责提供咨询审议的顾问机构。韩国文化遗产委员会的设置不仅保证了文化遗产保护的专业性，而且极大提高了韩国文化遗产确认与实施保护的效率。

四、文化遗产的资金法律保障制度

文化遗产的公共属性要求对其保护不能仅仅依靠市场作用，而且需要政府层面的激励和促进，从而有利于文化遗产的可持续发展。为保护对象提供资金保障是各国文化遗产法律的重要内容之一，资金保障的内容往往不仅包括资金投入的对象，还明确提供资金的机构，乃至具体的金额与比例等。各国文化遗产法律中规定的资金保障制度主要有国家财政支持或税收优惠、基金会支付及独特的"1%文化遗产支出比例"规定等内容。

（一）财政支持和税收优惠

荷兰教育、文化和科学部文化遗产局2016年颁布的《遗产法》（Heritage Act）第七部分为专门的"资金条文"（Financial Provisions），对政府支持文化遗产的资金、预算进行了规定："政府可以为提供资金确定一个或多个限额，如果确定了资金限额，应同时通知如何分配可用金额"，并且还规定了不能获得资金支持的条件及理由。❸ 法国通过较为优惠的税收条件及一定的奖励和补偿措施来激励引导普通民众、企业等投入文化遗产保护事业，这些规定在《遗产法典》都有涉及。在税收方面，第一卷第二编"文化财产的取

---

❶ 马驰.文化遗产的保护与历史文脉的传承：对韩国文化遗产保护经验的思考[J].广西师范大学学报（哲学社会科学版），2009，45（1）：13-17.

❷ 苑利.韩国文化遗产保护运动的历史与基本特征[J].民间文化论坛，2004（6）：64-69.

❸ 参见荷兰《遗产法》。

得"第二章（L.122-1 条 ~L.122-9 条）、第五卷第四编"杂项规定"第三章（L.543-1 条）、第六卷第二编"历史性纪念建筑"第三章（L.623-1 条）、第三编"重要遗址"第三章（L.633-1 条）等均专门有"税收规定"。《遗产法典》在税收政策的规定多为准用性规范，即虽然没有明确规定行为规则内容，但明确指出可以援引《税收总法典》的规则使本条文的内容得以明确。在资金奖励方面，法国通常以奖金的形式奖励文化遗产保护者，《遗产法典》L.532-6 条规定："发现依 L.532-2 条归国家所有的海洋文化财产并就之向主管机关声明之人，可获得奖金，该奖金的性质或数额由行政机关确定。"❶ 俄罗斯则从税收体系上确立对公共文化的资金扶持。俄罗斯的《公民和预算法典》规定，国家在文化领域中需承担融资义务，即政府应是文化事业单位的公共资金提供者，并规定对"文化历史遗迹修复工作，维护文化遗产与转移慈善货物、作品、服务"减免税收。俄罗斯《文化古迹法》中也明确国家和地方政府对不动产和相关的绘画、雕塑、装饰艺术等文化遗产给予资金扶持，政府还要承担文化遗产项目的保护责任。

此外，韩国在文化遗产保护方面十分重视非物质文化遗产的保护，特别对非物质文化遗产的资金支持做出了规定。《文化财保护法》授予文化财厅长官以下权力："文化财厅长为继承、保存重要无形文化财，可命令该重要无形文化财的持有者传授其所持有的技艺"；"若为传统教育需要的经费，在预算范围内，应当由国家负担"，与此同时，"文化财厅长对受传统教育者应给予奖学金。"❷《韩国文化遗产保护法》还规定了非物质文化遗产传承者应该履行的责任和义务，通过一系列制度、奖惩办法推动非物质文化遗产的保护工作。韩国非物质文化遗产实行金字塔式的文化传承人制度，最顶层被授予"保有者"的称号。这些文化遗产传承人无不得到各级政府的大力保护和财政支持，同时也受到社会大众的尊重。他们的才艺得到社会和政府的认可，使其商业价值剧增，从而也带给当地政府和社会更多的经济回报，带动了经

---

❶ 郭玉军，王岩. 法国文化遗产保护立法的沿革、特点及对中国的启示 [J]. 武大国际法评论，2020，4（1）：71-97.

❷ 杨琳曦. 中韩世界文化遗产管理制度比较及其影响研究 [D]. 成都：四川师范大学，2008：13.

济发展，减轻了政府财政压力。❶

（二）以基金会为中介的社会参与

文化遗产保护是一项工程巨大、持续投入的事业，所需的资金仅仅依靠政府投入远远不够，因而鼓励社会力量的参与成为文化遗产保护的重要资金来源，并且发挥着越来越重要的作用。设立基金会是社会参与的主要方式之一，个人或者企业可以通过向基金会捐款的方式参与国家文化遗产的保护。澳大利亚《古迹保护法》（2013年）第五部分第33条专门对"古迹基金"做出规定："第一，为第32条规定的措施提供额外资金，特别是保护古迹保护下的动产和不动产，这些动产和不动产直接面临被破坏或被运往国外的威胁，必须设立一个'古迹基金'作为行政基金，由联邦教育、艺术和文化部长管理。第二，基金的财政资源由捐款、有利于基金的活动所得、根据本联邦法支付的罚款及其他收入和捐款构成……第三，联邦教育、艺术和文化部长将根据第32条规定指导财政资金的使用。除非有迫在眉睫的危险，否则在分配拯救不可移动古迹的财政资源之前，必须听取古迹咨询委员会的意见。"❷法国遗产基金会（Fondation du Patrimoine）创立于1996年，是法国第一家致力于文化遗产保护的私人组织，创立目的是保护正在消失的乡村文化遗产。法国的法律制度为社区、团体和其他非政府组织在文化遗产保护决策过程中留下的空间很小。该基金会通过个人和私营企业的资助对重要性稍弱的文化遗产进行保护。❸以遗产基金会为范本，随着基金会制度的不断发展、基金会数量的不断增多，遗产基金会成为了法国保护文化遗产、资助文化产业、扶持文化事业的方式之一。正如法国遗产基金会总经理François-Xavier Bieuville 所说："基金会是法国文化赞助形式中最具有特殊性的一种形式。"《遗产法典》在第一卷第四编第三章（L.143-1条～L.143-15条）对遗产基

---

❶ 马驰. 文化遗产的保护与历史文脉的传承：对韩国文化遗产保护经验的思考[J]. 广西师范大学学报（哲学社会科学版），2009，45（1）：13-17.

❷ 参见澳大利亚《古迹保护法》。

❸ CORNU M. France, in Toshiyuki Kono ed., The Impact of Uniform Laws on the Protection of Cultural Heritage and the Preservation of Cultural Heritage in the 21st Century[M]. Leiden: Brill, 2010: 372.

金会的性质、功能、资金来源、运行方式等进行了专门规定。❶

英国文化遗产保护的资金来源有多种方式，除了政府专项资金之外，还拥有各种形式的个人基金会和团体基金会的会员费及运营收益、减免税收、百姓捐赠等。国民信托基金会（The National Trust）是英国最大的、非官方文化遗产管理机构，1895年成立至今已经有100多年历史，目前拥有资产达上千处，负责管理英格兰、威尔士、北爱尔兰的自然景观。❷ 同时，英国文化遗产资金的另一个重要来源是遗产彩票基金（the Heritage Lottery Fund），成立于1994年，由国家遗产纪念基金（National Heritage Memorioal Fund）管理。作为英国最大的遗产分配基金，遗产彩票基金每年投资新的遗产项目，包括博物馆、历史园林、自然环境和文化传统等各个领域，它的设立为文化遗产保护开辟了重要资金来源。❸

（三）"1%经费支出"制度

在资金支持方面，很多国家都实施了独特的"1%经费支出"制度，规定对于特定经费的1%必须用于文化遗产支出。意大利1996年颁布的第662号法律规定，意大利乐透彩票每周三增加开奖一次（one weekly Llotto draw），利用总收入的1%每三年执行一项修复与保护文化遗产的计划，包括资助修复并重新开放了罗马的维托里安诺博物馆（Complesso del Vittoriano in Rome）、乌菲斯美术馆的扩建（the Galleria degli Uffizi）、策划意大利"文化遗产周"（The Week for the Culture Heritage）活动和资助重要博物馆延长开放时间等。西班牙文化遗产保护也有"1%文化"政策：1985年6月25日颁布的《西班牙历史遗产法》第68条规定，建造公共设施经费中的1%必须用于西班牙历史遗产的保护与丰富，或用于促进艺术创造，尤其是有关文物及其环境方面的艺术创造。"1%文化"适用于以下两种情况：其一，国家拨

---

❶ 郭玉军，王岩. 法国文化遗产保护立法的沿革、特点及对中国的启示 [J]. 武大国际法评论，2020，4（1）：71-97.

❷ 刘春凯. 英国文化遗产保护的公众参与借鉴 [J]. 中国名城，2016（6）：55-59.

❸ 刘爱河. 英国文化遗产保护成功经验借鉴与启示 [J]. 中国文物科学研究，2012（11）：91-94.

款占预算全部或部分的公共工程，国家拨款金额的 1% 用于上述方面；其二，得到政府授权、由个人出资建造和开发的公共工程，其执行预算的 1% 用于上述方面。❶ 西班牙发展部在 2013 年 10 月决定将该计划的额度从公共工程预算的 1% 扩大到 1.5%。

---

❶ 肖锡维. 西班牙世界文化遗产保护工作及其启示 [D]. 北京：对外经济贸易大学，2006.

第五节　图书馆法律比较

图书馆是每个国家公共文化服务的最基本组成，是一个城市或者国家的文化标识，也是培育公民文化素养的场所。图书馆的建设需要完善的法律体系对其体制机制进行全方位、综合性的规范与保障，完善的法律体系是实现图书馆现代化的前提。从世界范围来看，自1850年英国颁布世界上第一部全国性《公共图书馆法》以来，已经有60多个国家颁布了250多部图书馆法。[1]不同国家和地区的图书馆法因其经济、科技、教育及文化事业发展水平的影响而有所不同。通过对各国图书馆法的梳理和分类，可以发现图书馆法的主要内容都离不开以下几个方面：图书馆法的立法体系、出版物呈缴制度、图书馆资金保障、应对数字阅读的立法及促进阅读和保障读者权力等。因此，本书将从这五个方面对各国图书馆法进行比较研究，以形成对现有图书馆法律更为全面的认识。

一、立法体系比较

通过对各国图书馆立法体系的比较可以得出以下两方面的结论。首先，从国家和地方的立法权范围来看，各国的图书馆立法效力和完善程度有所不同。以美国、加拿大、澳大利亚和英国等为代表的国家，联邦政府仅对国家图书馆或者具有类似性质的国会图书馆和地方图书馆的财政援助进行立法，而地方各类图书馆的管理和运作则由各州（省）立法予以规范，这些国家的

---

[1] 余贵忠. 对中国图书馆立法的思考[J]. 法律文献信息与研究，2009（1）：36.

图书馆立法呈现地方立法先于国家立法的特征。❶ 与这些国家相反,以德国、丹麦、瑞典、挪威和芬兰为代表的国家则是国家立法早于地方立法,地方立法相对较为滞后。其次,从立法内容视角来看,图书馆立法主要是专门法或者专门法和相关法结合的立法模式,多数国家都对图书馆领域进行了专门立法,有的国家还针对出版物呈缴等与图书馆密切相关的事项制定法律,以对图书馆立法起到补充作用。但是,也存在少数国家尚未形成图书馆专门立法,而是在其他法律中涉及图书馆的相关规定,如西班牙图书馆的法律规定就是在《历史遗产法》中有所体现。

美国第一部图书馆法律是于 1849 年新罕布什尔州通过的州图书馆法。❷ 此后,其他各州也先后制定公共图书馆法,至 1890 年美国就已经有 29 个州相继颁布实施了州图书馆法,美国各州的图书馆法针对各自区域制定具体的图书馆管理制度和规范,而美国国家层面的立法则是 1956 年艾森豪威尔总统签署的美国第一个联邦图书馆法——《图书馆服务法》,而后几经修订成为《图书馆服务和技术法》,该法的主要内容是对联邦政府划拨各州的图书馆财政经费分配的规定。与之类似,澳大利亚和加拿大的图书馆法也是由各州立法发展而起的。澳大利亚国家层面的图书馆法有 1960 年通过的《澳大利亚国家图书馆法》,2000 年该法进行了修订;地方层面的图书馆法有南澳政府的《免费图书馆法》(1898 年)、《佩瑟里克法案》(1911 年),新南威尔士州《图书馆法》(1939 年),塔斯马尼亚州《图书馆法》(1943 年),昆士兰州《图书馆法》(1943 年),西澳州《图书馆理事会法》(1951 年)。加拿大国家层面的图书馆法为 1952 年制定的《国家图书馆法》,1969 年修订;地方层面的图书馆法有《不列颠北美法案》(1867 年)、《安大略省公开图书馆条例》(1882 年)、《安大略省公共图书馆法》(1920 年)。❸ 英国在 1850 年颁布了世界上第一部国家级别的图书馆法《公共图书馆法》,英国国家层面的图书馆

---

❶ 王微. 我国图书馆法律政策保障体系构建:以欧美日韩俄为比照 [J]. 情报科学,2014, 32 (1):41-46.

❷ 崔晓文. 美国图书馆立法发展及启示 [J]. 图书馆建设,2008 (8):100-103.

❸ 李国新. 论出版物样本缴送制度改革围绕图书馆立法的制度设计研究 [J]. 中国图书馆学报,2007 (2):5-12.

法还有1972年《大英图书馆法》(British Library Act)、1979年《公共借阅权法案》(Public Lending Right Act)、2003年《呈缴图书馆法》(Legal Deposit Libraries Act)等；地方层面的图书馆法包括英格兰和威尔士、苏格兰、北爱尔兰三部分法律法令，如英格兰和威尔士颁发的《公共图书馆和博物馆法》(1964年)、苏格兰颁发的《苏格兰国家图书法》(2012年)等。❶

与以上几个国家不同，德国的各州图书馆立法相对滞后。1990年统一后的德国制定了《联邦统一法令》，建立新的德国国家图书馆，2006年《德国国家图书馆法》明确了德国国家图书馆的各项职责和权利、管理委员会的成员和权限等。2008年首部德国州图书馆法《图林根州图书馆法》颁布，当前德国只有五个联邦州制定了图书馆法：图林根州（2008年）、萨克森—安哈尔特州（2010年）、黑森州（2010年）、莱茵兰—帕拉蒂纳州（2014年）和石勒苏益格—荷尔斯坦（2016年），仍有2/3的联邦州尚未通过任何与图书馆有关的立法。❷除德国之外，国家层面图书馆专门法较为成熟的还有丹麦、挪威、瑞典和芬兰等国。丹麦现行的图书馆专门法有2000年《图书馆法》(The Libraries Act)，该法通过2008年8月20日的第914号法最新修订，在地方政府改革中使市镇承担更多责任，公共图书馆的融资和运营成为地方政府的全部责任。同时，丹麦图书馆相关的专门立法还有《出版物法定呈缴法》和《公共借阅权补偿金法》。挪威现行的图书馆专门法有《公共图书馆法》和《文献法定呈缴法》，以及芬兰的《图书馆法》和瑞典的《关于瑞典皇家图书馆的章程的条例》。❸

与以上国家颁布图书馆专门法不同，西班牙是在其他法律中对图书馆做出相关的法律规定。西班牙1985年《历史遗产法》对图书馆进行了规范，该法对这些机构及其设立、管理和协调的条件做出了简要定义，并说明了人们应如何利用它们的服务。1985年的《历史遗产法》得到了一系列全国性条例的补充，这些条例涉及"一臂之距"模式的相关机构，具体细节涵盖了国有图书馆及如何借阅图书。为了向西班牙国家图书馆提供财政自主权和创收能

---

❶ 黄泽群. 图书馆立法的英国镜鉴[J]. 图书馆论坛, 2016, 36 (6): 61-66.
❷ 参见 Report on the State of Libraries in Germany (2017/2018)。
❸ 史雨萌. 欧洲部分国家图书馆立法思想研究[D]. 哈尔滨：黑龙江大学, 2018.

力，2014年7月西班牙批准了一项管理该机构的法案，允许普拉多博物馆、国家博物馆和艺术中心享有创收能力，该法案还恢复了西班牙国家图书馆于2010年5月失去的总领地位。就区域立法而言，西班牙图书馆立法的主要趋势是独立于国家遗产立法的个别法律。拥有地区图书馆法的地区和法令有安达卢西亚的第16/2003号法令、Aragon的第8/1986号法令、Castile-Leon的第9/1989号法令、Castile-La Mancha的第3/2011号法令、加西利亚的第5/2012号法令、马德里的第10/1989号法令，La Rioja的第4/1990号法令、Murcia的第7/1990号法令、卡塔罗尼亚的第4/1993号法令、Extremadura第的6/1997号法令、Cantabria的第3/2001号法令、Navarre第的32/2002号法令、Balearic岛的第12/2006号法令和巴斯克自治区的第11/2007号法令。

二、出版物法定呈缴制度

目前世界上已经有100多个国家和地区确立了出版物呈缴制度。❶ 出版物呈缴制度是指出版者向国家指定机构，一般是国家图书馆或其他公共图书馆缴送出版物的法律义务。虽然出版物呈缴在各国都有规定，但是法源不一，有的国家在著作权法或出版法中加以确立，有的国家在图书馆法中确立，还有的国家为出版物呈缴单独立法。❷

英国的出版物主要是在出版法及单独立法中规定的，经过不断完善和发展后较为成熟。1662年《出版许可法》(The Press Licensing Act)是英国最早的出版物呈缴法规。1709年英国议会制定了世界第一部版权法《安娜法》，再次确认了境内图书缴存制度。❸ 1911年出台的《版权法》(Copyright Act)奠定了版权法案的基础，1999年9月《非印刷出版物自愿呈缴准则》最终确立，对英国非印刷出版物中缩微胶片及离线电子出版物的自愿缴送做了新规定。英国政府为了适应数字环境下对非印刷型信息的保存需求，2003年10

---

❶ 王建云. 对收缴样本的困惑与思考 [J]. 当代图书馆, 2001 (1): 13-15.

❷ 李国新. 论出版物样本缴送制度改革: 围绕图书馆立法的制度设计研究 [J]. 中国图书馆学报, 2007 (2): 5-12.

❸ 黄泽群. 图书馆立法的英国镜鉴 [J]. 图书馆论坛, 2016, 36 (6): 61-66.

月制定专门的法案《法定缴存图书馆法》(Legal Deposit Libraries Act),结束了出版物呈缴条例一直作为版权法一部分的历史,将自愿的缴存范围扩展到数字信息领域。该法的主要目的是授权国务大臣根据非印刷体资料的发展趋势,逐步和有选择地拓宽法定缴存制度的范围以涵盖各种非印刷载体出版物,包括各类离线出版物(如 CD-ROMS 和缩微资料)、在线出版物(如电子期刊)和其他非印刷体资料。❶ 2013 年英国又颁布《呈缴图书馆(非印刷作品)条例》[The Legal Deposit Libraries (Non-Print Works) Regulations],覆盖数字和在线出版的资料,使非印刷作品的缴送最终以法律形式确定下来。❷ 除英国之外,在著作权法中规定呈缴制度的还有澳大利亚和美国。1912 年澳大利亚颁布的《澳大利亚版权法》,确立了图书呈缴本制度,规定澳大利亚所有出版物均要免费缴送议会图书馆;美国著作权法 407 条规定,美国发行的所有出版物在出版后 3 个月内,均需向国会图书馆呈缴版本最优者 2 份。❸

此外,印度和加拿大的出版物呈缴制度由图书馆法规定。印度于 1954 年在《图书和报纸(公共图书馆)法》[Delivery of Books and Newspapers (Public Libraries) Act] 中规定,在该法适用的领土范围内出版每一本书的同时,出版商都必须强制性自费向加尔各答国家图书馆提供该书的原版,并将其副本送到其他三个公共图书馆。2004 年《加拿大图书馆和档案馆法》(Library and Archives of Canada Act),规定了"法定呈缴"(Legal Deposit):在遵守规定的前提下,在加拿大提供出版物的出版商应自付费用,两天内向图书管理员和档案管理员提供出版物的两份副本,并由他们确认收据。(第 10 条)❹ 对于法定呈缴制度的重要意义,国际图书馆协会联盟(International Federation of Library Associations)于 2000 年出版的《法定缴送立法准则(修订版)》(Guidelines for Legal Deposit Legislation)做出了以下概括:第一,保

---

❶ 参见英国 Explanatory Notes to the Legal Deposit Libraries Act 第 6 条。

❷ 翟建雄. 英国出版物法定缴存制度及其最新立法介绍 [J]. 法律文献信息与研究, 2006(1):10-13.

❸ 李国新. 论出版物样本缴送制度改革:围绕图书馆立法的制度设计研究 [J]. 中国图书馆学报, 2007(2):5-12.

❹ 参见加拿大《图书馆和档案馆法》。

存国家文化遗产；第二，保障公民自由利用信息资源的民主权利。由上可以看出，法定呈缴制度不仅是保护民族文化遗产延续的保障，而且还是公民享有文化权利的体现，并非简单的政府为减轻公共图书馆书籍购买负担而设置的条款。

三、图书馆资金保障的法律措施

由于图书馆的公共性和公益性，图书馆运行所需的资金一般来源于国家财政支出。国际图联（IFLA）制定的《公共图书馆标准》第四条规定："公共图书馆服务的费用应从中央或地方政府或两者共同提供的公共资金中支付，特别是在发展中国家，中央政府应给予足够的援助。必须具有固定的经费来源，负有一定监督责任的各地方政府有权根据立法等筹集资金"❶。因此，大多数国家的图书馆立法中都对图书馆的资金来源做出了明确规定。例如，英国图书馆法规定每 2500 人中配备 1 名图书馆工作人员，这为图书馆运营提供了切实可行的财力支持。❷ 印度图书馆经费主要是通过征收图书馆税来获得，从土地和建设税、地区商品销售税、使用税、交通税等附加税中收取每卢比 3% 的图书馆税。❸

在各国的图书馆法中，美国图书馆法的资金支持规定较为全面。1849 年，新罕布什尔州通过了美国第一个州图书馆法，认可州内各市镇征收图书馆税来建立与维持公共图书馆。此后，缅因、罗得岛、康涅狄格、俄亥俄等州先后制定公共图书馆法。❹ 到 1890 年美国已经有 29 个州相继颁布实施了州图书馆法，这些州图书馆的经费来源明确规定：其一，是从美国州地方政府的财政收入中拨出一笔专款用作美国图书馆的资金来源；其二，是根据公民的财产征收图书馆事业特别税，通常按照个人资产的 1‰ 征收，专款专

---

❶ 江向东. 国外图书馆立法实践给我们的启示 [J]. 图书馆论坛，1992（4）：13.

❷ 黄泽群. 图书馆立法的英国镜鉴 [J]. 图书馆论坛，2016，36（6）：61-66.

❸ 肖明，杨楠，黄国彬. 美丹韩印四国图书馆法比较分析 [J]. 图书情报工作，2011，55（21）：40-44.

❹ 崔晓文. 美国图书馆立法发展及启示 [J]. 图书馆建设，2008（8）：100-103.

用。❶ 在各州图书馆立法的推动下，美国联邦政府也开始关注图书馆法的制定，1956 年艾森豪威尔总统签署了美国第一个联邦图书馆法——《图书馆服务法》，该法明确了图书馆的经费来源，并对各州的图书馆运营、服务及设施提出要求，表明联邦政府开始通过立法为各州图书馆提供经费援助。而后该法经过多次修订，1997 年的《博物馆和图书馆服务技术修正案》（Library Services and Technology Act）对图书经费的分配做出了规定，成为联邦预算中图书馆年度经费的主要来源。❷ 经费由博物馆和图书馆服务研究所（IMLS）管理并向各州提供基于人口的拨款，每个州决定如何分配资金，绝大部分经费必须用于州基金，州基金分配到各州后，由各州决定用于何处。该法在第 9141 条明确规定了拨款的使用，要求州图书馆管理局对获取的拨款资金 96% 要用于：第一，所有类型图书馆，拓展学习、信息使用和各种教育资源的服务；第二，建立、增强图书馆间协作；第三，人才引进、提供培训和专业发展；第四，发展公共组织与私人团体合作关系；第五，为特殊群体提供服务；第六，为本地、州、地区、国家以及国际合作和互联，为所有人服务；第七，与第 9121 条款（即该法第二节图书馆服务与技术的目的）计划宗旨相一致的其他活动。由此，联邦政府的资金支持成为美国图书馆的重要资金来源。❸

近年来，部分国家的政府财政紧缩和财政赤字的出现对图书馆的资金来源造成了一定程度影响。自 1849 年宪法结束专制君主制以来，丹麦公共图书馆一直是丹麦文化政策中的亮点，并在公共文化教育发展中占据关键地位。丹麦现行的图书馆法是 2000 年颁布的《图书馆服务法》，这部法律尽管没有规定具体的政府支出经费数额（在每年的政府预算中有规定），但明确提出了政府需要负责提供部分图书馆服务费用。例如，第 12 条中规定了 "丹麦政

---

❶ 吕建明. 浅谈美国图书馆的立法 [J]. 法律文献信息与研究，1997（3）：17-18.

❷ 参见美国《博物馆和图书馆服务技术修正案》.

❸ 刘宏宇，刘馨妹，刘玉红. 美国图书馆法立法历程及其启示 [J]. 图书馆学刊，2018，40（6）：140-142.

府提供连接地方图书馆的费用"[1]。2008年8月20日第914号法案对《图书馆服务法》进行了部分修正,实施了地方政府改革,使市镇承担更多责任,公共图书馆的筹资和运作全权交由地方政府负责。在2007年1月至2010年3月的改革中,一些较大城市关闭了约240个图书馆,关闭公共图书馆的理由是新市政当局在2007年和2008年的财政赤字。[2]

四、应对数字阅读的法律规定

随着数字技术和互联网信息技术的发展,数字阅读对纸质阅读造成冲击,图书馆建设面临新的问题,因而很多国家的图书馆法律都针对图书资源和图书阅读的数字化进行了规定。新的思维工具带来新的思维方式,当一部作品从纸质书籍转移到另一种形式(电子网络)时,它的接受方式也会发生变化。通过提供一个向互联网开放的公共空间和为数字读者设计的工具和服务,图书馆能为那些原本完全被排除在外的人提供获取新技术的途径。这样做不仅有助于缩小信息鸿沟,而且有助于培养社会的共同价值观。[3]

2000年丹麦《图书馆服务法》主要目的是为公共图书馆在信息社会中履行其信息和文化政策职责提供更好的框架,除了书籍和有声读物,还要求公共图书馆提供录音、互联网访问和数字多媒体,该法第16条规定:政府尽可能确保每个用户可以通过互联网获取国家在线书目。[4] 图书馆提供丰富的电子信息资源的同时,也造成了纸质图书馆阅读的减少。自1984年以来,丹麦图书馆的访问人数有所下降,从1983年到2006年,借阅率从8790万本下降到4860万本。2008年,丹麦出现了关于实体图书在图书馆中的作用的

---

[1] 肖明,杨楠,黄国彬. 美丹韩印四国图书馆法比较分析[J]. 图书情报工作,2011,55(21):40-44.

[2] 丹麦法律法规[EB/OL]. (2019-08-01)[2021-1-25]. https://www.culturalpolicies.net/country_profile/denmark-4-2-5/.

[3] VITIELLO G. Library Policy and Legislation: An European Perspective[J]. The International Information & Library Review, 2000(32): 1-38.

[4] 林婷. 北欧四国图书馆法发展历程及现状分析与研究[J]. 图书馆建设,2010(3): 1-5.

讨论，全国许多公共图书馆愿意提供数字服务来取代实体图书借阅。然而，作家、出版机构编辑、科学家和报纸要求重新关注书籍，关于图书馆是否应该数字化和无纸化的讨论由此展开。丹麦图书馆和媒体机构（Danish Agency of Libraries and Media）提议重新调整《图书馆法》，进而使图书馆更清楚地了解公共图书馆应该提供什么。

在网络化和数字化迅速发展的环境下，图书馆所提供的不仅是传统的馆藏资源服务，同时容纳了更多数字化资源服务❶，这为图书馆管理带来了另一个挑战——电子图书和有声书的公共借阅权问题。公共借阅权，是指版权人（亦称"著作权人"）或邻接权人因其版权作品或版权制品在图书馆被免费出借或以其他方式被利用而获得报酬的权利。❷ 英国早在 1979 年《公共借阅权法案》中确立了公共借阅权制度，随着图书数字化的发展，2010 年出台的《数字经济法案》中对数字公共借阅权进行了宣示性立法，并在 2014 年开始依照该法案对相关有声书和电子书进行公共借阅权的注册和补偿结算。至 2017 年，《数字经济法案》最终得以批准通过，将公共图书馆的电子书和有声书的远程出借纳入公共借阅权制度之内，允许公共图书馆提供电子作品的网络化远端出借服务。这是公共借阅权制度在数字化时代的适应性扩展，也是顺应时代发展需求的法律修改。

五、促进阅读和保障读者权利的法律规定

图书馆作为公民阅读的重要场所，与公民阅读习惯的培养密切相关，鼓励和促进阅读成为图书馆立法的重要理念。以西班牙为例，1975 年西班牙出台了一项关于图书出版的具体立法，即《图书法》，该法取代了以前的所有条例，设立了一个阅读和图书观察站，并按照欧盟规则纳入图书馆贷款的特许权使用费。该法有三个主要目标，即促进阅读、保护文化多样性和保障出

---

❶ 林婷. 北欧四国图书馆法发展历程及现状分析与研究［J］. 图书馆建设，2010（3）：1-5.

❷ 江向东. 版权制度下的数字信息公共传播［M］. 北京：北京图书馆出版社，2005：146-151.

版公司和书店的多元供应,并使书籍概念适应新技术变革所促成的变化。韩国 1994 年 3 月 24 日制定了《图书馆及读书振兴法》,其目的是"为图书馆及文库的设立、运营及读书振兴,创造必要的环境,规定相关内容,建立健全图书馆及文库,促进读书活动,全面提供社会所需的知识信息"❶。从 2004 年开始,韩国图书馆界开始对《图书馆法》进行全面修订,2006 年 10 月 4 日,经过全面修订后的《图书馆法》正式颁布,将图书馆定位为国家核心知识机构及国民体验生活和学习的空间。

除了鼓励读者阅读的总体性规定之外,各国的图书馆法也从提供充足的图书资源、特殊群体的服务及不发达地区的图书馆建设等不同方面对图书馆服务进行规定,使图书馆能够为读者带来良好的阅读体验,进而实现其促进阅读,提升全民知识文化素养,促进社会文化发展的理念,具体表现为以下几个方面。

第一,为读者提供良好的设施和充足的图书资源是图书馆建设的基本要求,也是各国图书馆法重点关注的内容。1997 年美国《博物馆和图书馆服务技术修正案》涉及图书经费分配的规定,要求绝大部分经费必须用于州基金,州基金分配到各州后,由各州决定用于何处,但是必须用于两个主要内容:发展和改善网络设施,连接图书馆服务到资源的提供者和使用者;提升公众服务水平。❷ 1947 年英国《公共图书馆法》第 3 条规定,中央图书馆充当媒介,提供书本给公共和专门图书馆的读者,供其学习和研究;图书馆要提供读者需要的书本及通过提供学习和研究所需要的书本,补充地方当局、教育机构和学术团体的公共服务及专门图书馆的正常图书馆服务。❸ 加拿大《国家图书馆法》设立加拿大国家图书馆,目的是为建立国家统一的文献资源中心,以便加拿大公民能够通过其出版物及文化遗产了解自己的祖国,同时也是向国内外提供资源的有效途径。❹ 瑞典《图书馆法》第 10 章中规定:由国家提供经费的县立图书馆、借阅中心、大学图书馆和学院图书馆、研究

---

❶ 李炳穆. 韩国图书馆法 [J]. 图书情报工作,2008(6):6-21.

❷ 崔晓文. 美国图书馆立法发展及启示 [J]. 图书馆建设,2008(8):100-103.

❸ 官凤婷. 英国图书馆法发展历程与现状 [J]. 图书馆学研究,2009(2):93-98.

❹ 王建. 国外图书馆立法概况及述评 [J]. 情报理论与实践,2011,34(4):119-124.

图书馆和其他图书馆应该免费开放它们的馆藏并与其他公共图书馆和学校图书馆合作，以提供良好的图书馆服务。

第二，越来越多的西方图书馆重视对特殊群体（Special User Groups）的服务，实现图书馆建设的人性化。例如，美国《图书馆法》《图书馆服务和技术法案》及各州的图书馆法都设置了一定的章节论述对残疾人、儿童、老年人、低收入者等弱势人群的图书馆服务，充分考虑所有人群的信息需求。❶丹麦政府除了对公共图书馆提供经费支持外，还对照顾特殊人群所需的费用以及学校图书馆的发展提供补贴。❷挪威《图书馆法》第2章则规定：公共图书馆应该为医院里或类似机构的病人和其他在使用图书馆过程有特殊困难的群体提供服务。英国的图书馆法鼓励少年儿童充分利用图书馆，满足少年儿童的特殊要求。例如，国立威尔士图书馆服务标准规定："将成年人和16周岁以下未成年人的图书馆建设标准、馆藏量进行区分。"❸

第三，在各国图书馆法中，除了促进读者阅读、完善服务等基本性规定，有的国家还关注贫困地区的图书馆建设。1956年，美国第一个国家级图书馆法《图书馆服务法》的目的就是解决城市与农村享受图书馆服务的不平等问题，促使实施公共图书馆服务的州将服务范围扩大到未实施或未充分实施图书馆服务的乡村地区。1964年，《图书馆服务与建设法》进一步拓宽了图书馆服务的群体和地域范围，缩小了图书馆建设的地区差异。❹与之类似，英国国家图书馆法《公共图书馆法》对城镇图书馆建设做出规定，准许建立城镇图书馆，规定地区每5000人要提供一个图书馆，经费靠地方税收维持，图书馆对所有纳税者自由开放，并授权地方议会为准备免费图书馆的设备征税。

---

❶ 谢玲. 美国图书馆法概况及对我国的启示[J]. 图书馆建设，2007（1）：104-107.

❷ 参见丹麦《图书馆法》。

❸ 刘若瑾. 英国威尔士公共图书馆营销战略分析与启示[J]. 图书馆建设，2014（12）：85-87.

❹ 崔晓文. 美国图书馆立法发展及启示[J]. 图书馆建设，2008（8）：100-103.

第六节　电影法律比较

电影产业兼具经济属性和文化属性。一方面，电影产业属于创造财富的产业，可以带来可观的经济效益；另一方面，其文化内涵所体现的创意、创新性，融入了各国不同的价值理念，影响着观赏者的情感、认知乃至是非判断，是文化属性的体现。❶ 随着电影产业化程度的加深，各个国家相继出台政策法规，以期保障电影产业的稳健发展。通过对"一带一路"沿线国家电影相关法律的比较研究，可以看出：现有的电影法律不仅涵盖了电影的产业准入、电影许可与审查、电影促进与推广、电影资金支持、版权保护及进出口管理规定等诸多方面，而且对于电影创作、制作、发行、上映、宣传等价值链的各个环节都而有所规定。另外，虽然各国电影法律涉及的内容繁杂，但是电影发展所需的基本制度与促进措施，如电影审查与分级制度、电影资助制度及电影创作者激励措施，都是电影产业发展关键推动要素，因此，本书将基于这三个方面对世界电影法律进行研究和分析。

一、电影审查与分级制度

电影作为七大艺术门类之一，长久以来都是人们生活中重要的文化娱乐方式，同时也是价值观和意识形态传播的重要载体。在电影产业迅速发展和文化产业日趋全球化的背景下，电影产业所带来的意识形态侵蚀和未成年保

---

❶ 韩立余. 文化产品、版权保护与贸易规则[J]. 政法论坛，2008（3）：150-158.

护问题受到重视，各国相继通过立法对电影的审查与分级制度进行规定。[1] 电影审查制度是指未经电影行政主管机关审核通过的影片，不得发行、放映及进出口的电影管理制度；电影分级制度是指某一机构或组织根据既定的标准，将电影标记为不同的级别，而每一级别的电影只能提供给相应年龄层的观众观看的制度。[2] 电影分级与电影审查是电影产业管理的两大主要制度，根据各国现行的电影审查与分级现状来看，可以分为三种模式：第一种是以印度为代表，审查与分级并行，国家相关机构既要对电影上映资格进行审查，同时也要对具备上映资格的电影进行分级管理；第二种是以法国、德国和韩国为代表，政府部门与公共机构依据法律规定共同管理；第三种是以美国为代表，行业自律的电影分级制度，在没有法律规定的情况下完全由民间组织管理。

（一）政府审查与分级并行的制度

印度是世界重要的电影生产基地之一，电影产量超过好莱坞，居于世界之冠，其电影审查制度也经过不断完善较为成熟。印度于1952年颁布《电影摄影法》(*The Indian Cinematograph Act*)，该法案是印度调节电影产业最重要的法案，促成了中央电影审查委员会（Central Board of Film Certification）成立。根据《电影摄影法》规定，只有经过中央电影审查委员会认证的电影才能在印度放映。1983年《电影（认证）规则》详细规定了由电影审查委员会进行电影认证的规则和规定。在审查电影之后，委员会可以对电影进行分级或者拒绝批准该电影供公众观看。印度电影共分为四个等级，分别为U级、UA级、A级和S级：U级为面向普遍观众或不受限制的公共展览；UA级为受限制的观看，12岁以下的儿童可以在父母的陪伴下看电影；A级为成人观看；S级仅针对限制级观众，仅限于某些社会阶层的有限观众。[3] 电影审查的主要标准是：如果一部电影的任何部分损害印度主权和完整、国家安

---

[1] 刘婷，席冰. 世界各国电影分级与审查制度研究综述 [J]. 电视指南，2018（1）：1-3.

[2] 陈晨. 从电影审查到电影分级：理论、历史与制度探索 [D]. 南京：南京大学，2017.

[3] 参见 A Socio-Legal Perspective of the Cinematograph Act, 1952。

全、与外国的友好关系、公共秩序、体面或道德，或涉及诽谤或藐视法庭，或存在有可能煽动任何犯罪行为，则该影片不得获取公开展览证明。❶此外，印度作为一个宗教大国，在电影法中也有对于宗教的特殊规定："诸如暴力之类的反社会活动是不光荣和不正当的"，不得呈现带有蔑视种族，宗教或其他群体的视觉效果或文字。❷印度的电影审查制度具有较大包容性，这也是印度电影能够在国际市场占据一席之地的原因❸，但同时审查制度也饱受争议，其中，最具争议的就是作为政府部门的中央电影审查委员容易受到政治立场影响，难以保证审查的公正性，并且缺乏电影艺术专业评价水准。印度电影审查调查委员会（也称"克斯拉委员会"）于1969年7月26日发布的报告对印度《电影摄影法》所规定的审查制度和分级制度提出了批判性意见。该报告建议建立一个独立于政府的审查委员会，该委员会将建立自己的审查制度，其理由为：审查工作不应由受政府干预的州部门执行，而应由一个独立的机构负责，该机构应具有足够的权威和责任感，可以最终且不可撤销地处理此事。而印度中央电影审查委员会代表印度社会各部门的意图与该报告的设想明显不同，该委员会认为，"审查员必须具有适当的教育资格和文化背景，他们应该是引起公众尊重的人，对生活有广阔的视野，对这个国家的艺术和文化价值有所了解。他们应该见识广博，应该可以解决审查制度存在的问题，而不会受到不合理的束缚或对固化的道德价值观及所谓先进群体魅力的痴迷。"❹

（二）国家法定的电影分级制度

作为电影诞生地，法国电影审查与分级制度的历史也较为久远。1919年7月25日，法国政府规定除了新闻影片之外，任何电影只有在影片及其名称获得"公共教育和美的艺术部"的准映证之后，方得在公共场所放映。这也

---

❶ 宋诗伟，吴峰. 印度文化产业园区的"明珠"：宝莱坞[J]. 商业文化（下半月），2012（2）：322.

❷ 参见印度1952年《电影摄影法》。

❸ 姜博. 内外兼施：宝莱坞电影进军国际之路[J]. 中国电影市场，2016（2）：23-26.

❹ 参见 *Khosla Committee Report*，1969。

是法国政府关于审查制度最早的法令。❶ 1946 年法国国家电影中心（CNC）❷ 成立，为了保护电影院里的儿童观众设立"电影分级委员会"，电影分级委员会将申请发行的电影作品的分级意见提交给文化部，文化部据此颁发电影的放映许可。1961—1990 年为法国电影审查制度的完善期。1961 年分级委员会将分级的年龄标准确定为 13 岁和 18 岁，之后的 30 年都坚持了这一标准。1975 年，法国总理雅克·希拉克（Jacques Chirac）发布了一项法案，将色情电影专门归为 X 级，同时也将色情电影的发行特殊化。1975 年 12 月，法国众议院投票提供了关于色情电影和暴力电影的管理条例，增加了色情电影相关的所得税率，还提高了色情电影的贷款利率。❸ 1990 年，法国电影分级制度将年龄改为了 12 岁、16 岁和 18 岁，法国国家电影中心的审查委员会虽然有拒绝一部电影在法国上映的权力，但是至今尚未行使。❹

韩国的电影审查制度经历了事前审查到分级管理的发展过程。1995 年 12 月，韩国颁布《电影振兴法》，标志着韩国开始向电影振兴的政策模式过渡，但是其第 12 条中规定了公演伦理委员会的"事前审议制"该规定之后引发了实法诉讼。1996 年，韩国对电影《啊！梦之国》（Oh, Dream Nation）宪法诉讼请求事件做出裁定：第一，电影作为思想和观点的表现手段，依据宪法中的表达自由而得到保障；第二，电影事前审查机构"公演伦理委员会"属于宪法禁止的审查机构。❺ 该判决产生了巨大的社会影响，类似的案件判决不断积累。1997 年 4 月韩国第一次修订《电影振兴法》，废除了电影审议制，推出了电影分级制。公演伦理委员会被改组为公演艺术振兴公社（Korea Performing Art Promotion Commission），负责电影、视频、电脑游戏等文化内容的分类工作。然而，公演艺术振兴公社难以保障自身的自主权和中立性，韩国体育文化部仍然有权干预电影分级和上映程序。2000 年《电影振兴

---

❶ 雷米·富尼耶·朗佐尼. 法国电影：从诞生到现在 [M]. 王之光，译. 北京：商务印书馆，2009：21.

❷ 法语：Centre national du cinéma et de l'image animée，简称"CNC"。

❸ 祝虹. 当代法国电影史（1959—1980）[M]. 北京：中国传媒大学出版社，2011：163.

❹ 刘婷，席冰. 世界各国电影分级与审查制度研究综述 [J]. 电视指南，2018（1）：1.

❺ 陆佳佳. 审查暴力到法治想象：从韩国电影立法影响产业发展谈起 [A]. 首届长三角影视传媒研究生学术论坛论文集，2015.

法》第 2 次修订，完全删除了被判违背宪法精神的"保留电影上映等级"条款，并且废除了公演艺术振兴协会，改为由影像物等级委员会（Korea Media Rating Board）负责电影上映等级的分类审核，按照年龄将电影（包括预告片和广告片）分为：适合全民观看、适合 12 岁以上观众、15 岁以上观众、18 岁以上观众观看及限制放映五个等级，并且充分考虑到了在监护人在场的情况下，未到某一年龄段的观众可观看影片的范围浮动。❶ 2006 年,《电影振兴法》变更为《电影与录像物振兴有关法律》，统筹电影和电影录像带分级。截至 2020 年，该法律因部分条款或其他法律变更而修订了 27 次，这也表明韩国电影分级政策仍在不断调整和完善，使之趋于更加科学、合理。

德国的电影分级制度由德国电影公会（SPIO）颁布，具体的分级事务由电影工业自主审查协会（FSK）负责，凡是电影、DVD、预告片等各种电影影片商品都必须标注电影工业自主审查协会的分级标志。德国电影分级制度最早由电影行业自律组织自发进行，没有相关法律依据。后来，有关电影相关的青少年保护问题得到重视，1985 年对《青年保护法》进行修订时，强制性评级扩大到包括新媒体（视频电影和类似图片媒体）。2002 年《青少年保护法》条例增设了第 14 章第 2 节，明确了五大分级年龄层（0 岁、6 岁、12 岁、16 岁和 18 岁），同时确立了电影工业自主审查协会分级的官方地位，国内各邦政府相关机构皆须遵循。❷

（三）行业自律的电影分级制度

电影审查制度最早起源于美国，随着美国商业电影的快速发展，电影的审查与分级经历了由法定审查到行业内部分级的过程。1907 年，芝加哥市颁布了第一部地方性电影审查法令，规定"禁止淫秽和不道德的电影上映"。1911 年，宾夕法尼亚州成立了电影审查委员会，随后美国各州相继成立电影审查机构，到 1929 年美国大约有 100 个城市出台了电影审查法令，这些电影审查法虽然在表述上各异，但是核心内容都是政府当局对内容健康性的审

---

❶ 张璐. 韩国电影审查制度及政策的演变 [J]. 北京电影学院学报，2013（3）：44-49.

❷ 孙晖. 浅谈德国电影的法律法规、审查制度及辅助金制度 [J]. 北京电影学院学报，2013（3）：17-23.

查。❶ 然而，由于美国宪法第一修正案中明确规定："国会不得制定法律，确立某种宗教信仰，或者禁止信仰的自由；或者剥夺的言论、新闻出版的自由；或者剥夺和平集会以鸣不平，请求政府救济的权利。"❷ 因此，电影审查法对于电影内容的干预是否违反了宪法有关"言论自由"的规定引起了较大争议，反对电影审查法的观点认为，这种政府官方审查制度从本质上是对言论和表达的事先限制。

美国于 1930 年设立电影生产代码（Production Code），1934 年建立电影生产代码管理局（PCA）❸，政府审查和好莱坞内部审查成为 20 世纪 30 年代至 20 世纪 60 年代美国电影业的主要审查方式。1968 年，美国电影进入票房暴跌的第二个十年，很多好莱坞导演和制片方将其归咎于严格的审查制度。为了取代生产代码管理局，美国电影协会（MPAA）建立电影分类和评级管理部门（CARA），其任务是在以往好莱坞自我审查体系的基础上建立"电影自愿分级制度"对电影进行分类，从而避免政府对电影业的管制。"电影自愿分级制度"所遵循的理念是：即使所有的电影不一定适合所有的观众，适合成人的电影不一定适合儿童，但是任何电影都有其制作和观看的价值。1968 年电影分级制度成立，将电影分为 G 级、M 级、R 级和 X 级共四个等级，后历经两次修改，现行的分级制度共分为 G 级、PG 级、PG-13 级、R 级和 NC-17 级共 5 个级别。❹ G 级为大众级，老少皆宜；PG 级为普通级，建议在父母陪同下观看，片中部分内容不适合儿童；PG-13 级为辅导级，不适合于 13 岁以下儿童观看；R 级为限制级，包含成人内容，17 岁以下须有父母陪同；NC-17 级为未成年禁止级，17 岁以下禁止观看。美国电影分级制度实质上是一种沿袭好莱坞自我审查体系的行业自律制度，美国电影业从最初的官方审查转变为行业内部的内容分级。❺

---

❶ 李红祥．美国电影审查和表达自由的冲突与平衡［J］．电影评介，2008（8）：4-5.
❷ 参见 First Amendment to the United States Constitution.
❸ PCA，the Production Code Administration，颁布旧生产代码的政府部门。
❹ LEWIS J．Silencing Cinema［M］．New York：Palgrave Macmillan，2013：33-47.
❺ 李红祥．美国电影审查和表达自由的冲突与平衡［J］．电影评介，2008（8）：4-5.

二、电影资助的法律规定

电影产业属于创造财富的产业,可以带来可观的经济效益和社会效益;同时电影也是展示一国政治话语权与创意表达的方式,能够成为国家软实力的重要组成。❶ 许多国家都采用了积极的财税政策鼓励与扶持电影产业的发展。❷ 通过对各国电影资助法律的比较研究,可以发现电影资助分为两种方式:直接的资金补贴和间接的税收减免。虽然各国的资助力度各不相同,但是都表现出了政府对电影巨大的资助热情。

(一)直接资金补贴和扶持

电影的直接资金资助主要是通过政府部门或者相应的公共机构进行管理和发放,各国资助呈现不同的特色和侧重点。法国和德国的电影法律对补贴资金的来源做出了具体规定,除了国家财政预算作为部分来源外,还将电影相关行业的税收用于电影资助,使影院和电视台的税收被认为是电影行业主要来源;西班牙的电影法律则体现了从国家到地方层面的全方位扶持;意大利的电影资助设置了独具特色的"国家文化利益"和"国家制作"标准,分别对符合标准的电影进行资助。总之,资金补贴和扶持成为各国支持本国电影产业发展的必要手段,法律具体明确的资助措施规定让电影资助有法可依,激发电影创作的激情和活力。

法国电影的主要资金扶持是由法国国家电影中心完成的。法国国家电影中心直属法国文化部,其职能就是管理法国政府用于视听节目和电影工业的扶助金。国家电影中心参与法国电影制作、发行、宣传、放映、保存和奖励等各个环节,管理方式多样,下设的基金、补贴和预付金有 16 种之多,其中包括计划扶助金、剧本创作补贴、纪录片扶助金、处女作扶助金、短片扶助金等,是欧洲对电影生产介入最多的政府机构。作为法国最重要的电影管

---

❶ BLOMKAMP E. Discourses of Legitimation in New Zealand's Film Policy [J]. International Journal of Cultural Study, 2012 (15): 629-644.

❷ 解学芳,臧志彭. 国外文化产业财税扶持政策法规体系研究:最新进展、模式与启示 [J]. 国外社会科学, 2015 (4): 85-102.

理和扶持机构，法国国家电影中心的电影工业扶持基金主要来自国家预算、电影院座位的特别附加税（TSA）、私立电视频道的收入税和公立电视台收入的提成。长期以来，法国的电影特别附加税（TSA）是 CNN 扶持基金的主要来源，这个特别附加税政策对法国境内发行的所有影片都有效，相当于把国外影片的一部分收益转化为对法国本土电影的经济扶持。除了特别附加税，法国国家电影中心扶持法国电影的另一个重要经济来源就是电视业的贴补。法国所有的公立、私立频道每年都要拿出 3% 的营业额贴补电影产业，这笔数量庞大的资金成为法国电影的救命稻草。

与法国电影附加税有异曲同工之妙的是德国的"电影税"。德国国家电影资助依托 1968 年生效的《联邦电影促进法》，目前的版本为《联邦电影促进法》（第 8 修正案），于 2017 年 1 月 1 日生效。根据《联邦电影促进法》规定，德国设立了电影促进局（FFA），确定了电影促进机构的责任和体制框架，包括有关资金的条例，使电影资助有法可依。德国电影促进局的任务是"促进德国电影和改善德国电影经济结构的措施"，并提升电影业的整体经济利益，促进国家和各州各级电影支持之间的协调。电影促进局的资金来自所有电影院、视频产业和广播公司等电影相关行业所缴纳的"电影税"，如电影院业主必须向电影促进署支付其净收入的 1.8%~3%（如达到 7.5 万欧元以上）。❶ 电影促进局的资金支持从创作到开发的各个阶段各种流派的电影。除了电影促进局（FFA）外，德国电影业还得到文化与媒体委员会（Beauftragte der Bundesregierung fürKulturund Modien，BKM）的支持。文化媒体委员会主要通过各种奖项对电影给予资助。2007 年 1 月 1 日，"鼓励和巩固德国电影制作"的新资助模式开始生效，该模式为电影制片人提供了 15%~20% 的生产成本，用于制作电影影片，其目的是提高德国作为大规模国际制作生产地的吸引力。

西班牙属于法律政策变化较大、扶持效果也日趋显著的国家。西班牙在 2007 年底颁布了一部新的《电影法》（*Cinema Act*）（2007 年第 55 号法令），

---

❶ 德国联邦议院官网 [EB/OL]．（2021-01-13）[2021-01-21]．https：//www.bundesregierung.de/breg-de/bundesregierung/staatsministerin-fuer-kultur-und-medien/medien/filmfoerderung/filmfoerderungsgesetz.

目的是促进和发展电影和视听作品的制作、发行和展览，创造有利于制作和传播的条件，并在保护和促进文化特性和多样性的背景下，创造有利于制作和传播及保护电影和音像遗产的措施。该法还引入了视听部门与电影电视一体化的概念，兼顾了整个视听部门的特点。之后，2008年第2062号皇家法令对《电影法》中列出的许多方面进行了完善，其具体内容包含了电影领域补贴的一般条例。这项法令的颁布旨在为加强西班牙电影的市场竞争力奠定基础。2009年，经过与电影业代表为期数月的商谈，政府批准了关于分发电影业补贴的第2834号部长令。之后，2013年11月，欧洲联盟委员会通过了关于资助电影制作的新规则，迫使西班牙政府在两年内调整欧洲通信融资领域的现有制度。在地区立法方面，西班牙的电影产业资金保障的相关法律规定也较为丰富。为鼓励电影业的发展，一些地区通过了自己的立法，加泰罗尼亚2010年第20号法令便是一个例子，该法对电影和视听产业的制作、发行、销售、宣传、电影和音像材料的国际传播和展览等方面进行管理，并对与保护电影遗产的相关方面进行规范。1998年《加泰罗尼亚语言政策法》（The Catalan Linguistic Policy Act）规定了旨在推广加泰罗尼亚语电影的相关措施，并规定了地方政府通过采用增加屏幕配额与电影发行分配配额的方式，进而确保将这类电影传递给观众。❶

1931—1933年，意大利政府颁布了一系列法律来保护意大利电影产业的发展。其中，和补贴相关的是保证金制度：以票房收入为标准，为电影公司提供下一部影片制作的保证金。第二次世界大战后，为了挽救意大利电影产业，相关法律持续得到修订。1965年第897号法律是战后意大利在文化领域通过的第一部全面的法律，该法律的立法目标体现在电影业价值链的所有阶段——包括分配、传播和促进，能够在不同程度上得到国家补贴。虽然这项法律在意大利电影业实施的前十年有效地支持了电影工业，但在1976年国家电视垄断结束之后，私营电视网络入侵电影产业成为了导致电影消费大幅下降的直接诱因，20世纪90年代中期影片制作的质量和数量落到了低点。为

---

❶ Compendium Culture Policies&Trend [EB/OL]．(2019-08-01)[2021-1-25].https://www.culturalpolicies.net/.

了促进高质量电影的制作，2004年颁布了第28号法令，该法创设了FUS基金会（独特的展会基金——表演艺术基金会）。作为专属的法律机构，它负责资助不同的艺术和文化活动，包括电影、音乐、舞蹈、院线、戏剧和马戏艺术，FUS基金会分配给各个艺术部门的资金比例每年都会发生变动。28号法令区分了具有"国家文化利益"（National Cultural Interest）的电影和"国家制作"（Nationally Produce）的电影，满足不同标准的电影，享受意大利政府提供的不同融资支持。达到"国家制作"电影要求的公司，应在意大利合法居住且大部分业务在意大利境内。如果某部电影的概念与剧本通过国家文化利益认定标准，即为具备"国家文化利益"的电影。❶意大利于2015年1月28日通过了新的电影法草案，该法律将通过建立一个每年捐赠4亿欧元的电影和视听产业发展基金以增加60%的国家专项财政拨款。FUS基金会的资金将由国家通过电视和视听公司的税收收入提供。新法律还设想对青年作家及为保护和发展新电影院设立特别奖励措施。电影专业人士对分配给电影业的财政资源的前景性增长表示欢迎，但也有观点认为，"自动标准"可能意味着更多的"市场导向标准"。❷

（二）间接税收减免

间接资助主要包括相关税收的减免及鼓励对电影这一特定领域的投资行为。针对电影行业的税收减免在很多国家的法律中都有所体现，如加拿大的电影与影视产品税收抵免和电影与影视服务税收抵免计划、印度的取消娱乐税和不对引进片加重关税的规定及美国各州的税收减免措施等。此外，鼓励国内外企业投资也是电影资助的重要方式。

1995年，加拿大政府设立了加拿大电影与影视产品税收抵免计划（Canadian Film or Video Production Tax Credit，CPTC），为符合条件的电影

---

❶ 曹怡平，吕志昊. 当代意大利电影制片补贴政策的失灵及启示［J］. 电影艺术，2019（5）：147-153.

❷ Broadcasting. Media and Entertainment Law in Italy: Overview［EB/OL］. (2011-09-01)［2021-01-21］. https://content.next.westlaw.com/3-509-3120?transitionType=Default&contextData=(sc.Default)&__lrTS=20190428033534630&firstPage=true.

作品提供了可全额退还的税收抵免，税收抵免额为合法劳动支出的 25%，旨在鼓励加拿大电影和影视产品创作及在加拿大活跃的国内独立制作公司。税收抵免计划由加拿大遗产部、加拿大视听认证办公室（CAVCO）和加拿大税务局（CRA）共同管理，受《所得税法》第 125 条（*Income Tax Act*，2005 年修正）和《所得税条例》（*Income Tax Regulations*）第 1106 条的约束。该计划仅适用于以下符合条件的公司：主要从事加拿大电影或影视产品业务的，并且在给定的纳税年度内、在加拿大设有常设机构的规定应按法律纳税。加拿大税收抵免的另一个重要政策是电影与影视服务税收抵免计划（Film or Video Production Services Tax Credit，PSTC），由加拿大视听认证办公室和加拿大税务局共同管理，其减免措施主要提供给国外生产企业，或者非加拿大公司控股或非加拿大版权的电影作品。该计划促进了加拿大和外国公司合作创作电影和影视作品，并为加拿大拥有国际水准的生产基础设施提供了支持。对电影产业实行税收减免的还有印度和美国两个国家。宝莱坞作为印度电影产业的标志，是世界最大的电影制片厂之一。宝莱坞电影发展的早期，由于商业运作混乱，导致资金匮乏，严重限制了发展。21 世纪之初，印度政府开始承认电影业为正式产业，允许其合法地从正规渠道得到制片资金，一些地方政府也出台了相应的扶持政策，如取消娱乐税，使电影票价大大降低。在这种情况下，印度电影逐渐从作坊式生产或自由竞争状态转而开始进入大制片公司运作的时代。同时，宝莱坞没有限制引进片的数量和设定重关税，也是其电影畅销至欧美、东南亚等地区的原因之一。❶ 在美国，已有 27 个州通过减免电影及相关产业所得税立法，如美国路易斯安那州 2002 年通过一系列立法给予电影业、音乐业、数码制作等行业税收优惠，这些法令主要有电影奖励法、录音投资激励法和数字媒体奖励法。❷

此外，开放和鼓励国内外企业投资也是电影间接资金资助的方式之一。印度对于电影的资金支持措施主要有开放国外投资和设立国家电影发展公司

---

❶ 宋诗伟，吴峰. 印度文化产业园区的"明珠"：宝莱坞 [J]. 商业文化（下半月），2012（2）：322.

❷ 郭玉军，李华成. 欧美文化产业税收优惠法律制度及其对我国的启示 [J]. 武汉大学学报（哲学社会科学版），2012, 65（1）：5-10.

对印度电影进行资助。宝莱坞电影产业的发展与《产业发展银行法》和《电影法》息息相关。直到 2000 年，印度电影才被赋予 1964 年《产业发展银行法》规定的"产业"地位，进而有资格获得银行和金融机构的资助，印度政府开放了从电影融资、生产、分销、展览、市场营销和相关活动的 100% 外国直接投资，并成立外资投资管理顾问委员会负责监督管理源自国外的投资，使电影业能得到合法的银行贷款。在信息和广播部设立的国家电影发展公司（National Film Development Corporation）负责资助各种印度语言制作的独立电影。该公司资助了使用超过 18 种印度语言进行拍摄的 300 多部电影，国家发展合作委员会以公私合营的模式共同参与了这一项目。国家电影发展委员会制作电影的条款要求：只有申请人导演的首部故事片或短片，才有资格根据国家电影发展公司的 100% 制作计划获得融资，并且至少 80% 的影片内容使用印度的语言。

三、电影创作者激励措施

在电影创作中，导演、演员等创作者发挥着至关重要的角色，因此，为了鼓励创作，各国电影法律都不同程度地对创作者的权益保护进行了规定，主要表现为通过版权法保护创作者获取经济收益的权利和通过资金支持重要的电影题材。

摩洛哥对于电影创作者的最低工资进行了规定。摩洛哥电影中心规定，一个导演的最低工资是每天 1000 迪拉姆，一个音响工程师最低工资为 1500 迪拉姆。加拿大则鼓励企业使用本土劳动力，各省对企业所得税和个人所得税都有一定程度的减免，并鼓励在加拿大拍摄时使用加拿大劳动力。[1] 例如，加拿大电影与影视服务税收抵免计划中，对可以获得税收抵免资助的电影产品做出限制，必须是在加拿大进行劳动活动的加拿大居民。德国也对电影扶持模式进行了创新，每年提供 6000 万欧元用于为德国本土生产的电影制片人

---

[1] 刘宪辉. 加拿大影视产业税收优惠政策的启示 [J]. 电影文学，2017（17）：36-38.

报销 15%~20% 的生产成本。❶ 与这些国家对电影创作者的鼓励与支持相反，有的国家专门将电影从业者剔除在艺术家所得税减免优惠之外。爱尔兰颁布的《艺术家所得税豁免法》规定，对在文学作品、音乐作曲、绘画、雕塑等年收入不超过 25 万镑的艺术领域免征所得税，对年收入超 25 万镑的、超过部分按正常税率减半征收，而电影及影视娱乐从业人员不享受税收减免政策。❷ 另外，版权法也和电影创作者的权利保护密切相关，很多国家的版权法对电影创作者的权利进行了特别规定。例如，2012 年印度版权法修正案通过对 1957 年《印度版权法》进行广泛的结构性修改，保护电影中底层作品的作者（如编剧、作词人和音乐作曲家）不受剥削，从而保护印度电影和音乐产业顺畅地运用。

---

❶ 解学芳，臧志彭. 国外文化产业财税扶持政策法规体系研究：最新进展、模式与启示 [J]. 国外社会科学，2015（4）：85-102.

❷ 郭玉军，李华成. 欧美文化产业税收优惠法律制度及其对我国的启示 [J]. 武汉大学学报（哲学社会科学版），2012，65（1）：5-10.

第四章 "一带一路"沿线国家宏观文化政策比较

"一带一路"沿线国家的联合发展是各国开放合作的宏大经济愿景，由于历史的渊源和发展的需求，在文化领域需要各国携手努力，朝着互利互惠、共同安全的目标协同推进。根据不同国家的历史背景和发展现状，"一带一路"沿线国家普遍推行适合自身发展道路的文化法律与文化政策。通过宏观文化政策的比较与研究，可以努力挖掘区域文化发展动能与发展潜力，促进不同政治制度、经济体制下的各个国家增强互信、加强联系，在新的发展空间中加强全方位文化交流，促进和平友谊新局面的形成。以文化的法律、政策宏观比较研究，寻求"一带一路"沿线国家文化领域的互利交融，以和平合作、开放包容、互学互鉴和互利共赢的文化发展理念，全方位推进各个国家文化领域的务实合作，从而形成政治互信、经济融合、文化包容的利益共同体、命运共同体和责任共同体的发展目标。

当代应用经济学将文化政策定位为治理手段的一种，因为它能跨越几个相互依赖的路径：它既可以重估技术变革的价值、培养审美意识和环境伦理意识、实现更复杂的治理框架的发展，也可以通过再教育实现可持续发展，并在社会变革中发挥更积极的作用。❶然而，文化政策从宏观层面表现出与其他公共领域政策的最大不同是文化政策的复杂性。正如福柯所指出的：政府与文化（知识）是同时产生的，一方面形成了一整套特殊的政府机构，另一方面发展了一整套复杂的知识。❷面对文化这套"复杂的知识"，加之当代文创产业涉及诸多行业和门类，它既有可能涉及经济事务部门，也有可能涉及版权法或者外国事务，没有哪一个产业能调动或需要如此多的政府部门协调，因此，如何制定、实施并保证其在取得良好效果的前提下保持可持续性发展成为文化政策的重大挑战。

纵观各国政府在制定和实施文化政策时，基本普遍面临下述两种紧张关系：第一种紧张关系是政府究竟应当通过支持和经营某些高级文化形式，如歌剧、交响乐、古典芭蕾等来认可"优秀文化"，还是应当将普通文化形式带给更广泛的受众和参与者来促进机会和文化的公平性。第二种紧张关系是政府究竟应该作为简单的推动者、按照大众意愿来支持那些最受欢迎的消费型文化形式，还是应该作为"建筑师"，通过支持有意义的文化形式来塑造大众口味。❸本书认为"多级治理"（Multi-Level Governance）理论体系有助于解决这种紧张关系。"多级治理"理论起源于对欧盟的研究，旨在对过去几十年来欧洲政策、政治方面的研究进行科学概括。❹此后，这一理论得到了发展，其内涵扩展到更大范围，所有多级治理的共同联系是各级决策

---

❶ RAYMAN-BACCHUS L RADAVOI C. Advancing Culture's Role in Sustainable Development: Social Change through Cultural Policy [J]. International Journal of Cultural Policy, 2020（62）: 649-667.

❷ FOUCAULT M.The Archaeology of Knowledge [M]. New York : Routledge, 2002: 220.

❸ CRAIK J. Dilemmas in Policy Support for the Arts and Cultural Sector [J]. Australian Journal of Public Administration, 2005（4）: 6-19.

❹ HOOGHE L, MARKS G. Multi-level Governance and European Integration [M]. Washington : Rowman & Littlefield Pub Inc, 2001.

实体的范围，不同的政治级别往往又具有不同等级组织的特点。由此可以看出，多级治理理论所涉及的部门领域众多，恰恰与上述文化的复杂性高度吻合，同时在此基础上厘清与文化相对应的文化政策主体，最终从文化政策的选择、制定、执行和终止方面解决。

本章首先对宏观文化政策的内涵、模式及其变迁进行介绍，在此基础上，从单一制和联邦制国家中文化行政机构的职能、政府与非政府文化财政手段及保持文化融资可持续性方面，探讨单一制国家和联邦制国家在宏观文化政策的异同，分析各国文化政策目标及实施工具中所表现出的特征和规律。

第一节　文化政策的内涵、模式及其变迁

纵观当代理论和应用经济学对宏观文化政策的研究，我们可以发现它们有一个相似之处，都强调文化政策制定及实施的主体与政府的密切关系。澳大利亚文化经济学家戴维索·罗斯比认为：文化政策就是"政府、法人及其他机构和个人对文化实践和价值的促进和限定"❶。英国和欧洲的文化经济学家也都对文化政策的政府主体特性做了强调："文化政策是官僚的，而非创造性的或有机的"❷；"文化政策是指国家对文化领域的参与，其方式可以直接或通过代理人，参与的文化领域阶段包含了从文化生产到文化消费"❸；"作为一个实践问题，文化政策可以最有效地被视为一个政府在艺术（包括经营性文化产业）、人文和文化遗产领域内的活动"❹；"文化政策是与文化管理有关的公共政策的一个分支，涵盖了政府在文化方面选择做什么或不做什么"❺；"文化政策是对国家管辖的文化领域进行规范的政治行为、手段和机制"❻。

---

❶ 戴维·索罗斯比. 文化政策经济学 [M]. 易昕，译. 大连：东北财经大学出版社，2013：10.

❷ 托比·米勒，乔治·尤迪恩. 文化政策 [M]. 刘永孜，付德根，译. 南京：南京大学出版社，2017：1-2.

❸ 托比·米勒，乔治·尤迪恩. 文化政策 [M]. 刘永孜，付德根，译. 南京：南京大学出版社，2017：1-2.

❹ SCHUSTER J M D. Mapping State Cultural Policy: The State of Washington [J]. Journal of Cultural Economics, 2006 (30): 157-160.

❺ OAKLEY B. Cultural Policy [J]. Nordisk Kulturpolitisk Tidsskrift, 2014 (2): 275-277.

❻ VITKAUSKAITE I. Cultural Industries in Public Policy [J]. Journal of International Studies, 2015 (8): 208-222.

上述经济学家对当代文化政策的界定都有一个共同特点：它们都是"为负责文化领域的特定公共行政当局的结构性行为"。然而，这样的内涵和界定并非文化政策"生来有之"，而是被当代的西方民主国家所赋予并慢慢充实成型的。正如美国文化政策学者卡罗尔·罗森斯汀所指出：遍及当今世界的政府文化机构序列总体上起步于战后时期，之后很多国家开始诉求文化政策的机构化和完整化的行政构架。❶ 事实上，"虽然很多国家早在第二次世界大战前就引入了各种各样的公众支持和对文化的干预和控制，但是西方民主国家的部门性现代公共文化政策是直到第二次世界大战后才出现的"❷。

一、凯恩斯主义文化政策与新自由主义政策的竞合

第二次世界大战之后的文化政策内涵变迁不仅体现在政府的责任主体方面，而且表现在政策客体的表现形式和内容方面，其中一个重要维度是凯恩斯主义式的文化政策与新自由主义政策之间的竞合。第二次世界大战后，西方的宏观经济政策倾向出现了明显的分流，新自由主义与传统的凯恩斯主义之间的分歧越来越明显：凯恩斯主义在当时的资本主义国家占主导地位，主张振兴经济活动，用公共投资确保社会福祉，为所有人提供福利。与此相对，新自由主义的经济学家则认为国家干预压抑了市场力量的自由发挥，同时会产生失控的通货膨胀及各种社会弊端，因此，应当削减公共开支。凯恩斯主义与新自由主义两派理论的上述分歧也对各国的宏观文化政策产生了重要影响。根据 T.H. 马歇尔（Marshall）的经典描述，减少阶级不平等、消除性别歧视、种族歧视政策成为平等权利工程的显著特征，社会政策问题与文化政策问题相继被提出，比如享受艺术的权利、多元文化差异及承认差异都被提上日程。❸ 主张凯恩斯主义的国家着重强调文化权关乎国民社会福祉的

---

❶ 卡罗尔·罗森斯汀. 文化政策何为 [J]. 王列生, 译. 文化软实力研究, 2019（2）: 8-23.

❷ MANGSET P. The End of Cultural Policy? [J]. International Journal of Cultural Policy, 2020（16）: 398-411.

❸ 吉姆·麦圭根. 重新思考文化政策 [M]. 何道宽, 译. 北京: 中国人民大学出版社, 2010: 54.

要旨，政府应当在文化政策领域投资更多，因为文化领域属于公共部门。与此相对，深受新自由主义政策熏陶的国家则主张在社会和文化政策方面，国家不再帮助懒汉和无所事事的人，同时也主张国家不应提倡非流行文化，以便为市场力量腾空舞台。

事实上，文化政策是一个发生了重大内容变化的政策领域。[1] 传统上，文化的概念一直被认为是民主的基石，文化政策的目的是将民主作为实现文化组织的特定目标，文化政策也因而成为一个人文项目和民主社会的重要组成部分。然而，自20世纪80年代开始，文化政策开始从艺术本身向广泛的议程转移，新自由主义思潮的出现为文化表达的动机增加了一个潜在的新目标：利润和经济增长。由此，文化政策被视为一个工具来刺激经济增长。这一变化首先发端于英国，随着创意产业概念的提出，一种新的文化政策"开始在英国政策舞台上迅速出现"[2]，继而迅速进入欧洲国家的政策议程之中，自20世纪90年代以来，大多数欧洲和其他国家的文化政策在经济利益方面朝着日益合法化的文化和文化补贴的方向发展。[3] 新自由主义的文化政策很快在中国、韩国的新型文化政策中占据了主导地位[4]，最后传播到了世界各地的政府。[5] 由于各国的工业化轨迹和步伐不同，文化政策模式也呈现多样性，其中的东亚国家文化产业政策是在国家政治和经济转型背景下崛起的，因此，文化政策对这些国家的文化产业发展发挥了更强的效力和影响。

本书参考上述两个不同类型的文化政策模式，挑选欧洲的英国和丹麦、北美洲的加拿大、非洲的摩洛哥及亚洲的韩国的文化政策为典型个案，进行

---

[1] SVENSSON J, TOMSON K. Policy Change as Institutional Work: Introducing Cultural and Creative Industries into Cultural Policy [J]. Qualitative Research in Organizations and Management: An International Journal, 2017 (12): 149-168.

[2] "创意产业"的概念起源于英国政府，指基于个人创造力的一组产业，这些产业通过知识产权具有很高的创造财富和就业机会的潜力。

[3] MCGUIGAN J. Rethinking Cultural Policy [M]. London: Open University Press, 2004.

[4] BILTON C. Management and Creativity: From Creative Industries to Creative Management [M]. New Jersey: Blackwell Publishing 2007: 169.

[5] HIGGS P, CUNNINGHAM S. Creative Industries Mapping: Where Have We Come from and Where are We Going? [J] Creative Industries Journal, 2008 (1): 7-30.

分析和比较。比较分析显示：一方面，这些国家的文化政策明显存在凯恩斯主义和新自由主义两个不同理论模式和理念的区分，不同模式的国家在文化政策目标和实现目标的手段和途径方面也都表现出比较大的差异性；另一方面，尽管不同的国家侧重不同的文化政策理念，但是各国宏观文化政策只是体现出了某一种模式的明显特点，并不意味着它们完全拒绝采用另一种文化政策模式。可以说，文化公共领域既是寻求集体意义的空间，同时也包含了谋生或产生利润的空间。

（一）凯恩斯主义文化政策模式

英国文化政策学家吉姆·麦圭根曾精辟总结了20世纪中叶盛行的凯恩斯主义文化政策模式："'文化政策'概念集中在比较狭隘的文化观念上，主要指有关交流、意义交换和快乐的实践活动。国家在文化领域的干预是补贴'艺术'等活动，其目的或有不同：民族主义、宣传、再分配，但总体上是要调控符号形式的生产和流通"[1]。麦圭根的上述总结揭示了凯恩斯主义文化政策模式的特点：强调将文化权视为国民的社会福祉，认为政府应当在文化产业等领域进行更多投资。20世纪60年代和70年代，福利国家全盛时期的文化政策核心目标是"文化民主化"（Democratisation of Culture）和"文化民主"（Cultural Democracy）[2]，"文化民主化"指将艺术和文化服务分发给国家内尽可能多的人口群体和地理区域，而"文化民主"指人们对自身需求和文化的理解[3]，因此，消除高低文化、精英和大众文化壁垒、提高公民参与艺术和文化活动的平等机会成为当时文化政策的主要目标。[4]

---

[1] 吉姆·麦圭根. 重新思考文化政策 [M]. 何道宽, 译. 北京：中国人民大学出版社，2010：20.

[2] BELFIORE B. Art as a Means of Alleviating Social Exclusion: Does It Really Work? A Critique of Instrumental Cultural Policies and Social Impact Studies in the UK. [J]. International Journal of Cultural Policy, 2002 (8)：91-106.

[3] VIROLAINEN J. Participatory Turn in Cultural Policy? An Analysis of the Concept of Cultural Participation in Finnish Cultural Policy [J]. Nordisk Kulturpolitisk Tidsskrift, 2016 (19)：59-77.

[4] KANGAS A, PIRNES E. Decision-making, Legislation, Administration and Financing in Cultural Policy [M]. Helsinki：Tietosanoma2015：23-108.

文化政策的这一倾向与特色从 1967 年召开的联合国教科文组织文化政策国际会议上可见一斑。各会员国在该会议上讨论了文化政策及文化政策在各国的实施状况，从会议报告中可以看出，当时的文化政策报告几乎很少包含文化经济学的色彩，各国文化政策的主要关注焦点在如何让艺术创作对社会文明做出贡献、如何让更多的人从艺术品消费中受益及如何提高教育和媒体的艺术修养。❶

实施凯恩斯主义文化政策的国家主要以欧洲为代表，比较典型的有丹麦、德国、法国、西班牙和意大利。首先，从政策目标的途径与手段来看，丹麦侧重于加强民主和公民教育及对新来的外国人的文化教育等，而法国则不太注重市场在文化发展中的作用，而主要依靠国家扶持。❷ 法国同时将文化政策划分出了三条主线：文化遗产、艺术创造及文化民主化，其中第三条主线——文化民主化又包含了文化多样性、文化艺术教育的普及、文化政策的国家改革和地方分权、知识产权尤其是数字化全球化背景下的作者权利四个部分。法国还通过对文化遗产、艺术创造和文化民主化等内容的不断完善，扫除由于地理、经济和社会问题而造成的障碍，使之在最大程度上扩大受众范围，并促进更广泛的文化艺术活动的开展。在上述三条主线基础上，法国采取了一系列措施落实文化政策，其中包括支持艺术教学和实践；促进儿童和青少年文化艺术教育；鼓励地方文化举措，发展国家和地方文化政策之间的联系，并参与政府执行的权力下放政策。

其次，从上述各国文化政策总目标来看，丹麦和法国都从国民政治权利方面强调了该国的文化政策：丹麦主张文化政策要"保持国民政治权利的自由"，法国认为要在宪法规定公民拥有平等享受文化权利基础上，国家担负保证为所有公民提供文化产品和服务的责任。瑞士在文化领域的优先事项是培养和促进瑞士与其他国家不同文化之间的理解与融合，这点在瑞士的两部重要法律——《文化促进法》(Culture Promotion Act)和附录的《文化调度》(Dispatch on Culture)得以清晰反映，它们都强调：瑞士联邦政府确定的文

---

❶ 戴维·索罗斯比. 文化政策经济学 [M]. 易昕，译. 大连：东北财经大学出版社，2013：3.

❷ 陈杰，闵锐武. 文化产业政策与法规 [M]. 青岛：中国海洋大学出版社，2006：37.

化政策的核心目标是促进文化多样性和提高文化包容力，政策焦点集中在传统文化与数字化领域。此外，语言政策也是瑞士当前文化政策十分重要的一环，如2010年《语言法》(*Languages Act*)旨在制定联邦行政部门语言使用准则、支持不同语言背景的学生相互交流、建立研究多语言的组织机构、支持多语言地区及推广罗姆语和意大利语等。

西班牙文化政策的主要目标是文化遗产的保护。从西班牙中央和地区政府近年来的政治报告及文化活动清单来看，排在第二位的是文化创新。即正在发展中的文化遗产。西班牙文化部门曾表示在任何文化政策中，支持创新精神都是核心之一，同时也是最困难的目标之一。此外，西班牙文化政策的目标还包括文化的均等化，这一文化领域民主化的理念为西班牙文化政策的制定创造了相当大的发展空间。从中央政府的角度来讲，教育和文化政策的许多方面都隐含了对共同归属感的支持，然而强化身份认同并不是中央政府的一个明确目标，只是根据各自治区情况有所不同，特别是那些拥有自己语言的地区，强化区域身份认同成为其文化政策的重要部分。与西班牙类似，意大利在文化政策的制定上也偏向于文化遗产的保护，这点与意大利悠久的历史文化底蕴关系密切。

与上述国家不同，德国在确立其文化政策目标时经历了更多的波折。20世纪70年代，德国制定了"新文化政策"(Neue Kulturpolitik)，但是这一政策面临人口变化、社会差异、数字化、公共利益差异化等各种情况的变化，尤其是遭遇了公共预算状况财政状况的挑战。20世纪90年代中期以来，德国的公共财政困难已然成为州政府和市政府在文化政策领域讨论的关键，而这种情况在世纪之交后更为日益严重，2008年的金融危机对公共文化融资更是雪上加霜。虽然德国的经济在2010年出现转机，但公共债务的增长依旧达到了第二次世界大战结束以来的最高水平，特别是地方当局和社区因债务增加而受到的影响更是尤为明显。然而，即便遇到上述种种挑战和财政吃紧，德国仍一直奉行在宪法框架下支持公共文化领域的扶持方向。❶

---

❶ 张玉国. 国家利益与文化政策[M]. 广州：广东人民出版社，2005：205.

（二）新自由主义文化政策模式

新自由主义（Neoliberalism）是一个政治和意识形态的框架，在这个框架中，市场成为社会关系的主要模式，交换和市场价值是唯一的价值。❶ 因此，新自由主义的文化政策模式也需要包括文化领域在内的公共部门向市场战略倾斜，与此同时，公共文化政策的制定和管理采用降低成本、提高生产率等私营部门的管理风格。❷ 这与凯恩斯主义文化政策形成了鲜明的对比：艺术和文化一直很少被视为市场的一部分，政府不应当把它们交由市场任意"主宰"，而应在文化政策领域投资更多。然而，自20世纪90年代以来，大多数国家的文化政策在经济利益方面朝着日益合法化的文化和文化补贴的方向发展。❸ 进入21世纪，全球政治和经济政策中的新自由主义转向使文化领域作为地区、区域和国家品牌机制获得了新的突出地位❹，凯恩斯主义文化政策由此在全球范围内实现了向新自由主义文化政策的转型。

1. 凯恩斯主义文化政策向新自由主义文化政策的转型

戴维索·罗斯比分析了促进上述文化政策转型的深层背景：第一，"艺术"与"高雅文化"等同的观念正在改变，文化概念不再仅仅限于高雅的艺术，文化政策的概念也不仅仅限于艺术和文化遗产，而是延伸到了电影、广播、印刷媒体、时装、建筑设计、旅游、城市和区域发展等更多的领域；第二，全球化使文化产品的分配、运营和消费发生深刻变化，文化资源在国家和地区间流动的障碍被打破，许多商品的全球化市场已经出现，通信的国际

---

❶ HALL S. Signification, Representation, Ideology: Althusser and the Post-Structuralist Debates [J]. Critical Studies in Mass Communication, 1985（2）：91-114.

❷ BELFIORE E. Auditing Culture: The Subsidised Cultural Sector in the New Public Management [J]. International Journal of Cultural Policy, 2004:（10）183-202.

❸ MCGUIGAN J. Rethinking Cultural Policy [M]. London : Open University Press, 2004.

❹ DUXBURY N. Shifting Strategies and Contexts for Cultrue in Small City Planning: Interlinking Quality of Life, Economic Development, Downtown Vitality, and Community Sustainability [M]. New York: Routledge, 2011: 161-178.

化导致文化符号和信息在全世界自由传递。[1] 由此可见，肇始于西方的新自由思潮和全球化浪潮使传统的凯恩斯主义文化政策模式带上了鲜明的新自由主义特色，艺术与文化史无前例地与市场经济联系在了一起，并被赋予新的价值和新的任务。文化产业由此开始成为国家层面文化的一部分，因为它们创造了象征性和实际性的经济资本。"市场开始发现：对文化产业进行投资是有益的，它有助于吸引外国游客和投资者、改善国家形象，并提高人们对文化产业的认识。文化产业正在成为经济发展中较有前景的领域，文化政策中吸纳了文化产业的概念"[2]。

在新自由主义思潮影响下，文化遗产也从过去的名胜遗迹转变为可以消费的审美市场空间，其中尤以旅游业表现典型，文化遗产开始以利润丰厚的遗产旅游方式或者与城市发展结合的方式，进入世界各地的国家政策和国际政策议程。[3] 文化遗产通过创造就业机会、刺激传统旅游、孵化小企业及振兴大城市市中心和振兴小城镇的经济的方式，发挥着强大的"经济发电机"的作用，而其背后的新自由主义经济理论基础就是其公共物品属性及其产生高经济影响的内在能力。美国的一项计量经济学研究验证了这一观点，在将文化遗产历史建筑的修复和再利用投资回报与17个制造业的投资回报进行比较之后，研究结论认为，在创造就业机会、家庭收入和总体影响这三个方面，文化遗产历史建筑修复的表现一贯优于制造业。[4]

2. 新自由主义文化政策的工具色彩

综上所述，各国政府都在不断推动文化政策的实施[5]，这意味着文化政策带有了相当强的工具特色，很多学者都对此进行了研究。学者对工具性文

---

[1] 戴维·索罗斯比. 文化政策经济学[M]. 易昕, 译. 大连: 东北财经大学出版社, 2013: 4-5.

[2] VITKAUSKAITE I. Cultural Industries in Public Policy[J]. Journal of International Studies, 2015 (8): 208-222.

[3] TIMOTHY D J. Cultural Heritage and Tourism: An Introduction[M]. Tonawanda, 2011.

[4] DONOVAN D RYPKEM A. Preservation as Economic Generator in the US: Cultural Resource Preservation and Economic Development[M]. USPS1998.

[5] 戴维·索罗斯比. 文化政策经济学[M]. 易昕, 译. 大连: 东北财经大学出版社, 2013: 8.

化政策的含义达成了一致，但是对其目标和作用有很大的分歧。首先，学者普遍认为工具性文化政策（Instrumental Cultural Policy）是指"把文化事业和文化投资作为手段或工具，以追求文化领域之外的目标"❶、或者"将文化企业和文化投资作为一种手段或工具，以达到文化领域以外的目标"❷，或者指"为了实现经济或社会目标而利用文化的政治家和政策制定者从外部强加的政策"❸。然而，文化政策的工具性目标究竟发挥积极还是消极的作用？学者对此并没有达成一致。盖尔·韦斯特汉姆认为：工具性文化政策目标可以作为投资创造盈利和就业机会、防止人口减少、创造吸引人居住的地方、加强社会的创造能力（地方性的和地区性的）及吸引高技能的人才，其工具性在于强调把文化和文化事业作为手段而不是目的。❹维斯海姆·盖尔（Vestheim Geir）也强调工具性的文化政策可被用来强调文化"作为一种手段，而不是其本身的目的"，所以这样的政策可被用来理解和评估艺术和文化的经济和社会影响日益增长的需求。❺与此相对，还有一些学术研究人员批评创意产业是新自由主义治理的表现，它导致文化劳动的条件越来越不稳定，令人不安。❻荷兰的学者则严厉批评了荷兰中央政府实施的于2011年之后督促文化机构增加它们的自创收入，一些文化机构因预算削减而消失，从而对文化劳动力市场和维护文化遗产造成消极影响，其中尤其是当代艺术的艺术平台和图书馆被证明是不那么成功的典型案例。❼

---

❶ 吉姆·麦圭根. 重新思考文化政策 [M]. 何道宽，译. 北京：中国人民大学出版社，2010：181.

❷ VESTHEIM G. Theoretical Reflections [J]. International Journal of Cultural Policy, 2007 (13): 217-236.

❸ KANN-RASMUSSEN N.The Collaborating Cultural Organization: Legitimation through Partnerships [J].Journal of Arts Management, Law, and Society, 2019 (49): 307-323.

❹ 吉姆·麦圭根. 重新思考文化政策 [M]. 何道宽，译. 北京：中国人民大学出版社，2010：181.

❺ Theoretical Reflections. International Journal of Cultural Policy [J]. Estheim Geir, 2007 (2): 217-236.

❻ BANKS M, HESMONDHALGH D. Looking for Work in Creative Industries Policy [J]. International Journal of Cultural Policy, 2009 (15): 415-430.

❼ 参见 Compendium of Cultural Policies and Trends in Europe (20th Ed., 2019)。

3. 新自由主义文化政策模式的实施

无论学者对新自由主义文化政策模式的评价如何褒贬不一，在以英美为首实行新自由主义文化政策的国家，文化的工具主义色彩已经越来越浓厚，而在传统上实施凯恩斯主义国家的欧洲也开始不断尝试新自由主义的文化政策。在一些欧洲国家，新自由主义甚至发展成为对福利国家危机的回应，换言之，新自由主义成为一些国家文化政策发展的合法性源泉。正如维斯海姆·盖尔所指出的："几十年来，文化政策的合法性已经从美学、教育和民主工具转向经济和社会工具"❶。

首先，英美国家是新自由主义文化政策的滥觞之地，"撒切尔主义和里根主义的直接干预，确立了新自由主义的地位……形塑一切的政策范式"❷。受此影响，20世纪80年代的英国文化政策开始朝"一切价值被简化为交换价值"和"文化政策的话语被浓缩为市场话语"的方向发展。这一方向的典型表现之一就是英国议会开始实行向文化产业投资的政策，其中包含允许默多克购买英国报界相当部分的股权并掌握英国卫星广播的主导权，这一事件甚至被贝尔纳·米耶热称为"文化生产的资本化"❸。除此之外，英国议会也寻求推动各地通过文化投入来谋求地方经济振兴和市镇再生。总之，在英国，艺术和文化作为国家竞争力来源之一，逐步发展成为经济运行的重要力量，文化也逐步被视为实现经济目标或者其他目标的工具，其合法性和正当性获得了新的源泉，即开始通过强调其经济意义和影响来构建。

其次，纵观非洲、北美和欧洲，可以处处看到新自由主义文化政策的痕迹和踪影。在非洲摩洛哥，其国家目标之一就是成为文化的推动者，将其作为一种创造就业、鼓励城市更新和促进的手段，同时促进国民精神上的幸

---

❶ VESTHEIM G. Theoretical Reflections [J]. International Journal of Cultural Policy, 2007（13）: 217-236.

❷ 吉姆·麦圭根. 重新思考文化政策 [M]. 何道宽, 译. 北京: 中国人民大学出版社, 2010: 3.

❸ MURTONIEMI K. Democratising Goals in a Neoliberal Context: The Multiple Temporalities in Finnish Cultural Policy Discourses [J]. Critical Arts 2020（34）: 107-120.

福。❶ 在加拿大,《北美自由贸易协定》是反映新自由主义政策的协定,它彻底改变了该国文化产业生产的格局,并使文化成为该国城市经济复兴的中心,同时加速了该国各种文化产业日益融入国际市场。❷ 在北欧国家,20世纪下半叶的文化政策分为两个时期:第一个时期是福利国家文化政策时期,重点是文化民主和艺术自治;第二个时期是市场竞争时期,市场导向和经济工具化是文化政策的鲜明特征。❸ 例如,荷兰自20世纪80年代以来就有一些国有博物馆被要求进行私有化改革,尤其是进入2011年之后,中央政府开始督促这些文化机构增加它们的自创收入,同时告诫它们:如果要获得更多资助资金,就需要表现出更多的企业创业精神。❹

芬兰于20世纪90年代认识到了文化在社会政治决策中战略性作用和工具性作用❺,同时一改往日凯恩斯主义福利国家的传统"面目",开始吸收新自由主义理论和新公共管理学说,学者们评价芬兰已经成为"自由市场竞争的社会",而非福利国家。21世纪初,芬兰在欧盟的法律和行政框架内,试图开创性地打造新的文化治理体系,即在公共文化管理方面加强艺术和文化产品生产和服务出口的需求,强调创造力和创新及它们对经济增长的贡献。❻ 例如,芬兰艺术促进中心被要求改革重组,而改革的目标充满了经济和社会工具导向色彩:为了降低公共预算对艺术资助的压力,该中心不仅需要推进创意与文化经济和艺术的应用,还需要在"最好的艺术"等完美主义的理念下,促进文化权利、改善社会包容、移民融合、打击种族主义及促进福利一

---

❶ GRAIOUID M, TAIEB B. Cultural Production and Cultural Patronage in Morocco: The State, the Islamists, and the Field of Culture [J]. Journal of African Cultural Studies, 2013 (25): 261-274.

❷ DRUICK Z, DEVEAU D. Cultural Production in Canada [J]. Canadian Journal of Communication, 2015 (40): 57.

❸ DUELUND P. Nordic Cultural Policies: A Critical View [J]. International Journal of Cultural Policy, 2008: 7-24.

❹ 参见 Compendium of Cultural Policies and Trends in Europe (20th Ed, 2019)。

❺ KANGAS A. Cultural Policy in FinlandThe Nordic Cultural Model: Nordic Cultural Policy in transition [J]. Nordic Cultural Institute, 2008: 79-112.

❻ 参见 Compendium of Cultural Policies and Trends in Europe (18th Ed., 2017)。

系列目标才能实现公共财政补贴的目标。❶ 此外，国家的新干预主义这一新自由主义的典型特征也在芬兰表现明显。芬兰传统上强大的社团主义被剥离，由艺术家协会和委员会这些传统上强大的社团主义来决策的权力逐渐减少，取而代之的是中央集权政策的加强。由芬兰政府官员决定的补贴数额不仅远远高于同行评议的艺术补贴数额，而且自2012年之后一直在不断增长。以2012年为例，由芬兰政府官员决定的补贴数额高达10500万欧元，占总资助31%左右，2019年，这一数额已经增长至总资助的43%。❷

再次，从亚洲国家来看，新自由主义在传统上市场力量薄弱的亚洲国家也留下了独特的印记，其独特之处在于政府的干预与市场并存，且政府力量常常大于市场。包含数字技术在内的创意产业自20世纪90年代中期以来在韩国广泛传播，文化产业随后被政府认定为关键的国家产业。当时的韩国正在进行新自由主义式的经济改革，为了增强市场的灵活性，大企业集团的所有权结构及治理和金融国家化成为主要改革目标，但是这样的市场经济改革是在国家的强力推动下发生的。❸ 文化产业作为一个需要政府投资的新兴产业尤其体现了政府干预的强有力色彩。文化产业政策制定者认为，政府的角色应该超越所有国家文化产业的传统方法，致力于解决市场失灵和保护当地文化生产来刺激增长的行业，创造文化产业的新办法。❹ 因此，有学者认为，韩国文化行业的快速扩张不是自然发生，而是在国家的强力推动下才被推进的❺，甚至有韩国学者在观察了政府在文化业务、文化出口和国家品牌方面的

---

❶ JAKONEN O. Results-based Steering as a Tool for Centralized Art Policy Management and Instrumentalization? Analysis of the Finnish Arts Council's Reformation [J]. Nordisk Kulturpolitisk Tidsskrift, 2020 (23): 125-142.

❷ Results-based Steering as a Tool for Centralized Art Policy Management and Instrumentalization? Analysis of the Finnish Arts Council's reformation [J]. Olli Jakonen, 2020 (2): 125-142.

❸ HYE-KYUNG LEE. The New Patron State in South Korea: Cultural Policy, Democracy and the Market Economy [J]. International Journal of Cultural Policy, 2019 (25): 48-62.

❹ HYE-KYUNG LEE. The New Patron State in South Korea: Cultural Policy, Democracy and the Market Economy [J]. International Journal of Cultural Policy, 2019 (25): 48-62.

❺ HYE-KYUNG LEE. The New Patron State in South Korea: Cultural Policy, Democracy and the Market Economy [J]. International Journal of Cultural Policy, 2019 (25): 48-62.

持续投资后，得出结论：新自由主义改革并没有扭转国家为主要驱动力的东亚文化政策模式。

最后，新自由主义不仅在各个国家掀起波澜，而且给国际组织带来深刻改变。仅拿世界银行来看，该组织长期以来一直认为文化领域只是增加预算和带来沉重财务负担的公共领域，因此，一直在"狭隘的发展模式下，忽视文化层面在诱导和管理发展方面的重要性，"从而多次回避了该行业的许多问题和需求，并将文化和文化遗产排除在世界银行的发展援助项目之外。例如，1980年，世界银行曾经停止向包括文化旅游在内的旅游业提供贷款，从而使文化遗产管理失去了本就有限的支持。然而，随着新自由主义席卷全球，很多国家纷纷认识到文化同样有助于经济增长，世界银行已开始将文化潜力纳入其资助项目的前提，同时突破了仅仅追求经济增长的狭隘目标，改为以广泛的社会发展为目标。[1]

（三）凯恩斯主义文化政策与新自由主义政策的竞合

上述凯恩斯主义所强调的文化政策的福利性质与新自由主义主张的文化政策的市场性之间没有泾渭分明的界限，它们甚至有可能同时存在于同一个国家的不同时期或者是同一时期。尽管不同的国家侧重不同的文化政策理念，但是文化里的公共利益和商业性的文化产业的功能运作始终是相互影响的，我们既可以在实施凯恩斯主义文化政策模式的国家中看到市场的"色彩"，也可以在采用新自由主义文化政策模式的国家中闻到公共福利的"味道"。因此，我们也可以发现：一方面，欧洲很多国家和城市将文化产业政策逐步发展成为经济发展战略重要的促进要素之一；另一方面，老牌的英美国家也在继续秉持文化民主主义的理念，坚持文化政策中的公共利益色彩，同时又与文化产业保持着"一臂之距"的距离，并选择与行业协会合作来实行对文化产业的管理和资金资助。事实上，当代各国的文化政策在很大程度上已经表现出这两种不同模式理念的互补，凯恩斯主义文化政策与新自由主

---

[1] 参见 The World Bank Middle East and North Africa Region. Cultural Heritage and Development: A Framework for Action in the Middle East and North Africa, 2010。

义文化政策发展成为一种竞合关系，文化里的公共利益和商业性的文化产业的功能运作始终是相互影响的，当代各国的文化政策与传统艺术政策之间仍然保持着非常密切的关系。

1. 凯恩斯主义文化政策与新自由主义政策的竞争关系

澳大利亚经济学家戴维索·罗斯比为我们理解凯恩斯主义文化政策与新自由主义政策的竞争关系提供了一个参考，他认为可以先将二者置于文化政策过程的系统框架之中，然后再通过分离经济价值和文化价值来体现政府对文化部门政策的双重目的，这二者之间的最后权重决定了两个不同流派和倾向的文化政策。❶ 文化政策中的经济价值和文化价值的剥离与不同权重可以帮助我们理解为何有些国家中的文化政策暗含支持企业（pro_corporate）的立场，也会明白那些注重经济发展国家中的国立公园的政策和规划管理需要更多仰赖官僚体制下的不可抗力和旅游业收入，而注重文化的国家中的国立公园的政策则更多地关注生态科学。与此同时，我们还会发现一些国家的文化政策中工具性和新自由竞争状态的本性一览无余，创造就业岗位仍然是这些国家经济政策制定者的最终标准。❷ 西方政策实践对二者的对立和竞争关系持普遍支持态度："无论政治家、记者和艺术家，还是大部分公众，都将艺术视为经济推理和运算之外的事物，他们对艺术和文化创造的经济学分析持保留态度，或者主张经济考量至少要基于美学的供求分析和对艺术的需求❸，而新自由主义工具文化政策的逻辑被认为可能会导致文化财政补贴的丧失，从而导致文化的衰弱。❹ 与此同时，通俗的文化表现形式也会无法逃脱销售合理化或者商品化的逻辑，从而可能导致普遍性的欣赏力匮乏。" ❺

---

❶ 戴维·索罗斯比. 文化政策经济学 [M]. 易昕，译. 大连：东北财经大学出版社，2013：50.

❷ 参见 Culture and Creative Industries in Germany for UNESCO, 2007。

❸ 布鲁诺·弗雷. 艺术与经济学（第二版）[M]. 易晔，郝青青，译. 北京：商务印书馆，2017：79.

❹ HADLEY S, GRAY C. Hyperinstrumentalism and Cultural Policy: Means to an End or an End to Meaning? [J]. Cultural Trends 2017（26）：95-106.

❺ 托比·米勒，乔治·尤迪恩. 文化政策 [M]. 刘永孜，付德根，译. 南京：南京大学出版社，2017：21.

此外，文化政策中的经济价值和文化价值的判断和选择在联合国舞台上也发生过激烈的对抗。2005年，联合国教科文组织讨论通过《保护和促进文化表现多样性公约》时，成员国对文化例外的经济动力和文化动力存有明显分歧。以美国、以色列为首的国家认为文化多样性和文化例外是谋求经济优势驱动的，而以加拿大和澳大利亚为首的国家则主张文化例外意在确保文化表达的多样性。在一番激烈的争论之后，美国和以色列投了反对票，澳大利亚、洪都拉斯、利比里亚和尼加拉瓜弃权，149个成员国投了赞成票而获得通过。❶

2. 凯恩斯主义文化政策与新自由主义政策的合作关系

一些经济学家对凯恩斯主义文化政策与新自由主义政策的竞争关系持反对观点，如博尔丁（Boulding）认为，艺术和文化常受到稀缺的制约，就像一般产品或者服务一样，它也不是免费的，因此，一旦个人对偏好的表达能够被注意到，就使经济学家对艺术和文化供求行为的分析成为了可能，然后就有可能来调查下一个重要且流行的问题：政府如何能够最大限度地推广艺术和文化。❷ 这意味着经济学完全可以同时考量并推动文化的经济价值和文化价值。事实上，自文创产业诞生至今的短短几十年里，它"通过将价值观和生产力融合在一起，在文化和经济前所未有的纠缠中征服了世界"❸，这足以证明它在所有产业门类中的独特性和创新性。它既涉及创造就业岗位等经济利益，也与增强社会包容性、解决社会问题和福祉等社会利益相关联❹，从而使它创造了一种全新的经济与文化关系：它让经济、管理、艺术和创作互相包容并合为一体，让高雅与大众文化兼容并蓄，使保持艺术理想真实性的

---

❶ 凯文·马尔卡西. 公共文化、文化认同与文化政策 [M]. 何道宽，译. 北京：商务印书馆，2017：133.

❷ 布鲁诺·S. 弗雷. 艺术与经济学：分析与文化政策（第二版）[M]. 易晔，郝青青，译. 北京：商务印书馆，2017：79.

❸ ROBERGE J, NANTEL L, ROUSSEAU A. Who Needs a Plan Anyway? Digital Cultural Policymaking as the Art of Navigating through Uncertainties [J]. Journal of Arts Management, Law, and Society, 2017（47）：300-312.

❹ BELFIORE E. Art as a Means of Alleviating Social Exclusion: Does It Really Work? A Critique of Instrumental Cultural Policies and Social Impact Studies in the UK [J]. International Journal of Cultural Policy, 2002（8）：91-106.

方式与文化经济联系在一起。❶

　　文化产业本身的巨大包容性在相当大的程度上缓解了凯恩斯主义文化政策与新自由主义政策之间的紧张关系，因此，尽管全球各地文化政策的经济性倾向非常明显，但是经济议程并不总是将更广义上的文化关注排除在外。

　　在苏格兰，文化领域的公共政策在创意产业中的一些关键领域里得以推行的驱动力是有关文化的考虑，而非经济的考虑。❷ 在欧盟，自其成立之后，从最初的文化自由贸易协定到政治上的整合，不仅强调文化的创造就业等经济价值，而且主张欧盟应当承担起繁荣各成员国文化的责任，以保证民族的多样性和身份认同。澳大利亚政府则一直在试图平衡三类不同的政策议程：不仅通过实施绩效指标制度来衡量文化的经济贡献，而且通过自给自足和加强问责制的战略鼓励文化产业的发展，同时出台保护和巩固民族文化的政策。❸ 加拿大一方面承认并关心文化的经济属性；但另一方面也认为，文化是社会资源或公共用品，是民族认同的表达形式，因而是必须要推广和保护的，这是公共责任❹，"文化现象不止是娱乐，还有民族认同、遗产和社会凝聚力的问题，文化保护是文化主权的必要保障。"❺ 荷兰经过了不同时期的不同理念的挣扎，终于在近年来确立了将二者平衡的政策核心。2013—2016年，荷兰的文化政策特点是注重文化市场的扩张和经济效益，但是从 2017 年开始，荷兰开始更加注重文化的内在价值和社会价值，而不是经济价值。❻ 近年来，荷兰开始尝试"在文化的内在价值和社会与经济进程的工具效益之

---

❶ VITKAUSKAITE I. Cultural Industries in Public Policy [J].Journal of International Studies, 2015（8）: 208-222.

❷ 戴维·索罗斯比. 文化政策经济学 [M]. 易昕，译. 大连：东北财经大学出版社，2013: 111.

❸ CRAIK J. Dilemmas in Policy Support for the Arts and Cultural Sector [J]. Australian Journal of Public Administration, 2005（4）: 6-19.

❹ 凯文·马尔卡西. 公共文化、文化认同与文化政策 [M]. 何道宽，译. 北京：商务印书馆，2017: 133.

❺ 戴维·索罗斯比. 文化政策经济学 [M]. 易昕，译. 大连：东北财经大学出版社，2013: 111.

❻ 荷兰政府于 2017 年强调文化对于荷兰身份和国家认同的价值，有关共同历史、价值观和自由的知识，在全球化和不确定时代应当得到加强和积极宣传。

间取得平衡"❶。例如，2018 年文化部长在《开放社会中的文化》（*Culture in an open samenleving*）强调荷兰的文化政策主题包含强大的文化产业，不同年龄、文化背景、收入和居住地点的人，都可以接触艺术和文化等方面。❷

  芬兰的文化政策经历了由凯恩斯主义文化政策向新自由主义文化政策的转型、再到二者融合的时代。20 世纪 90 年代，芬兰并没有文化产业的概念，与其相关的所有分支基本都在凯恩斯福利政策的范围之内，因此，文化产业直到 20 世纪 90 年代，并非芬兰文化政策的中心概念，芬兰文化政策侧重于艺术、文化遗产、文化服务、文化参与和获得文化的机会，文化政策将重心放在高质量的艺术和为艺术家分配资金方面。从财政资助来看，国家预算中只有新闻、广播、电影制作发行、图书出版的特别支出，在地方市政预算中这些项目基本为零；建筑和设计作为艺术形式是受到补贴的、表演艺术作为文化服务的一部分，而非文化产业的分支、专业和基础艺术教育被认为教育政策，劳动力市场的文化产业被视为艺术家的社会福利保障。❸ 20 世纪 90 年代之后，芬兰开始效仿国际惯例，引入文化产业商业化的概念，狭义的文化产业包括了图书出版、电影和视频、音乐产业、视觉艺术、表演艺术和建筑、设计和摄影产业，广义的文化产业包含了电脑软件、游戏、广告等产业。2006 年芬兰推出《国家创新战略报告》后，教育和文化部开始积极推动文化输出和创新经济，更加强调在艺术和文化的出口和提高就业人数方面的贡献。2012 年，劳动部与教育和文化部合作出版了创新对经济结构重要性日益增加的报告，同时提出了政府相应的措施和发展指南。从地方政府层面来看，大部分地区和主要城市制作了《区域创意产业与文化发展工作报告（2010—2020）》（*Regional development work in the Creative Economy and Culture 2010—2020*），表明了地方对创意经济和文化产业在促进区域发展的重视。然而，自 2013 年之后创意经济的繁荣逐渐平静下来，将文化艺术知识

---

 ❶ 凯文·马尔卡西. 公共文化、文化认同与文化政策 [M]. 何道宽，译. 北京：商务印书馆，2017：133.

 ❷ 凯文·马尔卡西. 公共文化、文化认同与文化政策 [M]. 何道宽，译. 北京：商务印书馆，2017：133.

 ❸ 参见 *Compendium of Cultural Policies and Trends in Europe*（18th Ed, 2017）。

应用于教育和更广泛的公共部门,加强艺术之间的合作,帮助儿童和年轻人平等地获得文化成为文化政策的新的侧重点,文化被放在更广泛的社会目标和社会效益当中。

芬兰的文化政策表明,广泛的福利国家承诺仍然存在于该国文化政策中,新自由主义的变化还没有显著到足以取代原有的文化政策中的福利色彩。正如芬兰学者所揭示的:芬兰文化政策中"既包含福利国家文化政策的元素,也包含了工具文化政策的要素""福利国家时代的价值观似乎没有从文化政策的讨论中被废除,也没有被工具主义的价值观所取代,而是获得了新的意义,并被重新表达"❶。换言之,"民主的旧的福利国家文化政策概念用于与市场竞争国家目标相关的工具文化政策"❷。

第二次世界大战后,英国和一些其他欧洲国家纷纷成立了与文化相关的政府部门,如英国于1946年成立了"英国艺术委员会",法国于1959年成立了"文化部",到20世纪70年代后,大多数北欧国家已经成立了负责当地和区域文化的特定公共行政机构,同时开始向个人艺术家提供具备福利性质的奖学金。德国因为特定的历史背景,直到民主德国和联邦德国统一之后的20世纪90年代,才开始在政府内成立"联邦政府文化事务和媒体事务专员"(Federal Government Commissioner for Cultural Affairs and the Media)。因此,直到20世纪末,虽然各国政府对文化施加影响的行为、程度和方式各有不同,但都将文化政策作为一个集合概念,将形态各异的政府文化行为结合到一起,并使其成为一个具有连贯性的政策场域。❸ 例如,如图4-1所示,瑞士文化政策学家将文化部门分为两大领域:第一领域是艺术文化生产的核心区域;第二领域是由公共部门、中间部门和私营部门3个子部门组成的周边区域,其中公共部门和中间部门都是非营利的部门,私营部门则为以市场

---

❶ MURTONIEMI K. Democratising Goals in a Neoliberal Context: The Multiple Temporalities in Finnish Cultural Policy Discourses [J]. Critical Arts, 2020 (34): 107-120.

❷ JAKONEN O. Results-based Steering as a Tool for Centralized Art Policy Management and Instrumentalization? Analysis of the Finnish Arts Council's Reformation [J]. Nordisk Kulturpolitisk Tidsskrift, 2020 (23): 125-142.

❸ 卡罗尔·罗森斯汀. 文化政策何为 [J]. 王列生, 译. 文化软实力研究, 2019 (2): 8-23.

为导向的营利性或商业部门，3个子部门之间通过相互交流的"毛细管系统"相连接。文化产业部门最重要的特性是开放性，那些自由职业者和小型企业的优势在于可以吸收文化趋势，对市场变化做出快速反应，而这点对文化产业来说至关重要。❶

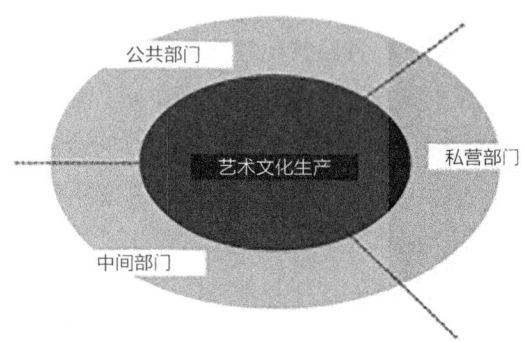

图 4-1　瑞士文化部门结构

另外，这些国家的政府部门所实行的公共文化政策在不同程度上都是战后福利国家的副产品，即公共行政当局应该涉足包括文化福祉在内的公民生活的新领域。2008年金融危机之后，用于公共文化服务生产的经济和运营资源越来越稀缺，各国纷纷降低公共服务所产生的新的财务成本，同时削减一些业务以专注于核心职能，这使新公共管理的理念更契合了政府的长期发展目标。

芬兰的行政改革除了对福利国家危机的新自由主义回应外，还将新公共管理工具作为新的国家干预主义的一部分。2008年金融危机之后，减少公共文化服务的成本成为政府的长期发展目标，在此背景下，绩效管理、政策有效性、战略目标和评估成为文化政策治理的主要内容，其中绩效管理成为中央政府的关键指导手段，其目的是加强整个国家机器的政治控制、实现各部门及机构之间的协定，特别是有效保证跨部门政策和项目的实施，最终实现政策凝聚力，将代表人民意愿的政府目标与该系统的受益者相结合。绩效管

---

❶　参见 *Culture and Creative Industries in Germany for Unesco*，2007。

理的工具化，使制定文化政策的价值选择的意识形态问题逐渐转化为采用影响评估和评价方法的技术中立性问题。❶ 芬兰艺术促进中心的绩效，特别是经济绩效更严格地由政府部门控制，作为文化政策有效性发展的一部分，资助的决策和分配标准已经发展得非常详细，而在这些决策标准中，"艺术质量"明显低于"经营的质量、范围和影响"及财务可持续性。❷

二、各国文化政策模式分类与比较

公共政策专家指出："如果不使用模型的方法，政策分析几乎是不可想象的事情。"❸ "文化政策模式表明了一个国家对待文化政策的态度，有助于理解和评估其在文化产业管理领域的决策"❹，然而，纵观世界上不同国家的文化政策管理原则，可以发现：部分源于文化内涵的多样性和模糊性，出现了"有多少国家，就有多少种文化模式"的多元现象。❺ 尽管如此，本书认为，如果以国家结构形式、政府控制方式、控制程度及资助手段等特征来区分，仍然可以梳理出下列几种典型的文化政策模式。

（一）不同国家结构形式中的文化政策模式

在探讨各国文化政策模式时，一个首先要关注的问题就是这些文化政策处于什么样的国家结构形式之中。政治学将当代世界的国家结构形式主要分为单一制和联邦制两种形式，然而，国外学术界很少把文化政策和国家结构形式联系起来，换言之，单一制或联邦制的国家制度如何塑造文化政策这一

---

❶ BELFIORE E. "Defensive Instrumentalism" and the Legacy of New Labour's Cultural Policies [J]. Cultural Trends, 2012 (12): 103-111.

❷ JAKONEN O. Results-based Steering as a Tool for Centralized Art Policy Management and Instrumentalization? Analysis of the Finnish Arts Council's Reformation [J]. Nordisk Kulturpolitisk Tidsskrift, 2020 (23): 125-142.

❸ 谢明. 公共政策分析概论 [M]. 北京：中国人民大学出版社，2011：92.

❹ VITKAUSKAITE I. Cultural Industries in Public Policy [J]. Journal of International Studies, 2015 (8): 208-222.

❺ VITKAUSKAITE I. Cultural Industries in Public Policy [J]. Journal of International Studies, 2015 (8): 208-222.

问题尚未引发学术界的更多关注。❶ 在数量不多的相关研究当中，加拿大学者乔纳森·帕奎特（Jonathan Paquette）注意到了国家类型或性质这一特定的国家制度变量对文化政策或文化的影响。在其著作《文化政策与联邦制》一书中，他探讨了联邦制度在产生不同类型的文化政策方面发挥的独特作用：联邦制由可拥有自己权力的不同的政治实体组成，由此也同时具有与文化相关的部门和责任机构，因此，联邦制作为政治和宪法机构的复杂集合体和复杂的社会和政治哲学，塑造了人们参与文化事务的方式。❷ 与此同时，乔纳森也主张在联邦国家，文化政策受到以下因素的影响：文化权力的配置、政策合作、协调及政策执行部门的合作与竞争关系、地方政府及文化外交。❸ 本章第三节将探讨单一制和联邦制国家的文化行政机构职能，在此不赘述。

（二）不同政府控制方式和程度下的文化政策模式

有学者在关于文化政策的大量文献中发现：西方国家的文化政策研究与东亚国家在探讨国家在文化政策当中的作用方面形成对比，来自以英语为母语的学术著作很少深入讨论"国家"这一变量，这反映了西方社会自由放任和对于文化自治政策理念的重视。相反，在研究文化产业的东亚文献中，将国家概念化的努力比较明显，因为"国家"在东亚支持文化、发展市场经济和追求文化全球化方面处于中心地位。在那些制定和实施密集产业政策的东亚国家中，从来没有忽略国家在促进市场经济和加快发展速度方面发挥的作用。❹ 上述研究部分反映了西方和东亚文化政策模式中"国家"所发挥程度的巨大差异，然而，这样的"国家"概念是虚化的，它实际上暗指广义的政

---

❶ PAQUETTE J. Cultural Policy and Federalism [M]. London: Palgrave Macmillan, 2019: ix.

❷ PAQUETTE J. Cultural Policy and Federalism [M]. London: Palgrave Macmillan, 2019: xii.

❸ PAQUETTE J. Cultural Policy and Federalism [M]. London: Palgrave Macmillan, 2019: 25.

❹ HYE-KYUNG LEE. The New Patron State in South Korea: Cultural Policy, Democracy and the Market Economy [J]. International Journal of Cultural Policy, 2019 (25): 48-62.

府，其中包含了立法机构和行政机构。本书在此概念基础上探讨不同政府控制方式和程度对文化政策模式的影响。

很多学者都以此为依据对文化政策的模式进行了探讨。例如，维尔科尼（Vilkončius）以国家目标为根据，对文化政策模式进行了以下四种分类：自由主义模式、"一臂之距"模式、国家公立教育模式、国家声望与教育模式及国家民族主义模式。其中自由主义模式指国家对文化的政策是新自由主义式的，没有明确的文化政策目标。"一臂之距"模式指艺术委员会在文化政策管理中发挥关键作用。在国家公立教育模式中，国家是文化的所有者，同时通过公共教育和发展进行意识形态的控制。国家声望与教育模式强调国家保护文化认同，而国家民族主义模式则通过国家来支持和促进民族文化的发展。❶ 立陶宛学者鲁姆科特（Rimkutė）和伊娃·维特考斯凯特（Ieva Vitkauskaitė）不约而同地按照政府对文化的控制程度，将文化政策模式分为自由主义式、仅提供经济资助式（维特考斯凯特称其为"父权式"）和家长式三种模式。❷ 自由主义模式指文化交由市场来解决，国家主要通过法律和鼓励私营企业家来投资文化；经济资助式（"父权式"）指国家是文化的资助者，但是并不控制文化管理的实际运行和实施过程；家长式模式指国家积极控制文化部门，文化产业得到国家的直接支持。

如果按照国家在文化领域的作用，文化政策可以分为以下四种：①"主持人模式"的设想是文化领域通过税收方式间接资助，文化在私营部门手中掌握；②"经济资助式"将文化资助模式建立在"一臂之距"的基础上；③"建筑师模式"主张文化通过文化部门来资助；④"工程师模式"则主张国家作为文化的所有者。❸ 与此大同小异，加拿大文化经济学家哈瑞和杰莱尔提出四种文化产业政策模式：①"提供便利性模式"主张政府不直接提供

---

❶ VITKAUSKAITE I. Cultural Industries in Public Policy [J]. Journal of International Studies, 2015 (8)：208-222.

❷ VITKAUSKAITE I. Cultural Industries in Public Policy [J]. Journal of International Studies, 2015 (8)：208-222.

❸ CHARTRAND H.HILLMAN C.MCCAUGHEY. The Arm's Length Principle and the Arts: An International Perspective-Past, Present Ant Future [J]. Americans for the Arts, 1989 (5)：4-7.

资助，也不直接介入管理，只是通过间接的手段来促进文化产业发展，美国是其典型代表；②"庇护者模式"要求政府选择行业协会来实行对文化产业的管理和资助，英国是这一模式的代表；③"建筑师模式"主张政府积极、全面地介入文化产业发展过程，对文化产业的发展进行规划，并大规模提供资助，这种模式的主要代表是法国与荷兰；④"工程师"模式主张政府全面介入文化产业发展，排斥市场手段。

上述分类方法为我们理解世界不同国家的文化政策模式提供了参考，然而，纵观非洲、北美、欧洲和亚洲，我们可以看到上述分类方法并没有把非洲等国政府难以有效实施现代文化政策的案例归纳进去，也并没有将各国政府控制文化政策的程度做出更加形象的比较。本书认为，从非洲、北美洲到欧洲和亚洲，不同国家的政府对文化政策的影响力依次逐渐加强，按照其影响程度可以分为四种类型："政府无力型""政府不为型""政府无为型"和"政府有为型"。

1."政府无力型"文化政策模式

"政府无力型"文化政策模式指现代意义的文化政策无法全面有效实施，基本的公共文化服务、文化遗产管理和现代规模的文化产业虽然被认定为这些国家的文化政策目标、并与联合国相关文化公约相衔接，但是政府往往无力实施这样的文化政策，从而使政策仅仅停留在文本层面。非洲国家——尤其是北非——是实施这类文化政策模式的典型。非洲的文化部门在很大程度上受到全球政策趋势的影响，特别是受到联合国教科文组织的影响，但是这些政策趋势可能并不总是符合当地的实际。[1] 非洲有着非常特殊的文化政策环境：城市的大多数人口生存处境危险，文化政策往往不能与其他的基本民生政策一样受到足够重视，城市的社会文化也难以充分纳入城市发展的总体政策当中，从而导致文化政策往往是孤立的，有时甚至是相互矛盾的。与此同时，文化政策还有相当的局限性，尽管政策的意图是好的，但在税收有限

---

[1] CLARKE N. Urban Policy Mobility, Anti-Politics, and Histories of the Transnational Municipal Movement [J]. Progress in Human Geography, 2012 (36): 25-43.

的情况下，实施这样的政策会面临无数挑战。❶

在这样特殊的背景下，当代意义的文化政策往往与非洲本地的政策实践存在错位。例如，全球文化遗产政策的一个目标是致力于加强社会凝聚力和促进经济进步，但是这些目标却不能代表生活在非洲城市的大多数人的利益。平均年龄为20岁的青年人大多数处于城市的边缘和穷困的地位，因此，与受文化政策资助的国家剧院、芭蕾舞团、歌剧和博物馆这些高雅的文化机构相比，嘻哈音乐更受大众年轻人的欢迎。❷ 再如，可持续发展是全球文化政策核心目标，然而，可持续发展目标在社会文化维度上的模糊性导致其初衷虽然美好，但是却无法在非洲贯彻实施，因为非洲目前的政策环境还不足以改变这些发展轨迹。❸

究其原因，首先从社会体制来看，政府和公民之间缺乏社会契约，包括广大市民和商界等组成的这种社会参与文化遗产管理非常乏力。其次从政治体制来看，虽然大部分文化遗产位于中小型地区，但是由于权力和资源下放到地方城市的规模有限，这些最需要文化遗产资源的地区反而因为缺乏维护和管理资源，导致许多城市难以提供基本的文化服务和文化遗产管理。❹ 再次从文化遗产资产管理的行政组织来看，不仅非常薄弱而且与社会发展之间存在脱节。在喀麦隆、刚果（布）和刚果（金）等非洲国家甚至没有制定特别的文化政策和文化遗产政策，加纳、肯尼亚和塞内加尔也基本没有制定自己的政策工具，而是仅仅采用了联合国相关公约作为其国家政策的基础。❺ 非洲国家的文化行政部门普遍人手不足，资金也不够充足，与其他部门的跨部门合作仅仅是零星的，而非战略性合作。在这种设备不足、人员、技能、

---

❶ SITAS R. Cultural Policy and Just Cities in Africa [J]. City, Culture and Society, 2020 (24): 473-492.

❷ MBAYE J. Musical Borderlands: A Cultural Perspective of Regional Integration in Africa [J]. City, Culture and Society, 2015 (6): 19-26.

❸ Cultural policy and Just Cities in Africa [J]. Rike Sitas, 2020 (7): 473-492.

❹ SITAS R, PIETERSE E. Democratic Renovations and Affective Political Imaginaries [J]. Third Text, 2013 (27): 327-342.

❺ 参见 The World Bank Middle East and North Africa Region. Cultural Heritage and Development: A Framework for Action in the Middle East and North Africa, 2010。

材料和资金都缺乏的背景下，文化部门很难将文化活动整合到更广泛的城市开发与发展当中，因而严重阻碍了文化遗产经济潜力的发挥。❶ 最后从自然环境来看，文化遗产正面临越来越严重的环境恶化和加速流失的风险，来自自然、经济、社会和体制等各方面的综合影响都对非洲文化遗产的保护造成威胁。文化遗产的保护措施远远落后于可能的预防水平和知识水平，而大量城市扩展所需要的基础设施建设也导致许多文化遗产损失严重，经济和技术的变化正在越来越多地将传统工艺品挤出市场，旅游业的过度商业化也正在逐渐超出文化遗产正常的承载能力。❷

2. "政府不为型"文化政策模式

"政府不为型"文化政策模式与上述"自由主义"文化政策模式有相通之处，政府虽然有能力和财力支持文化，但是为了保障艺术和表达自由，政府通常在相关文化领域中"不作为"，因此，本书将这种文化政策模式简称为"政府不为型"。实施这种文化政策模式的国家以美国和埃及为典型。这些国家文化政策的主要目的是开发和保护文化遗产。该文化政策模式的缺点是国家不能影响具有国家重要性文化活动的形成，从而导致政府角色的缺位，因此，文化主要通过私人等民间力量和鼓励私营企业家投资的方式，文化产业也主要通过市场条件来发展，而文化产品的形式、种类和质量则取决于私人赞助商的态度和消费者的需求。

3. "政府无为型"文化政策模式

"政府无为型"的文化政策模式与文化政策学界流行的"一臂之距"（Arms length）及上述的"父权模式"有相似之处。在实施这种文化模式的国家中，政府对文化既不是"无所作为"，也不是"无所不为"，而是中国道家所描述的"无为"境界，即：政府既不能"不为"，也不能"妄为"，而是将文化管理和文化产业更多交由市场或民间机构自治。在这种理念的支持下，政府与文化之间保持着似乎不远也不近的"一臂"距离，但是这个距离"显

---

❶ 参见 Héritage Cultural: au Maroc Study Commissionsed by the World Bank, 1999。

❷ MANGSET P. Om den korporative tradisjonen i nordisk kulturpolitikk-med særlig vekt på densvenske kulturpolitikkens historie [J].Nordisk Kulturpolitisk Tidsskrift, 2015: 41-65.

然是一个模糊的理想主义的概念，仅可以被视作一种文化政策的维度，旨在捍卫艺术或文化的自主权及文化场域免受政治的干预"❶。"一臂之距"既可以指独立的资助机构的存在，也可以指由艺术家或其他专家进行评估的决策❷，这种文化政策模式的主要特点是政府提出一定的文化政策目标并为其实施提供资金，但不干预或不过多具体的实施过程。简言之，为了最大程度减少政治对文化的影响，政府虽然出钱，但是没有权力控制由谁来拿这些钱，只有那些具备专业素养的艺术家和文化专家在基于公平原则的评估之后，才能单独或与政府相关部门共同决定由哪些文化机构或者个人来接受这些资助。

英国和北欧国家普遍采用这种模式，但是各个国家因国情的不同又呈现不同的特点。例如，荷兰实施的就是"政府无为型"文化政策模式，其文化政策的前提是国家应该远离对艺术价值的判断。传统上，艺术的发展很大程度上依赖于私人公民和大量致力于文化的基金会，而非国家。❸政府在评估艺术资助时保持中立，把有关艺术的决策交给独立专家组成的各个委员会，教育文化和科学部只能以补贴的形式直接拨付给国家文化基础设施，但是其余的文化领域补贴则采取教育文化和科学部与国家文化理事会等6个国家文化基金会分权的形式。具体而言，由国家文化理事会等国家文化基金就补贴的标准和政策提出建议，而教育文化和科学部部长需听从理事会建议并必须批准所有的安排，以此来保证文化基金的运作与政府保持一定的距离。❹

4. "政府有为型"文化政策模式

"政府有为型"文化政策模式因实施文化政策的政府在文化领域中积极有为，所以将其称为"政府有为型"。它指政府在文化领域中通过法律和一系列经济手段发挥直接且强有力的影响，文化产业因而得到政府的直接支

---

❶ MANGSET P. Om den korporative tradisjonen i nordisk kulturpolitikk-med særlig vekt på densvenske kulturpolitikkens historie [J]. Nordisk Kulturpolitisk Tidsskrift, 2015: 41-65.

❷ BELL D, OAKLEY K. Cultural Policy [J]. Nordisk Kulturpolitisk Tidsskrift 2014 (2): 275-277.

❸ 参见 Compendium of Cultural Policies and Trends in Europe (20th Ed., 2019)。

❹ BELL D, OAKLEY K. Cultural Policy [J]. Nordisk Kulturpolitisk Tidsskrift 2014 (2): 275-277.

持，所有与文化领域相关的资金支持都是由政府来做，因此，官僚主义是这类政策模式的典型特点。然而，虽然"政府有为型"文化政策模式强烈依赖政府的支持，但是并不否定市场因素和民间力量，市场因素与政府在文化政策之间的权重因国家国情不同而不同。这点构成了与上述学界主张的"家长式"文化政策模式的最大区别，因为"家长式"的文化政策模式几乎不依赖于市场因素。❶

包括韩国在内的东亚发展中国家是这类政策模式的典型代表。从文化政策所处的宏观经济背景来看，东亚发展中国家创造了独特的经济发展模式：因为官僚的特权和合法性取决于经济的成功，所以官僚训练和动员经济参与者共同发展经济，这种公共和私营部门之间的相互依赖便构成了东亚的经济发展状态。❷ 东亚国家的工业化战略不仅被证明在实现经济效益方面非常成功，而且挑战了"教条分析和新观点自由市场方法的传统智慧"❸。文化产业作为经济发展的一个特殊领域，因其政策目标受经济政策的支配❹，从而不仅使文化政策带上鲜明的官僚主义特色，而且让文化政策也依赖于公共和私营部门之间的相互合作。

首先，从官僚主义特色来看，韩国政策决策本身就是一个等级森严的秩序，总统和中央官僚等关键决策者的思想和利益一致充分地反映在政策议程和目标中。❺ 出于这个历史因素，官僚主义在韩国文化政策领域中也一直发挥着主要作用。韩国的文化政策建立在以权力过度集中为特征的、以国家为中心的民主制度基础上，作为中央集权政策的典范，其文化政策更像是一个

---

❶ VITKAUSKAITE I. Cultural Industries in Public Policy [J]. Journal of International Studies, 2015 (8): 208-222

❷ WADE R. Governing the Market: Economic Theory and the Role of Government in East Asian Industrialization [M]. Princeton: Princeton University Press, 1990.

❸ APPELBAUM R HENDERSON J. States and Development in the Asian Pacific Rim [M]. London: Sage Publications, 1992: 33-70.

❹ JONG-EUN CHUNG.The Neo-developmental Cultural Industries Policy of Korea: Rationales and Implications of an Eclectic Policy [J]. International Journal of Cultural Policy, 2019 (25): 63-74.

❺ AMSDEN A H. Asia's Next Giant: South Korea and Late Industrialization [M]. Oxford: Oxford University Press1989.

国家项目，政策制定的整个过程都遵循着发展性产业政策的刻板印象。❶ 官僚们不仅可以赋予文化的定义并且解释文化，而且在行政层面应用和实施文化项目，因此，在考察国家主义在韩国文化领域的运作时，官僚主义的作用至关重要。❷

其次，虽然韩国文化政策模式强烈依赖政府的支持，但是公共和私营部门之间的相互合作也是其主要特征。20世纪80年代以来，韩国开始向民主国家过渡，一方面，受新自由主义理念的影响，韩国实行土地金融化政策，并吸引全球资本进行城市建设和产业转型；但另一方面，城市建设的愿景基于公民为中心的协作治理，在特定的文化区域内，政府提出的合作倡议只能为艺术家提供有限的政策影响途径❸，私营部门开始越来越多介入城市治理当中❹，社会团体也越来越有能力制定议程，并开展与政策有关的活动，并对政策进程施加影响，艺术家享有自主权的不干涉原则和艺术家参与文化政策决策过程的理念开始在韩国扎根❺，直到今天，韩国政府仍然强调其文化政策的首要原则就是"一臂之距"。❻ 韩国在国家主义框架内坚定地模仿西方国家，雄心勃勃地将文化经济的发展作为国家的新使命。❼ 虽然韩国的文化政策是在国家主义框架内、由"等级模式"协调、而不是由"市场"和"自组织模

---

❶ KI-WON HONG. Culture and Politics in Korea: The Consequences of Statist Cultural Policy [J]. International Journal of Cultural Policy, 2019 (25): 1-4.

❷ KI-WON HONG. Culture and Politics in Korea: The Consequences of Statist Cultural Policy [J]. International Journal of Cultural Policy, 2019 (25): 1-4.

❸ HARTLEY K. Cultural Policy and Collaboration in Seoul's Mullae Art District [J]. Geoforum, 2018 (97): 177-188.

❹ HARTLEY K. Cultural Policy and Collaboration in Seoul's Mullae Art District [J]. Geoforum, 2018 (97): 177-188.

❺ CHISUNG PARK, JOOHA LEE, CHANGHO CHUNG. Is "Legitimized" Policy Always Successful? Policy Legitimate and Cultural Policy in Korea [J]. Policy Sciences, 2015 (48): 319-338.

❻ JONG-EUN CHUNG. The Neo-developmental Cultural Industries Policy of Korea: Rationales and Implications of An Eclectic policy [J]. International Journal of Cultural Policy, 2019 (25): 63-74.

❼ HYE-KYUNG LEE. The New Patron State in South Korea: Cultural Policy, Democracy and the Market Economy [J]. International Journal of Cultural Policy, 2019 (25): 48-62.

式"来支配的，但是通过创造性地将文化产业和文化出口视为国家经济项目并给予全面和系统支持❶，韩国文化政策整体上发展成为以"依靠自上而下规划、提供投资和基础设施"为官僚主义特征，以"资源动员、开发培训和技能、支持出口"为主要内容的"政府有为型"文化政策模式的典型代表。

5. 不同文化政策模式的相互交融

根据不同国家的政府对文化政策的影响力不同，文化政策模式目前有"政府无力型""政府不为型""政府无为型"和"政府有为型"4种类型，但是这样的分类并不是绝对的，它们之间常常发生相互交融的现象。例如，芬兰在传统上虽然采取与英国相似的"政府无为型"（或"一臂之距"）文化政策模式，但是进入21世纪后，芬兰受新公共管理和新自由主义的洗礼，缩短了"一臂之距"的"臂距"❷，从而带上了鲜明的"政府有为型"文化政策模式的色彩。仅拿芬兰国家艺术促进中心改革的例子来看，该中心区分了艺术家资助和执行文化政策补贴两个政策领域，同时在艺术家资助政策方面采用同行评审的办法，即确保国家和地区艺术委员会在专家评估基础上的独立决策权，而在国家补贴方面，则由政府部门决定。换言之，专业行政官员取代艺术委员会在文化政策过程中处于关键位置，从而大大缩短了独立艺术文化与政府之间的距离，"一臂之距"的政策模式带上了鲜明的官僚体制和集中制色彩。

如上所述，韩国政府是"政府有为型"文化政策模式的典型代表，但是该国受新自由主义思潮影响，政府强调其文化政策的首要原则就是"一臂之距"❸，韩国的政策制定者希望它能引发一种协商民主，并促成和艺术家之间的积极交流与共识。2005年韩国成立艺术委员会，一种新的文化政策制定模

---

❶ HYE-KYUNG LEE. The New Patron State in South Korea: Cultural Policy, Democracy and the Market Economy [J]. International Journal of Cultural Policy, 2019（25）: 48-62.

❷ JAKONEN O. Results-based Steering as a Tool for Centralized Art Policy Management and Instrumentalization? Analysis of the Finnish Arts Council's Reformation [J]. Nordisk Kulturpolitisk Tidsskrift, 2020（23）: 125-142.

❸ JONG-EUN CHUNG. The Neo-developmental Cultural Industries Policy of Korea: Rationales and Implications of An Eclectic Policy [J]. International Journal of Cultural Policy, 2019（25）: 63-74.

式也被韩国所吸收和采纳。另外,韩国的文化政策模式依然带有鲜明的"政府有为"特色,包括艺术委员会在内的文化自治组织几乎不能取代"国家",它们与政府之间的关系变得更为复杂,因为委员会的工作与政府之间的"距离"很短,并一直依赖后者的支持。2007 年,《公共机构管理法案》(*Act on the Management of Public Institutions*)通过之后,该委员会被指定为"半公开"组织,从而严重破坏了"一臂之距"原则,韩国的文化政策依然是在国家主义框架内、由"等级模式"协调、而不是由"市场"和"自组织模式"来支配的❶,"英国式保持距离的公共机构在韩国文化政策中很难找到一席之地"。❷

---

❶ HYE-KYUNG LEE. Cultural Policy in South Korea: Making a New Patron State [M]. London: Routledge, 2018.

❷ HYE-KYUNG LEE. The New Patron State in South Korea: Cultural Policy, Democracy and the Market Economy [J]. International Journal of Cultural Policy, 2019 (25): 48-62.

第二节　文化政策目标及实施工具

"各国可以不同的方式制定其文化产业政策：它们可以根据自己的目标选择执行政策的手段，并建立执行这些政策的机构。"❶ 纵观不同国家在不同时期制定的文化政策，可以看出不论国别的多样性或者历史情况的复杂性，各国基本都设定了具体的政策目标和实施该目标的工具，但是不同国家又有不同的政策目标与实施工具，以下本书将做具体分析和考察。

一、文化政策目标与实施工具比较分析

德国的文化政策是以联邦模式为基础的，它遵循去中心化、辅助化和多元化这三项原则❷，这些原则根植于德国的历史发展和背景，并在宪法中得到重申。去中心化原则指各级政府在各自的权限内主管文化事务。多元化原则指德国承认其在文化领域属于移民国家，因此，以多元文化的多样性来促进移民的文化融入。德国文化政策的核心目标是文化活动在不受政府干预的前提下获得自由，即政府对文化活动和机构提供的一种不能干预和管制内容的保护，换言之，政府一方面有责任积极鼓励、支持和维护艺术自由和文化；但另一方面，政府需要尊重宪法所保障的艺术自由，在尊重艺术自治和文化

---

❶ Cultural Industries in Public Policy, Journal of International Studies [J]. Ieva Vitkauskaitė, 2015 (1): 208-222.

❷ CHISUNG PARK, JOOHA LEE, CHANGHO CHUNG. Is "Legitimized" Policy Always Successful? Policy Legitimate and Cultural Policy in Korea[J]. Policy Sciences, 2015(48): 319-338.

机构及组织的自治权的基础上对其进行扶持和鼓励。基于这样的背景，公共机构的私有化和公私合作模式成为促进更有效的公共文化服务的保障方式。

（一）文化政策经济目标与社会目标

文化政策的目标基本可以分为社会目标和经济目标两大类：文化政策的社会目标包含文化认同、民主主义、文化多样性、文化保护及可持续发展等多项内容；文化政策的经济目标包含效率、公平、增长、全民就业、价格稳定、外部平衡等更多的内涵，本书将对二者在不同国家呈现的不同内容做详细介绍。

1. 文化政策社会目标

德国学者赖纳·奥林格（Rainer Ohliger）主张：文化政策不仅应当致力于改进支持文化和艺术创作的条件，尤其是法律、社会和经济保障条件，而且应同时设立文化发展机构、保护文化遗产和传统。❶另一位德国学者马克斯·福克斯（Max Fuchs）也对此表示支持："文化政策有多种含义——艺术政策、城市发展政策、社会聚合政策"❷，因此，文化政策应当成为一种社会政策或艺术保护空间的政策。英国学者托比·米勒（Toby Miller）则更进一步，他强调文化政策应当成为一种体制建构，在个人和社会二者之间架起一座桥梁，最终引导个人的文化活动符合或转向政府和社会组织所倡导的社会文化。❸

上述学者从不同角度剖析了文化政策的社会目标，他们主张文化不应当仅仅被放在狭隘的文化和艺术创作领域中，而是应当在整个社会体制的建构中，将城市发展、社会聚合、可持续性发展等内容注入文化政策发展目标中。本书将以文化多元主义和可持续发展为切入点，对当代世界的文化政策社会目标进行解读。

---

❶ 邢来顺，岳伟. 联邦德国的文化政策与文化多样性研究 [M]. 北京：中国社会科学出版社，2017：85.

❷ Cultural Industries in Public Policy, Journal of International Studies [J]. Ieva Vitkauskaitė, 2015 (1): 208-222.

❸ MILLER T. Cultural Policy [M]. London : Sage Publication, 2002: 1-2.

首先，在文化政策的诸多社会目标内涵当中，文化多元主义作为很多国家的政策选择成为最为瞩目的政策之一，其中尤以加拿大为典型。基于特殊的历史背景，多元文化主义在 1867 年加拿大成立联邦时就已经存在❶，进入现代社会后，加拿大在人口统计上首先发展成为一个多元文化国家，文化和种族多样性的广度和强度随着时间的推移而增加。然而，直到 20 世纪 70 年代，多元文化主义才上升成为加拿大的文化政策，1988 年颁布实施的《加拿大多元文化法案》标志着多元文化主义成为加拿大文化政策的核心内容之一。迄今为止，多元文化主义政策在加拿大经历了 20 世纪 70—80 年代的反种族主义、90 年代的公民参与和 21 世纪的融入社会三个主要的阶段❷，在经过半个多世纪的发展后，当代加拿大文化政策将文化多样性及文化可达性确立为总体目标："使加拿大人能够广泛接触到世界范围内的各种文化产品，同时确保加拿大能够享受到自己的文化产品，并体会到加拿大的文化多样性"❸，为一个有凝聚力和创造性的加拿大做出贡献，使所有加拿大人都有机会参与国家的文化和公民生活。❹

其次，可持续发展作为文化政策的目标具有丰富的内涵和普遍的认可度。随着高速经济发展引发的环境破坏，可持续发展开始引发人们关注。"人类中心主义的主导范式与以生态为中心的、对未来声明和生态系统的跨时代利益范式相对立，前者强调人类利益至高无上的合法性，后者则强调保护地球复杂性的必要性"❺，这两种相互对立的发展主导范式引发人们对可持续发展的思考。20 世纪 70 年代，世界环境和发展委员会开始促使人们关注

---

❶ SHIBAO G, LLOYD W. Revisiting Multiculturalism in Canada Theories: Policies and Debates [M]. the Netherland: Sense Publishers, 2015: 1.

❷ Cultural Industries in Public Policy, Journal of International Studies [J]. Ieva Vitkauskaitė, 2015 (1): 208-222.

❸ 张玉国. 国家利益与文化政策 [M]. 广州：广东人民出版社，2005：206.

❹ 参见 Compendium of Cultural Policies and Trends in Europe (12th Ed., 2011)。

❺ MAXWE R, MILLER T. Greening Cultural Policy [J]. InternatIonal Journal of Cultural Policy, 2017 (23): 174-185.

经济发展对环境所带来的负面影响,并首次提出"可持续发展"这一概念。❶ 在此背景下,面临"生态赤字"日益严重威胁的文化政策也越来越要求与各种社会目标设定中的政策相一致,可持续性发展由此在文化政策话语中扮演了越来越重要的角色。

既然如此,文化政策的可持续发展的内涵究竟何在呢?澳大利亚文化政策学家戴维·索罗斯比对此进行了详细剖析:文化可持续性发展包括以下基本原则:代际公平、代内公平、多样化的重要性、预先防范原则和相互联系性,其中"代际公平"指从长远观点来看,需要特别关注对国家有形和非物质文化资本的保护;"代内公平"指必须在公平和无歧视性的基础上对社会的所有成员提供享有文化生产、参与和享受的机会,同时需要对贫苦者给予特别关注;"多样化的重要性"强调经济、社会和文化发展中文化多样性的价值;而"预先防范原则"强调当面对不可逆转的决定对文化遗产或文化习俗造成损坏时,必须采取避免风险的做法;最后"相互联系性"则主张经济社会、文化和环境体系应当成为整体考虑因素。❷ 与戴维·索罗斯比不同,联合国的《文化多样性公约》则从可持续发展和文化多元的联系中,论证了文化多元性是实现可持续发展的条件:"文化多元性是个人和社会的丰富资产,保护、推广和维护文化多元性是有利于当代和后代的可持续发展的必要条件"(第2款第6条);"缔约方应致力于将文化整合纳入其各级发展政策,为可持续发展创造条件,在此框架内培育、保护和推广文化表达的多元性及其相关的各个方面"(第2款第6条)。

21世纪之交,可持续发展成为很多国家文化政策行动的关键目标。仅拿欧洲国家来看,荷兰、芬兰和德国等国家都于近年来在其文化政策中确立了可持续发展的目标。2016年,荷兰的布克曼基金会(The Boekman Foundation)和8080机构(Bureau 8080)联合对由国家政府直接资助的87个文化组织和44个大城市的文化政策做了调查和分析,调查以上述组织和

---

❶ 戴维·索罗斯比. 文化政策经济学[M]. 易昕, 译. 大连:东北财经大学出版社, 2013:215.

❷ 戴维·索罗斯比. 文化政策经济学[M]. 易昕, 译. 大连:东北财经大学出版社, 2013:215.

城市的 2017—2020 年年度报告为依据，结果表明：近 4 年内，这些组织和城市对可持续发展的关注不断增加：2016 年，仅有 28.3% 的文化组织提到了"可持续性"，但是在 2017 年和 2018 年，这一比例增加到了 34.7% 和 47.4%。此外，有 57.1% 的城市文化政策计划书中提到了文化与可持续性的联系，还有 10 个城市在未来 2020—2021 年的计划书中提到了与可持续发展相关的文化活动，占提交计划中的 77%（共有 13 个城市提交了该计划书），这些计划书中所涉及的可持续发展内容包括：使文化建筑更具持续性、文化部门参与城市的可持续性发展、消除不同政策领域之间的界限并通过资金协议来促进可持续性。❶ 此外，荷兰数字遗产研究所（Dutch Institute for Digital Heritage）还提倡关注数字信息的可持续性，以此确保数字文件的长期可用性；荷兰绿色建筑委员会（Dutch Green Building Council）则发起了一个监测工具来评估文化机构在可持续性方面的表现。❷

与荷兰类似，芬兰也在近年来将可持续发展作为其文化政策研究的重点。2014 年，芬兰文化政策的重大飞跃就是制定和发布了该国有史以来的第一个文化环境领域战略，该战略包括 54 项具体行动，目标分为以下 3 个方面：文化环境的重要资源、可持续发展和良好的管理。2015 年，教育部和文化部会同环保部督促其他部门共同在其领域的可持续发展做出承诺。❸

德国在将可持续发展确立为文化政策目标方面的努力也值得称赞。从 21 世纪之交开始，关于可持续性文化政策和环境友好型文化政策的讨论就在德国越演越烈，并逐渐成为德国文化政策的主要目标。2002 年德国制定了《图辛格宣言》（*Tutzinger Manifesto*），旨在加强可持续发展的文化美学。与此同时，人们还越来越认识到气候变化带给文化政策挑战性，从而要求文化政策可以达到可持续与气候友好型文化政策的标准，如使用可持续的设备和文化基础设施等方面。❹ 德国在联邦层面成立了可持续文化基金，并预计向该委

---

❶ Duurzaamheid in De Culturele Sector. Inspiratie voor toekomstig beleid [EB/OL]. (2020-02-08) [2021-02-05]. https://www.boekman.nl/verdieping/publicaties/duurzaamheid-in-de-culturele-sector-2020/.

❷ 参见 *Compendium of Cultural Policies and Trends in Europe* (20th Ed., 2019).

❸ 参见 *Compendium of Cultural Policies and Trends in Europe* (18th Ed., 2017).

❹ 参见 *Compendium of Cultural Policies and Trends* (20th Ed., 2020).

员会提供750万欧元。❶ 德国文化理事会（Deutscher Kulturrat）发起了一项运动，将环境和文化部门的可持续性联系起来。❷

综上所述，国家的文化政策可持续发展目标，可以看到各国非常重视可持续性在文化政策发展中的重要角色。"将文化引入发展政策议程的最佳途径是通过艺术和文化制作、传播、参与及消费使经济更强壮、文化更丰富、社会更有凝聚力，以此显示出文化产业对可持续性发展的贡献。"❸ 各国不仅致力于将"清洁"的文化创意和文化部门与资本主义经济活力核心中的其他部门联系在一起❹，而且全力将文化政策放在社会整体制度背景中综合考量。例如，欧盟的文化政策正越来越倾向于更密切地将公共文化政策与城市和区域发展及社会凝聚力政策联系起来，而芬兰的文化政策模式的典型特点也是将文化政策放在经济发展、政治权力、气候变化和人类价值观的不确定背景下进行反思，其背后的重要原因是芬兰正面临社会生活两极分化和不断增加的移民及多样性的挑战，信息和通信技术对经济和社会发展带来深刻影响，因此，如何从多维角度研究文化政策的内容并确定优先事项成为芬兰文化政策的重点。❺

2. 文化政策经济目标

文化政策的经济目标包含效率、公平、增长、全民就业、价格稳定、外部平衡等更多的内涵❻，它们在文化政策方面有特殊的含义，澳大利亚文化政策学者戴维·索罗斯比对此做了详细论述。例如，在政府对文化实行补贴时，常常会产生收入分配不公的后果，从而导致的政府转移支付会比对艺术的补贴大得多，因此，如何以公平为目标、在广泛的范围内对政府的文化再

---

❶ 参见 Compendium of Cultural Policies and Trends（20th Ed., 2020）。

❷ 参见 Compendium of Cultural Policies and Trends（20th Ed., 2020）。

❸ 戴维·索罗斯比. 文化政策经济学 [M]. 易昕，译. 大连：东北财经大学出版社，2013: 216.

❹ MAXWE R, MILLER T. Greening Cultural Policy [J]. InternatIonal Journal of Cultural Policy, 2017（23）: 174-185.

❺ 参见 Compendium of Cultural Policies and Trends in Europe（18th Ed., 2017）。

❻ 戴维·索罗斯比. 文化政策经济学 [M]. 易昕，译. 大连：东北财经大学出版社，2013: 42.

分配政策议题进行调整就成为文化政策的一个目标。❶再如，与其他产业相比，文化产业在促进就业方面的贡献并非单纯地增加就业人口，而是可以"处理城市青年失业和社会孤立问题或者被用来振兴萧条地区或者重塑城市的自豪感"❷。

需要补充的是，虽然各国文化政策的目标可以粗分为社会目标和经济目标，但是在政策实践中究竟应该以哪一个目标为重呢？澳大利亚文化经济学家戴维·索罗斯比主张："虽然经济考量在文化政策的行程中是根本因素，但是它们不应该控制政策制定全过程，其主要考量必须是艺术终极原因的文化价值，目标应当是卓越、参与、质量、数量、效率与公平之间，并最终在经济价值和文化价值之间找到平衡。"❸尽管如此，在政策实践中，如何为上述两类目标划分权重会使政府的政策选择变得非常艰难，政府往往最后基于信念和希望的基础来做出选择，而非取得特定预期成果的确定性。❹仅拿芬兰为例，芬兰的文化政策目标是为艺术家、其他创造性工作者和文化艺术机构的工作提供有利条件；促进文化遗产和文化环境的保护和发展；促进平等获取和文化的多样性；促进文化生产就业和创业；加强文化基础设施建设，而这一目标的设立是由该国文化政策管理的混合模式决定的，福利国家和市场化竞争国家的要素决定了芬兰的文化政策目标在福利政策及区域和创新政策实施的大背景下得以确定。❺

（二）文化政策实施工具

文化政策的一个中心问题，也是所有政策的中心问题，就是在政策付诸

---

❶ 戴维·索罗斯比.文化政策经济学[M].易昕，译.大连：东北财经大学出版社，2013：90.

❷ 戴维·索罗斯比.文化政策经济学[M].易昕，译.大连：东北财经大学出版社，2013：44.

❸ 戴维·索罗斯比.文化政策经济学[M].易昕，译.大连：东北财经大学出版社，2013：90.

❹ 戴维·索罗斯比.文化政策经济学[M].易昕，译.大连：东北财经大学出版社，2013：38.

❺ 参见 Compendium of Cultural Policies and Trends in Europe（18th Ed.，2017）。

实践时，应当采取什么样的政策工具，而政策工具指的是政府为实现目标或解决问题而对社会进行干预的技术、工具或手段❶，因此，文化政策目标的实施有赖于各种政策工具才能得以实现。如上所述，各国的文化政策目标依照国情和历史情况各有不同，因此，文化政策实施的工具也"因国而异"，工具主义作为文化政策的一个固有特征，其条件、性质也都不尽相同。❷ 然而，虽然政策工具的类型和分类包含4~63种❸，但是监管、补贴和版权是大多数国家都采用的方式，其中补贴和版权看似都是金融工具，但是有着本质的不同。

  文化经济学家对补贴和监管的异同之处进行了比较。它们的相似之处在于都是对市场失灵的反应和补偿，都为市场干预提供了福利经济学的理由。二者的不同之处在于：第一，虽然补贴直到第二次世界大战之后才成为一项国家政策❹，但是很快成为各国政府经常和最多使用的政策工具，它是一种通过资助来帮助艺术团体和个人创造者的直接激励方式；而版权的历史则非常悠久，可以追溯至1709年英国议会通过的世界上第一部版权法，它是一种间接运作的方式，通过授予创作者的垄断、继而通过市场的间接运作方式；第二，补贴是由纳税人支付，而版权产品的消费者通过版权激励来支付；第三，从有效性来说，二者各有利弊。版权作为激励艺术创作的手段存在以下弊端：版权的自动授予合法性意味着它不鼓励或奖励更高质量或创新的作品；因创作衍生作品必须拿出时间和费用来寻找版权所有者和了解获取的年限，而交易成本也可能会随着法律的复杂性不成比例地增加，所以一个更强大的版权制度所产生的成本可能会增加对创作者的激励，但对后来的其他创作者却起到了抑制作用。换言之，版权越强，后续创作者的创作成本越大，因此，版权一直被看作消费者支付的垄断价格和它提供给创作者的激励之间的

---

❶ 参见 *Compendium of Cultural Policies and Trends in Europe* (18th Ed., 2017)。

❷ VESTHEIM G. Theoretical Reflections [J]. International Journal of Cultural Policy, 2007 (13): 217-236.

❸ PAL L. Beyond Policy Analysis: Public Issue Management in Turbulent Times [M]. Toronto: Nelson Education, 2014.

❹ TOWSE R. Why Has Cultural Economics Ignored Copyright? [J]. Journal of Cultural Economy, 2008 (32): 243-259.

一种权衡。❶ 与上述版权的弊端相比，对艺术家的补贴比版权具有一些优势。补贴能够引导资金流向那些被认为具有原创能力的艺术家制作某些类型的作品，而版权是对艺术家的一种价值不确定的事后奖励，因此，补贴可以提供版权不能提供的激励，从而更有利于实现文化政策的目标。❷

此外，本章第三节和第四节详细介绍监管和补贴的政策实施工具，在此不赘述。

二、文化政策实施效果监测和评估

公共政策学家指出：政策评估是根据一定的价值标准和事实标准，通过一定的程序和步骤，对政策实施中的价值因素和事实因素进行分析，目的在于利用这些政策相关信息，对政策结果和未来走向做出基本的判断。❸ 然而，评估的内容一般有四种角度：第一，针对政策方案本身的评估，焦点在于政策的预期结果；第二，针对政策环节的评估，焦点在于政策内容的阶段性分析；第三，针对政策全过程的评估，贯穿整个政策过程的功能性活动；第四，针对政策实际效果进行评估，发生在政策执行中的活动。❹ 本书则着重从第4个角度来探讨对文化政策实施效果的监察和评估。从实施效果来判断公共政策的成败通常会考虑多种标准，如有效性、效率、公平性和可行性，这些标准构成了政府行动的基本原理和政策目标的具体维度。❺ 文化政策既有与一般公共政策相似的评估标准，也有其独特的评估角度。

首先，与一般公共政策相似，文化政策的实施效果也可以采用上述标准来进行监测和评估。仅拿有效性来看，尽管市场失灵为政府干预提供了理论

---

❶ Why Has Cultural Economics Ignored Copyright? [J]. Ruth Towse, 2008 (32): 243-259.

❷ Why Has Cultural Economics Ignored Copyright? [J]. Ruth Towse, 2008 (32): 243-259.

❸ 谢明. 公共政策分析概论 [M]. 北京：中国人民大学出版社，2011：245.

❹ Why Has Cultural Economics Ignored Copyright? [J]. Ruth Towse, 2008 (32): 239.

❺ KRAFT M E, FURLONG S R. Public Policy (3rd Ed.) [M]. London: CQ Press, 2009.

基础，但这并不是说政府行动在实施文化政策方面是有效的。文化政策的经济成果和文化成果可以作为两个重要维度，其经济成果包括产出水平、产出价值、进出口水平、价格水平、各种经济指数的增长率和创意工作者的收入水平；文化成果则包括客观评估和主观评估两种手段，客观评估可以观测与文化产业产出相关的定量和定性指数，而主观评估则需要依赖主观判断。虽然难以用可接受的会计单位来衡量文化政策的文化成果，导致其评估的困难程度远远大于经济效果❶，但我们仍然可以找到一系列的评估工具。

衡量文化遗产政策是否有效的一个评估对象是决策者和参与者。从决策者来看，加拿大的做法提供了一个很好的借鉴。加拿大政府采用了文化项目活动框架（Programme Activity Architecture）来对决策过程进行评估。该框架包含问责制，即对于决策相关部门规划、业绩进行评估，每3~4年进行一次部门评价此外，加拿大《广播电视法案》规定成立专门委员会对文化产业各领域政策进行评估，委员会主席由总理或文化遗产部长任命，主席再从文化产业各领域抽调人员进行评估。主席的任期是临时的，可以避开具体部门和个人的利益局限，使政策评估更为客观。在实行之后的60年里，一直由该机构进行评估，从而有效保障了政策的实施效果。❷从参与者来看，与文化政策有关的利益相关者包括文化的生产者、分配者、消费者或政策制定者，在文化的范畴和界定扩大后，这些相关者的关系变得更为复杂。澳大利亚文化经济学家戴维·索罗斯比主张采用价值链（the Concept of the Value Chain）的概念和同心圆模式（Concentric Circles Model）来解决这一问题。当分析政策影响或决定未来法规政策实施的最佳时间时，可以用价值链这一概念和同心圆模式来预测和判断政策干预的效果、何时将实现或已经实现、干预点的上游和下游、受到影响的利益相关者分别是谁等。❸

衡量文化遗产政策是否有效的另一个评估工具是文化指标。它们是用来

---

❶ 戴维·索罗斯比. 文化政策经济学[M]. 易昕，译. 大连：东北财经大学出版社，2013：58.

❷ 张玉国. 国家利益与文化政策[M]. 广州：广东人民出版社，2005：261.

❸ 戴维·索罗斯比. 文化政策经济学[M]. 易昕，译. 大连：东北财经大学出版社，2013：19.

感知、监督或评价文化的统计数据,其中的文化消费数据可以表明文化参与和享受的水平,文化机构的演出指标可以表明是否成功地达到一定的设计目标,生活质量指标则展示了一个城市或地区的文化艺术氛围或者社区的文化活力。加拿大文化遗产部制定的综合视听战略从内容和受众的角度,审视公共政策目标是否已经达成。具体内容包括确定关键数据的差距,同时开发变化指标,评估加拿大视听内容的创建、生产、分发、消费和保存的所有规则和工具的效率。❶ 加拿大根据经济学和统计学为文化产业专门设计了一个统计模型,并根据该模型收集整理文化产业数据,从 1996 年开始每两年发布一次。❷

其次,文化政策效果的监测和评估也具有与一般政策不同的评估依据。例如,衡量文创产业的一个重要指标是创新度。德国的文创产业在创新上的投入约为 46 亿欧元,相当于德国经济创新支出总额的 3.1%,其创新率高达 51%,而这个支出中,有近 3/4 来自软件和游戏产业。各个子市场的趋势非常不一致,艺术、图书和印刷市场处于低端,表演艺术市场和音乐正在积极发展,经济应对措施针对这些不同的次级市场有不同的考虑。❸ 文化组织的合法性指标包括定量用户调查的需求、对文化价值的研究兴趣、国家和地方文化机构对这些主题的兴趣,然而,工具性文化政策则削弱了文化部门以上述标准来衡量的合法性。❹

---

❶ 参见 Compendium of Cultural Policies and Trends in Europe (12th Ed., 2011)。

❷ 戴维·索罗斯比. 文化政策经济学[M]. 易昕, 译. 大连: 东北财经大学出版社, 2013: 58.

❸ 参见 Federal Ministry for Economic Affairs and Energy (BMWi) Public Relations, Monitoring Report 2016: Selected Economic Key Data on the Culture and Creative Industries。

❹ KANN-RASMUSSEN N. The Collaborating Cultural Organization: Legitimation through Partnerships [J]. Journal of Arts Management, Law, and Society, 2019 (49): 307-323.

第三节　各国文化行政机构职能对比

自20世纪80年代开始，国外发达国家的经济发展方式普遍经历了比较大的转变，从而使发达城市普遍具备一个共同的特点：工作时间的减少和休闲活动的增加。为了满足公众复杂和不同的文化需求，文化政策的客体开始从艺术向更广泛的创意经济的外延覆盖，负责制定和执行文化政策的政府部门也由此从艺术部、文化部等单一的部门扩展到与其相关的多个政府部门和机构。21世纪后，各国与文化相关的行政部门普遍获得了前所未有的拓展，澳大利亚文化经济学家戴维·索罗斯比对这些相关的政府部门做了概括，其中包括：艺术或文化部、经济或财政部、劳动部、贸易、教育、城市或地区发展、环境、信息技术和媒体、法律及社会福利等部门。❶ 随着文化相关政府部门的拓展，各国政府也随之普遍增加了文化与创意部门的行政开支，并丰富了相关文化政策。

在此背景之下，文化行政的概念应运而生。所谓文化行政，是文化行政管理体制和文化行政管理机制（即文化行政管理方式与方法）的总称，即作为宏观的文化行政管理体制和作为微观的文化行政运行机制的总和。❷ 另外，国外学术界却很少把文化政策和国家制度的性质联系起来，并分析单一制或联邦制是如何塑造文化政策的❸，因此，本书将侧重于从国家制度的性质与文

---

❶ 戴维·索罗斯比. 文化政策经济学 [M]. 易昕, 译. 大连：东北财经大学出版社, 2013: 31-33.

❷ 凌金铸. 论文化行政转型 [J]. 安徽大学学报, 2007 (4): 126-131.

❸ PAQUETTE J. Cultural Policy and Federalism [M]. London: Palgrave Macmillan, 2019: ix.

化政策联系的角度，根据文化产业的特点来分析文化部门职能领域的动态系统，并在此基础上总结文化政策变化的科学规律。

首先，单一制和联邦制在权力去中心化和市民民主参与两个方面存在本质差异，这样的差异决定了文化形式的种类或数量和自由程度的不同。从文化的种类或数量来看，在中央集权或单一制国家中，政府会倾向于更多地支持建筑或非物质文化，从而导致艺术的种类变少，但是在质量的多样性上又多于那些去中心化程度比较高的联邦制国家。因此，在民主国家和联邦制国家中，艺术种类的多样性增加，但质量的多样性上低于单一制国家。[1] 从自由程度来看，在一个中央垄断的国家，艺术家或艺术团体只有与官方艺术政策保持一致，才更有可能从政府现有规划的集中资金中获得相当大的支持，尤其是这些艺术作品如果满足了政党和政客在权力上的品位，也无疑会增加获得支持的机会，艺术的自由性程度由此大幅度降低。与此相对，在一个联邦体系的政府中，一位艺术家可以获得来自政府支持的不同资源，因为地缘上的行动使获得开发资金成为可能，艺术家的艺术自由程度由此获得大幅增加。[2]

其次，单一制和联邦制国家中的文化差异性也显示出明显的不同，联邦制国家比单一制国家中的文化差异性更为显著。正如加拿大学者乔纳森·帕奎特（Jonathan Paquette）所指出的，大多数联邦制的国家权力配置本身就考虑到了文化、地域或语言的差异，因为事实上，政治权力本身就是上述差异造成的，而这些差异反过来又进一步增强了文化、地域和语言的差异。[3] 联邦制国家的这种文化差异性催生了文化联邦主义（Cultural Federalism）在政策学领域的广泛应用。文化联邦主义这一概念最终出现在政治学领域，它指建立在文化多样性基础上的联邦国家[4]，其目的是将多种文化联系起来，但这些文化是国家认可的文化，是共同生活在一个国家所组成的地理区域。与政

---

[1] 布鲁诺·弗雷. 艺术与经济学（第二版）[M]. 易晔，郝青青，译. 北京：商务印书馆，2017：125.

[2] 凌金铸. 论文化行政转型 [J]. 安徽大学学报，2007（4）：126-131.

[3] 戴维·索罗斯比. 文化政策经济学 [M]. 易昕，译. 大连：东北财经大学出版社，2013：31-33.

[4] HUEGLIN T O, FENNA A. Comparative Federalism: A Systematic Inquiry [M]. Toronto：University of Toronto Press, 2015.

治学的文化联邦主义略有不同，文化政策研究人员使用这个概念来讨论不同级别的政府间关系和文化政策合作或竞争的结构形式，而不同的文化政策学者对其界定又有所不同：如文化联邦主义有时被视为一个不那么占优势的联邦和更民主的联邦所处的空间❶，有时又被视为一种联邦政府和地方政府合作的形式❷，有时也被视为文化权力的划分。❸ 不过，大多数文化政策学者对文化联邦主义的概念有相似之处，即他们都强调"系统的权力划分"，目的在于在一个联邦中管理文化事务。❹

最后，基于文化概念的复杂性和多元性，无论是单一制国家还是联邦制国家中与文化相关的职能部门数量都至少超过了两个，因而不可避免地带来政府部门职能重叠的现象。因此，本书的关注焦点是如何协调中央及地方政府之间及各自内部的权力关系及权力的边界，而单一制与联邦制又和集权（威权）与民主体制相关联。总的来说，"在中央集权国家，艺术形式的多样性是较小的，但是就质量而言是较高的。获得支持的艺术原型在集权国家成为统治性的'丰碑'。相比之下，在去中心化的民主国家，财政对艺术的支持惠及更广泛的人群，并在艺术质量方面显示出相对较小的差异。"❺

一、单一制国家文化行政机构协作比较

在单一制国家中，广义的中央政府（指包括行政、立法和司法在内的权

---

❶ NOONAN D S. Arts of the States in Crisis-Revisiting Determinants of State-Level Appropriations to Arts Agencies [J]. Poetics, 2015（49）: 30-42.

❷ ERK J. Federalism and Mass Media Policy in Germany [J]. Regional & Federal Studies, 2003（13）: 106-126.

❸ GATTINGER M, SAINT-PIERRE D. Can National Cultural Policy Approaches Be Used for Sub-National Comparisons? An Analysis of the Québec and Ontario Experiences in Canada [J]. International Journal of Cultural Policy 2018（14）: 335-354.

❹ PAQUETTE J. Cultural Policy and Federalism [M]. London: Palgrave Macmillan, 2019: 184.

❺ 布鲁诺·弗雷. 艺术与经济学（第二版）[M]. 易晔，郝青青，译. 北京：商务印书馆，2017：120.

力）是唯一的政治权力来源，而地方机构（以下用机构指代行政、立法、司法等各部门）的权力不论实际的大小，其合法性（Legitimacy）都是来自国家宪法和广义的中央政府授权。然而，尽管中央集权可能是某些单一制国家的典型特征，但是单一制并不能与中央集权画等号。事实上，单一制仅仅保留了中央政府集权的可能性，其核心特征是中央政府有权力决定它愿意向地方下放权力还是将权力集中在自己手中，因此，在那些将权力集中在中央的单一制国家，我们可以看到中央集权的明显特征，而在那些将权力下放给地方的单一制国家，中央集权的色彩就淡化很多。基于上述原理，在文化政策方面，我们同样可以看到一些单一制国家采取了中央集权式的中央与地方协作方式，另外一些单一制国家则采取了分权式的合作手段。

（一）中央文化行政机构文化职能及内部协作

综合分析单一制各国国家中的中央政府，我们首先可以发现，由于文创产业的新生特性和文化内涵的扩展，各国相关的文化行政机构表现出了职能形式多变和职能内涵不断扩充完善的特点。其次，一项文化事务往往涉及中央政府的多个职能部门，从中央政府层面来看，这些国家都不只有一个涉及文化事务的职能政府部门，在涉及多项部门的协调时，中央政府往往比较倾向于在中央政府设置独立或者更高级别的政府权力机构，这个机构有可能是临时的，也可能是永久的，但都由其发挥统一协调不同部门的作用。

1. 文化行政机构职能形式多变、内涵扩充完善

正如文化政策学家皮尔·蒙格赛特（Pierre Mangset）所指出的：单一制国家分别在中央一级设立文化部或艺术委员会，同时在区域和地方一级建立文化行政机构，但是这种政治和行政机构往往可能是不稳定和多变的。[1] 挪威早在19世纪初就设立了教会和教育部负责文化政策，直到1982年之后，挪威才成立了第一个文化部，但是该部同时负责科学领域，之后该部门的职能改变了多次。

---

[1] MANGSET P. The End of Cultural Policy? [J]. International Journal of Cultural Policy, 2020 (16): 398-411.

法国的文化行政机构可能是另一个不稳定的例子。法国早在共和国成立之前，就由国家在文化政策中发挥中心作用。早在1368年，即在国家主导下成立皇家图书馆；1537年，成立国家图书馆时创建版权登记，并于1692年首次向公众开放。法国政府设置的文化行政机构最早可追溯到至19世纪成立的美术秘书处（Fine Arts Secretariat）。1959年后，法国成立了专门负责文化事务的文化部。❶根据法国文化政策学者菲利普·皮埃尔（Philippe Poirrier）的研究，自1959年法国成立文化事务部开始迄今为止，法国文化政策经历了初始期、摇摆期和巩固期三个阶段❷，在此期间，文化部的设置也历经变迁。2010年，重新改组为文化和通信部（Ministry of Culture and Communication），主要负责文化领域的中央行政部门，并设立了以下部门发挥不同的角色：总秘书处（General Secretariat），主要负责协助部长处理一般事务，并协调其他部门中相关文化政策的制定；博物馆局（Directorate of Museums）、建筑和遗产局（Directorate of Architecture and Heritage）和档案局（Directorate of Archives）合并为遗产总局（General Directorate of Heritage），负责博物馆、建筑和档案；前音乐、舞蹈、戏剧及表演艺术总署（Directorate of Music, Dance, Theatre and Performing Arts）及视觉艺术部（Visual Arts Division）合并为艺术创作总局（General Directorate of Artistic Creation），负责视觉领域的文化事务；媒体和文化产业总局（General Directorate of Media and Cultural Industries）负责界定、协调和评估关于媒体多元化和文化经济的国家政策，及向公众提供的所有数字通信服务。这些部门的内部协调统一由文化和通信部部长来进行，部长在发挥参与制定和执行国家的文化事务政策之外，在具体的执行过程当中，首先确定优先事项和指导方针，并在对其他下设部门进行任务分工的基础上决定如何在各部门之间分配资金同时对其进行监督。❸

芬兰的文化行政机构同样经历了多次改革。2014年以前，芬兰的教育和

---

❶ 参见 *Compendium of Cultural Policies and Trends in Europe*（18th Ed., 2017）。

❷ POIRRIER P. Heritage and Cultural Policy in France under the Fifth Republic [J]. International Journal of Cultural Policy, 2003（9）: 215-225.

❸ 参见 *Compendium of Cultural Policies and Trends in Europe*（18th Ed., 2017）。

文化部负责规划和执行文化政策，之后该机构分为艺术和文化部、青年和体育部两个部门，同时分设两个部长。除此之外，艺术委员会、文物委员会、电影基金会是最重要的三个执行部门，而国家美术馆、音像研究所、视障人士图书馆、联合国教科文组织世界遗产等各机构则负责更具体的执行职能。芬兰的中央各部门在协调文化政策方面比较清晰，但是数字技术的发展为协调带来了挑战：传统上，版权政策的管理属于教育和文化部管辖，但是数字技术发展使版权产业成为经济发展的重要支柱，从而出现了将其纳入经济部的提议，但是最终因艺术家组织的反对，仍最终停留在教育和文化部的管辖范围内。❶ 此外，为加强和保护艺术自主权，艺术委员会被改造成为艺术促进中心，并将同行审查专家机构与行政职能分开，使其成为教育和文化部下属的专家机构，主要负责为该部艺术政策的制定提供咨询。❷

丹麦文化部由一个中央机构和多个文化机构组成，这些文化机构可以分为三大类型：创意和表演艺术、文化遗产的保护和推广、高等教育和培训，它们在文化部的组织下享有高度的自由和独立权。从职责上来看，丹麦文化部的职能具体包括创作艺术、音乐、戏剧、电影、图书馆、档案馆、博物馆、建筑物和纪念物的保护和保存、考古学以及高等教育和培训的管理。此外，它的职责领域还涉及知识产权、广播电视、体育和国际文化合作等，其中国际文化合作的重点是欧盟（EU）、北欧合作组织（Nordic Cooperation）、欧洲委员会（Council of Europe）、联合国教科文组织（UNESCO）和联合国。2012年1月1日，丹麦文化部进行了重组，并设立城堡和文化财产局（Agency for Castles and Cultural Properties）与丹麦文化局（Danish Agency for Culture）两个部门，其中成立城堡和文化财产局的目的是运营和维护政府宫殿、花园和文化财产的保护，而将该机构置于文化部的目的则是为了逐步挖掘不同领域的文化财产，最终通过增加文化建筑物的服务和材料的数量，提高专业化程度，争取大规模的收益和经济效益。为了增强专业协同效应，加强艺术、文化遗产、图书馆和媒体之间的相互作用，提高国家和市政文化领

---

❶ 参见 Compendium of Cultural Policies and Trends in Europe（18th Ed., 2017）。

❷ MANGSET P. The End of Cultural Policy? [J]. International Journal of Cultural Policy, 2020 (16): 398-411.

域工作的协调并促进数字化发展，丹麦成立了文化局，该部门由丹麦艺术局（Danish Arts Agency）、丹麦文化遗产机构（Heritage Agency of Denmark）及丹麦图书馆和媒体机构（Danish Agency for Libraries and Media）3个机构合并而成，最终由执行秘书处、人力资源处及5个相关的中心机构组成，这5个中心机构包括图书馆及传媒（Libraries and Media）、数码化与资讯科技（Digitalisation and IT）、文化遗产与建筑（Cultural Heritage and Architecture）、文化机构和业务资助（Cultural Institutions and Operational Support）及艺术资助（Support for the Arts）。

2. 不同文化行政部门的协调

从中央政府层面来看，一项文化事务往往涉及中央政府的多个职能部门，这些部门在运行过程中往往能够互相协调，共同受中央政府的支配。中央政府设置的文化管理机构无论是临时的，还是永久的，都需要有明确的分工和协调的步伐。

在处理国际文化事务时，虽然丹麦文化部主要承担文化事务权力范围，但是鉴于移民政策等涉及国外的文化事务也属于国家文化政策目标内容，所以外交部、移民和融合事务部、教育部、经济和商业事务部等部门也在此领域发挥重要作用，因此，文化部如何与外交部等其他部门协调也成为丹麦中央政府的主要议题。2000年后，丹麦文化部与外交部相互协商，开始通过国际协调组织（International Coordination）和丹麦文化发展中心（Danish Centre for Cultural Development）这两个机构来共同致力于促进丹麦的国际文化交流，其中国际协调组织主要负责就文化部与外交部授权的文化协定和方案进行谈判，并对达成的文化协定进行管理，丹麦文化发展中心则主要负责国际文化交流活动。与此形成对比，在涉及国内文化事务时，丹麦的中央政府并没有设置专门的机构来统一协调，而是采取部门间合作方式。例如，经济和商业事务部（Ministry of Economic and Business Affairs）负责文化部门与商业部门之间的合作，教育部负责学校的文化教育，并对专门从事休闲和文化少数群体的各种活动提供补贴，难民、移民和融合事务部（Ministry of Refugees, Immigration and Integration Affairs）负责若干针对少数民族、移民和难民的项目，这些项目通常都是上述各部门与文化部和教育部一同负责来完成。

与丹麦不同,西班牙和荷兰都设置了临时或长久的专门协调机构来进行与文化相关的中央级别的行政部门合作。2011年,西班牙政府重新设立了政府文化事务执行委员会(Government in Cultural Affairs)来主要负责监督部际之间的合作,特别是教育文化和体育部与工业部(Ministries of Industry)、能源和旅游部(Energy and Tourism)和外交与合作部(Ministry of Foreign Affairs and Cooperation)等中央各部门之间进行合作。如果有特殊的文化项目还会设立专门的委员会来进行协调,如"文化的1%(One Per Cent for Culture)"项目由负责文化事务的国务秘书处、发展部(Ministry of Development)和环境国务秘书处(Secretariat of State for the Environment)共同组成的委员会来进行监督并采取行动,从而有效提高了西班牙历史遗产保护的中央权力机构的行政效率。

荷兰的教育、文化和科学部与中央其他部门密切协调和合作时,会在必要情况下成立部门间合作委员会。2011年,教育、文化和科学部与外交和经济事务部在"高端部门"(Top Sector)政策上展开合作,目标是增加创意产业对社会和经济的附加值。此外,教育、文化和科学部还与安全和司法部在"赠与继承税法"、版权立法方面合作,与基础设施和环境部就文化遗产和空间规划进行合作。❶

与上述国家不同,法国和芬兰的中央政府部际合作方式更加多样和复杂。法国文化和通信部的主要职责是法国文化领域的相关事务,其他中央政府部门则承担诸如外交、教育和旅游等具体领域的相关职责,文化和通信部采取以下三种方式与其他中央政府机构合作:第一种方式是文化和通信部通过监督和实施文化领域的法律和规定来与其他部门合作,如在文化遗产保护的法律法规、文学和艺术财产、艺术家的福利及文化机构(如电影院、娱乐场所等)制定税收等广泛领域,文化和通信部都发挥主要的监督作用。第二种方式是采取国家预算的分配等行为对其他中央部门机构进行相应的管理。第三种方式是中央政府其他部门为提供文化服务进行资金调配。例如,教育和研究部(Ministry of Education and Research)会通过共同确定文化和艺

---

❶ 参见 Compendium of Cultural Policies and Trends in Europe(20th Ed., 2019)。

教学培训内容和方案来共同资助文化行动,并且每年在学校内进行艺术和文化活动。2005年设立的高级理事会——艺术和文化艺术理事会,由两个部门的部长共同主持。该理事会的目标包括促进数字化,推广欧洲文化尤其是欧洲青年文化及支持为残疾人提供特殊教育服务等;国防部下设的纪念碑及博物馆部门会为某些文化遗产提供支持;文化和通信部与外交部的合作也存在诸多方式,包括为出口法国海外文化提供资金扶持、组织文化年或文化季等活动。

芬兰的文化和教育部与其他文化政策相关中央部门同时分享文化政策的相关事宜:外交部协调文化外交;财政部对各部门的经济规划和预算程序具有指导和控制作用;就业和经济部为文化产业的研发提供支持,同时在中小文化企业和竞争问题发挥核心作用;交通和通信部在广播、电信和电视等方面具有重要的规划和执行作用;内政部负责在区域发展中的文化发展计划和欧盟发起的相关融资中发挥中心作用,该部同时与移民理事会选择和塑造移民。❶ 与此同时,芬兰的文化政策执行部门并非只有中央政府,而是包括了其他文化机构,且分工各有不同:中央政府没有像议会那样设置以文化政策为目的的常设委员会,而只有特别工作小组来监测和拟定重要的政策;专家机构提供咨询意见、同时执行政策、专业艺术家和文化作者协会参与制定和执行相关政策、参与决定赠款和项目资金。

(二)地方文化行政机构文化职能及内部协作

单一制国家中地方政府文化行政机构的权力视各国中央政府与其分权的历史背景和现实而定:有的国家因中央政府掌握了更多的文化权力,地方政府只能在更具体程度上成为执行机构;有的国家则将中央政府的部分文化权力下放到地方,地方政府可以享受到更多的文化自治权;而另外一些单一制国家的地方政府则享有高度的文化自治。本书分别挑选丹麦、法国和西班牙这3个比较典型的国家来进行介绍和分析。

丹麦曾有275个市和14个县,但是2005年地方政府改革后减少到98个

---

❶ 参见 *Compendium of Cultural Policies and Trends in Europe*(18th Ed., 2017)。

市和 5 个地区❶，其中，法罗群岛和格陵兰岛在公共文化政策方面依然享有高度的自治权。根据这项改革，曾经由各地方政府承担的文化责任转移到了国家或者新设立的区域一级，一些区域所属的剧院、管弦乐队和博物馆等组织的管理运营交由国家接管，而新的城市则承担有政治、行政和财政责任。市政委员会（Kommunernes Landsforening）是丹麦 98 个市的协调组织，其任务是促进其成员城市的利益。该委员会在文化政策的谈判、规划和执行方面担负十分重要的角色，特别是在各郡被废除及将更多的文化责任移交给市政府之后，其统筹协调的作用日益凸显。

法国是单一制国家的典型代表，但是在中央与地方分权方面采取了"权力下放"的机制，地方一级政府由此拥有了更大的自治权力。这些地方政府拥有自己直接选举产生的议会和政府，通过自行设立的文化管理部门和文化机构以执行其文化政策，但它们并不对整个国家负责，而是根据共和国法律彼此独立，并仅仅对自己地方政府范围内的文化事务负责。地方政府在所有文化领域采取行动，如保护遗产、表演艺术的制作和传播及艺术教育等方面。在此基础之上，市政府对文化的投资程度一定程度上取决于它们的政治意愿，不过在诸如公共档案的保存及提供或者文化遗产的统计等方面则不受此限制。进入 21 世纪后，法国地方区域的合作开始逐渐增多，这成为地方文化政策的一个重大变化。"城市间合作"开始出现，共同推出和制定这些区域的文化政策。2015 年，一种新的"大都会"（Metropolises）的跨社区的主体形式开始出现，全国大约成立了 10 个这样的主体来进行文化事务的处理。❷

与上述两个国家不同，西班牙虽然属于单一制国家，但是地方的各个大区很独立，接近于自治区下的一种联邦形式。西班牙各自治区在文化领域内先天拥有大多数正式权力。❸ 县地方一级被划分为 17 个自治区及 2 个具有自

---

❶ 欧洲文化政策[EB/OL].（2017-05-23）[2018-06-12].http://www.worldcp.org/profiles-cr.php.

❷ 参见 Compendium of Cultural Policies and Trends in Europe（18th Ed.，2017）。

❸ BAEBIERI N. Why Does Cultural Policy Change? Policy Discourse and Policy Subsystem: A Case Study of the Evolution of Cultural Policy in Catalonia[J]. International Journal of Cultural Policy, 2012（18）: 13-30.

治地位的城市，其中两个拥有更高自治地位的城市分别是地处北非的梅利利亚（Melilla）和休达（Ciudad Autónoma de Ceuta），它们是西班牙在非洲地区仅存的两块领土，但是因摩洛哥也一直坚持拥有这两地的主权，所以这两个城市拥有更高的自治地位。总体来看，西班牙各自治区在文化领域都拥有相当强的话语权和高度的自治权，除了国家博物馆、国家图书馆和国家档案馆之外，大多数博物馆、图书馆和档案馆的责任都交由各地区负责。一般而言，安达卢西亚（Andalusia）、巴斯克自治区（Basque Country）、加泰罗尼亚（Catalonia）和加利西亚（Galicia）这4个最初便获得自治权的地区在文化事务上具有更强的自治权，其中只有加泰罗尼亚有专门负责文化事务管理工作的特定部门，大部分地区政府则选择将文化与教育、旅游、语言政策、社会事务或体育等领域结合共同管理。

（三）中央与地方文化行政机构之间的合作

单一制各国的中央与地方政府的文化行政机构合作并没有因身处单一制国家而变得"单一"，而是以多样化的方式呈现，其中的荷兰、芬兰、西班牙、法国分别通过"协议合作式""文化协会中介式""专门机构沟通式"和"权力下放式"的方式实现了中央与地方文化行政机构之间的合作。

1."协议合作式"

"协议合作式"是指中央政府与地方政府文化行政机构之间采用协议的方式进行合作。荷兰因中央与地方政府各自负有相应的职责并承担相应的财政支付义务，因此，在谈及与中央和地方都相关的文化事务时，荷兰通过协议的方式来保证二者之间能够达成相互认可的政策议程。荷兰的中央政府的职责是举办具有重要国家意义的组织或活动、起草和制定有关文化的财政和立法框架，地方政府则负责在各自区域内分配和维护城市边界以外的机构，并负责艺术教育设施的普及。各省还负责监测文化政策与其他政策领域的联系。2012年，荷兰制定了中央与地方3个政府层级之间的政策协调文件——《政府间文化关系总体框架2017—2020》（*Recommendations for the National Basic Infrastructure* 2017—2020）。该框架规定了文化政策优先事项和文化部门、基金和方案的资金分配，同时明确了3个政府层级之间的任务分工。❶ 2017年，荷兰开始酝酿在上述框架中增加区域间文化基础设施的方案，并将其作为2021—2024年的文化政策重点，以此来强调国家和地区政策之间的合作和同步。❷ 2019年，荷兰中央和地方合作有了进一步推动，教育、文化和科学部长与不同部委、直辖市、省和地方市政当局签订了合作伙伴关系，各省市的投资额度（4000万欧元）是中央政府投资额度（2000万欧元）的两倍，同时该协议聚焦以下3个主题：气候适应、能源转型与可持续性、城市的增长和缩小。❸

2. "文化协会中介式"

芬兰的中央政府和地方政府之间在文化领域的合作并非完全依靠政府，而是通过相关文化协会来发挥重要的中介作用，我们将这种合作模式称为"文化协会中介式"。芬兰的中央与地方实行纵向的去中心化分权，它包括以下三个方面的分权：第一个方面的分权是中央和地方在文化行政领域方面的分权。中央政府通过向区域和地方文化机构提供资助的财政转移方式来实现文化协作。20世纪90年代初开始，芬兰中央政府改革了财政转移制度，改为根据预设的成本补偿和公平标准，向市政当局法定转移，其范围覆盖公共图书馆、成人教育机构、基础艺术教育、博物馆、剧院和管弦乐团等文化机构。第二个方面的分权是作为"文化第三部门"的专业文化和艺术组织与政府行政机构进行分权。它们主要通过志愿组织和非公募组织的两种方式参与分权，大部分文化艺术机构基本以志愿协会、基金会、非营利性股份公司的形式来运作。第三个方面的分权是艺术区域委员会、艺术理事会及其他区域性文化和艺术组织作为桥梁，沟通中央和地方的相关事宜。芬兰在艺术和文化方面的区域一级自治管理比较薄弱，最初仅通过艺术理事会制度来进行协调。芬兰艺术理事会（Arts Council of Finland）最早建立了11个省级艺术理事会（之后增加为13个）❹，这些省级理事会与国家层级的理事会之间的沟通

---

❶ 参见 *Compendium of Cultural Policies and Trends in Europe*（20th Ed.，2019）。

❷ 参见 *Compendium of Cultural Policies and Trends in Europe*（20th Ed.，2019）。

❸ 参见 *Compendium of Cultural Policies and Trends in Europe*（20th Ed.，2019）。

❹ 参见 *Compendium of Cultural Policies and Trends in Europe*（20th Ed.，2019）。

是实现中央和地方之间合作的重要手段。2013 年，芬兰艺术理事会改为芬兰艺术促进中心（Arts Promotion Centre Finland）之后❶，上述区域理事会制度仍得以保留并发挥作用。2008 年后上述薄弱的情况得以增强，芬兰国家艺术委员成立了区域艺术委员分会，该会在协调各区域委员会之间及它们与国家艺术委员会之间的工作发挥了作用。此外，一些区域性的历史博物馆和区域剧院等区域公共文化机构虽然获得了来自国家和地方级别的共同资助，同时因其区域而获得额外补贴，但是资助并没有从所有权、管理、资源或方案编制方面使这些机构的区域性增强。❷ 与此形成对比，一些地理位置相邻城市的实体规划协会因欧盟成员国身份而重新改革并获得了活力，它们接管了各种区域规划和发展职能，但是在独立性方面仍然发挥有限。❸

3. "专门机构沟通式"

西班牙地方政府在文化领域实行高度自治，在中央与地方不同层级的政府机构之间设立了专门的合作机构，这些不同级别的公共行政机构或同一级别的机构在不同领域之中进行分工合作。因此，本书将这种中央与地方文化行政机构的合作称为"专门机构沟通式"。西班牙中央政府与各地区政府在宪法授权的范围内合作，同时安排了不同区域之间的文化交流。中央政府设立了一个专门单位负责与自治区沟通的部门，其主要任务是在文化领域相关方案中与各地区合作、促进地区之间的交流及交流有关文化政策的信息等，同时它还负责确保西班牙各地区文化在国外的发展。在地方一级，除了中央和地区政府的合作外，地区政府自身也会为低一级的乡镇提供援助，如巴斯克地区和加泰罗尼亚都通过博物馆、图书馆、档案馆及剧院的参观促进了城市间文化活动的发展。

4. "权力下放式"

在中央政府与地方政府的文化行政机构合作中，法国经历了从国家型文化治理到地域化文化治理的转型。在此转型过程中，"权力下放"的方式发挥了关键作用。法国在 20 世纪 40 年代末之前，曾经是单一制和中央集权式文

---

❶ 参见 *Compendium of Cultural Policies and Trends in Europe*（18th Ed.，2017）。
❷ 参见 *Compendium of Cultural Policies and Trends in Europe*（18th Ed.，2017）。
❸ 参见 *Compendium of Cultural Policies and Trends in Europe*（18th Ed.，2017）。

化政策模式的典型代表，但是后来法国开始尝试文化分权，文化部与地方政府签订了第一个在戏剧领域的权力下放协议，20 世纪 70 年代和 80 年代末又再次签订文化发展协议❶，根据协议，文化部开始向各省市派遣文化局长。从法律上看，文化局长属于中央政府派遣到地方的文化代表，受文化部和地方的双重领导，充当协调中央和地方文化行政关系的角色。❷ 这段时期的中央和地方文化行政机构有着明确的职责范围：文化和通信部负责监督和调整地方当局的文化活动，包括保存档案、对博物馆和图书馆进行科学技术检查，对文化和艺术培训机构进行教学检查等事宜；与此同时，地方当局在权力下放的法律范围内享有自由执行其文化政策的权力。

2000 年 12 月，为了进一步深化"权力下放式"的改革，法国文化部发起了一项名为"文化去中心化协议"（Cultural Decentralisation Protocols）的行动。❸ 2001 年 6 月，法国议会通过了内阁提出的"邻里民主"（Neighbourhood Democracy）的法案修正案。修正案旨在将中央文化事务方面的权力下放到地方，同时赋予地方和地区机构在文化遗产领域承担更多的责任。该修改案同时致力于在历史遗迹的清查、保护、修复和开发方面建立一个权力下放、预算转移和伙伴关系的试验体系，目标旨在地方机构选择的地方实现权力下放，同时明确中央和地方政府在该领域的责任。2015 年，由于中央预算紧缩，文化部与地方政府之间签订了大约 40 项"文化契约"（Cultural Pacts）协议，协议的内容包括国家承诺保持对地方的文化资助，而地方政府需对其文化预算保证同等级别的资助。目前已有大约 40 个地区签署了"文化契约"协议。在公共文化筹资方面，中央政府与地方政府分别发挥着不可替代的关键作用，地方政府在一些项目当中的筹资数额甚至高达总筹资的 50% 左右。虽然大部分筹资来自大巴黎地区，部分原因是该地区有许多国家遗址及许多国家

---

❶ 参见 Compendium of Cultural Policies and Trends in Europe（18th Ed.，2017）。

❷ 联邦制是一个复杂的制度结构，并影响了文化政策结构。它依赖于一个隐含的政治符号系统，进而决定如何讨论文化。对于艺术家、文化专业人士和组织来说，联邦制是一种可能为提供多种文化资助机会的制度，但是可能对文化权力的再分配构成一种约束。参见陈杰，闵锐武. 文化产业政策与法规 [M]. 青岛：中国海洋大学出版社，2006：401.

❸ POIRRIER P. Heritage and Cultural Policy in France under the Fifth Republic [J]. International Journal of Cultural Policy, 2003（9）：215-225.

机构，但是大巴黎以外的地区地方当局也对文化开支做出了更大的贡献，如有的地方政府在文化事务总资金中的比例高达 80%。❶

需要说明的是，虽然法国采取"权力下放式"的分权模式，但是这并不意味着处于中央的文化和通信部垄断了文化行动，地方仅仅被动地接受"下放"。事实上，文化行动在很大程度上是由地方和区域当局发起的❷，中央和地方的合作前提往往是法国那些较大的城镇和市议会一直都在积极参与文化活动，而这种积极参与也有着深厚的历史渊源。自 19 世纪以来，地方政府一直都在管理和资助图书馆、博物馆、剧院和市政音乐学院，并资助文化协会和学术团体。到了 20 世纪 60 年代，小的城市也开始积极参与制定自己的文化政策。20 世纪 80 年代，法国中央和地方分权的法律依据——《权力下放法案》(*Devolution Acts*) 使地方当局在文化部帮助下更积极地采取文化行动，公共图书馆和档案服务进一步转移到了地方省一级。2014 年，根据文化部统计，有 65 处古迹移交给了古迹所在地当局，43 处移交给了市镇 (Communes)，16 处移交给了省，6 处移交给了大区 (Regions)。❸ 总之，尽管法国政府在公共文化公共筹资方面发挥重大作用，但是地方当局的贡献已显著增加，自 20 世纪 70 年代以来，越来越多的地方当局发展了其文化部门和机构，并选出负责文化事务的代表。中央和地方文化当局在涉及各自的文化事务方面界限已经比较清晰，地方当局对文化进行干预的程序受中央政府的管辖、保护和向公众开放公共档案，除此之外，地方当局可以在所有文化领域采取行动，其中包括文化遗产保护和展示、表演艺术的制作和传播、促进书籍和阅读等方面。❹

---

❶ 参见 *Compendium of Cultural Policies and Trends in Europe* (18th Ed., 2017)。

❷ 参见 *Compendium of Cultural Policies and Trends in Europe* (18th Ed., 2017)。

❸ POIRRIER P. Heritage and Cultural Policy in France under the Fifth Republic [J]. International Journal of Cultural Policy, 2003 (9): 215-225.

❹ POIRRIER P. Heritage and Cultural Policy in France under the Fifth Republic [J]. International Journal of Cultural Policy, 2003 (9): 215-225.

二、联邦制国家文化行政机构协作比较

据调查，世界上有近 40% 的人口生活在联邦制度中❶，由此可见，联邦制是世界上很多国家普遍采用的一种政治制度。然而，在联邦制国家，文化事务是地方政府之间或者联邦与地方政府之间争论的主要领域，尽管宪法中有权力的划分，但是在联邦国家的历史上，总会有联邦政府屈服于文化和身份的时候。❷加拿大学者乔纳森·帕奎特（Jonathan Paquette）在著作《文化政策与联邦制》一书中探讨了联邦制度在产生不同类型的文化政策方面发挥的独特作用：联邦是政治和宪法机构的复杂集合体，它由拥有自己权力的不同政治实体组成，因而也拥有不同的文化权力部门和责任机构，因此，这种社会和政治哲学最终塑造了人们参与文化事务的方式。❸乔纳森可谓一语道出了联邦制与文化政策关系的本质：联邦制已经不再是单纯的政治制度，而是可以上升到一种哲学的高度，从而对文化政策在不同国家的景观样态产生决定性的作用。乔纳森随之对这种联邦制的哲学内涵进行了详细介绍：联邦经常处于一种动态的合作和竞争之中，因为联邦从来都不是一致同意的结果，它是复杂的社会和政治组合，许多利益相关者都会有利益冲突，而建立在文化和语言差异基础上的联邦制度又加强了这些利益冲突。❹由此我们可以看出，由于联邦制本质上是一个调和各种不同利益者、同时基于平衡目标基础上建立起来的政治制度，从而决定了联邦制度的中央政府内部、地方政府内部及中央与地方之间的各级行政机构在文化领域的协作关系表现得更为复杂和多样。

---

❶ WATTS R L. Federalism, Federal Political Systems, and Federations [J]. Annual Review of Political Science, 1998（1）：117-137.

❷ PAQUETTE J. Cultural Policy and Federalism [M]. New York: Palgrave Macmillan, 2019: 113.

❸ PAQUETTE J. Cultural Policy and Federalism [M]. New York: Palgrave Macmillan, 2019: xii.

❹ PAQUETTE J. Cultural Policy and Federalism [M]. New York: Palgrave Macmillan, 2019: 113.

（一）中央文化行政机构内部协作关系

与单一制国家相比，联邦制国家的中央文化行政机构内部协作显得更为不易和多变。正如乔纳森·帕奎特所指出的：对于不同的利益相关者来说，联邦往往需要一定程度的领导力，从而为平衡文化利益创造必要条件。❶各国往往借助国家培训计划（National Training Programmes）、国家标准（National Standards）和部门间合作来作为联邦制常用的政策工具。❷具体而言，以国民投票为主要特征的"共识民主"的瑞士等国家采用了"大部统合式"，而在文化事务自主权分散在联邦各州的德国则采用"项目合作制"，其他大多数联邦制国家则大多采用比较随机的"协作式"合作方式。

1."大部统合式"协作

瑞士是一个典型的"共识民主"式的联邦制国家❸，其决策特点是基于公民投票式的民意共识，在此基础上，瑞士在文化政策治理上达成了相对稳定和高度的统一，表现之一就是中央政府层面的文化行政机构的稳固和统一。联邦内政部（Federal Department of Home Affairs）下属的联邦文化局（Swiss Federal Office of Culture）是瑞士最重要的文化行政部门之一，其职责范围主要包括文化政策、文化促进和文化保护3个方面，其职责涵盖国家文化遗产保护、文化资产转让、电影产业、扶持文化组织、音乐教育和阅读推广等范围。与文化事务密切相关的另一个联邦政府权力机构是联邦外交部（Federal Department of Foreign Affairs）下属的两个机构，分别是瑞士国家形象委员会（Presence Switzerland）和瑞士发展与合作署（Swiss Agency for Development and Cooperation），国家形象委员会主要负责瑞士在国际上的形象塑造及执行外交部文化外交政策等工作，同时也会与瑞士驻外代表团合作推行优秀的文化项目；发展与合作署则支持主要通过电影和音乐两种方式，在瑞士和各国推广发展中国家的艺术和文化。

---

❶ PAQUETTE J. Cultural Policy and Federalism [M]. New York: Palgrave Macmillan, 2019: 113.

❷ PAQUETTE J. Cultural Policy and Federalism [M]. New York: Palgrave Macmillan, 2019: 114.

❸ KRIESI H, ALEXANDER H. The Politics of Switzerland: Continuity and Change in a Consensus Democracy [M]. Cambridge : Cambridge University Press, 2012.

2."项目合作式"协作

与瑞士的联邦制相比,德国的联邦制有两个不同的特点:第一,出于对法西斯主义控制文化的反省,20世纪末之前的德国的联邦政府在文化事务的行政基本处于空白,联邦一直主要强调在外交方面拥有管辖权,其中涉及的与文化相关的具体职能集中在学校与高等教育方面;第二,德国缺乏瑞士在"共识民主"式的民意基础,加之民主德国和联邦德国分裂加剧了国家政策决策过程的不稳定,德国联邦政府的文化政策一直面临各种挑战。然而,1990年民主德国和联邦德国合并为文创产业带来了难得的繁荣契机。1998年,联邦政府增设了联邦政府文化事务和媒体事务专员(Federal Government Commissioner for Cultural Affairs and the Media),从而在德国联邦政府历史上第一次建立了文化事务的中央联络点。随后不久,联邦议会也成立了文化和媒体事务委员会(Parliamentary Committee on Cultural and Media Affairs),负责监督联邦政府的上述联络点工作,同时监督联邦办公室对外文化政策部门(Auswartiges Amt)的工作,其主要职责是审查所有可能对文化产生影响的法律的变化,如审查税法、预算法等。该委员会又细分为对外文化关系委员会、教育政策小组委员会、公民参与小组委员会或新媒体小组委员会,2003年成立文化调查委员会(Enquete-Commission)。该调查会于2007年11与13日提交了对联邦和地区文化政策制定者的具体建议,该报告被认为是德国文化政策的关键文件。❶

另外,虽然德国联邦政府层面设立了单独的文化事务机构,但是并没有一个固定和施设的官方机构负责协调联邦与地方各州政府的文化政策倡议、方案和措施,发挥协调作用的仅是联邦政府层面的教育和文化事务部长常设会议(Ministers of Education and Cultural Affairs of the Länder in the Federal Republic of Germany,KMK)。❷ 该机构与联邦政府文化和媒体事务专员办公室(BKM)之间有很好的互动:BKM根据需要与KMK会就特定主题进行合作或者定期沟通,BKM的代表也经常出席KMK在欧洲的委员会和电影委

---

❶ 参见 *Compendium of Cultural Policies and Trends*(20th Ed.,2020)。

❷ 参见 *Compendium of Cultural Policies and Trends*(20th Ed.,2020)。

员会的会议。❶

德国文创产业的一个明显特点是文化企业的多样性和中小型规模，有的文化企业甚至只有一个人，这样的特点决定了这个产业的发展更大程度上依赖于政策的扶持和资助。德国联邦政府便根据这一特点，同时在联邦政治体制基础上制定了多样和灵活多变的文化联邦主义政策，在此政策中，上述增设的文化事务和媒体事务专员和文化和媒体事务委员会在制定政策方面发挥了关键的作用。文化和媒体事务委员会自成立以来，一直在审查所有法律举措和对文化可能性产生影响的变化方面发挥了重要作用。它不仅审查包括非营利组织特殊规定在内的税法，而且针对具有重大意义的文化问题进行相关辩论，并就预算问题进行最终的裁定。这些具体问题包括诸如大屠杀受难者、第二次世界大战后难民或爆炸受害者的纪念碑设立等诸多文化议题。除此之外，德国议会委员会还包括如外国文化关系和教育政策（Foreign Cultural Relation and Education Policy）、公民参与（Civic Engagement）和新媒体（New Media）等文化相关部门。2003年秋季还曾设立一个由11名议员和11名独立专家组成的德国文化调查机构，机构的主要任务是审查与文化政策有关的一系列问题，特别是针对文化的支持。2007年11月13日，其最终形成的报告多达1200页，其中包括对艺术及艺术家社会地位的定义、对文化领域工作的支持、文化领域内相关法律条文的框架及文化政策中涉及的社会各阶层等议题，对于如何改善对本国文化工作的支持更是提出了400多项建议，直至目前这份报告仍然被认为是德国文化政策的关键文件之一。❷ 近年来德国公民开始对联邦政府在文化领域表现出的能力不足表示了担忧，目前已经开始了对联邦政府在其他文化领域具体能力的相关探索与讨论。

德国联邦政府其他部门也通过项目合作的方式执行文化或与文化相关的教育等领域的公共服务，合作的联邦行政部门包括家庭事务部（Federal Ministry for Family Affairs），老年公民、妇女和青年部（Senior Citizens, Women and Youth）、教育和研究部（Federal Ministry of Education and Research）。德

---

❶ 参见 *Compendium of Cultural Policies and Trends*（20th Ed., 2020）。

❷ 报告原文链接：http://dip21.bundestag.de/dip21/btd/16/070/1607000.pdf。

国文化政策辩论中越来越多人认为,必须在学校内外加强对儿童和年轻人的文化教育,在此背景下,教育和研究部启动了迄今为止联邦政府最大的文化教育资助项目(Kultur Macht Stark Programme),该方案的目的是为处境不利的儿童和3~18岁的年轻人提供课外教育机会。❶ 这些部门在涉及艺术和文化教育事务经常会有重叠的部分,尤其是在涉及某一个部门的战略政策项目时,上述部门的重叠领域会有很多重复之处。例如,2019年12月,联邦政府通过了《青年战略》(Youth Strategy),所有与青年相关的部门都参与了制定,该战略确定了部门间的青年政策所需要采取的行动和进一步措施。❷ 再如,教育和研究部资助了文化教育对话平台项目(Dialogue Platform for Cultural Education),包含了互联网门户网站、对话论坛等内容❸,该项目由德国文化理事会(German Cultural Council)来实施,从而可以有效整合联邦的各行政部门。

3. "协作式"合作模式

20世纪90年代,加拿大的联邦层面文化产业行政管理仍存在多头管理、相互缺乏合作的情况。美国时代公司曾向投资部递交了投资计划书,申请创办加拿大版的6种期刊,其中包含最为畅销的《体育画报》。当时的加拿大已经实行了不允许外部期刊创办加拿大版的政策,且该政策已经实行了50多年,但是因为部级层面的沟通与合作严重不畅,投资部在没有咨询文化传播部的情况下批准了这个申请,导致联邦政府陷入被动局面。在"生米煮成熟饭"的情形之下,联邦政府最终不得不调整政策,通过对美国时代公司征收80%的消费税来限制《体育画报》等期刊的出版。这次事件之后,加拿大通过了法律,修正了联邦政府层面在文化产业方面缺乏沟通和合作的行政管理机制。❹ 联邦层面包括文化遗产部、外交与国际贸易部(Department of Foreign Affairs and International Trade)、工业部(Industry Canada),从宏观上讲,文化遗产部负责文化产业的软件,工业部负责文化产业的"硬件",而

---

❶ 参见Compendium of Cultural Policies and Trends(20th Ed.,2020)。

❷ 参见Compendium of Cultural Policies and Trends(20th Ed.,2020)。

❸ 参见Compendium of Cultural Policies and Trends(20th Ed.,2020)。

❹ 张玉国.国家利益与文化政策[M].广州:广东人民出版社,2005:261.

外交与国际贸易部负责文化产品的进出口贸易。为了避免多头管理和职能不清的情况,文化遗产部是主管文化领域的最高机构,其他部门提供辅助。❶加拿大联邦政府层面并没有正式的部际委员会来负责促进跨文化协调,如果有关文化事宜涉及相互重叠的部门,则由联邦政府各部门相互协作完成,如关于信息建设方面的事务,工业部虽然建立了信息高速公路咨询委员会,但是与内容相关的问题则交由遗产部处理;再如,如果涉及版权立法,就由工业部和遗产部共同负责;如果与国际文化活动相关,则由外交事务和国际贸易部与遗产部共同承担;卫生部与遗产部还曾经共同负责过《体育活动和体育法》(the Physical Activity and Sport Act)的相关实施。

(二)地方文化行政机构内部协作关系

乔纳森认为联邦制下的地方政府之间进行合作比较困难,它们的"直接双边关系比地方政府的国际合作还更为罕见"❷,但是在文化行政事务里,联邦制下的地方政府有着不同维度和不同层级的政府,它们共同合作使地方政府的文化行政职能能够顺畅进行。除此之外,很多非政府的民间机构也在很大程度上充当了准政府机构的角色而发挥着沟通协调的作用。

德国的地方文化自治机构形式多样,其文化政策实施平台主要呈现以下结构形式:最顶层为乡镇议会(Gemeinderat)或城市代表大会(Stadtverordnetenversammlung),其中的文化委员会主要负责文化事务。第二层为两类官员:文化专员(Kultudezernent)和文化局主管人员,文化专员是由选举产生的负责文化部门的政务官员,而文化局主管(Kulturamtsleiter)是非经选举产生的行政部门相关人员。❸ 第三层为"德国城市议会"(Deutscher Städtetag,DST),该机构成立于1905年,是德国最大的城市和乡镇联合体,在社区文化发展中扮演了引领和协调的重要作用。该机构是德国社区自治的代

---

❶ 张玉国. 国家利益与文化政策 [M]. 广州:广东人民出版社,2005:182.

❷ PAQUETTE J. Cultural Policy and Federalism [M]. London: Palgrave Macmillan, 2019:115.

❸ 邢来顺,岳伟. 联邦德国的文化政策与文化多样性研究 [M]. 北京:中国社会科学出版社,2017:159.

表，通过会议、出版物和决议等方式对德国地方文化政策产生了巨大的影响。[1]

德国的各州政府和市政府是德国文化政策实施的主体，在不同的州或者不同的市镇之间，其文化政策的范围和优先领域可能存在相当大的差异。首先，在州政府层面，德国16个州都拥有自己的议会，其中大部分议会设置了专门的文化委员会及部门进行相关的管理工作。21世纪之前，德国各州通常会将文化与教育或科学领域结合在一起，并以此形成专门的文化事务部门，但是在2005年左右，德国部分州政府开始放弃了这一传统，而是将文化相关的责任移交给总理办公室（Staatskanzlei），其中包括北莱茵—威斯特法伦（North Rhine-Westphalia）、石勒苏益格—荷尔斯泰因（Schleswig-Holstein）、柏林（Berlin）和布莱梅（Bremen）等。某种意义上来说，此举无疑使各州在文化领域的工作更加独立，并且文化相关机构在政府层面拥有了更多的话语权，是德国地方政府对其文化领域工作重视的标志。其次，在市政府层面上，德国的市议会和县议会基本都设有文化事务委员会，而文化事务的责任在大多数情况下属于文化专员（Kulturdezernenten）。这些文化专员的职责主要包括对地方剧院、图书馆、博物馆或音乐学校等公共文化机构的管理。

德国地方文化行政机构的在各个级别之间的相互合作在上述国家中表现突出，各个级别的文化行政机构之间通过特定的非政府机构来实现。一些市镇单独设立了具体的办事处以促进某区域内的合作，这种合作通常由区域文化事务会议（Regional Conferences on Cultural Affairs）完成；在市政府一级则通过德国城市协会（German Association of Cities）、德国城镇和市政协会（German Association of Towns and Municipalities）及德国县协会（Association of German Counties）等地方协会建立合作平台，这些协会设立了专门文化事务机构或相关委员会，处理联邦政府和州政府发布的具体专题，其中各小组委员会主要负责草拟建议，然后提交有关地方当局进行审议。除此之外，各州之间的文化政策协商处理存在多种方式。除了相关部门与个别市镇之间的合作之外，还会与当地协会就整个州的重要问题进行磋商。值得一提的是：

---

[1] 邢来顺，岳伟. 联邦德国的文化政策与文化多样性研究［M］. 北京：中国社会科学出版社，2017：160.

巴登—符腾堡州（Baden-Wurttemberg）等州针对戏剧这种具体的文化资源的支持采取了州政府和市政府共同出资的形式，出资的数额分配根据市政府投资总额的固定百分比确定，但是在某些特殊情况下，文化相关资源也可能从州政府转移到市政府的文化活动之外的其他方面。此外，德国的州与城市之间的文化政策协商和协调有多种方式：有的城市直接建立双边接触，有的城市则专门设立办事处，还有些城市则设立了文化事务区域会议来促进地方政府跨层级的区域合作。[1]

瑞士各地方政府在文化政策和文化扶持方面拥有较高的文化自治权。瑞士的各州实行自治，在文化事务方面可以自主决定其希望保留的权利并安排其与所属社区的关系，前提是州宪法不得与联邦宪法抵触，各州可自行组织各类文化活动和对外交流，同时在不违反联邦宪法的范围内执行各州的文化权力。瑞士文化政策上的一个主要特点是部分地方政府联合成立的"瑞士城市文化事务会议"（Conference of Swiss Cities on Cultural Matters）。随着各州和城市对文化的支持不断增加，地方政府逐渐意识到需要在地方一级建立一个更加全面的文化政策结构，但是由于瑞士各地方文化背景的复杂性，使瑞士在市和县两级提供的各种文化资助结构不尽相同，从而不能将瑞士的地方文化行政机构简化为一种基本模式，诸如苏黎世（Zurich）和伯尔尼（Bern）等较大的州和城市在不同的艺术和文化领域有专门的工作人员，同时其他较小的州或城市则存在相应的委员会进行相关领域的管理。在此背景之下，瑞士部分地方政府之间联合成立了"瑞士城市文化事务会议"，其成员城市的代表可以通过会议决定瑞士文化政策的策略、通过决议及对外发表声明等。整体而言，瑞士的文化政策由联邦政府、各州和市镇共同承担，其中市镇一级发挥着关键的作用。

（三）中央与地方文化行政机构合作

基于联邦制国家的特点，在实行联邦制的国家中，其文化行政机构之间的合作呈现以下显著特点：首先，文化事务是各州决定的事宜，各地方政府

---

[1] 参见 *Compendium of Cultural Policies and Trends*（20th Ed., 2020）。

拥有较高的文化自治权，在文化发展方面具有高度的自治权；其次，只有当该州文化事务涉及了联邦层面，才会上升到联邦政府的职责范围内，因此，如何确定中央与地方政府机构权力交叉重叠的文化事务的权力归属部门成为联邦制国家中文化行政机构协作的重要内容。

加拿大学者乔纳森认为，联邦制中包含了以下4种不同的文化治理方法："联邦领导型""竞争型""否决权型"和"发展型"。如下所述，这四种治理方法对理解联邦制下的中央与地方文化行政机构的合作提供了借鉴和参考。❶

1. "联邦领导型"文化联邦制

在"联邦领导型"文化联邦制中，联邦政府在文化事务中具有很强的主导地位，墨西哥和阿根廷等国是这类模式的典型代表。在这些联邦制度中，文化治理的特点是过度集中的联邦政府，文化政策呈现国家制定和地方执行的特点，联邦一级在提供指导和标准及地方一级的创造能力发挥重要作用，文化倡议基本由联邦机构主导，其权力很少受到地方政府的挑战，联邦与地方的合作关系是强制性的。❷ 奥地利传统上被视为一个没有联邦社会的联邦❸，联邦政府一直是国家文化政策的领导者，文化政策的思想和执行遵循自上而下的方法，地方政府通常不使用其文化权力。❹ 然而，这样的传统在欧盟一体化影响之下也发生了新的变化，奥地利开始发展新的行动模式，部际会议日益成为国家以下政府间行动的重要平台。❺ 此外，加拿大也在联邦政府设立13个区域联邦委员会，委员会的区域执行主任代表联邦政府的遗产部，而其他委员包括每个省和地区的联邦部门的高级官员。作为信息交流的论坛，区域委员会成为区域管理横向政府、跨部门写作倡议、促进中央与区

---

❶ PAQUETTE J. Cultural Policy and Federalism [M]. London: Palgrave Macmillan, 2019: 25.

❷ PAQUETTE J. Cultural Policy and Federalism [M]. London: Palgrave Macmillan, 2019: 188.

❸ ERK J. Austria: A Federation without Federalism [J]. Publius: The Journal of Federalism, 2004 (34): 1-20.

❹ PAQUETTE J. Cultural Policy and Federalism [M]. London: Palgrave Macmillan, 2019: 189.

❺ PAQUETTE J. Cultural Policy and Federalism [M]. London: Palgrave Macmillan, 2019: 189.

域的双向沟通的重要平台。除区域委员会之外，遗产部与各地方的文化部门一起参加部长和高级公务员委员会（Committees of Ministers and Senior Public Servants）来加强文化事务的协作。❶

2."竞争型"文化联邦制

在"竞争型"文化联邦制中，文化事务的治理由不对称的文化、地区、语言和行动者通过竞争与合作的关系达成，联邦与地方的利益可能从一开始就有本质不同，但是联邦需要把相互竞争的文化利益统一起来。不同国家形成了不同的文化政策传统，有的国家地方政府需要为既得利益参与文化事务提供便利，有的则形成了干预包括艺术和文化遗产在内的社会事务的传统。基于这些背景，在"竞争型"的文化联邦制国家中，中央与地方政府都需要积极参与文化事务，但同时也会产生更多的竞争。在竞争激烈的情况下，法院被用来挑战权力或获得新的文化权力，因此，在这种类型的国家中，文化政策是规范分化文化权力的空间，旨在维护不同的身份和独特的价值观。❷

德国出于特定的历史背景成为"竞争型"文化联邦制的典型代表。德国在历史上由独立的封建国家和共和国组成，最早设立文化教育部的是普鲁士邦，但是负责的主要是教育和宗教事务，其余每个国家也都建有自己的大量文化机构，同时奉行各自的文化政策。❸1871年德意志帝国建立后，虽然中央集权得以强化，由帝国政府负责外交政策，但是各成员国保留了对各自文化政策的责任，同时市政当局所享受的特别自治权也包含文化事务领域的权力。因此，从历史上来看，文化事务在德国首先且完全是地方政府的事宜，这就导致了中央与地方政府在文化事务上的不对称性，联邦政府很难通过合作的方式把本应属于地方政府的事宜收至"囊中"。1919—1933年生效的《魏玛宪法》规定了中央政府、各州政府、城市和议会各自对文化事务的公共责任边界。所以，德国自建国之后，地方政府就一直是文化事务的主要承

---

❶ 参见Compendium of Cultural Policies and Trends in Europe（12th Ed., 2011）。

❷ 参见Compendium of Cultural Policies and Trends in Europe（12th Ed., 2011）。

❸ 邢来顺，岳伟. 联邦德国的文化政策与文化多样性研究[M]. 北京：中国社会科学出版社，2017：94.

担者，而各州在实践中很少向联邦分配文化权力。❶ "文化政策一直是各州的事务"❷。

1933年，德国虽然废除了文化多样性传统，代之以利用文化为政府目标服务的集权文化政策，但是在时隔12年之后，集权文化政策随着第二次世界大战的结束而宣告瓦解，之后的联邦德国与民主德国采取了不同的文化政策。联邦德国仍旧沿用国家社会主义政权形式的单一制，而民主德国在西方盟国的影响下采用了民主联邦制度，同时限定了政府只能在文化政策领域发挥有限作用。民主德国为了协调各州的文化和教育政策，于1948年设立了"各州文化部长常设会议"，这一会议的主要目标是："一方面捍卫各州的文化主权，另一方面在联邦范围内创造一种统一的或至少是可比较的文化领域的标准"，但是这一机构最初是由各州负责教育和科研及文化事务的部长自愿组成的机构，决议并无法律约束性，只有各州政府以州法律的形式颁布后才能得到具体实施。❸

与此同时，民主德国很少有联邦或全国一级的文化设施，文化设施大多数是地方性的，即便是文化基础设施恢复之后，民主德国的文化政策也主要限于传统的艺术形式和文化机构。❹20世纪60年代兴起的青年和公民抗议运动使民主德国文化政策的范围开始逐步扩大到"社会文化"等领域，20世纪70年代之后，作为社会普遍民主化进程的一部分，文化政策也随之拓展到日常文化活动，"人人享有文化"和"公民享有文化权利"的呼吁使文化活动的数量开始增加，文化机构也得以发展，通过增加公共开支资助的新的文化领域也随之出现。20世纪80年代，文化政策的导向进一步转向为将文化视为商业工业发展吸引力的一部分。1990年联邦德国和民主德国统一之后，德国文化政策的财政面临全球金融危机的深刻影响，其结构性问题也日渐突出，

---

❶ 邢来顺，岳伟. 联邦德国的文化政策与文化多样性研究[M]. 北京：中国社会科学出版社，2017：88.

❷ PAQUETTE J. Cultural Policy and Federalism[M]. Palgrave Macmillan, 2019: 189.

❸ 邢来顺，岳伟. 联邦德国的文化政策与文化多样性研究[M]. 北京：中国社会科学出版社，2017：154.

❹ 邢来顺，岳伟. 联邦德国的文化政策与文化多样性研究[M]. 北京：中国社会科学出版社，2017：95.

如何调整国家、市场和社会三者对文化机构的筹资变得日益突出。❶ 1992年，德国统一后不久，联邦开始扩大其在文化政策领域的权力，先后建立了"德意志联邦共和国艺术展览馆"和"德意志联邦共和国历史之家"，还同时开展了一系列文化发展计划。1994年后开始在总理府内设立了文化与媒体事务专员，以加强对文化事务的统一领导。21世纪初，德国对联邦和地方政府就权力重新分配进行了大幅度的行政改革，包括文化领域的公共服务政策权限也进行了重新调整。虽然由于文化例外原则，联邦政府在相互支持文化和教育相关项目的可能性还非常有限，但是仍然做了大胆的突破和改革。

首先，包括联邦政府在首都柏林的文化遗产保护和文化活动相关方面承担更多责任。最早于民主德国成立的"各州文化部长常设会议"也将目标转向保护德国东部地区的文化遗产及探讨新时期联邦与州在文化资助方面的关系。❷

其次，联邦成立了文化和媒体事务专员办公室与（德意志联邦共和国教育和文化事务部长常设会议）在必要时就具体问题进行合作，其组织代表还会定期出席欧洲和国际事务委员会及联邦国家电影委员会的会议。联邦政府文化和媒体事务专员办公室内部也成立了"文化综合工作小组"（Culture and Integration Working Group），成员来自联邦政府、欧盟组织代表。该小组将教育和文化事务部长常设会议、各州、市政府、县政府、非政府组织代表、研究机构、档案馆、博物馆等文化机构代表、相关领域的专家和学者汇集在一起，从而成为各州政府之间进行合作和交流的平台，并有力促进了联邦与州政府之间的文化合作。❸

再次，联邦政府大胆创新通过"工作组"的方式，在特定的文化事务项目方面加强各级政府的协调与合作。在加强不同政策领域融合的过程中，联邦政府设立了几个工作组，其中由联邦文化和媒体事务专员办公室设立的"文化与融合"工作组扮演了重要角色。该小组的成员不仅包括来自联邦政府、教育和文化事务部长常设会议、各州政府以及各市政府，还包括了非政

---

❶ 参见 *Compendium of Cultural Policies and Trends*（20th Ed., 2020）。

❷ 邢来顺，岳伟. 联邦德国的文化政策与文化多样性研究[M]. 北京：中国社会科学出版社，2017：155.

❸ 参见 *Compendium of Cultural Policies and Trends*（20th Ed., 2020）。

府组织、欧洲联盟工作组、联邦和联邦国家部委、德国研究基金会的代表，同时也吸纳了来自图书馆、档案馆、博物馆和纪念碑保护领域的专家等，从而成为联邦与各州政府之间进行合作和交流的平台，并有力促进了它们之间的文化合作。2018年10月，联邦政府还召开了一个独立文化部长会议，并于2019年1月开始工作，该组织具有超区域重要性的文化政策问题，目的是形成共同意见，并代表对联邦政府的共同关切。❶

最后，联邦政府还与地方政府共同合作出资资助文化遗产，如联邦政府与勃兰登堡、萨克森、图林根等州合作，为20座"文化灯塔"（Cultural lighthouses）提供长期支持，其中包括包豪斯·德绍基金会（Bauhaus Dessau Foundation）、路德纪念基金会（Luther Memorials Foundation）和弗兰克基金会（Francke Foundations），此外，也在"东德文化机构投资项目"（Eastern Germany's Providides for Specific Institutions）中为特定机构提供资金，如莱比锡的格拉西博物馆（Grassi Museums）、德国卫生博物馆德累斯顿基金会（German Hygiend Museum Dresden Foundation）、埃森纳赫的巴赫之家（the Bach House）和施伟林国家博物馆（Staatliches Museum Schwerin）。

3."否决权型"文化联邦制

乔纳森认为，因为每个政治体系都有否决权，所以每个国家的文化政策制定中也都在理论上存在否决权，联邦制则是一种向其成员提供许多否决权的国家，因此，联邦制国家中的文化政策面临更多挑战，例如，文化政策的倡导由制度划分来决定，集体行动需要针对决策过程的每个行为者的战略，而制度划分的边界在不同的国家由不同的机构来划分，在美国由法院来阐明各州在文化事务中的权力，瑞士则设立了联邦文化事务办公室。❷瑞士的行政区划主要分为联邦、州和市镇三级，其中包含26个州和2352个市镇❸，它们在文化领域中相互独立，同时又可以制定适合各州的优先事项，其中苏黎

---

❶ 参见 Compendium of Cultural Policies and Trends（20th Ed., 2020）。

❷ PAQUETTE J. Cultural Policy and Federalism [M]. London: Palgrave Macmillan, 2019: 194.

❸ 欧洲文化政策 [EB/OL]. (2018-01-07) [2018-05-16]. http://www.worldcp.org/profiles-cr.php.

世（Zurich）、日内瓦（Geneva）、巴塞尔（Basel）、伯尔尼（Bern）和洛桑（Lausanne）在市镇一级提供了80%以上的文化资金❶，因此，这5个大型城市在文化领域具有尤为重要的作用，甚至在一定程度上能够左右有关文化领域公众讨论的走向。此外，与其他国家的地方政府合作模式有所不同，瑞士成立了瑞士文化主任会议（Conference of Cantonal Directors of Culture）和瑞士文化事务城市会议（Conference of Swiss Cities on Cultural Matters），这两个较为重要的会议论坛每两年举行一次，其成员由公共部门和私营部门的10名代表共同组成，论坛采取了与学术论坛接近的方式，同时邀请联邦文化局和瑞士文化基金会的代表作为观察员出席，从而在联邦与地方政府层面之间发挥了很好的沟通作用。因此，基于瑞士各州强大的"否决权"作用，联邦政府参与文化政策的领域较为局限，仅包括电影产业、文化遗产保护、语言及教育和文化活动这4个方面，其他文化领域的政策权限都交由各地方主要负责。

4. "发展型"文化联邦制

第四种类型的文化联邦制是"发展型"文化联邦制，包括印度在内的一些发展中国家是这种类型的典型代表。联邦政府通过提供专门知识、国家标准和培训方案等政策工具来支持文化发展。联邦政府向地方政府提供财政资助，大型城市在发展文化方面与联邦政府接触的能力要高得多。❷

总之，联邦制对于文化事务的行政管理有着明显的优势，它可以保证文化景观的多样性，如德国拥有特别密集的文化机构网络，同时不仅存在于大城市，而且在小城镇和农村也比较密集。然而，对于政府、专业人士和文化活动家来说，联邦更大程度上意味着一系列限制：联邦支离破碎的特性和专业机构要求相应的文化机构调整其策略，以适应那些阻碍变革或采取集体行动的制度环境。❸

需要补充的是，还有一类特殊的联邦制；有些国家基于特定的历史背

---

❶ 欧洲文化政策［EB/OL］. （2018-01-07）［2018-05-16］. http://www.worldcp.org/profiles-cr.php.

❷ PAQUETTE J. Cultural Policy and Federalism［M］. London: Palgrave Macmillan, 2019: 194.

❸ PAQUETTE J. Cultural Policy and Federalism［M］. London: Palgrave Macmillan, 2019: 194.

景，如皇权的瓦解而实行了联邦制。这种联邦制仅是由不同和多样的地区主义或者文化创作出来的，它们并没有被政治机构广泛承认，因而事实上，这些国家并不反映真正的联邦社会。❶ 换言之，联邦制的社会和文化并没有体现在这些国家的制度层面上。这样的特点决定了这些国家的文化政策可能更表现出单一制的特点，未必遵循联邦制的法律制度特点。这些国家的宪法文件往往更倾向有利于联邦权力，同时为联邦政府在文化事务中创造了更多的权力，而赋予地方政府的更多的是义务。❷ 例如，巴西宪法和阿根廷宪法虽然在文化多样性上表达的是保护和促进文化多样性的意愿，但是并未转化为文化政策，也没有为文化事务的自治开辟空间，更没有表明一个少数民族或土著人民可以成为联邦文化政策动态的一部分文化管理制度。❸ 在这样模式的联邦制度中，文化治理的特点是过度集中的联邦政府，文化政策呈现由国家制定、地方执行的特点，联邦与地方的合作关系是强制性的，而非实现联邦伙伴共同文化利益的方式。❹ 这类联邦制度中，关于文化事务的流通，联邦一级在提供指导和标准及地方一级的创造能力方面发挥重要作用，文化倡议基本由联邦机构主导，其权力很少受到地方政府的挑战，当然也没有在法庭上受到挑战。❺ 奥地利传统上被视为一个没有联邦社会的联邦❻，联邦政府一直是国家文化政策的领导者，文化政策的思想和执行遵循自上而下的方法，地方政府通常不使用其文化权力。❼ 然而，在欧盟一体化影响之下，奥

---

❶ EKAZAR D J.Exploring Federalism [M]. Tuscaloosa: University of Alabama Press, 1987.

❷ PAQUETTE J. Cultural Policy and Federalism [M]. London: Palgrave Macmillan, 2019: 187.

❸ PAQUETTE J. Cultural Policy and Federalism [M]. London: Palgrave Macmillan, 2019: 187.

❹ PAQUETTE J. Cultural Policy and Federalism [M]. London: Palgrave Macmillan, 2019: 188.

❺ PAQUETTE J. Cultural Policy and Federalism [M]. London: Palgrave Macmillan, 2019: 187.

❻ ERK J. Austria: A Federation without Federalism [J]. Publius: The Journal of Federalism, 2004 (34): 1-20.

❼ PAQUETTE J. Cultural Policy and Federalism [M]. London: Palgrave Macmillan, 2019: 189.

地利部际会议日益成为地方政府间行动的重要平台。

三、各国行政职能的补充

近年来,各国面临的普遍问题是如何化解不断膨胀的政府职能压力,因此,如何通过适合的方式对行政职能进行补充成为各国的挑战。由于文化属于典型的公共领域,公众意识上难以接受纯粹个人的角色。例如,从博物馆来看,传统上欧洲的博物馆由政府创办,部分享受很大的税收减免优惠,法国、意大利和荷兰的艺术博物馆全部靠政府财政拨款,英国和德国政府拨款的比例也大约为80%❶,各国通过何种方式减少人们的顾虑将成为本书探讨的重点之一。

(一)西班牙

西班牙博物馆是"特殊的"公共机构。这意味着,根据西班牙的大陆法制度,博物馆可以从事由"私法"管辖的交易;也就是说,它不再仅仅受到"公法"的约束。根据"公法"的规定,政府和政府资助的机构通常受到更严格的管理。❷这样做的目的是使普拉多博物馆(Prado Museum)更容易适应不断变化的时代和艺术界不断变化的实践,特别是它允许自己筹集资金,其中包括50%的运营成本(在它被允许筹集资金之前,只能筹集至多27%的运营成本)。2011年,政府批准了对雷纳索菲亚国家博物馆和艺术中心做出规定的第34/2011号法案,并为博物馆获得艺术品、筹款、行政合同及预算和人力资源管理提供更灵活的法律框架。此外,为了使博物馆的管理机制现代化,进一步扩大自筹资金的程度,2013年3月批准了雷纳索菲亚章程(Reina Sofia)(2013年第188/2013号),规定了任命董事和加强董事会的程序,鼓励社会更多地参与其组成,并指导其增加收入的活动。同年

---

❶ 布鲁诺·弗雷. 艺术与经济学(第二版)[M]. 易晔,郝青青,译. 北京:商务印书馆,2017:67.

❷ 参见普拉多博物馆的第46/2003号法令和第433/2004号敕令批准的第1713/2011号皇家法令。

11月，通过了第188/2013号皇家法令，目的是扩大委员会当然成员（ex Officio Members of the Board），包括索菲亚国家博物馆和艺术中心皇家之友协会（Royal Association of Friends of the Reina Sofia National Museum and Art Centre）主席，并修改委员会常设委员会（Permanent Committee of the Board）。尤其重要的是，所谓的企业成员进入董事会，即西班牙最重要的公司的代表承诺赞助博物馆。目前，政府已经批准了西班牙国家图书馆管理项目（Project for the Regulation of the National Library of Spain），以便在不久的将来，图书馆将享有更多的自主权和与国家其他大型文化机构相同的地位。

（二）意大利

早在30年前，意大利的公共文化机构就开始探索社会化，尤其是创新立法使文化产品和活动的管理制度发生了重大变化，尽管这些机构仍然主要由公共资金提供支持，但逐步赋予公共文化机构以"第三部门"地位，以便给予它们更多的自主权，并鼓励它们建立公私伙伴关系。

近年来，以基金会的形式运作的公共机构有所增长。主要原因是政府倾向于将基金会视为一种灵活的工具，特别适合私下追求公共目标；因此，国家和地方政府越来越倾向于把它们作为公共政策的新推动者，并促进公共部门与私营机构合作。这些基金会的主要活动领域是组织展览和活动、管理剧院、博物馆等场所及保护文化产品。这一进程从20世纪90年代末开始，在国家一级，根据第367/1996号法令，将在视觉或表演艺术领域举办著名展览和活动的公共机构转变为公共部门参与的基金会形式，如将第十四款剧院（the Founr teen Main Opera Houses）改为抒情基金会（Fondazioni Liriche）。

这些措施主要有两个目标：一是更有效地管理上述机构；二是方便这些机构组织筹资，以减轻它们对公共资金的依赖。然而，后一个目标只是部分实现，其大部分运营费用仍由国家预算支付。与上述表演艺术机构已经享有的相对自治程度相比，基金会的运作形式对于博物馆和考古遗址来说更为重要，因为它们仍然深深地植根于政府部门的行政结构，以至于它们甚至没有单独的预算，所以无法说明其费用。1998年进行的第一次试验性改革试图给庞贝省的主要遗迹提供自治地位和预算，但是这一尝试是在国家行政框架内进行的。这项试验随后扩展到罗马、威尼斯、佛罗伦萨和那不勒斯的美术馆和博物馆系统。2014 年以来，政府突然大力加快了这一进程，于 2014 年给予二十个意大利主要博物馆、纪念碑和考古遗址特别的自治权。

与国家一级完成的大多数重要的社会化试验进行正在形成对比，地方一级抢先一步，已经发生了许多变化。根据关于地方自治的第 142/1990 号法律和第 267/2000 号法令，地方一级的公共文化服务受到鼓励，同时也为不同模式的地方公共文化服务的运作提供了法律动力。在这些模式中，文化机构如剧院、礼堂、展览中心、博物馆等最常采用的模式是基金会、机构、协会占股 59%，公司、财团等占剩余股份。这些新型文化组织日益成功的一些因素包括：管理程序的现代化、促进和传播技术、加强能力建设、促进创新形式的公私伙伴关系。

（三）法国

法国的体制是中央集权，国家文化部在文化各领域聘用了几千名官员，还有超过两万个文化领域的私人协会作为补充，其中许多协会得到了国家资助。[1] 法国的文化政策模式特点是基于协议和伙伴关系的属地合作治理框架。国家层面上的所有文化行为相关者进行立法和监管，国家、地方和区域政府向文化领域拨付大量资金，专门的公共服务部门在不同层级上进行管理。[2] 法国还有许多委员会在地方一级帮助分配资助和补贴，并确定公共采购订单，包括博物馆采购区域基金（FRAM）、区域图书馆采购基金（FRAB）、当代艺术区域基金，设在区域文化事务局的咨询委员会（音乐和舞蹈专家、剧院咨询委员会、遗产和遗址委员会等）等。地方一级的许多机构都开展了大众教育活动：社区和社区文化中心、青年俱乐部和协会、农村中心、假日和休闲中心等。社会保障办公室有 2000 个社区和社会中心。2008 年，在司法委员会成立 60 周年之际，1460 个司法司有 63 万名成员，其中 15 万名成员年龄在 16~25 岁。

---

[1] 托比·米勒，乔治·尤迪恩. 文化政策 [M]. 刘永玫，付德根，译. 南京：南京大学出版社 2017：27.

[2] 参见 *Compendium of Cultural Policies and Trends in Europe*（18th Ed., 2017）。

在国家一级，大众教育政策在很大程度上依靠负责青年和休闲活动部，该部设有一个国家运营机构：全国青年和大众教育研究所（INJEP）。国家青年研究所监督青年和青年政策观察站，以及为该部门的专业人员和决策者设立的资源中心。全国青年和大众教育研究所（INJEP）还是欧洲青年行动方案的法国运营者。许多联合会聚集了人民教育的参与者和机构。他们是文化部的特权合作伙伴。大众教育联合会与文化部之间的伙伴关系建立时间相对较短。直到1999年，文化部和几个联合会才签署了共同目标宪章。目前，有11个联合会是这个宪章的合作伙伴，该宪章承认了大众教育在文化领域的作用，并创建了全国理事会"文化导向"（Culture-Éducation populaire）。该宪章促成了文化部与各联合会之间的多年度协议，同时还有共同筹资。这些协议在2012年进行了三年的评估和更新。2013年2月，PACTE-CNRS格勒诺布尔研究中心与英国政府和全国教育研究所合作组织了一次关于"大众教育与全球化"主题的座谈会。❶

（四）摩洛哥

摩洛哥文化部（MOC）与参与文化发展的所有各方之间的关键伙伴关系有几种不同类型，具体体现于如下几个协定：《地方团体的文化伙伴关系与合作协定》《国际文化合作协定》《与私营部门的文化伙伴关系与合作协定》。与集体理事会有关的法律被认为是第一个明确界定地方团体的作用的法律，以确保经济、社会和文化发展进程。2002年10月的第1.02.297号决定实施了第78.00号法律。❷ 该决定第41条规定，集体理事会（Collective Council）应履行以下职能：①参与实施、维护和提供社会、文化和体育设备，特别是文化车辆（Cultural Vehicles）、集体图书馆、博物馆、剧院、艺术和音乐机构以及幼儿园；②在负责文化、青年、体育和社会工作的所有公共机构的协助下，采取一切必要措施恢复社会、文化和体育活动；③促进所有社会、文化和体育协会和组织发展；④维护和恢复当地文化特性。该决定第35条规

---

❶ 法国全国理事会官网[EB/OL].（2018-01-23）[2019-09-27].http://www.education-populaire-congres.org/jerf.

❷ 参见摩洛哥Decision 1.02.297（3 Oct.2002）。

定，理事会应帮助保护、恢复和提高自然遗址及历史、文化和艺术遗产的价值，因而地方理事会直接参与恢复地方文化事务。文化部鼓励当地采取主动行动，保护摩洛哥文化的各种来源，并鼓励所有形式的文化和艺术创新的模式。地方团体已经成为文化部实现文化地方分权（Cultural Decentralisation）的关键基础。通过让它们参与文化项目的规划和执行，减少了不同领域之间的文化差异。《文化发展计划（2000—2004年）》[*Cultural Development Plan* (2000—2004)]的优先事项之一是促进文化部与文化发展的所有各方——包括政府部门、民选理事会和民间社会机构等之间的合作和伙伴关系，以实现国家综合文化复兴，提高文化服务水平，改善工作条件，巩固主要以地方分权为基础的文化政策，鼓励区域决策，并优先考虑农村和偏远地区。文化部与地方团体之间的合作是通过伙伴关系协定进行的，这些协议规定了双方之间的协调。这些协定涉及组织地方文化活动，建立和管理当地文化机构，执行有关保护文化遗产的现行法律，以及合作恢复和维护历史遗址。

摩洛哥文化部每年为活跃的艺术和文化协会分配约200万迪拉姆（Dirham），作为对活跃的艺术和文化协会的奖励。例如，2011年、2012年、2013年，文化部总共花费约580万迪拉姆的资金，用于为文化和技术协会和职业组织在全国各地开展项目。然而，这一数据在2014年获得突破，摩洛哥文化部将拨款额度增加到约4000万迪拉姆用于支持技术和文化项目。摩洛哥文化部下设有建筑遗产保护和修复中心（Center for Conservation and Restoration of Atlas and Sub-Atlas Architectural Heritage）。作为一个公共机构，其主要目标是保护和修复摩洛哥南部的历史建筑和纪念碑；主要职责是与有关机构合作，制定保护国家文化财产的建筑物（建筑群）的方案，进行各种学术研究增加人们对传统建筑的知识，以各种形式出版和传播关于摩洛哥南部建筑遗产的信息。[1]

---

[1] RODRIGUEZ P, TERESA N, PIQUERAS G. Preservation Strategies for Southern Morocco's At-Risk Built Heritage [J]. Buildings, 2018（2）: 16.

四、"水平分权"与"一臂之隔"

所谓"水平分权"是指各级政府与非政府公共组织的横向分权,即公共组织受政府委托,为政府提供文化政策咨询、设计并策划具体实施方案、负责把政府的拨款落实到被拨付单位;然而,公共组织并非行政机构,而是独立履行职能,从而尽可能使文化发展保持自身连续性,避免政府过多行政干预。这也是"一臂之隔"哲学的应用或体现,因为通过公共组织而非直接干预,政府可以和文化保持一定距离。加拿大、瑞士等国采用这一原则。❶

加拿大的公共组织和行业协会一直在文化领域发挥重要作用。早在1932年,文化领域就有18个国家级公共组织和多个行业协会,"公共组织既不同于政府部门,也不属于私营机构,而是属于公共投资监理的非营利机构。"加拿大的公共组织包括:文艺理事会、广播电视及电信委员会、国家电影委员会和加拿大广播公司。行业协会是各行业自发成立的组织,如加拿大出版商协会、电影发行商协会、期刊出版商协会、文化联盟等。第一,文化遗产部的主要作用:制定文化政策、宏观调控文化市场、投资文化事业。公共组织发挥其他职能,如行业进入和退出审查、行业自律和评奖,如广播电视和电信委员会负责发放广播电视领域的营业执照,文艺理事会负责总督文学奖的评奖。第二,各行业的信息资料主要由公共组织和行业协会负责整理、分析和研究,艺术家现状调查分析都是加拿大制定大力培养本土作家艺术家政策的基础。行业协会在制定政策时收集业界声音反馈到政府部门。第三,项目管理:政府对公益事业的投资进行项目管理,公共组织和行业协会管理政府对民族文化产业补贴的项目。❷

英国也在一定程度上采用"水平分权",通过公共组织与艺术团体产生联系。这些组织包括苏格兰艺术委员会、工艺美术委员会、博物馆和美术馆委员会等。英国艺术理事会的任务包括向政府提供文化政策建议咨询;对艺术成果进行同行评议;依据专业评估,部分代理政府对文化优先项目进行财

---

❶ 陈杰,闵锐武.文化产业政策与法规[M].青岛:中国海洋大学出版社,2006:41.

❷ 张玉国.国家利益与文化政策[M].广州:广东人民出版社,2005:264.

政拨款。

西班牙政府的参与主要发生在地方一级，绝大多数业余活动是免费提供的，并得到市议会或非营利组织或俱乐部的推动。例如，2010年年底，艺术文化协会科伦茨（Korrontx）在巴斯克地区组织了第一次业余艺术表演艺术巡回赛（First Amateur Performing Arts Circuit）。在加泰罗尼亚，区政府于2012年初推出一个项目得到该国代表协会和联合会的推动，力求通过业余表演的稳定规划，为业余演出吸引新的观众，并提高业余演出的收益率。

瑞士深刻认识到非物质文化遗产对社会凝聚力、国家文化自我形象及其在国外的形象的重要性，通过批准联合国教科文组织2008年7月16日《保护非物质文化遗产公约》，使之正式成为促进文化多样性国际法律框架的一部分。虽然文化伞式组织（Cultural Umbrella Organisations）主要得到瑞士联邦文化局（Swiss Federal Office of Culture）的支持，但大量的业余艺术协会和文化之家由私人资助，或由城市和社区提供资助，通常由国家彩票基金的资金支持。

相比之下，德国和法国对"一臂之隔"持消极态度。德国对文化的管理权主要集中在政府行政部门，艺术理事会仅是表达、协调各具体文化单位或行业协会利益的论坛型机构，仅对职业艺术家的保护和扶持提供专业咨询意见。德国联邦文化基金会由政府直接管理。2002年《德国文化政策》指出："一般说来，在联邦政府和非政府活动者组成的多样化组织之间尚没有形成有组织的文化活动合作和协调机制。"❶ 德国城镇协会（Gernman Association of Towns and Cities）、德国县区协会（Gernman Association of Towns and Municipalities）。根据《基本法》第28条，它们并没有完全或部分程度的发言权或者共同决定权，但是一些州保证它们可以参与立法程序，因为它们也代表了其所在行政区域的部分政治行为者利益。❷

德国正在尝试和探索如何通过社会力量和新的资助模式来化解政府文化部门的行政压力。德国曾经尝试通过法律形式将文化机构从预算、公共服务

---

❶ 陈杰，闵锐武．文化产业政策与法规［M］．青岛：中国海洋大学出版社，2006：44．

❷ 参见 Compendium of Cultural Policies and Trends（20th Ed.，2020）。

法的束缚及市政和其他行政机构的限制中部分解放出来，但是这种尝试反而使公共资金减少，从而使这种形式的改革遭遇了失败。德国改为将公共文化资源的分配和公共文化设施的维护转移给民间社会，如基金会或协会，事实证明这种政府与中介组织合作的战略在联邦和地方政府层面得到了普及，改革不仅得到国家的大力提倡，而且也得到了商业部门代表和社会各团体的支持，联邦和地方政府都越来越多地尝试放弃管理文化设施和具体活动方案的直接责任，而是将重点放在确保筹资的责任。❶另外，大多数市政一级的文化机构仍然被纳入公共行政的结构和等级中并受其约束。❷

---

❶ 参见 *Compendium of Cultural Policies and Trends*（20th Ed.，2020）。
❷ 参见 *Compendium of Cultural Policies and Trends*（20th Ed.，2020）。

第四节　各国文化财政政策对比

罗纳德·德沃金认为，几乎所有地方的文化政策中都存在两难局面；为摆脱这个困境，公共文化资助可以分为"经济的方法"和"高尚的方法"两类："经济的方法"指通过价格结构来实现资助，但是这种方法的缺陷是市场过程多强调欲望而非改善，偏爱快感而非深度，市场没有鼓励和维持艺术的功能或者定义和发展人类的普世价值和表达形式。"高尚的方法"强调了指令性的文化和其必要性。通过这种二元论式的厘清，艺术可以被重新视为公共产品，并借助通俗文化和高雅文化的共同作用，增强社区的审美和智力功能。让市场衡量通俗趣味，让国家确保精英趣味和文化遗产欣赏的延续。这种通过市场将文化作为娱乐和通过国家作为进步的观念是许多西方国家文化政策的核心。[1] 本节所涉及的文化财政可以归类为罗纳德的"高尚的方法"，政府或非政府力量通过财政补贴、政府预算、资助或捐助等一系列非市场手段来确保文化遗产的延续和国家倡导的价值和文化得以延续。在这类方法中，国家在影响文化遗产的前景方面发挥着核心作用，"文化支出在许多国家的公共预算中只占一小部分"[2]，私人、非营利和营利部门在资助艺术和文化方面往往更占优势。[3] 目前，在各国文化的公共资助中呈现以下特点：强调根据优秀程度分配资金，而非平等获得文化；政府发挥着文化促进者和设计

---

[1] 托比·米勒，乔治·尤迪恩. 文化政策 [M]. 刘永孜，付德根，译. 南京：南京大学出版社，2017：20.

[2] KLAMER A, PETROVA L, MIGNOSA A. Financing the Arts and Culture in the European Union [M]. Belgium: European Parliament, 2006.

[3] ZIMMER A, TOEPLER S. The Subsidized Muse: Government and the Arts in Western Europe and the United States [J]. Journal Cultural Economy, 1999 (23): 33-49.

者的角色；公共支出呈现分权的趋势，且分权的范围越来越广；偏爱文化等级和文化遗产而非创造力和市场力量；文化政策被视为一种有价值的商品，而非促进经济增长并使创意产业合法化。

需要补充的是：虽然文化公共资助是文化政策指导的最直接体现，但现有文献中对文化财政方面的研究相对较少，主要是因为缺乏详细、系统、跨领域、跨层级和跨时间的数据，这种短缺阻碍了重大的跨国比较。本书尝试通过突破上述阻碍，通过政府文化财政投资和融资政策、保持文化融资可持续性政策和非政府文化财政投资和融资政策的三个角度，对各国的文化财政政策进行解析。

一、政府文化财政投资与融资政策比较

纵观各国的文化财政融资方式，我们可以看到主要有政府预算、设立基金会或艺术委员会或相关协会资助、国家彩票及设立奖项这4种方式，总体看来，文化财政在政策手段和方法上面临以下挑战：如何让这些机构对政府和公众更加负责、如何在艺术管理的专业知识与为观众提供吸引人的节目之间取得平衡及如何抵制文化机构独行其道的倾向等，它们对政府来说是一个挑战。❶ 英国、丹麦等大多数欧洲国家通过政府预算、设立基金会等的方式为文化领域融资，而包括瑞士和意大利在内的另一些国家则通过国家彩票方式和设立奖项的方式为促进各国的文化领域发展提供了重要的财政动力。

（一）特点与理念

当代文化财政兼具事业和产业的两个特性，但事实上其理念在21世纪初时经历了一个很大转变。之前的很长一段时期内，人们一直理所应当地认为艺术应该得到公众的资助，因为艺术为社会产生了广泛的正面外部效益。这一效益是面向大众整体，而不仅是消费某一特定文化活动的个人。个人从文

---

❶ CRAIK J. Dilemmas in Policy Support for the Arts and Cultural Sector [J]. Australian Journal of Public Administration, 2005 (4): 6-19.

化可以流传给后代这一行为中获益，即便他们没有参加任何艺术活动。❶第二次世界大战之后，对艺术进行补贴开始进一步成为一项国家政策，这项政策的思想根源是"为了文化"，政府认为"它不是给人民想要的东西，而是给人民不想要但应该有的东西。如果他们真的想要某样东西，他们会自己掏钱买的。因此，政府的职责是资助教育、启蒙和精神提升，而不是资助普通人的庸俗娱乐活动。因此，在欧洲，艺术和文化机构很大程度上是公共管理的一部分，这意味着政府将通过补贴资助这些机构运营所产生的绝大部分费用，如果这部分费用存在专款盈余，则不能被这些机构保留并按照他们的想法来使用，而是在必要时再还给公共预算。它们需要承担的是补充一部分由自身活动所产生的费用"❷。

到 21 世纪初，上述理念的文化政策发生了转变，文化正在通过新的观众和非大都会场所的文化多样性来增加人们对文化的接触机会，这是治理领域中一个更广泛的趋势，在这个趋势中，准入和公平作为优先事项，与实现高效率、竞争、合理及问责政府财政支持等步骤联系在一起。❸当代文化财政开始兼顾公共服务和市场两个不同的特性，并在此基础上继续扶持艺术或文化，它的意义就不仅在于只有政府对艺术的支持能够使艺术家维持住他们的职业生涯；而且在于艺术或文化对经济有刺激作用，可以促进旅游从而促进了包括对区域经济的预期效果（即溢出效应）。❹

另外，虽然文化财政理念经历了上述转型，但是无论从财政支持的任何一个角度看，文化领域中的图书馆、博物馆等公共文化服务和文化产业都始终具有脆弱和需要扶持的特性，尤其是在国家遇到"天灾人祸"或"战乱"的特殊危急时刻，文化财政不仅是首当其冲受到冲击的一个公共服务领域，而且严重

---

❶ 布鲁诺·弗雷. 艺术与经济学（第二版）[M]. 易晔，郝青青，译. 北京：商务印书馆，2017：2.

❷ 布鲁诺·弗雷. 艺术与经济学（第二版）[M]. 易晔，郝青青，译. 北京：商务印书馆，2017：91.

❸ CRAIK J. Dilemmas in Policy Support for the Arts and Cultural Sector [J]. Australian Journal of Public Administration, 2005（4）：6-19.

❹ 布鲁诺·弗雷. 艺术与经济学（第二版）[M]. 易晔，郝青青，译. 北京：商务印书馆，2017：82.

时常常面临倒闭的风险。纵观各国文化财政，可以看到文化通常是这些国家公共财政的一个"剩余类别"❶，所谓"剩余"是指它的预算取决于其他公共部门的需求，在其他公共部门优先满足预算之后，它往往才能作为最后一个部门得到远远不能满足的一点剩余的预算。因此，作为一个边缘的公共部门，它得到的预算在国家财政中所占比例非常小。有统计表明，大多数国家的文化领域预算一般只占1%左右。❷ 有调查显示，在几乎所有北非国家，文化部在国家总预算中所占份额都垫底：除埃及外，北非国家与文化有关的开支占国内生产总值的比率目前低于1%，在一些国家甚至低于0.5%。❸ 与此同时，在这有限的文化开支中，大部分项目用于体育和宗教事务，纯粹的文化项目少之又少。例如，2000年，也门文化支出仅占国内生产总值的1%，其中90%用于体育和宗教事务，仅有10%用于文化。❹ 2011财政年度，摩洛哥国家一般预算的0.3%、约3700万美元，分配给了文化部，这一数额还包括了部长和员工的工资❺，这表明国家缺乏足够的财政手段来支持文化生产，只能通过鼓励建立基金会和协会，并为其提供大量资源的方式来资助文化。

在经济衰退时期，文化部门的预算又往往是最先和最容易被削减的领域。❻ 例如，在2008年全球金融危机之后，各国纷纷削减了文化和医疗等公共领域的预算：英国和欧洲国家都削减了文化和艺术方面的预算，欧洲的芬兰、丹麦、荷兰、西班牙、捷克等国家也纷纷削减相关预算。这些削减导致公共领域基本文化设施面临严重威胁。荷兰自20世纪90年代之后受新自由

---

❶ The End of Cultural Policy? [J]. International Journal of Cultural Policy, 2020 (16): 398-411.

❷ The End of Cultural Policy? [J]. International Journal of Cultural Policy, 2020 (16): 398-411.

❸ 参见 The World Bank Middle East and North Africa Region. Cultural Heritage and Development: A Framework for Action in the Middle East and North Africa, 2010。

❹ 参见 Yemen: Budget and Institutional Reform in Support of the Five Year Plan, in World Bank, Middle East and North Africa。

❺ GRAIOUID M, TAIEB B. Cultural Production and Cultural Patronage in Morocco: The state, the Islamists, and the Field of Culture [J]. Journal of African Cultural Studies, 2013 (25): 261-274.

❻ The End of Cultural Policy? [J]. International Journal of Cultural Policy, 2020 (16): 398-411.

主义思潮的影响，文化组织被私有化，独立性和文化组织对市场及受众的吸引力特别关注，直到 2008 年金融危机之前，政府和公共文化基金会对文化机构的财政支持一直保持比较稳定的状态，但是金融危机打破了这一稳定的平衡，文化预算开始大幅削减。2009—2012 年，共有 172 个文化机构和 7 个公共基金纳入补贴范围，但是 2017—2020 年，仅有 88 家文化机构和 6 个公共基金纳入范围。❶

下面再来看看丹麦。进入 21 世纪后，丹麦文化预算局部上虽然有增有减，但是整体来看仍然呈现略微减少的趋势。丹麦文化、媒体和体育部（DCMS）的预算自 1998—1999 年度以来增长了 60%，在此期间政府对艺术项目的投资增加了 114%，然而，自 2004 年年底开始，丹麦政府企图通过减税等私人手段资助更多的文化活动，所以虽然自 2006 年，丹麦整体公共预算增加了约 30 万丹麦克朗，但是据丹麦艺术家组织 DJBFA（丹麦爵士乐、Beat 和民间音乐作家）的研究结果显示，丹麦文化活动的公共预算却减少了大约 40 万丹麦克朗。2011 年国家文化预算拨款的比例约为 1%，数额为 1399.6 万丹麦克朗（不包括利息、税收和关税）。2003—2005 年，家庭用于文化活动和商品的开支（包括电影院、戏院、音乐会、博物馆和动物园的门票、书籍、报刊、电影租赁、CD、录像带和摄影片），平均每户每年 4885 丹麦克朗。当时，这相当于家庭总预算的 2.0%。❷ 据丹麦 2016 年公布的财政预算显示，政府一方面加大了对卫生系统及边远地区的财政支持，但是却缩减了共计 9 亿丹麦克朗的文化和教育领域预算。❸

2010 年年底，英国有超过 250 个图书馆面临被关闭的危险，许多图书馆还面临减少开放时间的风险，许多国家也在经历公共文化预算削减之后停滞不前。❹ 近年来，西方福利构架的公共财政面临着人口老龄化、移民增加和

---

❶ 参见 *Compendium of Cultural Policies and Trends in Europe*（20th Ed.，2019）。

❷ 参见 World Cultural Policies: The International Database of Cultural Policies, prepared by IFACCA, 2014。

❸ 驻丹麦经商参处. 丹麦 2016 年财政预算概览 [EB/OL]. (2015-10-17)[2018-6-18]. http://china.huanqiu.com/News/mofcom/2015-10/7782788.html。

❹ MANGSET P. The End of Cultural Policy？[J]. International Journal of Cultural Policy, 2020 (16): 398-411.

生态挑战引发的财政可持续性，文化财政从整体上也受到严重影响。芬兰从2014年开始，第一次宣布削减对艺术和文化预算1500万欧元，同时将分别于2015年减少1000万欧元、2016年之后的3年每年减少1500万欧元，同时将国家彩票利润减少1000万欧元，这意味着政府对文化组织的融资将进一步减少430万欧元。❶

文化产业方面同样具有脆弱的特性，它具有一般产业所不具有的一个经济特性："鲍莫尔疾病"（Baumol's Disease），这个"疾病"也被称为"成本病"（the Cost Disease），是由威廉·鲍恩和威廉·鲍莫尔所提出的，它指的是艺术部门中的生产力往往滞后于"生活艺术"（Live Arts），一般来说，生活艺术中的生产力在一段时间是静止不变的，在面临整个社会经济的通货膨胀时，这些部门的工资就不能通过提高生产力或提高生产效率的方式来支持工资的增长，因此，这一压力就会被转换到停滞的部门，导致后者在收入与成本之间差距的扩大。❷ 另外，即便它作为市场经济的一部分似乎不需要相关政策支持，但在欧洲和世界一些国家已经证明，"文化产业作为私营企业的一个分支出现，不需要国家支持；然而，随着这些产业的发展及其与国际文化产业公司的成功竞争需要有针对性的国家政策。"❸

（二）政府预算

从大多数国家的艺术资助预算来看，文化机构主导的基础设施资金及运营和维护资金等花费往往占据了大约70%~80%的比例，而真正影响人均文化资金水平的是对社会政策和福利国家更好的社会配置❹，其中决定社会配置与政策的两个关键要素是中央与地方政府的预算分配比例及预算金额。

---

❶ 参见 *Compendium of Cultural Policies and Trends in Europe*（18th Ed.，2017）。

❷ 戴维·索罗斯比. 文化政策经济学 [M]. 易昕，译. 大连：东北财经大学出版社，2013：73.

❸ VITKAUSKAITE I. Cultural Industries in Public Policy [J]. Journal of International Studies，2015（8）：208-222.

❹ ESPING-ANDERSON G. The Three Worlds of Welfare Capitalism [M]. Princeton：Princeton University Press，1990.

1. 中央政府与地方的合作

德国在历史上曾经经历过两次世界大战和民主德国和联邦德国分裂，但是无论这些社会变革多么深刻，各州及市政当局的地方政府都始终宣称和重申它们对剧院、乐团和博物馆的责任，其典型表现之一是所有公共资金的财政困难一直是市政当局文化政策讨论的决定性因素。❶ 基于这样的历史积淀，德国地方政府在财政支持文化发展方面的投入要远远高于联邦政府。据统计数字显示，德国用于文化事业方面的费用近一半来自市县一级的地方政府，在部分州中，市县一级政府用于文化事业的经费甚至远超州政府一级。❷ 仅拿 2015 年德国各级政府公共文化支出来看，如图 4-2 所示，德国各级政府公共文化支出的数额和占比非常不同，其中联邦层面的公共文化支出为 15.399 亿欧元，各州的公共文化支出为 41.988 亿欧元，市县级的公共文化支出为 46.786 亿欧元，由此可以看出，联邦公共文化支出占比仅仅为 14.78%，远远低于各州与市县级占比的 44.91% 和 40.31%。❸

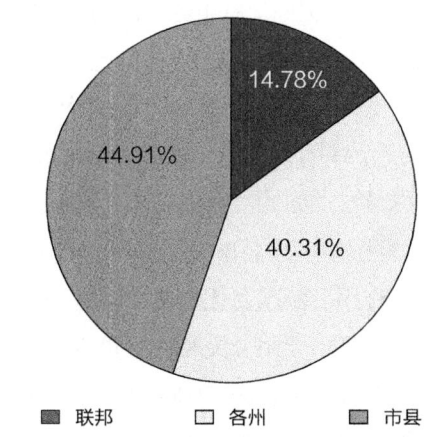

图 4-2　2015 年德国各级政府公共文化支出占比

---

❶ 参见 *Compendium of Cultural Policies and Trends*（20th Ed., 2020）。

❷ 邢来顺，岳伟. 联邦德国的文化政策与文化多样性研究[M]. 北京：中国社会科学出版社，2017：159.

❸ 参见 *Compendium of Cultural Policies and Trends*（20th Ed., 2020）。

在联邦的西部各州，来自其他政策领域的资金绝大多数在德国统一以前就已经被分配给文化活动和机构的第三部门赞助者（Third Sector Sponsors of Cultural Activities and Institutions）；在联邦东部，政府在过去的十年对所有文化机构都极为重视，其资助数额也不容小觑。在所有州都有一个财政平衡系统，将近一半的州指定拨款用于文化任务，其中包括戏剧经费、博物馆、图书馆和音乐学校等，其中萨克森州于1993年通过了《文化区域法案》（Cultural Act），规定对文化部门的法案有效期长达10年，在延长一段时间之后，又于2008年取消了对该法案的限制，通过了至少8670万欧元来用于农村和城市文化区的文化机构和文化活动，从而有效保证了文化相关部门的经费使用。[1]

究其根源，德国政府公共文化预算中的辅助性原则发挥了"灵魂般"的指导作用。辅助性原则（the Subsidiarity Principle）是德国文化财政的重要理念与依据。辅助性原则所表达的是一种不同社会结构单元之间的功能分配关系，它有以下两个社会结构层面的含义。第一，由个体到家庭到社会组织再到国家的自下而上的社会结构层面。在此层面，小的社会单元即下一方有义务对自己负责和承担起责任，如个人自己对自己负责，具备自助能力。第二，只有当自己无能力自助时，才可以求助于大的社会单元即上一方，从国家到社会组织到家庭再到个体的自上而下的社会结构层面，该层面强调的是自上而下的辅助和协助义务。辅助性原则规定，大社会单元的义务仅仅局限于辅助性功能，即仅用于弥补小社会单元自我功能的不足，它的作用并不是为了取代小单元的职能和作用。德国文化的公共融资正鲜明体现了上述辅助性原则的理念。文化融资首先且主要由公民和社区负责，只有当一项文化政策任务的范围或性质超出社区资源能负责的范围时，国家才能以赞助者的身份介入文化政策中。因此，德国市政当局承担了大部分的公共文化活动和机构的融资成本，其次才为联邦州政府。由于中央政府在文化政策中涉及的领域有限，其所提供的支持因而仅占国家对文化支持总额的很一小部分比例，另有一部分的支持来自其他政策领域的资金，这一部分资金无法通过财务统计数据来量化，但其数额并非微不足道，其中最显著的支持来源于就业促进政策。

---

[1] 参见 *Compendium of Cultural Policies and Trends*（20th Ed.，2020）。

与德国相似，荷兰近年来的地方政府公共文化支持要高于中央政府。图4-3列出了1995—2019年荷兰中央政府和地方政府的公共文化支出总额的变迁，由此可以看出，地方政府的公共文化支出仅在1995年与中央政府持平，之后的14年间，地方政府公共文化支出一直远远高于中央政府。

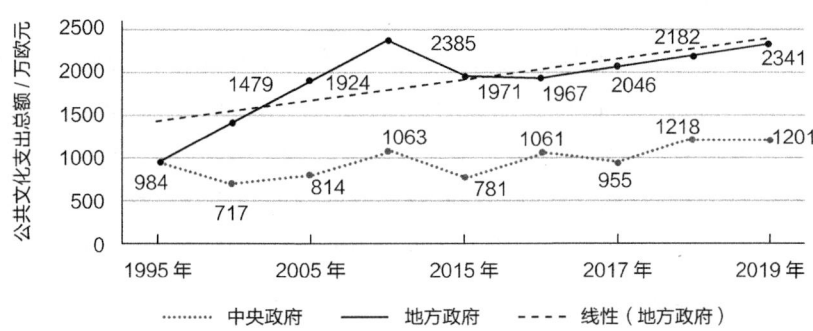

图4-3　荷兰中央政府和地方政府公共文化支出总额

数据来源：荷兰国家统计局。

荷兰地方政府的公共文化支出占比也一直高于中央政府，如图4-4所示，从1995—2019年，荷兰全部公共文化支出的大约2/3来自市政当局，而中央政府仅占总支出的1/3左右，但是从2016年开始，中央政府公共文化支出超出了30%，与地方政府公共文化支出的差距开始缩小，但是二者基本维持2∶3的比例。

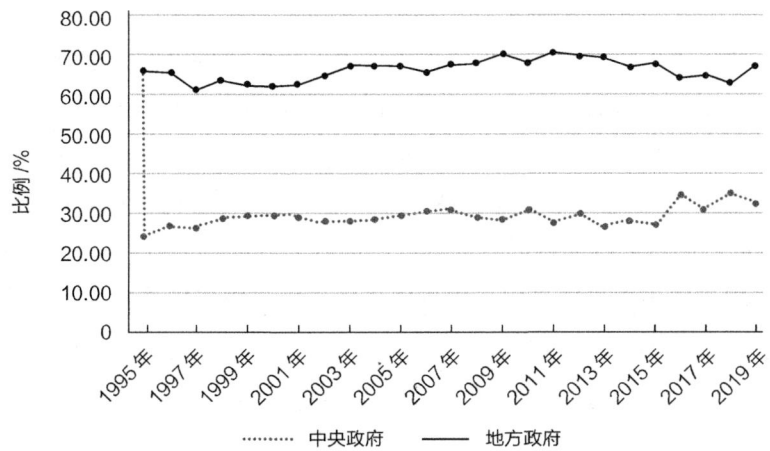

图4-4　荷兰中央政府与地方政府公共文化支出占比比较（1995—2019年）

数据来源：荷兰国家统计局。

加拿大的中央与地方公共文化支出与德国形成鲜明对比，联邦政府的公共文化支出在总支出比例总最多，其次为省级，而市政一级的占比最低。图 4-5 显示了 2003—2006 年加拿大联邦、省、市三级政府公共文化支出占总开支的比例。2003—2004 年，三级政府的公共文化支出数额分别为 3217 万加元、2069 万加元、1814 万加元，占比分别为 45.3%、29.1% 和 25.5%；2004—2005 年，三级政府的公共文化支出数额分别为 3600 万加元、2270 万加元、1730 万加元，占比分别为 47.4%、29.9% 和 22.8%。2005—2006 年，三级政府的公共文化支出数额分别为 3550 万加元、2430 万加元、2310 万加元，占比分别为 45.3%、31.0% 和 29.5%。❶ 由此可以看出，虽然各级政府占比在三年中有小幅波动，但是联邦层面的公共文化支出都远远高于地方各级政府，且各自都基本稳定地保持在一区间，尤其是省一级公共文化开支基本稳定在 30% 左右。

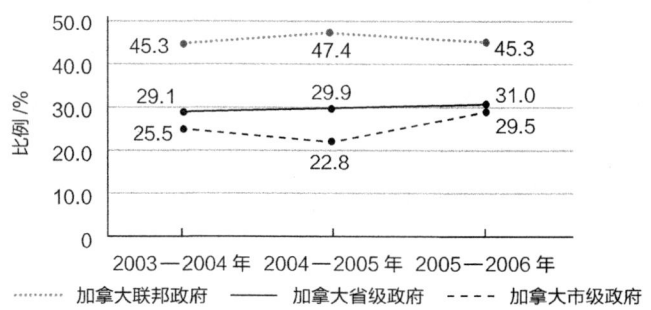

图 4-5　加拿大联邦、省、市三级政府公共文化开支占总开支比例

数据来源：Statistics Canada，Government Expenditures on Culture，1998-99—2005-06.

法国也与加拿大类似，中央政府的公共文化支出也高于地方政府。如表 4-1 所示，法国 2016 年中央政府公共文化支出 130.5 亿欧元，其中文化部为 34.33 亿欧元，其他部门为 37.43 亿欧元，公共广播预付款为 38.02 亿欧元。2010 年的法国地方政府公共文化支出来看（见表 4-2），仅仅为 66.54 亿欧元，虽然不能拿同一年度的中央政府公共文化支出进行对比，不过仍然可以

---

❶ 参见 Compendium of Cultural Policies and Trends in Europe（18th Ed.，2017）。

看出它要远远低于上述 2016 年中央政府的公共支出，其中人口不超过 1 万的市镇支出为 45.50 亿欧元，省为 14.13 亿欧元；大区为 6.91 亿欧元。❶

表 4-1　2016 年中央政府文化预算和支出

预算和支出	数额/亿欧元
文化部（不含广播预付款）	34.33
其他部门	37.43
公共广播预付款	38.02
已划拨的财政税收	7.07
财政税收	13.65
总计	130.5

表 4-2　2010 年地方政府文化预算和支出

预算和支出	数额/亿欧元
市镇（居住人口超过 1 万）	45.5
省	14.13
大区	6.91
总计	66.54

2. 预算分配

从政府预算的主要项目和类别来看，各国各有侧重。加拿大将预算重点放在文化多元性和国际交流方面，意大利文化预算侧重于文化遗产等传统资源，瑞士则采用了特殊的文化预算手段，法国和德国的预算则表现出多样的变迁。

第一，加拿大市级或地区政府和省、地区政府机构（仅用于遗产）和土著组织开展文化活动，同时为改善治理结构和发展新的或多样化受众项目提供资金，努力提升加拿大人参与文化活动的机会，并通过支持加拿大艺术和遗产设施的建造和翻新及购置专门设备，改善艺术创造的物质条件。2016 年，加拿大与爱尔兰、中国、新西兰等国签订电影合拍协议，并成为第一个加入欧洲电影

---

❶ 参见 *Compendium of Cultural Policies and Trends in Europe*（18th Ed.，2017）。

合拍基金的非欧洲国家，为加拿大电影走向海外、拓展海外合拍提供了便利。

第二，意大利于世纪之交时通过了第 662/1996 号预算法和第 289/2002 号预算法立法，试图通过提供资金保护和恢复文化产品，同时规定将公共资本支出的 3% 应用于文化产品和活动的融资，以此加强政府向文化领域分配资金的规范化。❶ 意大利公共开支由四级政府预算分配，分别为国家、大区、省份和市镇，因此，政府预算一直在传统上是遗产、档案、图书馆的主要资助来源，同时也是现场表演艺术（音乐、戏剧等）等的重要资助，虽然过去几十年来公共部门和私营部门的资助范围不断渗透，界限也不再清晰，但是电影院和媒体实际上得到了政府的大量补贴。

第三，瑞士在公共文化预算秉持比较特殊的理念和原则。瑞士的文化公共行政部门的行政理念为新公共管理理论（the Principles of New Public Management），新公共管理理论主张在政府等公共部门广泛采用私营部门成功的管理方法和竞争机制，重视公共服务的产出，强调文官对社会公众的响应力和政治敏感性，倡导在人员录用、任期、工资及其他人事行政环节上实行更加灵活、富有成效的管理。根据这一理论，瑞士的个别地区采用分配总额预算制度，这些预算必须根据任务执行协议和服务协定使用，一般任务和协定的期限为 1~4 年，不同的地区有不同的规定。公共预算的分配必须通过议会的同意，相关法律和法令规定了公共预算的责任领域，但是并没有规定政府应该如何资助这些责任领域，如法律规定了文化遗产将由联邦政府管理，但是没有规定公共预算在遗产领域的分配方式。根据《文化促进法》的《文化调度》（the Dispatch on Culture），瑞士的文化预算主要由议会决定，为期四年。在地方（州和市镇），促进文化发展的财政资源来自每年核定的公共预算，同时和国家一级一样，地方也有多年期的公共预算。

第四，2005—2015 年，德国用于文化支出的总额呈略微增长的趋势（如图 4-6 所示，其中没有呈现 2006—2009 年数据）。2005 年德国公共文化总

---

❶ 意大利第 662/1996 号预算法的第三条（Article 3 of the Budget Law 662/1996）规定：在国家彩票收入中提供一部分资金用于保护和恢复文化产品；第 289/2002 号预算法第 60 条（Article 60 of the Budget Law 289/2002）规定："战略基础设施"（Strategic Infrastructure）的公共资本支出的 3% 应用于文化产品和活动的融资。

支出额为 79.8 亿欧元，从 2010 年到 2015 年分别为 93.6 亿欧元、93.9 亿欧元、94.4 亿欧元、98.4 亿欧元、102.4 亿欧元和 104.1 亿欧元。❶

图 4-6　德国人均公共文化支出总额（2005—2015 年）

如图 4-6 所示，德国人均公共文化支出与总公共文化支出呈现类似的增长趋势，2005 年为 98.20 欧元，从 2010 年的 116.65 欧元增加到 116.84 欧元（2011 年）、117.23 欧元（2012 年）、121.80 欧元（2013 年）、126.12 欧元（2014 年）和 126.77 欧元（2015 年）。2015 年，德国在文化方面的公共支出占国内生产总值的 0.34%，占总共预算的 1.73%，人均文化公共支出为 126.77 欧元。❷

另外，虽然德国公共文化支出总额虽然有所增加，但是其占国内生产总值（GDP）的比重基本没有升高，有时甚至还有所下降。如图 4-7 所示，2005 年，公共文化支出占 GDP 的比重为 0.35，2010—2015 年的比重分别为：0.36、0.35、0.34、0.35、0.35 和 0.34。

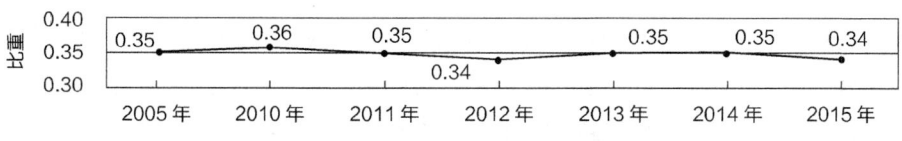

图 4-7　德国公共文化支出占国内生产总值比重

数据来源：德国《2018 年文化金融报告》（*Cultural Finacial Report 2018*）

（三）彩票支持

通过国家彩票对文化进行融资是各国案例中比较有特色的做法，本书主要选取意大利、芬兰和英国等来进行介绍。意大利根据第 662/1996 号法律规定，

---

❶　参见德国《2018 年文化金融报告》（*Cultural Finacial Report 2018*）。
❷　参见 *Compendium of Cultural Policies and Trends*（20th Ed., 2020）。

从"星期三国家彩票"（Wednesday National Lottery）的利润中抽取一部分分配给文化部门，并将其用于恢复和保存文化、考古、艺术、档案及图书馆用品，且彩票份额设定了每年 1.55 亿欧元的上限。与基于三年期计划的法定资金不同，这一部分预先分配的彩票资金有助于大大提高遗产和文化活动部的规划能力。该法律于 1998 年首次实施，在 2003 年第二个三年期计划结束时，已经有超过 3000 个关于纪念碑、博物馆、考古公园、图书馆等重大或次要修复项目得到《彩票法》（Lottery Law）的支持。然而，由于国家大幅消减了电影和表演艺术的资金，2003 年意大利对《彩票管理法》（Law Governing the Lottery）进行了修订，将歌剧院、节日和国家电影公司纳入彩票资金的可能接受者之列。此外，自 2007 年以来，每年分配给文化部门的 1.55 亿欧元彩票资金逐步大幅缩减；2007—2009 年，这笔资金减少了一半（7900 万欧元）；2011—2012 年再次减少 4800 万欧元，2014 年又减少了 2300 万欧元。❶

芬兰艺术和文化方面虽然与其他公共服务一样享有国家法定转让制度的支持，但是资金来源有特别之处，其主要资金来源于国家彩票、足球和比赛彩票及体育博彩公司（Veikkaus）的利润，这些利润的使用方式与中央的总体财政政策遵循不一样的模式。荷兰彩票机构中经营文化捐赠的数目并不是很多，最著名的是国家邮政彩票（the National Postcode Lottery）和银行转彩票（the Bank Giro Lottery）。❷

英国也通过国家彩票这种方式为该国文化产业提供了很大的金融支持。英国成立了博彩委员会来负责管理和监督赌博、彩票行业，该委员会属于非政府部门公共机构，其行政开支不是来自政府财政，而是来自博彩收入，但是同时又接受英国政府的文化、传媒和体育部的业务指导，部分履行政府的监管职能。博彩委员会下设一个国家彩票委员会，该委员会有 7 名委员，他们均由文化、传媒和体育部部长任命。20 世纪 90 年代中期，国家彩票的推出对英国的文化遗产景观等产生了重大影响，尤其是在基础设施的建设方面。1994 年英国开始发行"六合彩"，每年彩票收入达 20 多亿英镑，用于文

---

❶ 该数据是自 1995 年开始颁发国家彩票奖以来，授予的赠款总数和赠款总额，截至 2009 年 7 月。

❷ 参见 Compendium of Cultural Policies and Trends in Europe（20th Ed.，2019）。

化事业的超过 6 亿英镑，几乎与国家的文化经费相当。❶ 英国彩票销售收入的分配大致为奖金占比 50%，经销公司占比 5%，零售商占比 5%，政府征税 12%，剩余的 28% 用作公益。国家彩票公益基金负责分配公益金，该基金由 12 名各个领域的专家进行决策，其中 20% 用作资助参赛运动员及为全国居民提供体育健身设施；20% 用作绘画、舞蹈、歌剧、电影等艺术创作及普及；20% 用作历史遗产和自然景观的保护，并为公园提供管理资金。此外，国家彩票在艺术品方面的投资超过 30 亿英镑，在遗产保护方面的投资超过 40 亿英镑。❷ 早期项目之后，政府做出了一些改变以便能够向较偏远的地区提供更多资金，并增加了这些地区获得彩票的相关渠道。

2009 年前，英国国家彩票通过"可投资项目"资金，它在艺术、文化和遗产领域中资助了 13 个组织，其中包括 3 个艺术委员会会：英国电影委员会、苏格兰电影院及文物彩票基金。2006 年 6 月，英国文化、媒体和体育部（DCMS）就将国家彩票在每一个非奥林匹克运动项目中的份额持续到 2019 年，其中彩票的每英镑花费中抽出平均 28 便士用于慈善事业。2009 年国家彩票分发基金为非奥林匹克的慈善事业筹集了超过 220 亿英镑的资金，其中艺术领域各机构获得资金的数额如表 4-2 所示。

表 4-2 英国艺术领域国家彩票基金分发机构与项目金额

分发机构	项目数 / 个	金额 / 亿英镑
英国艺术委员会	37588	25.40
北爱尔兰艺术协会	3799	1.08
威尔士艺术委员会	6605	1.61
苏格兰艺术委员会	9107	2.65
文物彩票基金	18197	4.20
苏格兰屏幕	808	0.35
英国电影协会	8298	2.86

注：该数据是自 1995 年开始颁发国家彩票奖以来授予的赠款总数和赠款总额，截至 2009 年 7 月

❶ 陈杰，闵锐武. 文化产业政策与法规 [M]. 青岛：中国海洋大学出版社，2006：46.
❷ 欧洲文化政策 [EB/OL]. （2017-01-23）[2018-05-16]. http://www.worldcp.org/profiles-cr.php.

（四）基金会、艺术委员会或协会等融资方式

设立艺术委员会或与文化相关的基金会和协会是各国普遍采用的一种融资方式，之所以被各国采用是因为这些机构的资金大多来源于政府，它们主要发挥着"一臂之距"的支点角色，使艺术或文化在可以得到可靠的财政支持的同时，又能远离政府的不当干预而保持自由或活力。对文化项目进行直接赞助的艺术委员会模式普遍以"一臂之距"和"同行审查"（Peer Review）为原则，艺术的拨款分配交由相关领域的专家来决定。在实际运用该原则时，为了避免申请人圈子相对较小且彼此熟悉，会吸纳来自非艺术领域的官员、社区代表、私营部门的公司管理人员等，来冲淡政府人员在拨款委员会中的影响。❶

瑞士文化基金会定期推出为期四年、以其他国家主题为基础的方案，侧重于与瑞士文化特性有关的重要问题，强调其他国家的方案应有助于促进瑞士与世界其他国家或地区之间的艺术和文化交流，它们主要是应国外政府伙伴或伙伴机构的要求发起的。国别方案（the Country Programmes）为瑞士文化基金会提供服务，作为执行培养和保持与国外文化互动的项目的工具。

瑞士文化基金会另一个重要活动是资助特别标准指定（SDC-designated）的国家，在这些国家为戏剧、舞蹈、音乐或摄影等文化活动提供教育和培训设施，或者永久性的展览、音乐会或交流活动。瑞士文化基金会的财政资源有60%流入这些国家。

1. 德国

基金会是利用法人、自然人或者组织捐赠的财产建立的、从事公益事业的非营利性组织。各类基金会对贯彻德国的文化政策和丰富人们的文化生活发挥着重要作用。目前，在德国的文化基金会既有全国性的，也有地方性的；既有企业基金会、政党基金会，也有大学或教会基金会，其中全国性基金会包括"德国纪念物保护基金会"（Deutsche Stiftung Denkmalschutz）、"艺术和文化基金会"（Stiftung für Kunst und Kultur）等，地方基金会则视各州而定。

---

❶ 戴维·索罗斯比. 文化政策经济学[M]. 易昕, 译. 大连：东北财经大学出版社, 2013：77.

企业基金会中代表性的有罗伯特·博施基金会等，这些企业通常带着社会责任感来支持文化事业的发展；政党基金会在支持和推动文化事业的发展中也扮演着重要角色，文化政策教育是其主要任务和目的之一，为贯彻各政党的文化政策发挥着重要作用；教会基金会是除政府之外对文化领域投入最多的，因为文化是德国教会的核心领域。❶

在基金会中最负盛名的当属普鲁士文化财产基金会和联邦州文化基金会。普鲁士文化财产基金会由联邦和各州联合建立和资助，它的主要资助对象是联邦博物馆和收藏品方面的支出。联邦州文化基金会由各州在财政上参与资助，但同时也接受联邦的领导和资助，它主要资助那些因文化机构没有足够财力而无法从国外购买具有民族国家认同性艺术品的交易。❷随着文化事业的发展和德国对文化重视程度的提升，该基金会的资助范围越来越广泛，不仅参与文化政策事务的讨论，还具体参与诸多具体项目的工作。❸21世纪初德国实行新的文化政策，致力于提供平等的文化机会、文化多样性和文化间的对话，1999年联邦政府和州共同制定了名为"社会城镇"（Soziale Stadt）的综合行动方案，在533个城市和县中，已经有934项综合措施纳入该方案，范围涉及社区文化、社会活动和基础设施。2013年，联邦为此项方案投入4000万欧元，到2014年增加到1.5亿欧元，2017年又增加到1.9亿欧元。2001年，联邦政府与柏林签订了《文化之都条约》，新版的条约于2018年1月1日生效，并规定将首都文化资金的资源增加到每年1500万欧元。❹

从地方政府层面来看，北威州有特别的资金计划，地方当局和公共或私人文化机构发挥了主要作用，基金会也越来越活跃。由于德国公共资金越来越不足以支付高昂的维护费用，那些工业空间的对象能否被视为文化项目得到资助的讨论也在数量上呈现增长的趋势，最基本的文化政策基本都是对历

---

❶ 邢来顺，岳伟. 联邦德国的文化政策与文化多样性研究 [M]. 北京：中国社会科学出版社，2017：169.

❷ 邢来顺，岳伟. 联邦德国的文化政策与文化多样性研究 [M]. 北京：中国社会科学出版社，2017：105.

❸ 邢来顺，岳伟. 联邦德国的文化政策与文化多样性研究 [M]. 北京：中国社会科学出版社，2017：157.

❹ 参见 *Compendium of Cultural Policies and Trends*（20th Ed.，2020）。

史艺术和文化作品的财政支持，几乎没有给当代生活艺术提供支持的空间，从而打破了遗产保护和支持当代创意之间的平衡。❶

2. 荷兰

荷兰共有 6 个比较大的公共文化基金会，这些基金会在执行国家文化政策中发挥着关键作用，它们包括表演艺术基金（the Performing Arts Fund）、文化参与基金（the Cultural Participation Fund）、蒙德里安基金（the Mondriaan Fund）、创意产业基金（the Creative Industries Fund）、荷兰电影基金（the Netherlands Film Fund）、荷兰文学基金（the Dutch Foundation for Literature）。表演艺术基金支持荷兰的专业音乐、戏剧、舞蹈等文艺活动；文化参与基金旨在增加和鼓励文化参与；蒙德里安基金支持促进视觉艺术和文化遗产在荷兰的发展；创意产业基金涵盖了建筑、产品设计和电子文化；荷兰电影基金支持荷兰的电影创作；荷兰文学基金支持作家和翻译并推广荷兰文学。此外，联合制作基金与荷兰新闻基金属于公共媒体基金，使用不同的文化政策和资金进行运营和管理。❷

3. 芬兰

芬兰在 21 世纪之后开始慢慢通过基金会的方式来为文化领域提供资助，2011—2015 年被称为芬兰的"基金会繁荣期"。在此段时期内，芬兰国家美术馆、俄罗斯和东欧研究所纷纷转型成为新的文化基金会，其中的芬兰艺术促进中心致力于促进艺术的国际化、多样性和跨文化对话，提高艺术在社会中的地位和知名度，保障公民对艺术和文化的权利，建立跨界艺术家活动和促进其生计的合作，甚至通过直接资助艺术家来回应专业艺术家和自由艺术家的需要。❸

4. 加拿大

加拿大艺术理事会（Canada Council for the Arts）致力于通过与原住民艺术家的接触来支持文化多样性，其他针对原住民文化包容性的例子还包括"职业艺术家"；增加文化多样性和原住民艺术家在同行评估人员总数中所占

---

❶ 参见 Compendium of Cultural Policies and Trends（20th Ed.，2020）。

❷ 参见 Compendium of Cultural Policies and Trends in Europe（20th Ed.，2019）。

❸ 参见 Compendium of Cultural Policies and Trends in Europe（20th Ed.，2019）。

比例，目前约为20%❶；在现有的戏剧和写作节目中增加了原住民音乐、舞蹈、视觉和媒体艺术方面的新方案；原住民雇员人数超过人口比例。原住民方案的目标包括促进和保护原住民语言和文化、加强本土文化认同及增加原住民对加拿大社会活动的参与。该方案具体可以分为两个部分：首先，原住民语言倡议（The Aboriginal Languages Initiative）通过以社区为基础的项目和活动支持保护和振兴原住民语言，该项目的目标是原住民有机会参加以社区为基础的项目和活动以支持保护和振兴原住民语言和文化；协助原住民地区努力加强语言和文化符号；原住民语言和文化作为生活文化得到保存和加强。其次，北方原住民广播（The Northern Aboriginal Broadcasting）支持制作和分发原住民音像内容，该计划的目标是制作与文化有关的原住民作品；设立及维修生产设施；确保大量电台和电视节目的提供；协助保护和加强原住民语言和文化及提供场所阐述与原住民受众和社区有关的问题。

加拿大有18个左右的公共机构涉及文化领域，包括文艺理事会、广播公司、广播电视及电信委员会、国家电影委员会，分别由《加拿大文艺理事会法》《加拿大广播法》《广播电视法》《国家电影法》等法案加以规制。其他机构还有加拿大电影发展公司。❷ 这些公共机构使政府和文化保持"一臂之遥"，因而也被称为"一臂之遥的机构"（Arms Length Agency）。这些机构的主要职能是辅助文化遗产部负责一些具有公益性的文化资助项目管理，个别机构还代理文化遗产部负责管理营业执照的发放。这些机构的负责人一般由文化遗产部部长提名，由国会通过任命，通过部长向国会报告工作。加拿大文化机构的主要角色是扮演政府与民众沟通的桥梁。文艺理事会的管理委员会吸收了许多文化界的著名人士参加，包括公司CEO、大学教授、作家、艺术家和某些重要文化机构的负责人；他们在国际文化交流和文化贸易谈判中扮演政府不适合扮演的角色，代表政府表达政府不宜发表的言论。譬如在2003年巴黎的"国际文化组织大会"上，他们对美国的文化霸权和WTO自

---

❶ 欧洲文化政策[EB/OL].（2017-01-09）[2018-05-16].http://www.worldcp.org/profiles-cr.php.

❷ 张玉国.国家利益与文化政策[M].广州：广东人民出版社，2005：182.

由贸易对文化领域的侵蚀进行了淋漓尽致的批判。❶

如表 4-3 所示，加拿大设立了艺术委员会来为本国文化艺术事业的发展提供资金支持，以此鼓励和推动加拿大文化产业的发展与创新。该委员会划分了以下领域来提供补助：视觉艺术，跨学科艺术，写作和出版，土著艺术，戏剧，舞蹈，音乐，外展，媒体艺术（包括电影、视频、新媒体和音频）等。加拿大艺术委员会还经营着艺术家和社区合作基金（ACCF），该基金将专业艺术家和更广泛的社区聚集在一起，使艺术在日常生活中发挥更加强大的作用，它优先考虑青年和艺术教育，本土艺术家和艺术团体及加拿大不同地区的艺术家与艺术团体都可以参加。由于加拿大政府在 2015 年将加拿大理事会的预算提高了一倍，加拿大艺术委员会曾于 2016 年 11 月 14 日对外公布，该委员会将于 2021 年前向加拿大的艺术家和艺术组织额外提供 4.87 亿美元的赠款、奖金和奖金，且在 2021 年前将每年对艺术的直接投资从 1.5 亿美元增加到 3.1 亿美元。❷

表 4-3　加拿大基金会及资助项目

设立年份	资助项目	资助主体	资助内容
1979 年	图书出版业发展项目	加拿大文艺理事会	通过出版商援助项目、产业协会援助项目、国际销售援助项目对出版业进行资助
1986 年	录音制品发展项目	加拿大工业部	支持音乐制品产业
1996 年	加拿大电影发展基金；电影发行基金	加拿大电影发展公司	支持电影事业
1996 年	加拿大电视基金	加拿大广播电视及电信管理委员会	提供资金鼓励电视剧、儿童电视剧节目、电视纪录片、表演艺术和各种展览
1997 年	文化产业发展基金	加拿大文艺理事会	为文化产业提供贷款
1998 年	多媒体基金	加拿大电影发展公司	支持多媒体产品开发、生产、发行和销售
1998 年	出版物资资助项目	加拿大文化遗产部	为加拿大境内印刷和发行的加拿大期刊提供邮政资助

数据来源：加拿大文化遗产部网站：www.pch.gc.ca/index.htm

❶ 张玉国. 国家利益与文化政策 [M]. 广州：广东人民出版社，2005：187.
❷ 参见 Compendium of Cultural Policies and Trends in Europe（18th Ed.，2017）。

5. 意大利

意大利政府成立了"ARCUS/艺术，文化和娱乐发展协会"（ARCUS/Societa' per lo sviluppo dell'Arte, della Cultura e dello Spettacolo），该协会管理"战略基础设施规则的资本支出"的 3% 资金，这部分资金是意大利文化遗产部针对普通预算的补充。该协会的股东为文化遗产、活动与旅游部（MIBACT），且该协会董事会完全由国家政府任命的成员组成。根据第 291 号法律，该协会的使命是"通过技术、财政和管理支持，采取保护措施和相关行动，旨在恢复文化资产，鼓励发展文化、表演艺术领域的活动和项目"。2004 年后，该协会为文化领域投资的资金被分配给不同类型的文化活动：从格列高里别墅公园修复到考古文物的卫星预测，再到帕尔玛的托斯卡尼尼交响乐团等。然而，该协会的诸多管理方式受到社会的质疑，如运营方式不够公开透明，曾被社会严重质疑"公共资金的私有化"，再如会计法院曾表示"对自由裁量权过程、缺乏有规划、透明和健全的程序感到十分遗憾"。受这些压力的影响，文化和娱乐发展协会被迫根据 182/2008 号法令进行长期延迟修订，拨付该协会的"基础设施资本投入的 3%"的资金由经济部和基础设施部与其联合设立，同时由文化遗产部起草一份分解现有财政资源的计划，计划应将 70% 专门用于文化遗产，30% 将用于表演艺术和文化活动，该协会由此在 2011—2013 年获得了 1 亿欧元的赠款，这笔款项一直运作到 2015 年，其资助范围涵盖了修复纪念碑、大教堂、考古遗址、翻修博物馆，支持戏剧和音乐节等项目。在此之后，根据《第 208/2016 号金融稳定法》解散了该协会，并其纳入文化遗产部创立的另一家协会：艺术、工作和服务公司（ALES），从而用另一种方式为文化领域实现多方投资和服务。

此外，意大利还增加了对视觉艺术家和建筑师的间接支持及对当代艺术的推广，其中的 21 世纪艺术博物馆（Museum of the Arts of the XXI Century）就是被资助的典型。该艺术博物馆于 2010 年春天成功落成，位于由扎哈·哈迪德大主教（archistar Zaha Hadid）建造的一座伟大壮观的建筑中，这一建筑不仅被认为是一个拥有永久收藏和展览空间的博物馆，而且还被视为对跨学科艺术创造力研究的实验室。虽然政府允许公共部门与私营机构合作，但该博物馆直到 2015 年才得到私人资助。意大利国家电力公司（ENEL/Ente

Nazionale Energia Elettrica）作为"创始伙伴"向博物馆拨款 180 万欧元，并为博物馆特殊照明提供电力等其他福利和实物支持。

意大利还有一些基金会专门资助青年艺术家，如银行基金会发起了"促进青年创意"（Fondazione Cariplo）和"创意一代"（Compagnia di San Paolo）等活动。意大利北方和中部 10 个银行基金会联合成立了"35 岁以下"（青年文化事业基金）。此外，意大利青年艺术家协会 GAI 与 MIBACT 是 DEMO-Moving up 项目的合作伙伴，同时积极推动建立一个年度基金，以支持意大利艺术家的国际流动。2013—2014 年意大利艺术基金会的基金为 38.9 万欧元，其中 2/3 由 MIBACT（DG Contemporary Arts, Architecture and Urban Suburbs, DG Performing Arts）提供。它始于 1999 年，自成立以来，向 697 个项目和 1200 名 18～35 岁的视觉和表演艺术家提供了资助。此外，还向居住在柏林、巴黎、伊斯坦布尔和纽约的艺术家颁发了奖学金。

6. 法国

法国政府早在 20 世纪 80 年代就开始通过设立基金会的方式支持文化领域。1985 年，法国颁布法律设立了一个私人复制征税委员会，该委员会规定：所征得资金的 75% 由受益人获得，剩余 25% 用于文化活动。2008 年，法国共拨出 4300 万欧元用于资助筹款创作、表演艺术的发行推广、艺术家的培训与文化活动，其中包括阿维尼翁艺术节、夏纳委员会主席活动等。2016 年 9 月，法国设立了国家基金会，以专门扶持表演艺术领域的就业问题，其捐赠金额为 9000 万欧元。该基金由文化和通信部管理，涉及表演、艺术和音乐企等相关企业和人员。该基金采取的具体措施包括建立长期合同、延长定期合同、帮助儿童保育及帮助青年实现第一次创业等。

法国最负盛名的基金会还包括国家当代艺术基金（Fonds National d'Art contemporain）和当代艺术区域基金（Fonds regionaux d'Art contemporain）。国家当代艺术基金于 1976 年成立，为视觉艺术、摄影、录像和设计等领域的当代作品提供了资金，其收购政策确立了以下 3 个关键目标：发现新的年轻艺术家；购买在其作品中已经成熟的艺术家的杰出作品；代表国际艺术运动。迄今为止，该基金会已经收集了超过 90 000 件视觉艺术、摄影、装饰艺术或设计作品。当代艺术区域基金于 1982 年在法国实施权力下放政策时设立，目前已遍布几乎法国各地。这些资金旨在购买当代艺术作品，确保定期开展出版活动和教育活动，并确认地方和区域政府在当代艺术领域的作用。当代艺术区域基金自创立以来，已经建立了由 4200 名艺术家创作的超过 26000 件作品的丰富多样的收藏。区域基金在协会平台内开展合作并采取协调行动，该平台于 2013 年组织基金成立 30 周年纪念活动。❶

法国各级政府在所有文化领域和各级公共行动中向艺术家提供财政援助和咨询（如专业、法律事务等），国家层面不仅包括文化事务部、文化事务区域局，而且包括国家和区域图书中心、新音乐信息和资源中心、国家视觉艺术中心、国家电影和动画中心、国家当代表演艺术流通办公室及国家街头艺术资源中心等机构；地方层面包括省市区的文化部门、办事处、音乐和舞蹈发展部门机构、表演艺术区域机构等组织。此外，各种行业协会和工会也发挥着重要作用。专业协会和艺术家工会在代表其成员的物质和道德利益和谈判与他们有关的专业协议方面发挥着重要作用。它们常常与有关机构的代表合作，设立参加分配资金和援助的委员会。超过 2000 个艺术和文化部门协会专业机构被归入联邦文化部门参与的组织。作家权利管理协会提供资金，支持创造力、现场演出的传播和艺术家的培训计划。这些资金由私人版权收入的 25% 及无法确定或找到受益人的工作所得收入的 25% 组成。最著名的作家权利管理协会是：作家与剧作家联合会（SACD）、作曲家、作曲家和音乐编辑协会（SACEM）、作曲家和音乐编辑联盟、艺术家和音乐家权利管理局、法国录音制作者联合会、机械复制权联盟（SDPM）。

法国基金会中还有一个非常独特的机构——"艺术 1% 委员会"。该委员会是一个专为视觉艺术家设立的特殊机构，其基本原则是：所有建造、翻修或扩建公共建筑的费用总额的 1% 必须保留给专门为有关建筑而设计的当代艺术品，这一义务现在既适用于地方政府，也适用于州政府。1951—2011 年，这个委员会已经资助了超过 12300 件艺术品。❷

---

❶ 参见 *Compendium of Cultural Policies and Trends in Europe*（18th Ed.，2017）。

❷ 参见 *Compendium of Cultural Policies and Trends in Europe*（18th Ed.，2017）。

7. 摩洛哥

摩洛哥自 1956 年独立后的几十年里建立了一个与传统政治管理模式相一致的文化领域管理模式，但是自 20 世纪 60 年代开始，摩洛哥开始尝试从文化的广义视角制定文化政策，政策的范围不仅涵盖保护和促进考古发掘的历史文物、维护历史手稿和手工工艺品，同时包含支持流行艺术、出版书籍及建立地方邻居文化协会。20 世纪 80 年代各种基金会相继成立。电影基金委员会于 1980 年成立，1983 年成立了摩洛哥国家文化行动基金（the National Fund for Cultural Action），该基金会创始之初的主要目的是审计与文化有关的项目，同时评估古迹和考古的国家遗产及艺术创造力和文化振兴的发展。按照第 2.00.345 号法令第 4 条的规定，该基金会收入主要来自向文化部运营的博物馆、历史遗址和纪念碑的售票、音乐机构的登记费及文化部出版物的收益，它主要通过分发资金以支持戏剧作品的制作和宣传。2007—2009 年，该基金的年增长率为 29%，当时该基金的收入为 2.56 亿荷兰盾（MD）。❶ 除此之外，1998 年成立协助电影制作的剧院援助基金，2010 年，音乐援助基金成立并由文化部管理，旨在支持作曲家、歌手和发行商。❷ 2013 年，国家文化工作基金会成立，并为修复历史遗迹、加强艺术设施和重建文化中心很多方案提供了资金支持。如表 4-4 所示，其中修复和保存历史遗迹及研究费用占比最大，共计 3840 万迪拉姆，艺术设施、文化中心的建立和设备及艺术和文化节日的占比位列其后，而重启文化中心的国家方案支出最少，仅为 600 万迪拉姆。❸

---

❶ World Cultural Policies: The International Database of Cultural Policies, Prepared by IFACCA, 2014 [EB/OL]. (2015-01-09)[2018-07-05].http://www.worldcp.org/morocco.php.

❷ GRAIOUID M, TAIEB B. Cultural Production and Cultural Patronage in Morocco: The state, the Islamists, and the Field of Culture [J]. Journal of African Cultural Studies, 2013 (25): 261-274.

❸ World Cultural Policies: The International Database of Cultural Policies, Prepared by IFACCA, 2014 [EB/OL]. (2015-01-09)[2018-07-05].http://www.worldcp.org/morocco.php.

表 4-4　2013 年摩洛哥国家文化工作基金会支持文化领域项目

项目名称	数额／万迪拉姆
文化中心的建立和设备	1500
艺术设施	1600
修复和保存历史遗迹及研究	3840
艺术和文化节日	1260
重新启动文化中心的国家方案	600
总数	8800

数据来源：World Cultural Policies：The International Database of Cultural Policies，Prepared by IFACCA，2014［EB/OL］.（2015-01-09）［2018-07-05］.http：//www.worldcp.org/morocco.php.

8. 英国

艺术委员会等相关机构作为主体对艺术和文化领域资助是英国的主要特点。从国家层面看，英国设有多个基金会，如特别艺术家基金实施一项公共借贷权计划，通过公共图书馆借阅的数量向作者（包括作家、插图画家、翻译和编辑）提供报酬。该计划的目的是补偿作者因图书馆流通造成的潜在销售损失（现在每笔贷款为 5.98 便士），但是每年的最高回报上限是 6600 英镑。该基金在 2009—2010 年度收到了 750.2 万英镑的收入。❶此外，国家科学、技术和艺术基金会（NESTA）正致力于改变英国的创新能力，它投资早期公司，为政策提供信息和制定政策并提供实际方案，激励其他人解决未来的重大挑战，其中包括对个人创作者和项目的支持。

从地方层面看，英国也成立了多种艺术基金会。1980 年，英格兰和威尔士曾有一个自愿的展览支付权计划，为艺术家在公共画廊展出作品提供报酬，之后，资助责任随后移交给了区域艺术协会，20 世纪 90 年代初又由区域艺术委员会负责该项目后，5 个地区的环保工作计划被取消。到 1997 年，英格兰只有两个地区留存下来，威尔士只有一个。苏格兰、威尔士及北爱尔兰的艺术委员会在舞蹈、戏剧、文学、翻译、音乐、歌剧、视觉艺术、摄影、录像等方面，为艺术家及艺术工作者提供奖学金、奖金及培训等。奖学

❶ 数据来源：英国艺术委员会官网，http：//www.culturalleadership.org.UK.

金计划范围广泛，包括研究资金、艺术家的住所和旅行援助等，政府通过奖学金计划来支持从事教育或社区工作的艺术家以促进网络联系或参与海外活动。英格兰艺术委员会通过一项名为"艺术赠款"（Grant for the Arts）的国家资助计划，为艺术家提供大部分资金，该计划取代了众多不同的资助计划。该委员会还将2000—2001年度定为"艺术家年"，主要针对个人创作者和制作者进行为期十年的资助，该方案被指定用来推广舞蹈和文学等个人艺术形式。通过"艺术家年"项目，1000名艺术家可以受益于各种各样的委员会和地区政府的资助，"艺术家年"的总预算约为350万英镑。在北爱尔兰，艺术委员会优先考虑为艺术家提供发展其作品和实践的机会，使艺术家能够在各种艺术形式下开展新的工作。此外，一个专门的特别资助方案为艺术家提供了新的机会，以便他们能够从事特定项目，如在社区中，艺术家能寻求国际机会或举办个人艺术发展。其中一项举措是支持个人艺术家项目，帮助社区艺术家发展个人实践。2008—2011年，这个项目优先考虑新兴艺术家，为那些以前没有获得过这些奖项的申请人颁发20%的奖项。

还有一些基金会支持个别艺术家，如新音乐（New Music）的PRS基金会协助开展广泛的音乐活动，包括为音乐创作者举办的音乐委员会。在音乐领域若干较小型的信托基金主要向25岁以下的年轻人提供财政援助，如购买乐器或支持进修。

9. 西班牙

西班牙于2007年9月批准了文化机构现代化计划（Cultural Institution Modernization Plan），并根据2008年的第814/2008号令成立了国家表演艺术和音乐委员会（the State Council of the Performing Arts and Music）。作为一个部级咨询机构，该委员会力求引导音乐、舞蹈、戏剧和马戏团的参与，并协调与国家中央行政部门的协作。2010年，这一法令被第497/2010号皇家法令取代。根据新的规定，国务院成为一个系统，这样从组织上和结构上更加协调，部门理事会也被纳入该结构。新法令还规定了国家表演艺术和音乐委员会及音乐、舞蹈、戏剧和马戏团部门理事会的新结构与职能。这一新系统主要目的之一是分析和评价国家表演艺术和音乐学院（National Institute of Performing Arts and Music）在音乐、舞蹈、戏剧和马戏团领域的活动，评价和监测艺术创作中心，并在艺术创作中心任命主任的程序中提供咨询意见。根据这项新规定，国家艺术研究所通过积极向管理和制作中心提供咨询意见，争取使表演艺术和音乐部门更多地参与西班牙艺术创作的分析工作。

西班牙对艺术家的专项资助资金为数很少，其中的一个典型代表是电影和视听艺术学院，2015 年公共预算拨款 3658 万欧元给该基金，该数额比 2014 年增长 8.5%，该基金接受的政府拨款从 2011 年的 7600 万欧元下降到 2012 年的 4900 万欧元，2013 年为 3913 万欧元，2014 年为 3370 万欧元。❶ 该基金会提供电影和音像保护基金以保护和支持西班牙电影业，资助的对象主要为公司，同时也对脚本或短剧提供资助。

西班牙的国家表演艺术和音乐学院（National Institute of Performing Arts and Music）为国内和海外巡回演出提供交响乐团和表演艺术的补贴，该补贴一般用于资助舞台舞蹈巡回演出、剧院和舞蹈巡回演出及最近的马戏团和流行音乐界的舞蹈巡回演出。随着全球定位系统项目（the Project GPS-Turn by Halls）的开展，国家表演艺术和音乐学院的目标是让约 50 位流行音乐新晋艺术家参与音乐会巡回演出。该项目由国家表演艺术和音乐学院与这一领域最具代表性的实体机构共同组织，其目的是提高艺术家的专业水平，并鼓励现场音乐演出的发展。2011 年，教育、文化与体育部启动了新的筹资机制来支持戏剧和马戏团的节目编排和文化交流，该机制有利于促进新的创作的发展，并提高艺术家和文化运营者的流动性。2014 年，国家表演艺术和音乐学院与西班牙市政府和省份合作推出"街头方案"（Platea Programme），这一方案的主要内容是在地方所拥有的实体空间内开展表演艺术活动，在第一期"街头"方案中有 190090 人、173 个地方场馆参加该活动，开展了 435 场演出。❷ 西班牙教育、文化与体育部称，该方案有助于地方场所管理的专业化，并为西班牙各地的表演艺术带来了高质量和稳定的支持。

除了教育、文化与体育部以外，西班牙青年研究所（the Youth Institute）

---

❶ World Cultural Policies: The International Database of Cultural Policies, Prepared by IFACCA, 2014 [EB/OL]. (2015-01-09) [2018-07-05]. http://www.worldcp.org/morocco.php.

❷ 数据来源：国际视觉艺术协会官网，http://www.InIVA.org.

也对新兴视觉艺术家和创造性工作者提供了大力支持，作为卫生、社会服务和平等部的下属机构，该研究所每年举办一些展览，并以旅费和工作补助金的形式管理国际旅游、节日和方案。除了上述部门提供的措施外，其他政府部门如美术和文化资产总局、档案和图书馆（教育、文化与体育部）、西班牙国际合作与发展机构（外交与合作部）和卡罗莱纳基金会等也会提供各种补贴。

10. 德国

设立基金会是德国联邦一级支持艺术家的主要形式，其中包括艺术基金（Art Fund）、文学基金（German Literature Fund）、社会文化基金（Socio-Cultural Fund）、表演艺术基金（Performing Arts）、德国音乐理事会（German Music Council）等资助的项目都采取基金方式提供支持，其中的联邦文化基金会（Federal Cultural Foundation）在促进联邦文化中扮演核心角色。该基金会成立于2002年，致力于在国际范围内、同时不局限于特定的行业或主题，它所支持的项目不仅包括图书馆、电影产业等文化产业，而且包括数字基金，以鼓励文化机构利用艺术、教育和通信领域的数字服务。该基金会同时提供基金财务和行政支持，包括艺术基金会（Stiftung Kunstionds）、表演艺术基金会（Fonds Darstellende Kunste）、文学基金会（Deutscher Literaturfonds）、翻译基金会（Deutscher Ubersetzerfonds）和社会文化基金会（Fonds Sozjokculture）。❶ 德国普鲁士文化遗产基金会成立于1957年，目的是为了恢复和利用原有的普鲁士文化遗产，其财政收入的75%来自联邦，剩余则由各州负担。❷ 柏林勃兰登堡普鲁士宫殿和花园基金会，拥有15个博物馆和机构，是世界上最大的文化机构之一。

---

❶ 参见Convention on the Protection and Promotion of the Diversity of Cultural Diversity of Cultural Expressions, Quadrennial Periodic Report on Measures to Protect and Promote the Diversity of Cultural Exrressions.

❷ 邢来顺，岳伟. 联邦德国的文化政策与文化多样性研究［M］. 北京：中国社会科学出版社，2017：151.

二、保持文化融资可持续性政策比较

无论什么样的政治体制或者文化制度，各国政府都在支持艺术方面扮演着非常重要的角色，有的国家主要通过直接资助的方式，有的国家则更多通过税收立法的间接方式，还有些国家二者兼而有之。

（一）"挤出效应"最小化

当涉及文化的公共支持时，一个艺术家受内在或外在动机影响的程度和方式是很关键的，换言之，当政府资助直接或间接转给某位艺术家时，该艺术家的创造力会得到提高还是受到损害？有学者将政府的文化赞助比喻为"放牧狐狸"：艺术界严重依赖公共支持，但他们又往往不愿接受政府的指导或干预，艺术工作者、制作人、表演者等文化人士都是出了名的独立，他们小心翼翼地保护自己的创作自由，反对他们所认为的乏味和强制性的官僚主义，因此，他们对政府的控制即使不是怀有敌意，也是漠不关心的。与此相对，政府一腔热忱，觉得他们是真正致力于赞助文化和艺术的，但是他们不确定赞助的效果究竟是什么样的，所以文化或文化对于它们像漂亮但难以放养的"狐狸"一样困难重重。

文化经济学的"挤出效应"理论对此给出了答案。该理论致力于通过研究艺术表现与公共支持之间的紧密关系来研究如何提高公共支持方式的有效性。"挤出效应"理论首先指出了传统经济学的可行之处，即"将金钱给予个人或组织会增加艺术家绩效或工作产出，如果政府支持为文化活动创造出一种相容的激励方式，人们就能期待其所诱发的相对价格变化以提高艺术家的绩效"，但是传统经济学不能超过一定的支持力度，这个度的边界就是不能使艺术家们认为是被控制，因为"如果政府的支持被认为是对艺术家的控制，他们的内在动机和创造力就会被削减"[1]。

"挤出效应"理论明确分析了政府支持所代表的外在干预对创造力的影

---

[1] 布鲁诺·弗雷. 艺术与经济学（第二版）[M]. 易晔，郝青青，译. 北京：商务印书馆，2017：121-124.

响,从总体来说,如果政府干预是偶然性的支持或者以单一或统一的方式进行扶持,则它们共同构成了挤出激励的主要方式。❶ 在此基础上,"挤出效应"提出了以下几种解决方案:第一,如果政府支持与其所想达到的效果过于紧密相连,因为艺术家的创造力要求时间的积淀,那么这种支持会对创造力造成损害;第二,政府的补贴方式可能会导致生产出更多平庸的艺术,因为艺术家关心的不再是内在激励所产生的原创艺术,这种情况下最好给予艺术家补贴并留给他们相当充裕的回转余地,使他们能够投入艺术创作中;第三,艺术家的一个基本特点是多样性,任何对他们的统一对待都会造成负面的影响,如果政府对艺术家的支持没有考虑到这种多样性,必然会挤出其内在激励;第四,政府支持艺术家的独立性使艺术家感受到自己被认真对待,否则政府给艺术家的支持会使艺术家有可能失去独一无二的创造性,因此政府使艺术家保持创造力的一个方式就是无条件地给予支持,如在特殊时期,给生活有困难的艺术家发放生活津贴,或者给予间接的支持,通过将任务分配给艺术家让他们能够通过税务豁免获得部分补偿;第五,外部干预者计入实际参与的衡量中,内在激励会获得支持,如果艺术家受到政府补助,但能够有创作自由来创作作品,则内在激励会受到支持;反之,假如被委托的一个作品被要求固定的样子或固定的颜色,内在激励将被挤出;第六,可自由支配的空间对艺术家的创造力是必须的,如果政府支持没有给予其足够的自由支配空间,而是根据其表现来给予支持,那么艺术的创新就会被挤出。❷

(二)可持续性发展与文化财政

文化财政的一个主要目标就是在各种财政困难的情况下保持文化的可持续性发展,一般说来,政府既可以实行通过预算直接补贴"硬措施",也可以实行以激励为目标"软措施",同时还可以与企业达成战略合作伙伴关系来实现目标。

---

❶ 布鲁诺·弗雷. 艺术与经济学(第二版)[M]. 易晔,郝青青,译. 北京:商务印书馆,2017:126.

❷ 布鲁诺·弗雷. 艺术与经济学(第二版)[M]. 易晔,郝青青,译. 北京:商务印书馆,2017:126.

1. 通过预算直接补贴的"硬措施"

摩洛哥公共文化政策在出版、扫盲和图书方面存在弱点，图书出版率、读者比例低及出版社比较匮乏。2010年以来，摩洛哥出版的图书数量大约为每年2000本，而法国2010年的书籍出版量为62278本。❶针对上述情况，摩洛哥采取了通过预算直接补贴的措施。2011年、2012年和2013年的文化资金逐年相对增加，商务部2011年的预算为5.13亿迪拉姆，略低于政府总预算的0.3%。商务部的业务预算为3.22亿迪拉姆，其他的1.9亿部分用于文化投资。为了减少不稳定国际条件对政府带来的负面影响，政府将开支削减10%。2012年，政府采取了一项预防措施以确保国家的文化项目可以维持下去，政府为主要的文化建筑工程等项目的后续行动和完成额外拨出了1.63亿迪拉姆。虽然在2012年商务部的预算包括了与前一年相同的拨款，但2013年预算超过5.71亿迪拉姆，分配给文化业务费用的金额为3.54亿迪拉姆，投资额超过2.16亿迪拉姆。❷摩洛哥电影中心2002年的预算为3243.6万迪拉姆，但2009年将达到6000万迪拉姆，这要归功于国家提供的资金支持。该中心于1987年成立，2005年进行了改革和修整。摩洛哥政府2012年打算在2013—2015年将摩洛哥电影制作的支持份额从6000万迪拉姆提高到1亿迪拉姆，增加的资金促使电影制作每年增加5~10部，短片每年增加6~18部。❸

自20世纪90年代以来，加拿大政府在面临不断削减文化领域财政开支的情况下，也采取了与摩洛哥类似的财政补贴"硬措施"。近年来，加拿大不断加大对文化产业的投入与扶植力度，2015年加拿大文化遗产部长梅拉妮·乔丽提出要大力发展本国文化和创意产业的各项计划。据加拿大文化遗产部统计，艺术、文化及文化遗产领域在加拿大有546亿美元的市场规模，电影、广播、音乐、出版、表演、文化遗产等行业解决了超过63万人的就

---

❶ World Cultural Policies: The International Database of Cultural Policies, prepared by IFACCA, 2014 [EB/OL]. (2017-01-09)[2018-07-05]. http://www.worldcp.org/morocco.php.

❷ Maroc.ma [EB/OL]. (2017-01-09)[2018-07-10]. http://www.maroc.ma/en#.

❸ World Cultural Policies: The International Database of Cultural Policies, prepared by IFACCA, 2014 [EB/OL]. (2017-01-09)[2018-07-05]. http://www.worldcp.org/morocco.php.

业问题。❶ 对加拿大政府而言，文创产业已经成为其经济发展的关键元素，为文创产业寻找新的市场，确保其持久、强劲的增长态势有助于加拿大经济的持续增长、就业岗位的增加及中产阶级的壮大，因此，政府不断增加对文化和创意产业的资金支持。例如，恢复并增加对加拿大广播公司的资助，公开该公司董事会成员的任命过程以体现择优性和独立性；对加拿大艺术委员会的投资追加一倍，达到每年 3.6 亿加元；加大对加拿大电视电影局和加拿大国家电影局的资助，每年新增投入共计 2500 万加元，恢复被上一届政府取消的两项加拿大海外文化推广计划，更新计划设计，并增加经费至合计每年 2500 万加元，增加对文化遗产机构的"加拿大青年人工作"计划的资助，培养下一代加拿大人在文物部门工作。❷ 此外，政府还承诺每年为年轻人提供 4 万个不同领域的就业岗位，与加拿大基础设施和社区部合作，大力投资新的文化基础设施，使其成为整个国家社会基础设施投资的重要组成部分。

荷兰早在 1918 年就将艺术和文化纳入政府工作范畴，并成立了艺术和文化部，20 世纪 40—60 年代，设立了荷兰艺术委员会，该委员会对艺术补贴的唯一标准是艺术质量，之后政府的财政支持扩展到电影、戏剧和文学领域，并在全国范围内建立文化基础设施，提供标准化质量的文化供给，同时邀请地方政府参与其中。20 世纪 70—80 年代，文化政策在政府福利政策中越来越重要，文化对整个社会的益处和相关性被认为是优先事项，特别是在文化参与和人人享有文化机会方面。然而，20 世纪 90 年代，荷兰经济停滞导致文化机构的预算被削减。2000 年后，荷兰受新自由主义思潮的影响，文化组织被私有化，独立性和文化组织对市场及受众的吸引力特别关注。2009 年荷兰出台了《文化政策法》，为文化预算补贴提供了"硬性"的支持，一些规模较小的文化机构和其他企业不被视为国家文化基础设施的一部分，因而改由公共文化资金来资助。❸ 此外，根据该法规定，荷兰教育、文化和科

---

❶ 数据来源：中国经济网，http://www.ce.cn/culture/gd/201704/21/t20170421_22198931.shtml.

❷ 世贸通[EB/OL].(2016-11-19)[2018-06-20].http://www.worldwayhk.com/newsdetail205282.html.

❸ 参见 Compendium of Cultural Policies and Trends in Europe（20th Ed.，2019）。

学部须每4年提出一份文化政策备忘录，就文化部门的公共支出制定为期4年的计划，从而为荷兰文化发展提供可持续的财政资助。此外，计划还需要列出将得到国家直接补贴的文化机构；基金会提供和分配2年和4年的结构性补贴。2017年的计划中，文化委员会认定了88家文化机构和6家公共文化基金，而规模较小的文化机构和公司必须直接向公共文化基金提供补贴申请。❶ 政府和公共文化基金会对文化机构的财政支持一直保持比较稳定的状态，2018年的《开放社会中的文化政策》(*Culture in an Open Society*)规定了教育、文化和科学部在2017—2021年的文化议程，规定为了达成每个公民有权参加文化活动的目标、让公民更容易获得文化，政府需致力于达成以下目标：为小学提供更多资源，以鼓励儿童参与文化活动和参观博物馆及文化遗产；为文物、档案和收藏品的数码可及性提供额外资金支持；促进文化领域内的多元化。❷

2. 以激励为目标的"软措施"

与上述直接通过补贴的"硬措施"不同，一些国家采用以激励为目标的"软措施"。意大利的财政资助经历了从"硬措施"向"软措施"的过渡，即由提供文化产品的补贴措施转为以激励为目标的行动❸，从整体看来，这些措施在不同领域获得了不同效果：一方面在公民参与文化在推进艺术活动和创造性活动方面收到了良好的效果，但另一方面在文化机构改革方面却收效甚微。

意大利文化产品部 (the Mininstry of Cultural Goods) 推出了免费周日活动，即每月的第一个星期日开放博物馆、考古遗址等文化场地，从而鼓励公民文化消费的习惯。免费周日活动的概念于20世纪90年代末在英国首次提出，随后在法国、西班牙和其他欧盟国家普及。❹ 此外，意大利的文化资助

---

❶ 参见 *Compendium of Cultural Policies and Trends in Europe*（20th Ed., 2019）。

❷ 参见 *Compendium of Cultural Policies and Trends in Europe*（20th Ed., 2019）。

❸ FERRARO A, CERCIELLO M, AGOVINO M, GAROFALO A. The Role of Cultural Consumption in Reducing Social Exclusion: Empirical Evidence from Italy in a Spatial Framework [J]. Economia Politica, 2019 (5): 139-166.

❹ 参见 *Compendium of Cultural Policies and Trends in Europe*（20th Ed., 2019）。

重点已经从传统的文化领域转向艺术和文化产品及活动。2014年的《意大利银行基金会报告-20》(*XX Rapporto Fondazioni Bancarie*, anno 2014)证实了这点。该报告指出，近年来战略的优先事项发生了转变，人们开始较少关注"遗产保护"，而是加大力度支持各地区的艺术活动和创造性活动，通过对创造性活动的支持来改善青年就业严重不稳定的局面。2010年"Funder 35"项目启动，旨在超过建立非营利文化企业提高青年人的竞争意识。在此背景下，银行基金会也改变了传统的赠款，而是越来越希望通过制定长期战略和方案来发挥基金会在文化部门作为催化剂的作用。受此影响，作为战略的后续行动，遗产部和部分地区政府和银行基金会签署了伙伴关系协定，目的是使其合作合理化来支持地方一级的文化发展。此外，意大利还致力于通过银行基金会解决地区之间的不平衡。意大利北部、中部和意大利南部地区之间存在巨大差异，只有13%的银行基金会在南部地区和岛屿上运作，这种不平衡现象导致了意大利文化筹资存在危机，也进一步加剧了文化供求方面的地理不平衡。为了填补南部地区存在的巨大空白，银行基金会和志愿组织达成协议，于2006年建立了南方基金会（Foundation for the South）并拨款3亿欧元。❶

另外，意大利在大型文化机构改革方面的收效甚微。20世纪90年代，意大利开启了大型文化机构现代化的改革，包括米兰的斯卡拉剧院（La Scala）、罗马剧场（Rome Opera）、威尼斯的凤凰剧院（La Fenice）、那不勒斯的圣卡罗歌剧院（St. Carlo）等。这项改革被认为是必要的，因为这些机构的国家资助费用过高，奖励金额相当于国家表演艺术和电影业总支出的一半。为此，国家通过第367/1996号和第134/1998号法令，旨在将歌剧院改造成具有私人地位的更灵活的"抒情交响乐基金会"（Lyric Foundations），以便能通过财政激励措施吸引私人资本或捐款。然而，只有斯卡拉大剧院（La Scala）能够立即获得必要的私人资助，对于正式转变为基金会的其他歌剧院而言，公私伙伴关系的实际发展面临很多预期想象不到的困难。抒情交响

---

❶ World Cultural Policies: The International Database of Cultural Policies, Prepared by IFACCA, 2014 [EB/OL]. (2015-03-16) [2018-07-05]. http://www.worldcp.org/morocco.php.

乐基金会的大部分财政负担仍然由税收承担，但是国家拨款从 2008—2013 年的 2.5 亿欧元下降到 1.83 亿欧元，固定成本不断上升（大部分由薪金吸收），从而使改革变得越来越不可持续。2006 年只有 3% 的意大利公民参加了抒情演出。❶ 为了防止意大利音乐生活衰落，并使其高成本在经济衰退期间更能为社会所接受，从 2010 年开始，意大利迈出金融合理化的第一步。第 100/2010 号法律实际上是为了应对抒情交响乐基金会的不稳定局势，遏制薪金上涨的动态，呼吁对基金会的国家劳动合同进行深入修订。该法令还规定，可以根据请求给予一些基金会特别自治地位，允许在决策方面有更多的自由，但是需要满足若干条件。第 117/2011 号总统令更加精确地确定了这些条件：具有特殊的国际相关性、高水平的艺术生产力、至少在要求自治地位之前的四年内保持收支平衡，获得的收入不低于国家缴款额的 40%。目前只有两个抒情交响乐基金会能够获得自主的地位：第一个是罗马圣塞西莉亚学院（Santa Cecilia Academy of Rome）（唯一的意大利国家管弦乐队），第二个是拉斯卡拉（La Scala）。其他大多数剧院或多或少地处于比较糟糕的状态。

2013 年 6 月，布雷部长呼吁成立一个技术性"紧急"小组，紧急讨论处理危机的体制和经济方式。第 112/2013 号法律通过了一系列措施，旨在通过一系列规则，改革其章程和国家补贴分配标准，增加资金来源、促进生产力和共同制作的多样性、加强创造力和艺术创新改善社会外联。此外，2014 年设立了一个 7500 万欧元的特设基金，由一位新任特别专员运作，恢复和重组濒于破产边缘的抒情交响乐基金会。

与意大利类似，摩洛哥自 2000 年以来也日益认识到文化对发展现代社会的重要性，政府不仅采取了包括补贴在内的"硬措施"，而且采取了增加对文化生产、流通和消费资助的"软措施"方式。1998—2002 年摩洛哥政府对文化领域的投资占可自由支配开支的 0.33%，比 1994—1998 年的 0.07% 有了显著的增长。❷ 1998—2002 年，文化方面的公共开支侧重于增加投资项目和文化活动的资金。五年发展计划（1999—2004 年）为文化发展拨款 3.66

---

❶ 参见 Istat, Time budget survey。
❷ 参见 *Compendium of Cultural Policies and Trends in Europe*（20th Ed., 2020）。

亿迪拉姆（3260万美元），国家文化活动基金收入也显著增加，从1994年的1500万迪拉姆增加到2002年的1800万迪拉姆。增加的资金用于寻找新的方式投资于历史遗址，并确定新的商务部服务费率及制定文化发展中的控制和监测机制。资金专门用于为文化遗产维护、戏剧创作和其他需要的文化领域提供更有效的支持。除了国家预算拨款外，哈桑二世发展基金（通过政府私有化产生的收入资助的一个基金）拨款4亿美元用于摩洛哥国家图书馆、国家当代艺术博物馆和卡萨布兰卡剧院的建设和装备。在此计划之前的十年里，专门拨给这项计划的8亿多美元远远超过文化投资。同时，商务部获得了国际合作协定的支持，通过MEDA项目获得了830万美元的财政支助，用于建造27所文化馆。法国政府还拨款305万美元建立公共图书馆网络、先进的通信设施和媒体技术。❶

3. 与企业达成战略合作

从20世纪70年代开始，德国开始实行"新文化政策"（Neue Kulturpolitik），但是自90年代中期以后，德国的公共财政困难成为州政府和市政府在文化政策领域讨论的关键，20世纪初这种情况更为严重，尤其是2008年的金融危机对于公共文化融资产生了十分不利的影响。虽然2010年德国的经济出现转机，但公共债务的增长依旧达到了第二次世界大战结束以来的最高水平，特别是地方当局和社区因债务增加而受到的影响更是尤为明显。除此之外，关于移民和女权等文化问题的讨论也日益成为德国当前面临的主要问题。

面临人口变化、社会差异、数字化、公共利益差异化和公共预算状况的财政状况等社会挑战，德国的公共部门和私营部门之间开始试图结成战略合作伙伴关系，以便为文化项目和机构提供资金，并在经济活动低迷时期为文化产业发展带来积极影响。文化政策主要通过免税等间接措施及支持音乐出口等直接措施来为文化产业提供支持。❷ 为了促进文化教育机构和学校之间

---

❶ World Cultural Policies: The International Database of Cultural Policies, Prepared by IFACCA, 2014 [EB/OL].（2017-01-09）[2018-07-05]. http://www.worldcp.org/morocco.php.

❷ 参见 Compendium of Cultural Policies and Trends（20th Ed., 2020）。

的良好合作，德国的家庭事务、老年公民妇女和青年部和儿童和青年文化教育协会共同举办了"Mixed Up"的比赛，该奖项自 2005 年来每年办一次。❶

摩洛哥政府与摩洛哥电信公司建立了伙伴关系，并联合提出加强摩洛哥传统音乐和民间音乐项目。该项目出品 3000 套《摩洛哥音乐选集》，内容涵盖上述所有音乐类型，每一套都包含 30 张 CD 和 5 个录像带。电信公司为该项目拨款 230 万迪拉姆。在同一时期，商务部与地方独立文化组织签署了 56 份以上的协议，这些协议有助于建设和改造图书馆、文化馆、音乐学院和儿童娱乐设施。1998—2001 年，政府在建设、恢复和改造公共图书馆方面取得了巨大进展。图书馆发展的预算从 1994—1998 年的 270 万迪拉姆增加到 1998—2001 年的 1910 万迪拉姆。此外，图书发行预算从 430 万迪拉姆增加到 1260 万迪拉姆。在奥马尔·本·杰隆（Omar Bin Jelloun）组织的支持下，为所有人口特别是生活在农村地区的人们提供获得书籍和出版物的机会。❷

三、非政府文化财政融资与投资政策比较

绝大多数国家的文化财政中都包含非政府文化财政融资方式，在有的国家，这种方式甚至超过政府而发展成为主要的文化融资方式，其财政来源多元代：既有私人、企业和民间社会团体的资助和慈善，也有与企业结成战略合作的商业融资方式，更有个别国家与外国文化机构合作的方式拓展融资渠道。在众多融资方式中，资助和慈善活动是两种非常重要的非政府文化融资手段，但二者又有区别。慈善事业最早可以追溯到 20 世纪之交时期的欧洲，作为私人和公共之间的第三部门的慈善事业由热心社会改革的精英所发起，它们既不盈利，也不以国家为基础，而是超越了政治利己主义规范并通过治理模式来运营❸；资助方式是通过"对艺术组织提供零成本或低成本的商品和

---

❶ World Cultural Policies: The International Database of Cultural Policies, Prepared by IFACCA, 2014 [EB/OL]. (2015-01-09) [2018-07-05]. http://www.worldcp.org/morocco.php.

❷ 参见 *Compendium of Cultural Policies and Trends in Europe* (20th Ed., 2019)。

❸ DONZELOT J. The Policing of Families [M]. New York: Random House, 1979: 55-57.

服务、或者通过财务支持作为对命名权或其他公司认可的一种交换，公司可获得对其品牌有益的活动"❶，因此，资助方式是纯商业行为，资助主体往往通过这种方式获得某种无形或有形的判处。获得财务或其他任何好处，而资助公司享受广告或销售的好处。""与此形成对比，慈善活动是指不附带使用条件的现金或实物捐赠，捐赠者通过这两种方式对文化提供支持，志愿者义务劳动也被视为另一种形式的慈善活动"。

荷兰的非政府文化资金形式众多，其中既包括独立协会和私人基金会、私人赞助、捐款、众筹、投资和贷款，也包括彩票、社团和志愿者。荷兰最大的私人文化基金会是伯恩哈德王子文化基金会（Prince Bernhard Cultural Foundation）和范登德基金会（VandenEnde Foundation），两个基金会都是促进自然和文化的保护或与青年和社会相关的项目。私人赞助方面，20世纪90年代出台《文化赞助人公约》（*Culture Sponsor Code*）对赞助商的关系、赞助协议框架等做了界定，同时确立了以下赞助的主要原则：主办方不得影响文化公共伙伴组织的活动的实际内容。在投资和贷款方面，荷兰特雷德斯银行（Triodos Bank）于2006年成立了荷兰第一个文化普通投资基金。作为一个半开放式基金，该基金的发展并不太顺利，在运行了12年之后的2018年被解散。另外，特雷德斯银行运营的文化创业平台运营则相对比较成功。该平台为文化机构、乐器融资和文化工作室提供贷款。❷众筹也是荷兰最近几年兴起的民间文化支持方式。自2011年国家宣布削减文化预算以来，众筹方式开始兴起并众筹的款项呈指数级增长，从2011年的50万欧元增长到了2018年的3.29亿欧元。❸

图4-8显示了从1997—2015年，荷兰私人对艺术和文化的财政捐助变化幅度。1997—2003年，荷兰私人捐助数额逐渐增加，但从2005年急剧下降，此后的10年间基本维持在300百万欧元上下。

---

❶ 戴维·索罗斯比. 文化政策经济学[M]. 易昕, 译. 大连：东北财经大学出版社, 2013：78-79.

❷ 参见 *Compendium of Cultural Policies and Trends in Europe*（20th Ed., 2019）。

❸ 戴维·索罗斯比. 文化政策经济学[M]. 易昕, 译. 大连：东北财经大学出版社, 2013：78-79.

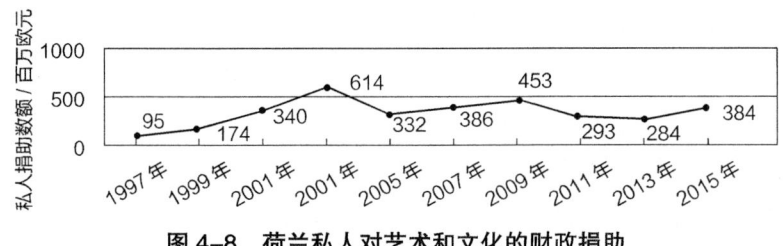

图 4-8　荷兰私人对艺术和文化的财政捐助

数据来源：Bekkers，R，Th. Schuyt and B. Gouwenberg（eds.）.2017.

在英国，私人捐赠是非政府文化融资的最大提供者。根据 2008 年艺术与商业私人投资基准调查（Private Investment Benchmarking Survey 2008/09），英国私营部门在艺术方面的投资为 6.54 亿英镑，虽然低于 2007—2008 年度的 6.867 亿英镑，但是私人捐赠高达 3.63 英镑，占非政府文化融资总额的 55% 以上，占比远超其他非政府文化融资方式。2008—2009 年信托基金会减少到 1.34 亿英镑，2007—2008 年该数额为 1.411 亿英镑。商业投资从 2007—2008 年的 1.634 亿英镑减少到 1.570 亿英镑。3M 集团（Mission，Models，Money Group，MMM）于 2007 年完成的一项研究表明：技术进步、全球互联和消费者行为转变带来了新的结构变化，但文化组织的商业结构并不灵活，不具备适应新结构变化的能力，而且大多过度扩展、资金不足，因而非常依赖公共部门的赠款和捐助。与此同时，慈善法律框架大多以非营利性文化组织为基础，也大大限制了文化组织的发展。自 2008 年以来，MMM 与文化组织和资助者参与了一系列倡议，如倡导公共和私营部门寻找新的金融工具和创建"更智能的筹资社区"。

法国的私人基金会和赞助商为支持艺术和创作生活做出了重要贡献，其中包括卡地亚基金会、法国基金会、Pierre berg-yves Saint Laurent 基金会、Jean-Luc lagard re 基金会、政府基金会和人民基金会等。法国的艺术和文化部门专业协会和艺术家工会是该行业内部的重要自治组织，它们不仅经常与有关机构代表合作，而且担任分配资金和援助委员会成员。这些协会还组成了协会联盟，有大约 2000 个协会成员。此外，企业在法国非政府融资中占比也很高。根据非政府组织家乐福集团 2016 年发布的关于企业赞助的调查表明：有24%的公司对文化进行赞助，数额约为5亿元，占总额的12%，获得私营企业文化赞助预算最多的领域集中在建设和景观遗产保护、音乐、博物馆／展览等方面。该机构同时对企业参与文化赞助动机做了调查，结果显示有40%的企业希望能够促进地区或地方的积极性，有22%的公司出于内部倡导文化的动机进行赞助，而另外有20%的企业是为了借此发展公共关系。❶

德国的文化机构、文化活动或者文化项目中有很多私人家庭、商界或其他私人非营利组织提供的资助案例，但是并没有关于私人文化资金的可靠统计数据。德国《2018年文化金融报告》提供了一小部分私人文化融资的估算：2015年私人对公共资助文化机构的支出为12亿欧元，人均达15.11欧元。❷ 2019年，德国文化协会（Kulturkreis der deutschen Wirschaft）发表的《文化企业咨询报告》（Unternehmerische Kulturforderung）指出：目前没有可靠的数据库统计私人方面在促进艺术和文化的支出数据。❸

在瑞士，公共预算以外的其他财政资源基本来自私营企业的基金会和赞助工作。联邦文化办公室筹办了"社会培育"（Suisseculture Sociale）项目，为有需要的艺术家提供社会基本资金，其运作原则为辅助性原则。在具体运营上，"社会培育"项目的资金来源由伞状组织（Umbrella Organisations）提供，如苏伊萨（Suisa）。瑞士建立了大量的小型私人基金为艺术家提供资助，然而瑞士尚未建立全面的艺术家社会保障框架。除了政府资助以外，一些文化组织也为艺术家提供了扶持政策。文化伞式组织主要负责在公共决策程序方面的游说，为艺术家提供物质和非物质的支持，提供法律及财务方面的意见，并组织相关的文化活动，其中一些协会有自己的资助基金和艺术工作室。

在意大利，私人捐助自2008年金融危机之后呈下降趋势，表4-6显示了2008—2013年私人捐助的变化趋势。通过数据可以看出金融危机对文化和艺术领域的私人捐助造成了严重影响。需要说明的是，尽管银行基金会的现有数据较为详尽，然而和公司、个人捐款有关的数据遭到了明显低估，这

---

❶ 参见 *Compendium of Cultural Policies and Trends in Europe*（18th Ed.，2017）。
❷ 参见 *Compendium of Cultural Policies and Trends*（20th Ed.，2020）。
❸ 参见 *Compendium of Cultural Policies and Trends*（20th Ed.，2020）。

部分数据由文化遗产、活动与旅游部负责提供，但文化遗产、活动与旅游部只认可为了减税而进行的捐款，而其他赠款基金（企业基金会、家庭基金会等）向文化部门提供的捐款没有包含在内，同时企业赞助也没有包含在内。

表 4-6　2008、2013 年意大利为支持文化部门的私人捐助

私人捐助	2008 年 / 亿欧元	2013 年 / 亿欧元	2013 年相较 2008 年的增幅 /%
银行业基金会	5.13	2.69	-48
公司捐赠	0.32	0.31	-3
个人捐款	0.29	0.06	-79
总数	5.74	3.06	-47

数据来源：Elaborations on Istat, Statistiche culturali, 2014.

从表 4-6 可以看出，2008 年私人捐款总额达到了 5.74 亿欧元的最高峰，但受到经济危机的影响，私人捐赠在过去 5 年间几乎减少了一半；公司捐款虽然没有较大的下滑，但是财政限制导致私人捐款急剧减少；银行基金会的捐款也大约减少了一半，2013 年相较 2008 年银行基金会的捐款减少了 48%，其对艺术和文化的支持大幅放缓，2013 年仅有 2.69 亿欧元，这是银行基金会总捐款数额中最大的部门份额。❶ 这一下滑对文化部门来说无疑是一个坏消息，因为银行业的基础是意大利文化艺术私人捐赠的核心，在社会紧急情况和动荡时期，基金会对文化艺术的支持也受到严重影响。关于企业赞助，根据 IPSOS 公布的唯一数据，针对文化和表演艺术的赞助在最近的困难年份里再次呈下降的趋势：从 2008 年的 2.69 亿欧元下降到 2013 年的 1.59 亿欧元（-41%）。不过也有一些例外存在，特别是"意大利制造"的时尚界，包括芬迪姐妹赞助了特雷维喷泉的修护，Diego Della Valle（Tod's 时尚鞋公司老板）在 2011 年捐助了 2500 万欧元用于修复罗马体育馆，该项目目前正在进

---

❶ World Cultural Policies: The International Database of Cultural Policies, Prepared by IFACCA, 2014 [EB/OL]. (2015-12-13) [2018-07-05]. http: //www.worldcp.org/morocco.php.

行中，这笔捐款是意大利文化赞助的最高数额。❶

与上述所有国家不同，摩洛哥的非政府文化财政表现出独特的一面。摩洛哥的文化土壤是流行的伊斯兰教，伊斯兰慈善主义在摩洛哥基层非常有效。❷ 摩洛哥人并不以结构良好、基础平等的社会群体为目标来设想社会秩序，他们更愿意通过管理"二元关系的个人网络"来定义自己的社会关系，即当社会结构面临不安时只有稳定的血统等级和持久的权力才能让人们依仗，其中圣人的文化权威和神性作为"物质分配中心"的权力主体，有组织和有规模地提供援助和慈善，而圣徒们通过神话和仪式的训练来屈服于圣人，通过从分配中心获得物质后得以救赎。因此，宗教的文化机构成为摩洛哥慈善和救济的分配中心，并日益发展成为摩洛哥文化嵌入的组成部分。❸ 在穆斯林中，慈善是一种宗教禁令，上帝和所有的信徒一起互相帮助，先知出现在不同的圣训中，督促穆斯林对穷人慷慨和仁慈。可以说，伊斯兰的慈善模式发展出了针对市场化和全球化的文化抵抗模式：出于需要而非消费和欲望的人生哲学，自我满足允许人们给予他人帮助，而贪婪——对占有的过度欲望可能导致对他人的剥夺。为了忠于节俭，伊斯兰教徒们回归到清真寺寻找不同于城市生活方式，并将其发展为他们眼中的现代文化项目。❹

另外，从20世纪80年代开始，摩洛哥传统的文化土壤也开始发生变化，私人资本被鼓励参与文化宣传，许多文化项目开始由民间社会团体赞助，赞助类型涉及文化发展的多个领域，其中最重要的是历史遗址的修复和维护。一些私人机构参与了考古遗址的保存和恢复工作，其中最著名的是梅齐安班加隆基金会（Mezian Banjalon Foundation）、奥玛尔班加隆基金会

---

❶ World Cultural Policies: The International Database of Cultural Policies, Prepared by IFACCA, 2014 [EB/OL]. (2015-12-13) [2018-07-05]. http: //www.worldcp.org/morocco.php.

❷ MAAROUF M. The Cultural Foundations of the Islamist Practice of Charity in Morocco [J]. Journal of Religion and Popular Culture, 2012 (24): 29-66.

❸ MAAROUF M. The Cultural Foundations of the Islamist Practice of Charity in Morocco [J]. Journal of Religion and Popular Culture, 2012 (24): 29-66.

❹ MAAROUF M. The Cultural Foundations of the Islamist Practice of Charity in Morocco [J]. Journal of Religion and Popular Culture, 2012 (24): 29-66.

（Omar Banjalon Foundation）、卡里姆·奥姆拉尼基金会（Kareem Al-Omrani Foundation）、ONA 基金会（ONA Foundation）和阿多哈基金会（Addoha Foundation）。这些基金会与其他机构合作取得的主要成就包括：在菲斯（Fes）重建布纳亚（Bounaya）学校；与文化部合作，重建瓦利利（Walili）历史遗址；与阿夫里基亚（Afriquia）和索梅皮（Somepi）团体及马德里考古研究所（Archaeological Institute in Madrid）合作，恢复坦穆尔清真寺（Tanmul Mosque）。

除了与文化部有联系的16个博物馆和与其他公共或准公共机构有联系的5个博物馆外，私营机构还资助了11个各类博物馆：菲斯的博伊斯博物馆（Bois Museum in Fes）、当代艺术博物馆（Villa des Arts, Arts Contemporains Museum in Casablanca）、卡萨布兰卡的民族志博物馆（Ethnographique Museum in Casablanca）、伯斯拉民族拱廊博物馆（Ethno‐Archéologique Museum in Basla）、马拉喀什民族志博物馆（Majorelle Ethnographique Museum in Marrakech）、马拉喀什的当代民族艺术博物馆（Ethno-Archéologique et Arts Contemporains Museum in Marrakech）、位于丹吉尔的民族文化博物馆（Ethnographique-Peinture Museum in Tangier）、在丹吉尔的福布斯博物馆（Forbs Museum in Tangier）、在丹吉尔的拉兰博物馆（Laurain Museum in Tangier）、丹吉尔的艺术博物馆（Peinture Museum in Tangier）、马拉喀什的伯特·弗林特博物馆（Bert Flint Museum in Marrakech）。

摩洛哥国家文化行动基金（The National Fund for Cultural Action）也在助力文化方面发挥了巨大作用。该组织成立于1983年，创始之初的主要目的是审计与文化有关的项目，同时评估古迹和考古的国家遗产及艺术创造力和文化振兴的发展。按照第2.00.345号法令第4条的规定，该基金会主要通过分发资金以支持戏剧作品的制作和宣传，其收入主要来自文化部运营的博物馆、历史遗址和纪念碑的售票、音乐机构的登记费及文化部出版物的收益。2007—2009年，该基金的年增长率为29%，当时该基金的收入为2.56亿荷兰盾（MD）。❶

---

❶ World Cultural Policies: The International Database of Cultural Policies, Prepared by IFACCA, 2014 [EB/OL]. (2015-12-13) [2018-07-05]. http://www.worldcp.org/morocco.php.

另外还有许多公共服务团体赞助科学和知识研讨会及摩洛哥的文学和艺术节,其中最主要的有拉巴特国际文化艺术节、世界精神音乐节、马拉喀什民间艺术节、沙漠音乐节及阿西拉国际文化季。活跃的公共服务团体包括费兹赛义斯协会、拉巴特阿布里查拉克协会、拉巴特法塔赫协会、马拉喀什阿尔阿特拉斯协会等。此外,1961年成立的摩洛哥作家联盟在文化历史发展领域发挥了重要作用,与摩洛哥诗歌院和摩洛哥戏剧专业人员联合会构成支持文化领域的重要民间独立协会。在各种赞助团体中,最负盛名的赞助方式是由君主授予的,申请人必须通过王室内阁的审查,但是王室内阁的运作方式相当不透明,然而一旦获得了王室的赞助,就会更容易吸引更多的赞助和媒体的报道。❶

摩洛哥另外一个独特之处在于它通过与外国文化机构合作来丰富文化财政的来源。摩洛哥商务部和地方当局与国外机构合作为当地的文化项目和方案提供资金。资金支持文化基础设施发展项目及文化设施,特别是在农村和贫困地区,包括建造和运营公共图书馆、文化馆、音乐学院、剧院和文化场所。所提供的资金也用于修复和维护古迹。摩洛哥政府与外国机构合作了主要以下4个标志项目。第一,媒体图书馆项目:该项目于2003年启动,建立了11个媒体图书馆,并与这些图书馆的60个扫盲中心合作,以支持城市、半城市和农村地区的扫盲方案。该项目通过外交部与地方当局及法国大使馆文化部门之间的伙伴关系执行,地方当局提供所需房地,而莫桑比克商务部和法国大使馆提供设备、文件、办公室家具和智能设备。该项目的费用为1070万美元,其中350万美元由法国提供。❷ 2008年,10个配备扫盲中心的媒体图书馆已经完成。第二,多样的文化项目:这些项目主要建设和装备若干文化设施,包括为文化中心和博物馆提供必要的资金。这些项目的资金总额为750万迪拉姆,部分由安达卢西亚政府资助,其中的一些项目已经

---

❶ GRAIOUID M, TAIEB B. Cultural Production and Cultural Patronage in Morocco: The State, the Islamists, and the Field of Culture [J]. Journal of African Cultural Studies, 2013 (25): 261-274.

❷ World Cultural Policies: The International Database of Cultural Policies, Prepared by IFACCA, 2014 [EB/OL]. (2015-12-13) [2018-07-05]. http://www.worldcp.org/morocco.php.

完成，如位于特托安的现代艺术博物馆和拉拉什剧院，其他项目仍在建设之中。第三，绿洲岛文化传统复兴项目：该项目是通过与意大利政府合作实施的。它于 2008 年初落成。意大利贡献了项目总成本的 50%，大约 150 万欧元。❶ 第四，移居巴黎艺术后之城项目：该项目由法国驻拉巴特大使馆的商务部和文化管理局监督。它以刚刚开始职业生涯的摩洛哥艺术家、作家、编剧为资助对象，在 3~9 个月的时间里（委员会保留根据申请人项目的性质延长居住期的权利）允许他们获得居住、会议、工作和学习空间。艺术家实习期后的效果将由驻地管理部门和文化管理局在居住期结束时，从法国大使馆进行评估。艺术家在返回摩洛哥后一个月内向法国大使馆向文化部和文化管理局提交一份详细报告。然后，委员会将对这位艺术家的居留效果进行小组评估。该委员会根据艺术和文学领域的能力对文件进行审查。委员会成员的任期为两年，可以选择由商务部批准延长其成员资格，其中包括法国大使馆文化管理局选出的代表他们参加委员会的成员。

---

❶ World Cultural Policies: The International Database of Cultural Policies, Prepared by IFACCA, 2014 [EB/OL]. (2015-12-13) [2018-07-05]. http: //www.worldcp. org/morocco. php.

第五章 "一带一路"沿线国家微观文化领域政策

微观文化领域政策既包括文化产业领域也涵盖公共文化事业领域。本章从文创产业、文化遗产、语言保护、公民和社会参与等方面切入,全面剖析了"一带一路"沿线国家在面对数字化发展背景下,采用的相关政策机制,从而为中国与各国建立文化领域全面合作与交流奠定学术基础。

本章侧重于探讨微观文化领域政策在"一带一路"沿线国家中的含义及运作。微观文化领域政策与文化法律形成了鲜明的对比。虽然早在1709年，英国议会就通过了世界上第一部版权法，文化产业法律的渊源可以追溯至200多年前欧洲王室对文化活动和作者的有限庇护，然而，从文化政策来看，20世纪80年代之前，这些国家的文化政策焦点却普遍集中在社会政治领域，而忽视了文化资源的经济功能。20世纪80年代兴起的新公共管理运动席卷全球，使文化管理打破了传统组织僵化的体制与法令的束缚，文化政策开始从单纯强调政治教化和文化教育转向与经济发展并重，甚至完全转向以创造财富为重心。❶ 与此同时，几乎所有国家都对文化遗产政策有不同的规定，无论这些国家的文化遗产在数量和质量上有多么不同，文化遗产政策都发挥着至关重要的作用。此外，还有一些国家则着重加强语言保护政策，并将其视为政府合法性、国王权威和民族团结的重要象征。基于以上文化政策在各国的实施状况，本章将从文创产业、文化遗产、语言保护、公民和社会力量参与及文化艺术数字化等方面着手，剖析各国文创产业政策模式与其他传统产业政策的异同，以及公民参与在微观文化领域的价值，各文化组织在协助和补充国家与地方政府责任方面所发挥的作用。

---

❶ 陈杰，闵锐武. 文化产业政策与法规 [M]. 青岛：中国海洋大学出版社，2006：15.

第一节　各国文创产业政策

自 1998 年英国政府推出"创意产业发展"（Creative Industries Mapping Document）政策之后，世界范围内的创意产业政策在进入 21 世纪之后出现了爆炸式增长❶，仅拿欧洲来看，2002 年，欧洲的创意产业拥有 640 万劳动力和 140 万家企业，实现了 5560 亿欧元的营业额，该产业增加值估计为 2150 亿欧元。❷ 那么，文创产业政策与其他产业有何异同？全球文创产业政策有何相通和差异之处？各国又普遍聚焦文创产业政策的哪些方面并实施何种政策工具？本节将对上述问题进行一一解析。

一、文创产业与其他传统产业政策的异同

当代各国的文创产业政策构成了各国经济政策的一部分，同时也是各个国家或地区经济发展政策的重要一环，然而，作为一个新兴的产业，文创产业的界定是什么、其政策目的何在，在其作为概念提出后的十多年期间一直被激烈争辩着。❸ 在经过十多年的发展之后，这一产业的界定终于逐渐清晰，并呈现了与传统产业相似的视角，国内生产总值、失业率、国际收支、通货膨胀等传统产业指标都可以适用于该产业，因此，该产业迅速引发了政策反应，并带来

---

❶ CUNNINGHAM S. Creative Industries as Policy and Discourse Outside the United Kingdom [J]. Global Media and Communication, 2007 (3): 347-352.

❷ 参见 Culture and Creative Industries in Germany for UNESCO, 2007。

❸ CUNNINGHAM S. Creative Industries as Policy and Discourse Outside the United Kingdom [J]. Global Media and Communication, 2007 (3): 347-352.

了特别迅速的政策扩散过程，文创产业最终得以作为一个独立的经济部门进入政策和主流的话语体系当中，文化政策的经济学研究路径也横空出世，并"倾向于从经济学层面和维度探讨文化政策的含义及文化政策的运作，侧重于文化的经济效益和文化的开发利用"❶。因此，经济思维和市场理论构成了文创产业政策模式的主导性思维，同时注重以文化经济学为理论基础，更加重视文化在增加收入、促进就业、创造经济效益等方面所发挥的重要作用。

然而，文创产业虽然与其他产业同属独立的经济领域，但是它以生产和提供文化及创意内容为主的特点，相较于其他传统产业，表现出多个特点。德国学者对此进行了详细总结：第一，文创产业可能同时包括了生产、服务和分销部门，且跨越不同的细分行业，而汽车或化学工业在内的传统工业分支部门往往是"生产部门的同质分支"；第二，文创产业作为"跨部门的经济综合体"，可以同时跨越多种经济部门，而传统产业可能仅仅涉及一个或少数经济部门，不可能像文化产业那样成为一个跨越多部门的综合体；第三，文创产业存在数量众多的微型或小型企业，甚至一个人的企业，而传统产业可能仅仅为一个整体产业结构；第四，文创产业市场细分的多样性和碎片化使人们很难获得市场上所有相关参与者的信息，并做出市场预测；第五，文创产业的参与者主要是价格接受者，他们被迫"接受"由供需决定的价格；第六，文化产业的风险很高，市场机会极其多变；第七，文创产业具有技术创新与非技术创新结合的特点，虽然它一方面受到技术创新的强烈驱动，另一方面非技术创新也在促使其快速变化；第八，作为一种新型的重点产业，文创产业在社会、政治和行政方面没有或只有很微弱的利益集团代言者。❷

文创产业与传统产业的上述不同决定了文创产业政策与其他产业政策的本质差异。首先，文创产业横跨多个部门的特性使其可能发挥连接不同产业的纽带作用，从而带来整个产业政策的创新和革命。"其他可能从未遇到过的不同项目能够借助于文创产业的概念，跨越分隔它们的空间相互交流。这种全球形式所促成的任何新的和意想不到的联系都预示了创新的政策解决方

---

❶ 方彦富. 文化政策研究的兴起［J］. 福建论坛（人文社会科学版），2010（6）：52-57.
❷ 方彦富. 文化政策研究的兴起［J］. 福建论坛（人文社会科学版），2010（6）：52-57.

案和政治项目。"❶

其次,文创产业市场细分的多样性、碎片化及数量众多的中小微企业要求更加良好和全面的政策环境。仅以德国和韩国为例,德国在所有文化生产部门中都出现了越来越多的小型或超小型企业,甚至还出现了一个人企业,这些小微型企业的数量超过了其他产业的平均水平,这已经成为德国文化产业的主要特点。因此,这些企业雇用的人数也远远低于其他产业。例如,2006年文化产业的企业数量占企业总数的比例高达98%,文化产业的企业平均雇用不超过5人,而传统产业,如整个化学工业可能仅有几千家公司,企业平均雇用人数却平均高达128人。❷再来看韩国,文化产业经营单位以小微型为主,无论是人员规模还是销售额的规模都较小,主要集中在首尔及周边地区,首尔市和京畿道的文化产业经营单位最多,分别占到了全国的32.2%和19.5%。2015年,韩国文化产业的经营单位有10万余家,音乐业经营单位最多。从经营单位规模看,9人以下的经营单位占全部文化产业经营单位的92.7%,1~49人的经营单位占全部文化产业经营单位的5.8%,50人以上经营单位占全部文化产业经营单位的1.4%。销售额在10亿韩元以上的经营单位占全部文化产业经营单位的7.8%,销售额在10亿韩元以下的经营单位占全部文化产业经营单位92.2%。❸上述文创产业的特点迫使相关政策只有从整体产业全面入手,为其提供良好的政策环境,而非只为排名靠前的大公司创造有利条件,才能增加文创产业的增值潜力。

最后,文创产业缺乏利益集团代言者,从而迫使文创产业政策必须加速其扩散过程,因为只有政策扩散过程成为一个积极的政策转移过程,文创产业专家才有可能组成多元化政策的共同体,各种各样的个人、团体、社区才会在文创产业出现的所有地方进行测量、报告、确定问题、制定政策,并主动采取行动。

---

❶ PRINCE R. Globalizing the Creative Industries Concept: Travelling Policy and Transnational Policy Communities [J]. The Journal of Arts Management Law and Society, 2010, 6 (2): 119-139.
❷ 方彦富. 文化政策研究的兴起 [J]. 福建论坛(人文社会科学版), 2010 (6): 52-57.
❸ 林鹏. 韩国文化产业发展研究 [D]. 延吉: 延边大学, 2017: 18.

二、全球文创产业政策目标及重点

虽然各国有不同的历史、政治、语言和历史，各地的文创产业政策在全球也具有高度的地理差异，但是不同的国家都比较倾向于拥抱并发展这一与其他产业迥然不同的朝阳产业，因而使文创产业迅速实现了全球化。究其根源，从客观方面来说，文化产业似乎天生具有一种可以被不同社会和文化所吸收的柔韧性，它在"不同的社会和文化情境中具有去语境化、再语境化、抽象性和移动的独特能力"[1]，其"定义和构成没有特定的地理属性或者背景属性，它存在于任何有创意产业存在的地方"[2]，即便是那些在文化产业方面一直基本隔绝的地方，它仍然能够快速转移和被吸收。从主观上看，不同国家的政策参与者都试图将这一概念纳入自己国家的政治项目中，并采取了支持文创产业的发展战略，创意产业因而通过参与政治和技术的复杂过程而得以全球化，从而使文创产业政策在全球表现出多样化的特点。[3]

文创产业的全球化具有鲜明特点，这一个性使全球文创产业关注的目标群体也与众不同，不同国家的文创产业政策在关注少数文化群体、挖掘本土文化独立性、解决就业人口及应对气候变化等方面各有侧重。正如罗塞尔（Russell Prince）所指出的，创意产业的概念在全球范围的吸收并没有遵循任何隐含的逻辑或指导策略，它在各地是创新和发明的，同时又是分离和偶然的。[4]

---

[1] COLLIER S J. Global Assemblage [J]. Theory, Culture, and Society, 2006 (23): 399-401.

[2] PRINCE R. Globalizing the Creative Industries Concept: Travelling Policy and Transnational Policy Communities [J].The Journal of Arts Management Law and Society, 2010, 6 (2): 119-139.

[3] COLLIER S J. Global Assemblage [J]. Theory, Culture, and Society, 2006 (23): 399-401.

[4] RICHARDSON J. Government, Interest Groups and Policy Change [J]. Political Studies, 2000 (48): 1006-1025.

(一) 关注少数文化群体

德国文化产业中小微型企业的数量超过了其他产业的平均水平。因此，这些企业雇用的人数也远远低于其他产业，因此，多元文化领域的小众性构成了德国文化产业的特点。针对上述特点，德国确立了以下总体文化政策目标：保证艺术的自由发展，并为所有公民获得艺术和文化提供便利，同时将那些不代表多数的目标群体和国际文化交流作为德国文化政策重点关注的对象，其中艺术家一直是德国文化政策的关注重点，如艺术家的工作室租赁支持、住宅、奖品等都是德国文创产业政策扶持的重点。另外，德国学者也指出了这些政策的不足之处："支持大多是为了资助一个展览项目，同时为满足公众需要而设计的，很少考虑艺术家个人或作为集体的事业发展"❶，因此，虽然大多数的德国文化政策针对公众的整体影响，艺术家也受到重视，但是他们被视为一种手段，艺术家作为一个专业群体仍然没有被充分代表，尤其在政策的实施过程中，艺术家感觉不被认可或不被代表，从而与任何形式的管理保持距离。❷

在西班牙，区域政府的文化部门、省议会和镇议会负责对艺术家的支持。在双语地区，对艺术家的支持被视为促进区域语言的一个组成部分，这些自治区的文化方案往往以鼓励当地文化产业的发展为基础，如2002年在萨拉曼卡举行的欧洲文化之都（European Cultural Capital in Salamanca 2002）、2003年在加泰罗尼亚的"设计年"（Design Year 2003 in Catalonia）、2004年在巴塞罗那举行的世界文化论坛（Universal Forum of Cultures 2004 in Barcelona），以及2005年在卡斯蒂利亚—拉曼恰社区举办的纪念活动（commemoration of the Quixote Year 2005 in the Castile-La Mancha community）和2015年唐吉柯德六世纪（Ⅵ Century of the Second Part of the Quixote），这些活动在促进和传播地方创造力方面发挥了很大作用。

---

❶ WESNER S. ArtistsVoices in Cultural Policy Careers: Myths and the Creative Profession after German Unification [M]. Manhattan: New Prairie Press, 1994: 112.

❷ WESNER S. ArtistsVoices in Cultural Policy Careers: Myths and the Creative Profession after German Unification [M]. Manhattan: New Prairie Press, 1994: 100.

(二）挖掘本土文化独立性

加拿大的文创产业政策重点和目标是挖掘本土文化的独立性，其根源在于加拿大的电影电视和图书出版业都面临来自邻国美国的强大压力，其中电影电视业面临的一些主要问题包括：国际上对加拿大电视节目的需求出现周期性下降；国内"高端"电视节目的稳定融资持续脆弱，加拿大方案拟订国际筹资活动减少；电影营销资金不足；保持加拿大法语电影和电视节目受众观看的前提下增加展示加拿大文化内容的英文节目的迫切性；版权和商业模式问题；其他国家在吸引外国拍摄地点方面竞争加剧，以及加拿大合作生产活动的减少。与之类似，加拿大图书出版业也面临如下主要挑战：在加拿大生产和销售的书籍费用高昂；连接零售和出版业的中间公司寡头化导致的所有权问题；外国出版商对国内出版商构成的竞争威胁及确保加拿大个别出版商传承；确保出版商、批发商和零售商之间建立有效的分销系统；外国所有权和市场份额问题，如在加拿大经营的外国出版商中有5%的公司创造了超过33%的行业利润，这些利润通常比加拿大书籍出版公司的平均利润高出10%。❶ 针对上述挑战，加拿大增加了在电影部门的投资，旨在鼓励和促进加拿大电影电视的制作和发行，此举是基于电影电视对文化发展的重要性及对文化表达和特性强大持久的影响。针对这些挑战，加拿大政府在支持杂志和报纸方面采取了双管齐下的办法，即通过立法来影响某些市场条件和直接提供资金支持方案。

(三）解决就业人口

解决就业人口是各国文化创意创政策的重要目标之一。加拿大的文化劳动力始终是加拿大迅速变化的文化环境中研究和辩论的主要课题。由于文化工作的定义不同，文化工作的计算方法、数据来源和数据生成程序不同，文化职业的衡量和分类仍然存在问题。为了解决这一问题，加拿大每五年一次进行人口普查、劳动力月度调查及年度或半年一次的文化调查，以便及时跟

---

❶ 欧洲文化政策［EB/OL］.（2017-12-13）［2018-05-16］.http://www.worldcp.org/profiles-cr.php.

踪文化劳动力的数据，其中加拿大统计局为人口普查目的而确定的文化劳动力包括在文化遗产、文化产业和艺术产业等领域中工作的成人。❶ 此外，加拿大还开设"加拿大青年工程"（Young Canada Works）项目，为文化领域的求职者和雇主提供各种暑期工作和实习，在校生可以申请两个暑期工作项目，而毕业生则可以申请两个实习项目，另一方面符合条件的雇主则可以获得工资补贴和青年人才库的使用。

自 2010 年以来，意大利经济总体下行影响，媒体和表演艺术界的就业呈下降趋势。2010—2013 年，该领域在音乐、戏剧、电影和广播电视方面的就业人数实际减少了 13%。但 2014 年相较于 2012 年，尽管国民就业总数下降了 2%，文化和创意产业的就业却增长了 1.4%，其中文物领域保持 7.9% 的增速，表演和视觉艺术界增速为 6.4%，远高于整个创意产业 0.4% 的增速。2014 年，文化和创意产业雇用的总人数达到 140 万人，其中创意产业有 75 万人，文化产业有 65 万人（比欧统局定义更为广泛）。❷

德国文创产业在就业人口方面也取得了明显收效。2015 年，大约 25 万家公司创造了 1500 亿欧元的月营业额，整个文创行业贡献了 655 亿欧元，约占德国 GDP 的 2.2%。❸ 从结构上看，该产业传统上以小微企业为主，平均公司雇员人数为 4.33 人，其中平均有 3.33 人需要缴纳社会保险费，与整体经济的平均公司营业额相比，每家公司的平均营业额仍然相对较低。从整个德国的文化产业来看，该行业的每个核心雇员产生的营业额为 13.86 万欧元，为总产值贡献了 6 万欧元。近年来，自雇人士在所有核心就业者中所占的比例有所下降，目前约为 23%。❹

---

❶ WESNER S. Artists Voices in Cultural Policy Careers: Myths and the Creative Profession after German Unification [M]. Manhattan: New Prairie Press, 1994: 100.

❷ 欧洲文化政策 [EB/OL]. (2017-11-03) [2018-06-25]. http://www.worldcp.org/profiles-cr.php.

❸ 参见 Federal Ministry for Economic Affairs and Energy (BMWi) Public Relations, Monitoring Report 2016: Selected Economic Key Data on the Culture and Creative Industries。

❹ HYLLAND O M. Negative Cultural Policy: Tools, Elements and Analytical Potential [J]. Nordisk Kulturpolitisk Tidsskrift, 2020 (23): 143-158.

（四）应对气候变化

与以上国家均不同，英国政府文创产业政策的一个独特目标是应对气候变化。英国制定了一个关于应对气候变化的目标，即到 2050 年减少 80% 的碳排放量。为了达成这一目标，基于文创产业轻资产和无污染的特点，英国开始挖掘文化产业在应对气候变化方面所做的贡献。通过协助文化机构实现成本节约，既可以减少碳排放，又有助于文化机构的可持续性发展。其中的一个典型案例是国家剧院与飞利浦电子公司结成伙伴关系，每年节省了约 10 万英镑的照明费用。基于大量案例和研究，应对气候和环境挑战已经成为英国文化机构的政策优先事项之一。

三、文创产业政策实施主要工具

作为"政府影响行为的一种技术"❶，政策工具被界定为"政府当局行使其权力，同时试图确保支持、影响或防止社会变革的一套技术"❷，文化政策工具也毫不例外地适用上述政策工具的主要特点。马吕斯·海兰（Ole Marius Hylland）教授从上述特点出发，根据"支持"或"防止"社会变革的标准，将政府影响文化行为的技术进一步分类为"积极文化政策"（Positive Cultural Policy）和"消极文化政策"（Negative Cultural Policy）。他认为从历史上来看，文化政策从诞生开始往往是消极的和负面的文化政策，后来逐渐变成了正面和积极的。❸ 文化政策工具的这两种独特属性分别有不同的目的：积极文化政策的目的是使艺术和文化的生产、分配和消费成为可能，从而有助于创作者和消费者的积极自由，而消极文化政策是通过实施障碍和约束，使生产、分配和消费变得更加困难或不可能，以此来故意减少文化自

---

❶ HYLLAND O M. Negative Cultural Policy: Tools, Elements and Analytical Potential [J]. Nordisk Kulturpolitisk Tidsskrift, 2020 (23): 143-158.

❷ VEDUNG E. Policy Instruments: Typologies and Theories [M]. Piscataway: Transaction Publisher, 1998: 21-58.

❸ 欧洲文化政策 [EB/OL]. (2017-11-03) [2018-06-25]. http: //www.worldcp.org/profiles-cr.php.

由的一种方式。❶

（一）积极文化政策

积极文化政策是政策学分析中最受关注的文化政策类型，它的主要目标是创造有利于文创产业发展的所有工具和条件。加拿大主要采用两种重要的积极文化政策实施工具：PAA 和 ICD。PAA 是指项目活动框架（Programme Activity Architecture），它提供了项目活动、战略、资源分配和问责制的结构，是加拿大的主要文化政策工具。❷ ICD 是指跨文化对话（Intercultural Dialogue），指在加拿大人口之间有目的的联系，以促进人们的意见和看法的交流，并使人们可以共同接触到由公共议程代表的文化和公民投入的复杂多样性。该政策工具要求更系统地融合利益部门、跨部门交流和伙伴关系，加强文化外交和贸易，促进多元文化主义和文化政策之间的联系，加强国际文化合作，是从文化的创造者到消费者和保护者的文化和公民一体化的重要步骤。❸

芬兰和西班牙采用间接或直接财政资助的积极文化政策工具。芬兰资助的方式主要有以下三种：直接资助艺术、艺术家和艺术创意；对所有的公共和非营利性文化和艺术机构进行财政支持；对文化产业，尤其是电影和新闻给予适当补贴。❹2015 年，芬兰教育和文化部制定并更新了国家战略，其战略目标是未来十年让芬兰在经济和文化创新能力、竞争性方面跻身世界前列，增加并促进对新的文化内容和结构的理解、确定芬兰竞争优势的要素并利用其指导行业转型，进一步理解并引导将教育与文化作为商业活动、创造繁荣的地区和文化经济环境、建立新的治理和伙伴关系模式，引入新的服务生产模式来发展文化和经济环境，并改善社区管理职能。❺

---

❶ HYLLAND O M. Negative Cultural Policy: Tools, Elements and Analytical Potential [J]. Nordisk Kulturpolitisk Tidsskrift, 2020（23）：143-158.

❷ 参见 *Compendium of Cultural Policies and Trends in Europe*（12th Ed., 2011）。

❸ 参见 *Compendium of Cultural Policies and Trends in Europe*（18th Ed., 2017）。

❹ 参见 *Compendium of Cultural Policies and Trends in Europe*（18th Ed., 2017）。

❺ 参见 *Compendium of Cultural Policies and Trends in Europe*（18th Ed., 2017）。

西班牙政府的资助重点是中小企业，因为它们是西班牙文化和创意产业的核心并发挥着关键作用。针对这些中小企业在文化和创意项目中的融资问题，政府实施了资本赠款制度以促进文化公司的现代化、创新和技术升级，同时增加互联网上文化内容的供给。此外，西班牙政府通过项目资助的方式支持艺术家，如教育、文化与体育部和外交与合作部（Ministry of Foreign Affairs and Cooperation）合作制定各种方案以便在全世界推广当代西班牙艺术家及其艺术品，其中包括《2012—2015年总战略计划》，西班牙政府通过美术促进总局（Sub Directorate-General for the Promotion of Fine Arts）启动了若干项目来促进和传播西班牙新兴艺术家的作品，如口头回忆在线平台（On-Line Platform Oral Memories）、在线建筑竞赛（Contest On-Line of Architecture Transitarte）、"A3 bandas"展览方案及"咖啡档案"（Café Dossier）方案、"开放式工作室"（Open Studio）和"当代艺术网络"（Arttextum-Network of Contemporary Art）；在2014年教育、文化与体育部还启动了艺术家虚拟办公室（Virtual Office of the Artist），其目的是为创造性活动提供发展条件，提供培训服务并促进艺术家及其作品在国内外的传播。

（二）消极文化政策

马吕斯·海兰教授对消极文化政策进行了界定："由政府或（和）第三方政府实施的任何一种有意的、系统性的阻碍文化生产、传播或消费的障碍。"❶ 由此可以看出，消极文化政策是由一个有影响力和权力的实体与文化生产和分配行为之间的运作关系组成的，当这种关系具有压制性、阻碍性和强制性时，就会产生消极的文化政策。这表明文化政策并不总是或不只是促进生产力的政策，有时它可能是适得其反的政策，从而或明或暗地为文化表达设置障碍。

随着时代和技术的发展，消极文化政策的方式也在不断更新换代，从立法、监管、财政到技术措施，其中，立法、监管和财政属于消极程度较高的

---

❶ HYLLAND O M. Negative Cultural Policy: Tools, Elements and Analytical Potential [J]. Nordisk Kulturpolitisk Tidsskrift, 2020 (23): 143-158.

工具，而技术措施则属于消极程度较低的工具。首先，在大多数国家，立法都是一种与消极文化政策高度相关的工具。例如，早在17世纪40年代，英国清教徒统治时期就禁止剧院的表演。1642年，伦敦也引入类似的剧院禁令，并于1648年短暂加强之后，最终于1660年解除。丹麦也早在1738年明确禁止公开表演，19世纪的丹麦作家还必须得到当地警察局长的批准才能出版任何作品。❶ 此外，在不同的地理和历史背景下，文化的生产和传播都可能遇到法律许可的授权，如果未经允许而演奏、出版或表演可能会被视为犯罪，如苏格兰的剧院执照制度，没有许可证表演戏剧是一种犯罪行为。❷ 直到今天，非营利组织索引和指南在以下5个不同的领域出版了审查所禁止的事项：种族与宗教、淫秽出版物、公共秩序、反恐和儿童保护。❸

其次，监管是消极文化政策最为普遍的一种形式，公共机构的电影评级、分类及印刷品的预先审查都属于此类。欧洲国家的政府审查制度一直持续到20世纪，丹麦直到1954年才结束了戏剧审查制度，英国的审查制度正式保留到1968年。监管是由公共权威的某种层次或实体组织的机构来进行的审查制度，但是审查的主体不一定是政府或公共机构，也可以是企业，如英国和挪威的国家广播公司都曾经在广播中删除过歌曲。❹ 澳大利亚的媒体被认为是"所有西方国家中最挑剔的监管机构"，它们根据音乐的冒犯性内容将其分为三级，其中的第三级产品不能出售给18岁以下的人。❺

再次，财政手段是消极性文化政策中效果最为立竿见影的方式，其中的额外税收或取消免税都作为一种潜在工具，通过减免或削减税收来刺激文化

---

❶ HYLLAND O M. Negative Cultural Policy: Tools, Elements and Analytical Potential [J]. Nordisk Kulturpolitisk Tidsskrift, 2020 (23): 143-158.

❷ HYLLAND O M. Negative Cultural Policy: Tools, Elements and Analytical Potential [J]. Nordisk Kulturpolitisk Tidsskrift, 2020 (23): 143-158.

❸ HYLLAND O M. Negative Cultural Policy: Tools, Elements and Analytical Potential [J]. Nordisk Kulturpolitisk Tidsskrift, 2020 (23): 143-158.

❹ HYLLAND O M. Negative Cultural Policy: Tools, Elements and Analytical Potential [J]. Nordisk Kulturpolitisk Tidsskrift, 2020 (23): 143-158.

❺ WHEELAN A. Australian Media Classification: Depictions, Descriptions, and Child Protection as Logic of Regulation [M]. Cambridge : Researching Music Censorship, Cambridge Scholars Publishing, 2017: 185-205.

生产，但是这类政策优势也会起适得其反的效果。仅以加拿大为例，加拿大的文化政策重点之一是保护美国围攻下的本国文化产业的发展，因此，面对来自美国期刊业的挑战，加拿大政府在支持杂志和报纸方面采取了立法和直接提供资金的"双管齐下"的办法影响加拿大本土期刊的市场条件，但是这样的财政支持主要手段是保护，而非发展，因此反而使本国文化产品缺乏竞争力。加拿大从20世纪30年代就开始实行限制外国期刊进口的措施，几十年的保护使本国出版业像被保护的花朵，缺乏竞争力，最终使上述财政手段成为束缚本国文化产业发展的枷锁。❶

最后，技术是随着互联网出现而兴起的一种消极文化政策工具，算法审查、政府对电影制作和媒体的严格控制、基于点击的文化经济等因素都促使消极文化政策的迅速发展。事实上，消极文化政策的主体未必是政府或者不一定仅仅由政府单独执行，随着数字文化传播和消费的稳步增长，人工智能等的技术内容控制开始被传媒公司使用，而成为一种新型的文化政策工具。那些影响巨大的全球传媒公司也随之成为新型的消极文化政策主体，如脸书（Facebook）最广泛的工具之一就是使用算法来决定是否删除那些不被需要或禁止的内容。❷ 这就为"算法文化政策"（Cultural Policy of Algorithms）提供了例证，也就是使用算法来个性化定制、规范、调整和促进文化内容。❸ 大量证据表明，文化的生产手段和调控手段通常是同时发展的。❹ 随着数字文化传播和消费的稳步增长，人工智能等技术内容控制日益成为当代消极文化政策的核心部门，也成为全球媒体公司和政府的强大控制工具。这种控制工具的强制度比较高，而可见度和透明度比较低，从而对传统的政府文化监管构成了挑战。

---

❶ 张玉国. 国家利益与文化政策 [M]. 广州：广东人民出版社，2005：259.

❷ WAGNER B. Algorithmic Regulation and the Global Default: Shifting Norms in Internet Technology [J]. Nordic Journal of Applied Ethics, 2016 (10): 5-13.

❸ HYLLAND O M. Negative Cultural Policy: Tools, Elements and Analytical Potential [J]. Nordisk Kulturpolitisk Tidsskrift, 2020 (23): 143-158.

❹ GREEN J, KAROLIDES N J. Encyclopedia of Censorship [M]. New York: Infobase Publishing, 2005.

第二节　各国文化遗产政策

从历史来看，文化遗产政策经历了从文化价值向经济价值的"扩容"：20世纪的文化遗产政策主张任何文化遗产的政策都应当纯粹根据文化的力量来做出决定，因为他们担心决定文化的力量会不可避免地转变成经济因素，所以文化遗产政策学界普遍倾向于排斥经济学家。然而，20世纪80年代后，全球大多数国家都开始采取对文化遗产管理的预算缩减和紧缩财政政策，加之保守人士认识到并非所有的经济学家都是只注重盈利的麻木不仁的人士，经济学家也可以致力于实现保护遗产项目，文化遗产政策学界开始向挖掘文化遗产的经济价值转向，并将主要任务集中在管理公共文化资产及对私人遗产管理的监督方面，以满足公共利益的需要。[1]

纵观当代各国的文化遗产政策，可以看出政府文化部门在几乎所有国家的文化遗产政策中都发挥着至关重要的作用，即使这些国家具有不同数量和不同质量的文化遗产。另外，有些国家的文化遗产政策的主体并不仅仅限于政府，企业、社会和民间力量等的共同参与为发挥文化遗产的价值起到了重要作用。此外，各国政府采取的文化遗产模式和政策手段也各有不同，公共支出、税收支出和管制等手段相混合的政策工具是各国普遍采纳的形式。

---

[1] 戴维·索罗斯比. 文化政策经济学 [M]. 易昕, 译. 大连：东北财经大学出版社, 2013：123.

一、各国文化遗产政策实施主体

根据公共物品经济学理论，文化遗产属于公共物品，它们提供的福利是非竞争性和非排他性的，人人都可以享受这种公共物品，且任何一个人的消费和享受都不会减少或阻碍他人的享受。与此同时，人们普遍认识到，市场不能确定以最优水平来提供文化这种公共物品及相关服务的使用价值，因此，为了公共利益，与文化遗产相关的需要不能仅通过市场程序来满足或完全满足，必须通过国家干预和公共部门的干预来纠正市场效率低下并弥补市场的不足。❶

（一）文化遗产政策实施首要主体

在文化遗产政策制定和实施主体方面，政府在当代几乎所有国家的文化遗产政策中都发挥着至关重要的作用，如加拿大从联邦政府成立以来就设置了相应的政府部门，对文化遗产物品、建筑物和遗迹进行保存，但是加拿大文化遗产政策并没有一项单一的、全面的和包罗万象的联邦目标声明。在德国，文化遗产政策也是该国家的文化政策优先事项，如保护重要的国家历史遗迹是德国联邦政府文化政策的一个主要重点。联邦政府通过的文化纪念碑方案（Wertvolle Kulturdenkmater）抢救和修复历史遗迹，1950—2018年，该计划已经花费3.75亿欧元用以保护和修复大约680个文化遗迹。2007年，联邦政府启动了一项价值4亿欧元的特别投资计划，并推出了总额约2.8亿欧元的9项关于文化遗产保护的特别方案。❷

（二）文化遗产政策实施多元主体

有些国家的文化遗产政策的主体并不仅仅限于政府，而是个人、企业、社会组织和民间等各种力量的结合。"文化遗产不仅揭示了人们对民族和群体身份的独特想象，而且具有内在的建构性、不和谐性和政治性，因此，文

---

❶ 参见 Héritage cultural: au Maroc Study commissionsed by the World Bank, 1999。

❷ 参见 Compendium of Cultural Policies and Trends（20th Ed., 2020）。

化遗产政策涉及认同的政治和多样性的治理"❶，因此，文化遗产越来越多地出现在政治、学术和非政府组织的话语系统中，如果理解文化遗产，就必须在它们履行的多重功能的背景下理解和探索。事实上，文化遗产概念本身就是在社会倡议、新型国家行政机构、遗产所有者和更广泛的历史文化之间相互作用的基础上发展起来的，在当代法国、德国和英国，公众对文化遗产的呼声远远超过了政府管理、议会立法和所有者接受干预的意愿。❷

有趣的是，法国的文化遗产政策并不是从最初就集合了上述各种力量，而是经历了从国家干预到各方集合的曲折历史变迁。从法国大革命到20世纪末，文化遗产曾经一直被视为国家建设的一种手段，但是自20世纪中叶开始，其内涵开始逐步扩充。根据法国文化政策学者菲利普·皮埃尔（Philippe Poirrier）的研究，自1959年法国成立文化事务部开始，其文化政策经历了初始期、摇摆期和巩固期三个阶段。❸ 在第一个阶段的文化政策初始期（1959—1970年），政府将历史遗迹的修复提高到了真正科学的地位，20世纪60年代前夕，修复遗迹的花费占据了文化部预算的60%以上。此外，政府通过建造"文化之家"来鼓励当代艺术，并于1964年推出了"法国历史遗迹和艺术珍宝总目录"（General Inventory of France's Monuments and Artistic Treasures）。

在第二个阶段的文化政策摇摆期（1959—1970年），法国社会经历了不断增长的城市化进程，资产阶级的文化价值观受到谴责，"生活在乡村"的口号引发了人们对地方生活这一主题的重新兴趣。"历史遗迹"（Historical Monument）开始不局限于"名作"（Works of Prestige），而是延伸到了"大

---

❶ WEINECK B. Alevi Cultural Heritage in Turkey and Germany: Negotiating "Useable Pasts" in Transnational Space [J]. European Journal of Turkish Studies, 2015（20）: 20.

❷ SWENSON A. The Rise of Heritage Preserving the Past in France, Germany and England, 1789-1914 [M] Cambridge: .Cambridge University Press, 2014: 329.

❸ POIRRIER P. Heritage and Cultural Policy in France under the Fifth Republic [J]. International Journal of Cultural Policy, 2003（9）: 215-225.

众社会生活和我们祖先的技术成就的最卑微的证据"❶，包括工厂、火车站、博物馆、咖啡厅等 19 世纪和 20 世纪的很多建筑都进入了主流文化遗产的范围。文化部长强调，文化遗产"不再是把我们和博物馆的展品分开的冰冷的石头或玻璃，而是也包含了小乡村教堂、当地方言、家庭照片、语言、书面和口头的传统等"，"一切见证人类在时间之路上前进的东西都应当被纳入文化遗产的概念中"❷。文化概念的扩大直接反映到了法国公共政策议程中。在 20 世纪 80 年代开始的第三个阶段文化政策的巩固期中，法国政府开始致力于为所有文物合作伙伴提供一个平台，并进一步致力于进一步扩大文化遗产的概念，打造"新遗产领域"的概念：从农村遗产到记忆场所，文化遗产扩充到了以往从未涉足的范围，1850—1950 年的文化遗产、工业和技术遗产、农村遗产、技能、社会仪式和习俗、礼拜场所、记忆场所、公园和花园都被收纳其中。文化遗产已经不再仅仅为国家历史服务，而是在当今的社会结构和身份认同中发挥着重要作用。❸

二、各国文化遗产政策目标、重点与手段

当代文化遗产管理政策框架的主要理念是"可持续发展"，其内涵包括：平等对待不同时代的人、不同社会阶层、收入、地理位置的人群都可以公平地享受文物遗产、通过遗产保护来维持文化多样性原则。❹ 在这个理念的指导下，各国文化遗产政策的目标和重点有一个共同点是：如何使用有限的资金在不同的遗产项目中做出选择，如何在保护、恢复、活化或再使用（Adaptive Reuse）各个环节中做出选择。

---

❶ POIRRIER P. Heritage and Cultural Policy in France under the Fifth Republic [J]. International Journal of Cultural Policy, 2003（9）：215-225.

❷ POIRRIER P. Heritage and Cultural Policy in France under the Fifth Republic [J]. International Journal of Cultural Policy, 2003（9）：215-225.

❸ POIRRIER P. Heritage and Cultural Policy in France under the Fifth Republic [J]. International Journal of Cultural Policy, 2003（9）：215-225.

❹ 戴维·索罗斯比. 文化政策经济学 [M]. 易昕，译. 大连：东北财经大学出版社，2013：124.

(一) 保护与活化利用文化遗产的理论平衡

传统文化遗产政策普遍侧重于文化的保护，然而，如果政府采取一种不恰当的保护主义，即通过远远超出成本和收益比较的合理性，而是一味保护遗产，就可能阻止公众充分享受再利用的机会，从而进一步导致文化遗产的潜在经济效益不能充分产生。世界银行在其文化遗产投资报告中也强调：文化遗产必须通过发展和现代管理提供的手段来实现保护，而不是仅仅通过传统的保存。"保存是良好管理的基本前提，但管理是在保存的基础上增加价值，使保存下来的资产更容易为更多的人所接受。"❶

各国也普遍认识到了上述单纯保护文化遗产的局限性，并开始逐渐关注文化遗产政策的"外差因素"（Benificial Externalities），也就是作为公共产品的文化遗产在生产和消费中会引发正面或负面的外溢效应（Spillovers Effects）。❷世界银行在进行了大量的文化项目投资考察后，对文化遗产的外溢效应给予了更进一步的详细剖析。世界银行认为，文化遗产管理的外溢效应包括经济影响和非经济影响两个方面：经济影响包括减少贫困、提高就业水平、文化产业和服务产业总支出和收入水平的积极影响、增加外汇收入等方面的积极影响；非经济影响包括提高教育水平和身份培养、增强社会凝聚力、丰富民族文化遗产及可持续地将文化遗产传递给后代的有益影响。❸世界银行同时强调了文化遗产在解决贫困和提高就业人口方面的突出贡献，许多农村地区往往有着丰富的历史遗迹，但同时也存在着根深蒂固的贫困，因此，在这些地方开发文化遗产项目可以有效地解决贫困。此外，文化遗产和相关文化旅游服务方面的就业已经成为吸收大量失业人口的重要途径。与此同时，世界银行还通过最新的经济评估证明与有限资源的竞争需求相比，许

---

❶ 参见 The World Bank Middle East and North Africa Region. Cultural Heritage and Development: A Framework for Action in the Middle East and North Africa, 2010。

❷ 戴维·索罗斯比. 文化政策经济学 [M]. 易昕，译. 大连：东北财经大学出版社，2013：40.

❸ 戴维·索罗斯比. 文化政策经济学 [M]. 易昕，译. 大连：东北财经大学出版社，2013：40.

多文化遗产的投资在总体回报和影响方面都能保持自己的优势❶，从而有力澄清了文化遗产项目经济收益无法与其他盈利性项目相比的误解。澳大利亚经济学家戴维·索罗斯比则从实际操作方面强调在文化遗产投资评估时，需要区别使用经济成本收益分析与社会成本收益分析：成本收益分析指确定全部的市场和非市场收益及其成本，并进行经济评估，最后在该项目的投资价值评估基础上，与其他可能的机会成本进行比较。社会成本收益分析指考虑有关税务和转账因素、使用影子价格而非市场价格、使用低折旧率以反映社会时间偏好率等所有非市场因素。该评估必须是社会价值评价，且需要借助指导政策的形成和执行，因为它对政府部门及各级公共利益的监护人有明确的义务；与此同时，还需要尊重个人和公司的合法财产权、尊重地方文物当局与私人业主之间的冲突。❷

总之，文化遗产政策需要在政府当局的偏好、专业知识和社会偏好、保护决策的机会成本之间做出平衡。❸ 因此，文化遗产政策作为传统文化政策的重要内容，其政策目标既不能过度保护，也需要对活化利用加以严格的限制，防止只关心经济回报而忽视文物的文化内涵。

（二）保护与活化利用文化遗产平衡的政策手段与实践

在文化遗产政策实践中，各国基于本国的特色和国情，在文化遗产保护和活化再利用的平衡基础上制定各国的政策目标。丹麦的文化政策虽然对文化遗产的文化价值和经济价值都比较重视，但是从其政策目标来看，仍然更为重视文化遗产的社会价值。例如，政府每年拨出 4000 万丹麦克朗用于博物馆的交流活动，其目的不仅在于通过传播丹麦文化遗产来应对全球多文化挑战方面的价值问题，而且让博物馆在非丹麦人的融合进程中发挥积极作

---

❶ 戴维·索罗斯比. 文化政策经济学 [M]. 易昕, 译. 大连：东北财经大学出版社, 2013：40.

❷ 戴维·索罗斯比. 文化政策经济学 [M]. 易昕, 译. 大连：东北财经大学出版社, 2013：125.

❸ CASTRO M F, GUCCIO C, RIZZO I. Public Intervention on Heritage Conservation and Determinants of Heritage Authorities Performance: A Semi-parametric Analysis [J]. Interntinoal Tax Public Finance, 2011 (18): 1-16.

用，与此同时，还通过资助使博物馆保持基本的市场活力和商业价值，以促进丹麦在全球市场经济中的文化旅游业。丹麦并不是一个自然资源十分丰富的国家，在全球文化多元化对各国文化带来冲击的背景下，丹麦选择了加强本土文化价值的文化政策目标。第一个典型表现是丹麦文化遗产重点放在对"人"或"文化"方面的保护，如2005年丹麦举办的安徒生200周年诞辰纪念活动，该活动在包括丹麦本国在内的75个国家举行。❶ 为了成功举办这个活动，丹麦在2003年由政府部门牵头联合部分群体开始筹划，其目的是提升民众对安徒生的认知。该活动主要围绕三种类型的项目来进行：教育项目、文化艺术、旅游活动。最终这个活动邀请了超过100名国际当代著名艺术家，并使用他们自己的方式来诠释安徒生，为安徒生提供了当代艺术的注脚，使其更加时尚化，同时为了增加这个活动的知名度和互动性。丹麦组织方还开办了超过30个门户网站，并使用超过30种语言对它进行宣传，而且还在世界范围内任命了多名"安徒生大使"。❷ 第二个典型表现是丹麦将国家和地方一级的社会凝聚力作为文化政策的基本考量因素。历任丹麦文化部长都特别强调丹麦的文化遗产，并以此作为了解丹麦自身的方式，同时也将其作为在全球化世界中以开放的心态迎接其他文化的手段。目前，社会凝聚力也是丹麦文化部的一个重要着眼点，如在所有官方承认的博物馆及国家博物馆和艺术博物馆对儿童和青年提供免费入场，以吸引那些不常参观参观博物馆的游客的注意。

与丹麦不同，西班牙、荷兰和加拿大的文化遗产政策目标都有相似之处：西班牙主要面临来自保护和活化利用的双重挑战，如何改进保护政策、把文化遗产作为形成当地文化认同的一种工具，同时在整体的区域政策中确立文化遗产保护的内在目的与对于旅游业的经济意义。荷兰与此相似，也强调文化遗产的经济价值和社会价值的结合，如荷兰教育、文化和科学部长于2018年宣布文化遗产政策目标和重点时，不仅需要强调增加历史景点的可

---

❶ 欧洲文化政策 [EB/OL]. (2017-11-03) [2018-06-10]. http://www.worldcp.org/profiles-cr.php.

❷ 欧洲文化政策 [EB/OL]. (2017-11-03) [2018-06-10]. http://www.worldcp.org/profiles-cr.php.

访问性、促进文化遗产可持续发展,而且需要侧重于文化遗产的保护和再利用及文化遗产与生活环境的连接。❶ 为了实现这一目标,荷兰主要采用了资金扶持的手段,扶持范围涵盖古迹修复和可持续发展、考古遗迹的保护和调查、对文化遗产知识和技能的培训及档案和数字文化遗产工作计划,资金扶持的方式包含直接补贴和直接提供的方式,尤其是国家纪念建筑的税收减免改为补贴,而原有的资金仍可继续用于大规模的结构维护。资金扶持的资金力度中,尤以古迹修复、再利用和可持续发展占比最高(9500万欧元),其次是国家纪念碑修复费用(5700万欧元)、考古遗迹的保护和调查(3100万欧元)、纪念教堂未来计划(1300万欧元)、人才培训(380万欧元)。❷ 加拿大文化遗产政策的主要目标也在强调文化遗产文化价值和保护的同时,强调提高对文化遗产机构、财产和服务的活化利用,以此让加拿大民众能够更好地分享和体验他们的文化遗产。在此目标的指导下,加拿大制定了21世纪博物馆发展愿景,加强博物馆保存和保护能力、使加拿大每个人可以分享和体验。❸ 此外,增加青年、土著居民等少数群体对加拿大历史、体制的了解,也是加拿大文化遗产政策的重点。

  与上述国家形成鲜明对比,摩洛哥在文化遗产的活化与再利用的平衡方面仍有很多可提高之处。摩洛哥的城市保留着从罗马时期到伊斯兰各王朝时代的历史遗迹,汇集了大量的历史文化遗产,这些历史遗迹与自然风光和美食等每年都会吸引来着全球各地的大量游客,使摩洛哥成为全非洲游客最多的国家之一。值得注意的是在过去几年之中摩洛哥的部分地区出现了将古老的宫殿式住宅以高价出售给世界名人以作为季节性或永久性的住宅的情况,这在一定程度上暴露出了目前摩洛哥在文化遗产管理层面的不足,加快推进私营化改革及鼓励社会力量的参与或许将会成为未来几年中摩洛哥文化部首先应该考虑的问题。事实上,文化遗产的保护与活化利用的平衡关键在于私人利益和公共利益之间的平衡,需要在目标制定与遗产评估的一致性和全面

---

❶ 参见 *Compendium of Cultural Policies and Trends in Europe* (20th Ed., 2019)。
❷ 参见 *Compendium of Cultural Policies and Trends in Europe* (20th Ed., 2019)。
❸ 参见 *Compendium of Cultural Policies and Trends in Europe* (12th Ed., 2011)。

性、当平衡必要时能提供足够的资源补偿。❶

需要补充的是文物遗产政策的本质在于决定哪些文化遗产在使用时有充足的理由确保公众对它的控制，并在此基础上确定翻新、恢复、更改或重新使用的标准，其内容包括：对设施或建筑使用的限制、土地使用的区分、对开发应用程序的要求等方面。澳大利亚经济学家戴维·索罗斯比分析了全世界的公共机构文化遗产主要机制的一个共同特点是建立清单列表，即在其管辖权内建立一个财产清单，清单的准入标准会根据特定的文化遗产性质制定，确保满足这些标准的文化遗产有资格包含在特定的清单中。不同的机构可以制定不同的清单列表，除公共部门列出的维护清单外，还存在由利益集团、非官方组织（国家基金、地方历史协会）等列举的"非官方"的维护清单，但是不论哪种清单，私人拥有的建筑物或建筑群都是被强制包含在正式公开认可的文物清单中的，许多国家将强制性清单作为执行公共遗产政策的措施。❷ 在私人拥有的建筑物中，如果其维护给私人业主强加了大量的附加成本，但是实际受益者是公众而非个人，那么如何评估其涉及的公共利益，并在完整核算其非市场利益挤出上给予公共赞助是文化遗产政策的一个难点。

---

❶ 戴维·索罗斯比. 文化政策经济学 [M]. 易昕, 译. 大连：东北财经大学出版社，2013：130.

❷ 戴维·索罗斯比. 文化政策经济学 [M]. 易昕, 译. 大连：东北财经大学出版社，2013：128-129.

第三节　各国文化艺术数字化政策

马吕斯·海兰大胆提出了"第三方政府"（Third Party Government）这个概念来泛指那些"共享改革权力的关键代理"，如全球媒体公司开发和控制着所有人都依赖的数字基础设施，实际在发挥着全球数字政府的作用。❶ 当代数字技术已经渗透到了所有形式的文化领域中，包括制造、管理和运营文化的机构，并消费其输出形式。❷ 数字化和互联网为创造力开辟了新的空间，使创作者与受众联系更加紧密并且倾向于打破高端的霸权市场权力结构。在网络环境中，中介平台依旧保留了对大众市场的控制权，只有在市场边缘和小众市场中才有可能出现新的营销形式，这些可能性使创造性艺术家对其作品的利用有了更大的控制权。相应地，数字文化政策作为一种管理工具应运而生，北欧学者将其界定为"一个将理念、政治工具、技术和政策领域越来越紧密交织在一起的超融合领域"❸。

必须指出的是，数字化并非百利而无一弊。数字技术并非是一套可以善意地建立艺术和文化的中立性的工具，而是背负着意识形态的包袱。❹ 尤其

---

❶ HYLLAND O M. Negative Cultural Policy: Tools, Elements and Analytical Potential [J]. Nordisk Kulturpolitisk Tidsskrift, 2020 (23): 143-158.

❷ MAXWELL R. Social Liabilities of Digitising Cultural Institutions: Environment, Labor, Waste [M]. London: The Routledge Companion to the Cultural Industries, 2015: 392-401.

❸ SOKKA S.Cultural Policy Research Spread Across Disciplines and Administrative Sectors: Introduction to Issue [EB/OL]. (2020-01-01) [2020-11-13]. https://doi.org/10.18261/issn.2000-8325/-2020-01-01.

❹ MAXWE R, MILLER T. Greening Cultural Policy [J]. InternatIonal Journal of Cultural Policy, 2017 (23): 174-185.

值得注意的是，数字化还引发了现有文化政策忽视的环境问题，特别是其与能源消费、电子垃圾的关系，如信息通信技术吸引观众和游客刺激能源使用，其消费导致了长期资源浪费和环境危害。每天有大量的数据通过分散在全球各地的大规模网络和数据中心进行着云传递，数据中心的能源需求在稳定地增长，它们没有减少对煤炭资源的依赖，反而增加了浪费。❶ 虽然文化政策尚未在环保问题方面占据主导地位，文化产业的某些部门已经采取战略和设计创新来应对生态危机，而不是否认它的存在。针对一些浪费能源企业企图利用文化合作伙伴关系以转移人们对企业不当行为导致的环境破坏，绿色艺术活动人士也在提高人们对企业赞助本质的认识。❷ 已经有11个欧洲艺术团体建议重组文化产业以满足生态危机的挑战，文化部门需要在必要的稳定气候变化和安全的一个可持续未来的框架下发展文化产业。要衡量文化机构的真正价值，必须将它们视为与地球及所有居民的未来息息相关的重要环境参与者。❸

一、各国数字文化政策的形成

数字文化政策是一种拥抱新技术、新科技和社会实践的政策，针对定义不明确且含义广博的新对象，几乎跨越了公共政策的所有领域。数字文化政策在初期仅仅是一些行动或者项目，并没有形成真正的政策，"文化政策的数字时代"经历了漫长的发展过程。❹ 在公共政策方面，"数字"一词并不是不言自明的，其数字化是一个缓慢的过程，且整合了科学研究、事件、技术对象的社会用途，并为它们指定了一个共同的名称。尽管在外观上是技术性

---

❶ MAXWE R, MILLER T. Greening Cultural Policy [J]. InternatIonal Journal of Cultural Policy, 2017 (23): 174-185.
❷ MAXWE R, MILLER T. Greening Cultural Policy [J]. InternatIonal Journal of Cultural Policy, 2017 (23): 174-185.
❸ MAXWE R, MILLER T. Greening Cultural Policy [J]. InternatIonal Journal of Cultural Policy, 2017 (23): 174-185.
❹ CHANTEPIE. The Shaping of France's Digital Cultural Policy [J]. Journal of Arts Management, Law, and Society, 2017 (47): 313-321.

的，它仍然具有社会性；更准确地说，它是一个文化问题。❶

（一）加拿大

加拿大数字文化政策的主要内容包括多个方面，譬如互联网内容使用时间和消费水平的增加对传统的文化内容消费模式有何影响、如何限制互联网监管、如何减少教育程度不同的公民、富人与穷人之间的数字鸿沟、如何支持文化产业可持续在线商业模式。此外，面对快速、大规模和全球的信息流动，如何确保加拿大内容的创造者、生产者和分销商在互联网上确保突出的位置，也是近年来加拿大数字文化政策的重点。为了实现这一目标，加拿大采用了多种手段和方法。2003年11月，加拿大成立了文化观测站，建立了联系文化门户和政府的平台，在文化遗产信息网上运营在线虚拟网站，提供博物馆在线的馆藏资料。❷

（二）荷兰

荷兰的各级政府都在合作开发档案数字基础设施，国家档案馆正在与较大城市的档案馆一起开发数字档案（e-Depot），目标是让公民永久访问。荷兰的数字文化政策主要集中在21世纪初，其重点放在全国的文化基础设施对数字化功能提供全面支持。荷兰数字遗产基金会（Digital Hertitage Netherlands）致力于开发有关数字技术如何在艺术创作过程、教育、公共宣传和遗产方面支持艺术机构的知识和方法。2018年，教育、文化和科学部长在《开放社会中的文化》报告中强调：文化政策重点在于从内容的数字化转向刺激市民对数字内容的使用和再使用。随后，荷兰颁布了体现国家数字遗产战略原则的"数字遗产参考2.0"（Digital Heritage Reference Architecture），用来优化文化领域内的数字信息处理。❸荷兰文化领域的数字政策还涵盖了电影博物馆和数字图书馆，相关资金不仅用于电影遗产的数字化和数字遗产

---

❶ CHANTEPIE. The Shaping of France's Digital Cultural Policy [J]. Journal of Arts Management, Law, and Society, 2017（47）: 313-321.

❷ 参见 *Compendium of Cultural Policies and Trends in Europe*（12th Ed., 2011）。

❸ 参见 *Compendium of Cultural Policies and Trends in Europe*（20th Ed., 2019）。

的管理和可访问性，而且致力于创建国家数字图书馆，以便让人们更容易获取知识和信息。❶

（三）韩国

在韩国，创意经济最初被设定为与信息和通信技术的使用相关的高利润产业，如软件产业、游戏、电影、旅游和休闲产业。自 20 世纪 90 年代中期以来，数字技术在韩国广泛传播与发展，文化产业开始被韩国政府认定为关键的国家产业。之后，卢武铉政府首次引入了"创意产业"的概念。李明博政府又使用"文化内容产业"，取代了之前的"文化产业"和"创意产业"。随后，朴槿惠政府使用"内容产业"取代了"文化内容产业"。尽管这些概念随着不同的政府发生变化，但是文化产业政策与创意产业相联系的意图一直没有变，且一直在强调信息和通信技术的重要性。❷

（四）芬兰

芬兰自 20 世纪 90 年代以来，就一直强调新型信息通信技术在经济和社会发展中的核心作用，21 世纪初开始致力于将文化遗产的数字化作为其文化政策的核心目标。2003 年，芬兰发布了信息社会文化遗产战略，其中包括国家数字图书馆、数码保存系统：数字图书馆项目包括文化和科学的电子资料的高标准管理以便于访问；数码保存系统旨在保存博物馆、档案馆和图书馆的数码文化遗产资料，2013 年又制定和发布了该国有史以来第一个文化环境战略和新的世界遗产战略。❸

---

❶ 参见 *Compendium of Cultural Policies and Trends in Europe*（20th Ed.，2019）。
❷ KI-WON, HONG A. Historical Trajectory of Cultural Policy in Korea: Transforming Cultural Politics into Cultural Policy [J]. International Journal of Cultural Policy, 2019 (25): 5-19.
❸ 参见 *Compendium of Cultural Policies and Trends in Europe*（18th Ed.，2017）。

二、各国数字文化政策的发展

信息和通信技术的迅猛发展对文化产品和服务的生产、分配和消费等环节产生了巨大的影响，并极大促进了整个文化产业的创新，同时对博物馆等公共文化机构也产生了复杂的影响。通过数字化及软件在注册、分类和信息检索的应用，藏品管理已经发生了革命性的变化，展出也在不断采用新的媒体技术以帮助演示和解释，博物馆的在线服务大大增加了观众群。从政策角度上，需要整合文化机构作为创新产业的核心部分，并对政策做出相应改变。❶ 一项关于不同文化政策模式影响的研究表明："就技术创新而言，治理模式和融资模式确实具有决定性作用"❷，治理和融资的模式对于技术创新发挥着重要的决定性作用，这意味着组织制度形式及融资的方式对博物馆的数字化技术最为关键。荷兰学者认为荷兰的博物馆藏品数字化速度缓慢与组织改革滞后有密切关系："要实现数字化或能够在所有核心活动中使用数字工具，似乎需要进行深刻的组织改革，但是数字化的筹资计划并不支持这种改革"❸。

BKM 资助了德国和欧洲数字图书馆，该馆将图书馆、档案馆、博物馆和学术机构的书籍、图片、档案资料、音乐和电影的数字拷贝放在网上供大众观看，已为超过3万德国文化和学术机构提供了访问现有数字记录的机会。❹ 英格兰对年度数字文化的调查表明：一些文化组织曾经试验或者冒风险使用了数字技术，而最后结果显示，这些文化组织反而更有可能从事复杂

---

❶ 戴维·索罗斯比. 文化政策经济学 [M]. 易昕, 译. 大连：东北财经大学出版社, 2013: 134.

❷ VICENTE E, CAMARERO C, GARRIDO M J. Insights into Innovation in European Museums: The Impact of Cultural Policy and Museum Characteristics [J]. Public Management Review, 2012 (14): 649-679.

❸ NAVARRETE T. Becoming Digital: A Dutch Heritage Perspective [J]. Journal of Arts Management, Law, and Society, 2014 (44): 153-168.

❹ 参见 The Federal Government Commissioner for Culture and the Media (BKM), Minister of State Bernd Neumann, The Culture and Media Policy of the German Fedearal Government, Press and Information Office of the Federal Government June, 2012.

的活动，并发挥更高水平的影响。❶ 由此可见，数字技术对艺术和文化组织发挥重要影响有密切相关性，这就把我们带到了文化遗产的数字化话题，它意味着从"坐下来听别人指挥"的文化转变为"制造和实践"的文化。❷ 文化遗产数字化不应仅仅停留在保存的初级层面，而应突破数字化内容的结构性限制，从文化遗产的选择程序、保存和使用方面来注重文化遗产数字化的"未来逻辑"，而不应只是保存我们从过去继承的有价值的东西的"回顾性逻辑"❸。

数字化文化遗产的特点是"并不能完全区分有形文化遗产和非物质文化遗产。从数字化的角度来看，有形和无形交织在一起，突出了表达、知识、技能、互动、交流和参与在保护遗产方面的重要性"❹。欧盟改革了传统文化遗产的定义。例如，关于文化遗产对社会价值的《法罗公约》强调了有形和无形之间的混合。该公约将文化遗产定义为"一组从过去继承的资源。人们认为这些资源独立于所有权，反映和表达了他们不断变化的价值观、信仰、知识和传统"，它"不仅为用户参与提供了潜力，而且使人们对有形和无形之间的传统区别产生怀疑。从媒介化和文化融合、产业融合、技术融合、监管融合、Web 2.0 和网络融合等方面描述了当前的通信汇流文化和媒介景观"❺。"有形和无形、模拟和数字之间的严格区分是没有用的。在移动和普及媒体、广泛可访问的通信网络和智能手机技术的时代，用户无缝地（在一个快照/视频剪辑中）将古老的文化物品变成数字物品。一旦数字化，这些对

---

❶ Digital Culture: 2017 Arts Council England [EB/OL]. (2018-01-08) [2018-7-15]. http://www.artscouncil.org.uk/digital-culture-2017?utm_.content=buffer8a241&utm_medium=social&utm_source=twitter.com&utm_campaign=buffer.

❷ GAUNTETT D. Making is Connecting: the Social Meaning of Creativity, from DIY and Knitting to YouTube and Web 2.0 [M]. Cambridge: Polity Press, 2011.

❸ VALTYSSON B. From Policy to Platform: The Digitization of Danish Cultural Heritage [J]. International Journal of Cultural Policy, 2017 (23): 545-561.

❹ VALTYSSON B. From Policy to Platform: The Digitization of Danish Cultural Heritage [J]. International Journal of Cultural Policy, 2017 (23): 545-561.

❺ 参见 The Federal Government Commissioner for Culture and the Media (BKM), Minister of State Bernd Neumann, The Culture and Media Policy of the German Fedearal Government, Press and Information Office of the Federal Government June, 2012.

象成为网络化、交互式、超媒体化、自动化的数字物品。"❶

（一）丹麦

丹麦于 2007 年发布了国家数字管理战略，强调以数字服务、提高效率和加强合作为目标。该战略将用户称为顾客，文化机构的目的是创造"经验和营销的综合渠道"，即利用数字媒体吸引"新客户"体验"现实生活"文化的潜力。在该战略中，文化部提出了"文化丹麦"（Kulturnet Danmark）的概念，它指在电子文化治理中，补充和扩大文化体验及相关知识的传播，各文化机构加入联通的电子文化网络，使公民能够获得电子文化服务。❷ 在丹麦数字化管理战略中，文化遗产在建立"丹麦形象"（Danish Identities）方面发挥着核心作用，而数字化进程又是丹麦文化政策的重要议题，如《电影协定》（Film Agreement）中所涉及的对数字档案提供访问和使用，以及版权方面的相关挑战等。基于此，丹麦文化政策中的数字化进程越来越受到重视，特别是在文化遗产数字化方面。这一进程的一个关键文件是 2009 年发表的《文化遗产数字化》（Digitalising the Cultural Heritage）报告，高度重视文化遗产的数字编码版本保护。许多文化机构目前正在十分积极地处理这些业务，如丹麦国家画廊（National Gallery of Denmark）的"丹麦文化遗产"（Danish Cultural Heritage）项目，该项目致力于丹麦文化遗产数字化，具体涉及与丹麦广播公司（Danish Broadcasting Corporation）、丹麦电影学院（Danish Film Institute）、皇家图书馆、丹麦国家博物馆、丹麦国家美术馆、国家档案馆（State Archives）、国家图书馆（State Library）和丹麦文化组织之间的合作。

基于博物馆为公众服务的精神，丹麦文化政策的核心致力于支持文化遗产的数字化和数字发展，并将其作为博物馆使命的五大支柱。丹麦文化部致力于以数字化规范方法和数字体验来作为文化遗产发展的战略。到 2010 年，丹麦所有国家资助的博物馆都有官网，网站成为最常见的数字调解平台。平

---

❶ MILLER V. Understanding Digital Culture [M]. Londog: Sage Publication, 2011.

❷ MYRCZIK J. Cultivating Digital Mediation: The Implementation of Publicly Funded Digital Museum Initiatives in Denmark [J]. International Journal of Cultural Policy, 2018 (26): 239-254.

均而言，每个博物馆至少有一个数字化项目，但是不同博物馆的数字差异很大。提供和制作的数字项目的实际数量在很大程度上取决于博物馆的规模（以收入为基础）——博物馆越大，它们制作的数字化项目就越多。丹麦学者揭示了博物馆数字化的要旨："数字化不能轻易从博物馆的一般展览或调解环境中分离出来。数字项目的开发本身并不是一个目标，而是一个新展览的一部分、一个总体的中介策略，或者被视为一个额外的信息来源。"❶

丹麦博物馆数字化发展分为三个阶段：提供数字化访问、将文化遗产数字化和更加面向用户的交流策略。❷ 第一阶段1996—2000年，这一阶段的重点是将文化遗产数字化并使之可以访问。博物馆作为文化遗产的管理者，其任务就是传播知识并创造对这种公共产品的访问，但是这段时期的博物馆在互联网的存在像名片一样分发其基本信息，由此被一些学者比喻为"名片期"。当然，这段时期的博物馆还将其收藏数字化，并收集和登记有关物品的信息，以便于人们查阅这些物品。一些小型的博物馆由于缺乏IT技能无法完成上述任务。自2001年开始，丹麦博物馆进入了以用户体验为目标的第二个发展阶段，博物馆治理开始考虑到参观者的背景和需求，增加了面向互动和用户体验的内容，从而使其治理更加个性化。例如，使用好玩的创造性和互动功能的在线游戏来让年轻观众与博物馆收藏的艺术品进行积极互动。从2004年开始，丹麦博物馆数字化开始以"参与"为主要倾向的第三个阶段，这一阶段的特点是更加注重让公民参与和互惠用户的体验。2007年，社交媒体的出现为这样的目标提供了便利，2015年，丹麦开始普及MMeX5，这些项目都支持具有与数字项目有关的特定数字能力的博物馆。博物馆的参观者不仅被视为博物馆数字化政策的一部分，而且被视为博物馆文化遗产的贡献者。换言之，受众被邀请参与文化活动，在某些情况下是生产和策展的一部分，如哥本哈根博物馆开发了VAEGGEN（The Wall）项目，邀请了包

---

❶ MYRCZIK J. Cultivating Digital Mediation: The Implementation of Publicly Funded Digital Museum Initiatives in Denmark [J]. International Journal of Cultural Policy, 2018 (26): 239-254.

❷ MYRCZIK J. Cultivating Digital Mediation: The Implementation of Publicly Funded Digital Museum Initiatives in Denmark [J]. International Journal of Cultural Policy, 2018 (26): 239-254.

括参观者在内的收藏和策展实践在内的项目❶,其背后的理念是:"在丹麦文化政策层面上,文化遗产数字化不仅意味着为后代保存和提供获取文化材料的机会,而且还意味着利用在线对话交流的潜力。这里的想法是,丹麦公民不仅应该是接受者,也应该是共同创造者"❷。

在设计数字博物馆通信的背景下,丹麦存在两种相反的观点:技术中心主义和人类中心主义。技术中心主义认为:"促进数字通信的平台肯定可以被用来确认和控制文化生产和消费领域内占主导地位的话语形式"❸,但人类中心主义认为:丹麦博物馆数字化通过公共政策制定数字调解议程的方式往往是由技术中心主义界定的,因而并不侧重于教育目标,而仅仅侧重于媒体本身;❹"目前的文化政策重点是数字化和保存,而不是访问和使用。因此,技术、用户使用和内容之间的互动是在'只读'和'坐下来听别人说'的文化前提下定制的,而不是在用户参与的'读写'和'制作和实践'的文化前提下定制的"❺。丹麦学者在考证丹麦博物馆的研究中发现,虽然文化政策制定者和参与者及文化组织的运营者采用各种措施试图发挥数字化的作用,如将数字化文化遗产向公众免费提供或者在目标中设定了鼓励公众参与的目标,但是公共文化产品的使用者仍然持消极观点。❻丹麦学者从区分发送者、接受者的角色和意图的沟通模式出发,探讨了如何采用数字化技术手段来进行文化治理的模式,其核心要素是基于发送者、面向接受者、面向市场和参与式治理,突出各种利益相关者及其目标,建议采取直接而全面的办法、突出文化遗产的数字化应当以人而非以技术为中心的一般特征。❼

---

❶ MYRCZIK J. Cultivating Digital Mediation: The Implementation of Publicly Funded Digital Museum Initiatives in Denmark [J]. International Journal of Cultural Policy, 2018 (26): 239-254.

❷ FOUCAULT M. The Archaeology of Knowledge [M]. London: Routledge, 2002.

❸ FOUCAULT M. The Archaeology of Knowledge [M]. London: Routledge, 2002.

❹ FOUCAULT M. The Archaeology of Knowledge [M]. London: Routledge, 2002.

❺ VALTYSSON B. From Policy to Platform: The Digitization of Danish Cultural Heritage [J]. International Journal of Cultural Policy, 2017 (23): 545-561.

❻ FOUCAULT M. The Archaeology of Knowledge [M]. London: Routledge, 2002.

❼ FOUCAULT M. The Archaeology of Knowledge [M]. London: Routledge, 2002.

（二）德国

2014年2月，德国议会决定设立一个德国议会委员会"数字化议程"（Digital Agenda），这是德国议会首次设立一个重点关注网络政治问题的常设正式议会机构，其目的是使所有人都能参与数字化的机会，并为数字世界的生活、学习、工作和节约创造框架条件。"数字化议程"最后提供了关于7个关键领域的指导方针和综合措施，其中包括"教育、科学、研究、文化和媒体"。2014年8月，德国联邦政府出台《数字议程（2014—2017）》，倡导数字化创新驱动经济社会发展，为德国建设成数字强国提供战略方向。该议程旨在短期内通过挖掘数字化创新潜力促进经济增长和就业，为"工业4.0"体系建设提供长久动力，与此同时打造一个数字化的未来社会，以期德国在未来数字化竞争中保障持久的竞争力。其具体措施包括支持并推进经济的数字化、支持初创的数字化企业发展、面向数字经济改革政府管理框架、探索数字环境下的工作模式、推动能源革命和绿色信息技术。与此相呼应，2007年7月的《德国国家图书馆法》加强了在互联网上展示其收藏顺序的工作。

自2009年以来，德国联邦政府文化媒体事务专员与游戏协会一起，为一款有教育价值的电脑游戏颁发了奖项，奖励资金高达385万欧元。❶ 2012年11月，德国推出了数字图书馆（Deutsche Digitalbe Biblionhek）的门户网站，它整合了德国所有文化和科学组织及其数字组成部分，并将其整合到欧洲数字图书馆（Europeana）。2013年3月，该图书馆已做到对德国文化遗产数字化，其中包括图书馆、档案馆、博物馆、文化遗产办公室、媒体图书馆及大学其他研究机构的数字收藏和索引信息，同时包括书籍、文件、绘画、雕像、纪念碑的数字表现和衍生品，总计大约包括1830万个物体。❷

---

❶ Association of the Compendium of Cultural Policies and Trends. "Compendium of Cultural Policiesand Trends," 20th edition [EB/OL]. (2018-01-08)[2018-05-29]. https://www.culturalpolicies.net.

❷ Association of the Compendium of Cultural Policies and Trends. "Compendium of Cultural Policiesand Trends," 20th edition [EB/OL]. (2018-01-08)[2018-05-29]. https://www.culturalpolicies.net.

(三)意大利

意大利在文化遗产领域的工作非常注重通过运用新技术来保护和促进其历史和艺术资产,如卫星考古前景、数字编目系统、访问者信息服务、数字无障碍等技术。在数字化方面,意大利与其他欧盟国家相比,家庭宽带的布局情况仍旧处于大幅延迟的状态。因此,扩大宽带供应已成为当前的关键优先事项。对此,大多数人认为意大利的技术滞后是导致其数字鸿沟产生的首要原因。根据 2015 年 10 月通过的新的《国家超宽带计划》(National Plan for Ultra-broadband),应提供 60 亿欧元公共财政资源进行相关建设。❶ 基于此,意大利艺术家正在积极地利用新技术进行国际表演。另外,意大利的注意力主要集中在文化遗产的数字化而不是新艺术作品的文化生产。在很多国际项目中,意大利利用新技术作为保护和编目艺术和历史财产的手段,通过新型网络及向公众、游客提供信息和教育服务来促进数字化保护这一目标。

由于经济衰退曾带来越发严峻的预算限制,意大利文化政策的辩论核心集中于财政资源无法保持可持续发展。新的中左联合政府开始着手处理相关问题,如通过了两项涵盖遗产保护及重新启动文化和旅游业发展的法律,即《文化价值法》(Valore cultura)和《艺术奖金法》(Art bonus),前者对于 2013 年后意大利电影生产税收优惠措施面临无法挽回的危机进行了补救,同时还提高了在意大利拍摄的外国电影的税收抵免额。近年来,文化遗产、活动与旅游部的预算逐渐增加,2016 年的财政拨款同比 2015 年增长了 27%,然而相较于 21 世纪初花费的 2.345 亿欧元,还有相当长的一段距离要走。❷

值得一提的是,意大利是欧洲地区首个打破国家广播公司垄断地位的国家。自 2012 年以来,由于卫星频道技术的提高,电视系统逐渐转变为数字地面电视系统,增加的新频道使电视节目内容的多样性日益丰富。

---

❶ 欧洲文化政策 [EB/OL]. (2017-11-07) [2018-05-29]. http://www.worldcp.org/profiles-cr.php.

❷ 欧洲文化政策 [EB/OL]. (2017-11-07) [2018-05-29]. http://www.worldcp.org/profiles-cr.php.

（四）加拿大

加拿大政府对文化产业的行政管理比较强大和与时俱进。1993 年，管理文化领域的部门是传播部，其管理职能既涉及文化产业本身，而且涵盖了基础设施和技术应用，但由于电信业和互联网技术的发展，其职能越来越膨胀，于是被一分为二，由文化遗产部管理文化产业，工业部负责基础设施和技术应用。1995 年，加拿大"信息高速公路委员会"起草了一份关于信息技术对加拿大文化政策影响的报告，指出新技术对加拿大内容要求的迫切性。[1]

加拿大一直是发展和利用诸如有线电视和卫星等新技术的先行者，这些技术在创造、传播和接收文化内容方面的迅速继承和使用激发了人们的活力。新技术允许新的群体进入文化市场，增加了传统群体之间的竞争，并向感兴趣的消费者展示大量的数字内容。为了保持竞争力，文化产业面临的挑战是利用新技术开发新产品和对接平台以维持传统和新媒体模式的整体公司市场份额。加拿大采用新的通信技术以补充而不是取代现有的媒体和文化形式。目前，政府确定和处理的与政策有关的问题包括：日益增长的互联网内容时间使用和消费水平对传统文化内容的时间利用和消费模式的影响；隐私和色情问题；限制对互联网的监管应用，包括数字环境中的版权保护；缩小富人和穷人、受过良好教育和没有受过良好教育的公民之间的数字鸿沟；支持文化产业的可持续在线商业模式等。文化政策受到不断发展的技术创新的影响，这些创新提供了扩大内容多样性和消费者获取渠道的机会，其具体举措包括：联邦政府与各地方政府合作的网络构建议程，以确保加拿大各地的每所学校在十年间与互联网连接；加拿大文物资讯网络，设有网上虚拟博物馆，提供博物馆馆藏资料；加拿大文化天文台于 2003 年 11 月推出并连接到文化入门网站及政府网站等。

（五）西班牙

在图书产业方面，西班牙政府的优先事项是推广阅读西班牙文的作品，尤其是支持出版业适应数字化背景。根据《2014 年家庭信息和通信技

---

[1] 张玉国. 国家利益与文化政策 [M]. 广州：广东人民出版社，2005：220.

术设备和使用情况调查》(Survey on Equipment and Use of Information and Communication Technologies in Households 2014)，74.4% 的西班牙家庭能够使用因特网，比 2013 年增加了近 5 个百分点，其中马德里地区（83.1%）和巴利阿克地区（78.4%）的家庭使用互联网比例最高。❶ 在促进文创产业计划的方案中，政府继续实行资本赠款制度，具体措施包括 2011 年 6 月开始的"文化向上"（Culture in Positive）行动，目标是确定音乐、电影、图书、视觉艺术和视频游戏领域的公司和机构，并使这些公司和机构对于数字内容依旧能够尊重其知识产权的意识。❷

西班牙教育、文化和体育部目前已经认识到，数字技术的应用已成为传播文化最有效的方式。基于此，该部在近年来采取了各种提示数字技术应用的举措，如 2014 年 1 月负责历史遗产保护事务的副总局推出了一个关于教科文组织《保护非物质文化遗产公约》(Safeguarding of the Intangible Cultural Heritage)的新网站。2014 年 11 月，国家表演艺术和音乐研究所提交了一份名为《西班牙音乐遗产地图》(Map of Spanish Musical Heritage)的电子出版物，其中提供了大约 360 个机构的名录以保护西班牙各地的相关文化遗产。❸

（六）摩洛哥

由于"阿拉伯之春"事件的后续影响，摩洛哥至今在数字化进程领域发展缓慢，原本预计 2015 年完成的广播信号播出数字化转换迟迟未能开始，因而不得不将最终期限延后至 2020 年。❹ 目前摩洛哥的数字化吸引了诸多中国企业，如华为与中兴等都在摩洛哥扎根设点，为摩洛哥的数字化进程提供了巨大的助力。

---

❶ 欧洲文化政策 [EB/OL].（2018-01-08）[2018-05-29]. http://www.worldcp.org/profiles-cr.php.

❷ 欧洲文化政策 [EB/OL].（2018-01-08）[2018-05-29]. http://www.worldcp.org/profiles-cr.php.

❸ 欧洲文化政策 [EB/OL].（2018-01-08）[2018-05-29]. http://www.worldcp.org/profiles-cr.php.

❹ 龙小农. 非洲广播电视数字化发展现状及问题应对 [J]. 对外传播，2016（1）：74-76.

摩洛哥的电视台和广播电台大部分都是公有性质，出版媒体则主要是私营机构，包括大约 698 份不同的私人出版物，而政党的官方报刊数量不超过 26 份。❶ 目前，因为互联网的逐渐完善，摩洛哥的电子媒体新闻正在兴起，其中大多数来自私营企业。理论上，摩洛哥的法律规定媒体和出版的言论自由，然而实际上这些自由仍然受到限制，如反恐怖主义法。与此同时，通信部有权以违反尊重君主或违背现行传统和宗教思想为由禁止任何印刷的外国报刊。在媒体领域，部分从业人士提出应对广告市场进行监管，并要求政府提供财政支持，还有部分媒体集团需要为执行特殊任务的记者申请津贴等。不得不提的是，摩洛哥近一半的记者从未参加过专业的培训课程，而造成这种情况的原因是这些专业课程的数量和名额都极为有限。

（七）韩国

《21 世纪韩国内容产业愿景》（*Announcement of Content Korea Vision 21*）标志着韩国文化产业政策的重大转变，数字化由此成为重中之重。韩国政府预见了内容市场激进扩张的潜在来源，因而使用"文化产业"替代了"内容产业"，尤其是"文化内容产业"。❷ 事实上，韩国的文化产业与内容产业融合自 2008 年开始加速，当时文化体育观光部负责数字内容产业，在面临全球经济衰退、文化产业呈现下降趋势时，内容产业的目光转向了创造就业机会，并改善相关企业的生存环境，为出口和全球竞争力提示发挥了很大作用。韩国政府一直在大力实施数字化项目，包括艺术和文化、文化遗产、旅游、体育和图书馆，其核心领域之一是通过建立开放、共享、合作的环境来更好地创造和利用文化知识。例如，国家图书馆启动了一个新的数字图书馆系统以应对这种环境的变化，该变化不仅致力于将现有存储库转化为数字化内容，而且还提供了各种服务更加有效地利用这些信息。

从各国的数字文化政策形成和发展来看，数字文化政策与文化政策的数字化在很大程度上是一致的，都是一个政治法律的博弈过程，其背后所代表

---

❶ 欧洲文化政策 [EB/OL]. (2017-01-08) [2018-05-29]. http://www.worldcp.org/profiles-cr.php.

❷ 金禅智. 韩国文化产业的发展及其对中国的启示 [D]. 北京：对外经济贸易大学，2006.

的知识、价值观、作品和过程被作为叙事的一部分进行优先排序、储存和传播。换言之，当文化政策扩展到数字领域时，利益相关者成倍增加，他们的博弈策略由技术、用户和内容的交互决定，这种优先排序由此演化成为文化生产领域中主要利益相关者之间的复杂的权力斗争。❶ 概言之，数字化的相关过程是由文化生产领域本身所构成的权力空间所促成并受到它的限制。在此过程中，数字化将文化政策的选择程序扩大化，其中不仅包括数量、获取途径、速度和传播潜力，而且包括被允许选择、形成和传播构成文化遗产的叙事及他们通过哪些交流渠道传播的人之间权力关系的转变。另外，"只有在由文化生产和政策领域的关键行为者，作为社会制定并由作为文化遗产的使用者作为文化遗产接受的情况下，才能被认为是某种资本"，这一点至今并没有发生变化。❷ 正如戴维·索罗斯比所言：使用新媒体的艺术家正在试验使用新的方法生产文化产品，文化生产者通过新途径来改善信息和市场服务或者采用更有效的管理体系实现业务运营。从消费者来说，互联网、智能手机和数字化媒体使消费者从被动接受者转变为积极参与文化内容的创造者。❸

---

❶ DIJCK J V. Social media Platforms as Produces [J]. Producing the Internet Critical Rerspectives of Social Media, 2013:45-62.

❷ BOERDIEU P. The Field of Cultural Production: Essays on Art and Literature [M]. Cambridge: Polity Press, 1993.

❸ 戴维·索罗斯比. 文化政策经济学 [M]. 易昕，译. 大连：东北财经大学出版社，2013: 5-7.

结语

　　文化民主化作为与第二次世界大战前区分的重要理念，始终贯彻于第二次世界大战后很多"一带一路"相关国家，并成为联合国国际法与各国文化法律与政策的重要基石。与此同时，文化政策的全球化及文化法律与政策的数字化，也构成了各国文化法律与政策变迁的核心基调，并谱就了各国丰富和多元的文化旋律。未来数字化革命不仅迫切要求当代政策领域能够更加相互紧密和联系，制定综合的文化政策议程，而且急需各国将数字文化政策改革成为高效的生态系统，以最终促进所有公民的数字参与。

澳大利亚文化政策学家托比·米勒曾感慨道:"几乎所有对'政策'的诉求都远离现实,因为现实存在太多变化且苛求。"❶ 对于文化来说,现实还包含了历史与未来的不同维度,因此,文化"现实"所存在的变化更多且更加苛求。这样的情形也普遍存在于"一带一路"沿线国家中。在创建且流动性极强的历史与空间中,无论文化的多元和多样性,确保文化的保存和可持续性成为各个国家更高的挑战,各国文化法律与政策普遍将其作为考虑的基本要素。尤其自第二次世界大战之后,这种情况表现得更为突出和典型。第二次世界大战之前,传统的文化法律政策是一个等级森严的领域,而第二次世界大战之后,文化民主化开始成为许多国家制定现代文化法律和政策最重要的目标。究其根源,第二次世界大战作为人类历史上规模最大的世界战争,其惨烈性引发了全球范围内的思想警醒与启蒙。存在数百年之久的旧殖民主义体系迅速瓦解,民主化浪潮不仅开始席卷全球,并且持久和深刻改变了各国对文化的解读。在之后的半个多世纪的历史变迁中,各国文化法律与政策经历了"一个不变"与"三个变化":"一个不变"指文化民主化作为与第二次世界大战之前区分的重要理念,始终贯穿于第二次世界大战之后很多国家,并成为联合国国际法与各国文化法律与政策的重要基石;"三个变化"指文化政策工具主义的合法化、文化政策的全球化及文化法律与政策的数字化,这些"不变"与"变化"最终构成了各国文化法律与政策变迁的核心基调,并谱就了各国丰富和多元的文化旋律。

一、"一个不变"——文化民主化

文化民主化的内涵是指文化是一种社会福利,在民主社会中,每个人都应该得到这种福利,即便是工人阶级、远离城市中心的人或者等特殊人群,都应当有资格享受到最好的艺术作品和最有价值的高雅文化。与此同时,收入低薄的艺术家也应当得到最起码的生活保障。将文化视为福利是欧洲国

---

❶ 托比·米勒,乔治·尤迪恩. 文化政策[M]. 刘永孜,付德根,译. 南京:南京大学出版社,2017:43.

家福利理念的一个缩影,与联合国《世界人权宣言》等国际文化法所强调的"文化权利"有异曲同工之妙,但是在文化权利的最低保障方面又显然比"文化权利"更为彻底。

法国 1959—1969 年在各地建立了一个蔚为壮观的"文化之家"网络,旨在向普通法国公众传达高雅文化,而北欧文化当局也于 20 世纪 40—60 年代在各国创建了公共文化机构。20 世纪 70—80 年代,一些国家试图通过推行"新文化政策"来消除高雅文化和低级文化之间的质量差异,即通过文化等级来克服民主化问题。然而,直到 20 世纪 90 年代末,很多法国研究学者得出结论,两者之间的差距并没有明显缩小,这一时期,没有发生实质性的文化民主化。北欧的一些研究也表明,文化参与的社会文化差异仍然比较大并且稳定,这一领域的大多数实证研究证实,由于教育水平、社会阶层等方面的差异,很多国家的文化参与依然存在着持久的差异。即便是"新文化政策"也仅是扩大了文化政策承认和支持的文化表达的范围,而没有真正有助于消除社会文化差异。❶

公众对专业艺术家的支持一直是公共文化政策的关注重点,尤其是在北欧国家。20 世纪 60—70 年代,北欧国家的公共行政当局主要采用面向福利的资助计划,为专业艺术家创造体面的工作和收入状况❷,而法国和英国则不同,虽然也支持艺术创作,但并不是直接支持艺术职业。❸ 然而,几十年之后,大多数国家的大多数专业艺术家仍然不得不忍受相当有限的工作和收入状况,这一点从著名文化政策学家斯洛索比(Throsby)的调查研究成果中可以得到一定程度的验证:"过去 20 年里,许多国家的研究从理论和实证两方面阐述了艺术劳动力市场的特性,其持续发现是:专业艺术实践的经济回报通常低于其他需要类似人力资本水平的职业,如教育、培训等职业,由此产生的需要是用其他

---

❶ MANGSET P. The End of Cultural Policy? [J]. International Journal of Cultural Policy, 2020 (16): 398-411.

❷ HEIKKINEN M. Artist Policy in Finland and Norway: A Comparison of Two Schemes of Direct Support for Artists [J]. International Journal of Cultural Policy, 2000 (7): 299-318.

❸ MANGSET P. The End of Cultural Policy? [J]. International Journal of Cultural Policy, 2020 (16): 398-411.

来源的收入来补充他们的创作收入，这意味着许多艺术家的劳动力市场特征是多重工作。"❶ 与此同时，这些职业的特点还在于收入分配的不平衡，少数专业艺术家的收入非常高，而大多数艺术家则不得不忍受相当低的收入；一些艺术类别在经济上相当富裕，另一些则经历不稳定。❷ 从挪威的情况来看，艺术家的收入增长往往滞后于整体收入的增长，2006—2013年，挪威艺术家的收入甚至下降了，而其他行业的实际收入则大幅上升。❸

二、"三个变化"——文化政策的全球化、数字化及其工具主义的合法化

第二次世界大战之后的半个多世纪当中，各国文化法律与政策中的"三个变化"包含了文化政策工具主义的合法化、文化政策的全球化及文化法律与政策的数字化。

首先，文化政策工具主义的合法化使各国文化法律与政策的内容获得前所未有的扩充，其典型表现具有以下特征：文化政策从单一的行政部门层面扩充到非部门性部门；文化政策的重点从文化意识形态扩充到经济层面；传统公民权的观点从清晰变得模糊。

第二次世界大战后很多国家将文化政策确立为一种特定的行政部门政策，这种将文化局限在特定的狭隘行政部门的做法受到很多学者的质疑。学者认为如果文化被限制为一种比以前更狭窄的部门政策，那么这种部门限制是不幸和有害的，因为它会将文化"囚禁"在不幸的官僚主义的"铁笼子"里。❹ 学者的质疑受到社会普遍的接受，人们开始更倾向于认为非部门性的

---

❶ THROSBY D, ZEDNICK A. Multiple Job-Holding and Artistic Careers: Some Empirical Evidence [J]. Cultural Trends, 2011 (20): 9-24.

❷ MANGSET P. The End of Cultural Policy? [J]. International Journal of Cultural Policy, 2020 (16): 398-411.

❸ MANGSET P. Risks and benefits of decentralisation: The development of local cultural administration in Norway [J]. International Journal of Cultural Policy, 1995, 2 (1): 67-86.

❹ MANGSET P. Risks and benefits of decentralisation: The development of local cultural administration in Norway [J]. International Journal of Cultural Policy, 1995, 2 (1): 67-86.

文化政策会更加优异和富有成效，广泛意义上的文化政策的范围和影响要远远大于建立一个特定的文化部门，将文化部门政府恢复为非部门性的政策应该是未来的趋势[1]，很多国家的文化政策开始从具体的文化政策部门转移到工业、卫生或者教育的其他部门，关于文化经济影响、外溢效应的论据开始逐渐基于文化领域以外的文化活动和努力的潜在积极影响。

各国传统文化政策的重点大多一直集中在文化意识形态，直到20世纪80—90年代，文化法律与政策开始出现了新的重要的转型，并一直持续到今天。经济学的观点致力于促使文化政策和利益集团关注艺术和文化促进经济增长，这样的趋势持续了半个多世纪之后，虽然文化获得了前所未有的内涵扩充，但是其一味偏重的经济属性却被理性的经济学家所质疑。经济学家认为侧重于经济属性的公共文化政策正在经历着合法性危机[2]，两位德国学者甚至于21世纪末提出了西方民主国家的公共文化政策正在走向终结，因为它们不适应当代社会的重大变革进程。公共权力将从文化领域撤退，文化政策将向更加自由和私有化的方向发展。[3]

20世纪末期，各国移民和多元文化的扩展开始使传统公民权的传统观点变得模糊，世界上许多流动的工作者既不是公民也不是移民，其公平待遇并非由一个主权国家保障，而是由人权话语、监督传统公民权的法律责任的日常习惯和信仰来保障，这些领域的活动家经常转而求助于文化政策，以维持和发展集体的身份认同及艺术形式的表达。[4]

其次，20世纪80年代以来，全球货物与资本开始不断增强越境流动，国家与国家之间在政治和经济贸易上依存度也开始增强，全球意识开始在很

---

[1] SOLHJELL D. Når fikk Norge en kulturpolitikk? Et debattinnlegg mot den konvensjonelle visdom [J]. Nordisk kulturpolitisk tidsskrift, 2005.

[2] MANGSET P. The End of Cultural Policy? [J]. International Journal of Cultural Policy, 2020 (16): 398-411.

[3] ZIMMER A, TOEPLER S. Cultural Policies and the Welfare State: The Cases of Sweden, Germany, and the United States [J]. Journal of Arts Management, Law and Society, 1996 (26): 167-194.

[4] 托比·米勒，乔治·尤迪恩. 文化政策 [M]. 刘永孜，付德根，译. 南京：南京大学出版社，2017：7.

多国家崛起,文化政策也具备了全球化的趋势。在这种大背景下,文化本身也变得更加复杂和富有争议,文化的经济和非经济属性都不断受到全球化的影响:"全球化是加剧商品、服务、资本、人员和思想跨界流动的过程。一方面,民族国家不再是定义文化政策的专属论坛,文化政策的产生有各种参与者的参与,其中许多与国家无关,如在民间社会或地方群体网络中。另一方面,具有经济价值并可以交易的文化产品和服务的内在二元性也不断受到影响。"❶ 全球化带给文化最大的挑战是:全球文化政策话语从一开始以对贸易及更广泛的经济全球化对文化影响为特征,文化多样性似乎正在变得贫乏,诸如"什么是多样性?""多样性如何"等问题依旧没有答案。正如英国法学家克劳福德·史密斯(Craufurd Smith)所指出的:作为全球公共利益的文化多样性确实有其优点,但是并没有提供迄今为止一个前所未有的平台来实际解决国际一级的基本关切。❷

最后,数字化是影响20世纪全球发生巨变的重大革命。作为信息技术革命的导因和发展的动力,它不仅引发了计算机和网络技术革命,而且从文化产品、文化参与和公共文化等各方面对各国文化产生了巨大影响。从文化产品的创作、生产和分销过程来看,数字化不仅放大了公众的动员和参与,同时又缩小了文化生产者与使用者之间、业余爱好者与专业人士之间的差距❸,文化生产、传播和消费开始发生重大变化,内容生产出现了多种纷繁复杂的新模式,用户不仅是消费者,同时也是个人或社区的积极创造者;内容的扩散及其在网络空间中的不同传播形式;分配、访问和消费内容的新方式;赋予用户权力,减少了中介机构的作用。❹

---

❶ BURRI M. Global Cultural Law and Policy in the Age of Ubiquitous Internet [J]. International Journal of Cultural Property, 2014 (21): 349-364.

❷ SMITH C. The UNESCO Convention on the Protection and Promotion of Cultural Expressions: Building a New World Information and Communication Order? [J]. International Journal of Communication, 2007 (1): 24-55.

❸ SIROIS C B. Cultural Participation in Digital Environments: Goals and Stakes for Quebec Cultural Policies [J]. International Journal of Cultural Policy, 2020 (142): 1-17.

❹ BURRI M. Global Cultural Law and Policy in the Age of Ubiquitous Internet [J]. International Journal of Cultural Property, 2014 (21): 349-364.

然而，虽然数字化环境从短短几十年内，从 1.0 一路发展到 2.0，并迅速升级到 3.0，同时广泛影响了本地和全球空间中的文化产业的创造、体验和记忆过程，但是这些深刻的变革却很少能在法律和制度设计中得到体现。文化政策工具包——尤其是在国际一级，仍然与现实脱离，并且它们都将文化视为与国家主权和国家边界相关的静态资产。❶

从国际法层面来看，立法制定并没有与文化数字化的同样速度推进。"经济全球化的制度化发展更为迅速，更紧密和更具约束力的国际合作形式得以产生，但是很少有尝试调和文化产品和文化服务的政策。最重要的是，大多数文化工具都在努力确保国家可以在文化事务上形式主权的分割。"❷ 国际文化法并没有在各国适用上更好地为多样性文化环境中的全球公共利益服务。一个重要的原因是贸易和文化问题上利益分歧引发的国际政治斗争。尽管《保护和促进文化表现形式多样化公约》议程雄心勃勃，但是还没有看到公约本身执行工作的成果，也没有公约对世贸组织体制的影响。❸

从各国国内文化法律来看，法律有时不但没有顺应上述数字化革命的趋势，反而对其造成了限制，其典型表现之一是既有法律对数字化环境的生产、传播和消费提出了严格的限制，版权的豁免和限制方案无法在商业市场环境之外实现数字化文化保护和检索工作。数字技术通过技术保护措施——如数字版权管理（DRM）系统限制了对数字版权内容的访问和使用，法律禁止对其进行规避。另外，即便是与时代比较同步的新的国家的文化法也没有提到数字化是实施的重要渠道，起草者并没有考虑数字技术尤其是互联网对社会的广泛影响。❹

从各国政策来看，在不断变化的数字环境下，大多数国家的文化政策都

---

❶ BURRI M. Global Cultural Law and Policy in the Age of Ubiquitous Internet [J]. International Journal of Cultural Property, 2014（21）: 349-364.

❷ BURRI M. Global Cultural Law and Policy in the Age of Ubiquitous Internet [J]. International Journal of Cultural Property, 2014（21）: 349-364.

❸ BURRI M. Global Cultural Law and Policy in the Age of Ubiquitous Internet [J]. International Journal of Cultural Property, 2014（21）: 349-364.

❹ BURRI M. Global Cultural Law and Policy in the Age of Ubiquitous Internet [J]. International Journal of Cultural Property, 2014（21）: 349-364.

考虑到了数字环境的影响,并不断使文化政策适应数字环境的影响,以鼓励艺术和文化部门的数字化转型。

究其根源,正如加拿大文化政策学者乔纳森·罗伯特所说,数字文化政策的制定是在"不确定因素中导航的艺术"❶。虽然数字文化政策已经成为一项合法的研究议程,但是文化政策领域像一个"复杂的迷宫",它"塑造着所有利益相关者的行动和话语,无论是新的还是旧的、无论是私人的还是公共的"❷。事实上,有很多壁垒阻碍了人们访问数字网络环境的文化内容或者进行积极的跨文化对话或者开展各种创造性的活动,并进一步扭曲了充满活力的多元文化环境的条件。这些障碍主要来自以下方面:无法访问宽带 Internet 或出现故障的网络、不同类型的平台或软件之间缺乏互操作性、版权保护等。此外,被称为"第二数字鸿沟"及与用户数字素养相关的社会品格障碍也为自由访问带来了更多的挑战。"第二数字鸿沟"与数字素养涵盖了在网络空间中进行导航、创建、贡献、分发、访问、使用和重复利用所需要的一系列技能。数字鸿沟阻碍了人们获取文化内容并进行积极的跨文化对话,或开展各种创造性活动,同时扭曲了充满活力的多元文化环境的条件。文化法与政策应当采取措施消除这些障碍。文化政策议程往往是不同且又相互联系的,如何综合其议程是一个关键要素。❸

寻求数字平等是公众参与数字文化行动的主要内容,而减少数字鸿沟则是数字平等的重要手段,它包含以下三个方面:提高互联网接入率、提高数字工具带来的技能和舒适度水平、减少文化用途的差异。然而,这些手段却超出了负责文化的政府部门的传统职责范围,使有针对性的文化政策实施更加复杂。数字环境为文化参与提供了新的可能性,因此,数字文化参与的概

---

❶ ROBERGE J, NANTEL1 L, ROUDDEAU A. Who Needs a Plan Anyway? Digital Cultural Policymaking as the Art of Navigating through Uncertainties [J]. Journal of Arts Management, Law, and Society, 2017(47): 300-312.

❷ ROBERGE J, NANTEL1 L, ROUDDEAU A. Who Needs a Plan Anyway? Digital Cultural Policymaking as the Art of Navigating through Uncertainties [J]. Journal of Arts Management, Law, and Society, 2017(47): 300-312.

❸ ROBERGE J, NANTEL1 L, ROUDDEAU A. Who Needs a Plan Anyway? Digital Cultural Policymaking as the Art of Navigating through Uncertainties [J]. Journal of Arts Management, Law, and Society, 2017(47): 300-312.

念在近几十年来经历了三大演变：第一，范围不断扩大：不仅用户或游客数量增加，一些传统上记录不够充分或不被视为文化活动的文化也被纳入其中。第二，内容不断复杂化。网络化公众组织、连接性、表达性的数字文化体制使文化参与呈现更加复杂的样式。❶ 第三，数字环境模糊了文化领域与其他社会系统的界限，并"创造了前所未有的不确定性"❷。非国家机构的影响力正在日益增长，权力关系不断在变化，因此，国家和监管机构的实际干预变得更加复杂，也从而使传统的权力结构的均衡性被打破，并增加了不确定性。❸ 这也导致西方传统的"一臂之距"的臂长的最佳距离面临挑战。

未来数字化革命不仅迫切要求当代政策领域能够更加相互紧密和联系，而且要求制定综合的文化政策议程。❹ 加拿大学者认为，与数字环境相关的文化政策发展涉及三个逻辑：公民、商业和工业逻辑。从公民逻辑的角度看，共享文化有利于社会凝聚力的发展，有利于民主社会的形成；商业逻辑则通过在竞争激烈的市场中对文化商品和文化服务的消费来考虑文化；工业逻辑关注的是为了发展可靠的技术和通信系统，文化生产者的生态系统的有效性。因此，政策制定者如果制定与数字环境相适应的文化政策，就需要从上述三个逻辑出发。❺ 这三种逻辑之间存在紧张关系，如何在数字文化政策中以新的格局重新安排三者，使其成为一个高效的生态系统，来最终促进所有公民的数字参与，将会成为未来数字文化政策的重要挑战。

❶ SIROIS C B. Cultural Participation in Digital Environments: Goals and Stakes for Quebec Cultural Policies [J]. International Journal of Cultural Policy, 2020 (142): 1-17.

❷ BAKSHI H, THROSBY D. New Technologies in Cultural Institutions: Theory, Evidence and Policy Implications [J]. International Journal of Cultural Policy, 2012 (18): 205-222.

❸ ROBERGE J, NANTEL1 L, ROUDDEAU A. Who Needs a Plan Anyway? Digital Cultural Policymaking as the Art of Navigating through Uncertainties [J]. Journal of Arts Management, Law, and Society, 2017 (47): 300-312.

❹ BURRI M. Global Cultural Law and Policy in the Age of Ubiquitous Internet [J]. International Journal of Cultural Property, 2014 (21): 349-364.

❺ Cultural Participation in Digital Environments: Goals and Stakes for Quebec Cultural Policies [J]. Nathalie Casemajor, Guy Bellavance & Guillaume Sirois, 2020 (6): 1-17.